강정훈
감정평가 및 보상법규

강정훈 편저

2차 | 종합문제 암기장 제4판

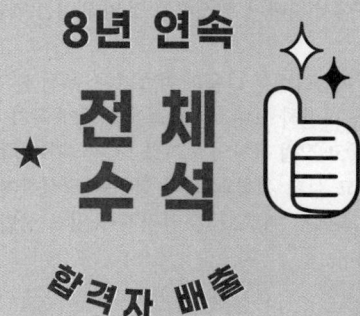

8년 연속
전체 수석
합격자 배출

박문각 감정평가사

머리말

PREFACE | GUIDE | CONTENTS

감정평가 및 보상법규 과목은 감정평가사 2차 시험에서 가장 많은 비중을 차지하는 과목이자, 수험생들이 끝까지 어려움을 호소하는 과목입니다. 방대한 법령 체계와 복잡한 판례의 흐름 속에서 체계적인 이해와 동시에 실전 답안 작성 능력을 길러야 하기 때문에, 단순한 암기나 기계적 반복만으로는 결코 고득점에 이를 수 없습니다. 이러한 점에서 본 감정평가 및 보상법규 종합문제 암기장은 수험생들에게 학습의 방향을 제시하고, 실무와 이론을 아우르는 법규학습의 틀을 마련하고자 집필되었습니다. 특히 감정평가 및 보상법규 종합문제집의 엑기스 결정판이라고 할 수 있습니다.

본 감정평가 및 보상법규 종합문제 암기장은 기본서 규정과 판례, 기출문제사례, 보상법규 판례와 법령을 종합하여 문제-설문-배점-모범답안의 구조로 정리되어 있습니다. 감정평가사 수험생들은 이를 통해 단순한 지식의 습득을 넘어, 출제자가 의도하는 쟁점을 정확히 파악하고, 목차 구성에서부터 쟁점의 도출, 법리의 적용, 판례의 태도, 사안의 포섭까지 일련의 답안 작성 과정을 연습할 수 있습니다. 특히 각 문제는 별개의 독립된 상황을 전제로 하여, 실제 시험에서 요구되는 사례형 사고방식과 논리적 전개 능력을 기를 수 있도록 구성하였습니다.

또한, 본 감정평가 및 보상법규 종합문제 암기장은 세 가지 학습효과를 지향합니다.
첫째, 방대한 법규 내용을 '사례'라는 틀 속에서 응축시킴으로써 단순 암기에서 벗어나 논점 중심의 학습을 가능하게 합니다.
둘째, 판례의 태도와 입법취지를 반복적으로 접함으로써 법적 사고력을 자연스럽게 체화할 수 있습니다.
셋째, 실제 시험과 동일한 문항·배점구조를 갖추고 있어 실전 감각을 끊임없이 훈련할 수 있습니다. 이러한 과정을 통해 수험생은 답안을 '쓰는 것'에서 나아가 '완성하는 것'의 의미를 깨닫게 될 것입니다.

감정평가사 수험생 여러분께 권하는 학습방법은 다음과 같습니다. 우선 본 감정평가 및 보상법규 종합문제 암기장을 첫 회독할 때에는 문제와 모범답안을 나란히 보며, 각 쟁점이 어떻게 목차로 구조화되는지를 확인하시기 바랍니다. 두 번째 회독에서는 답안을 가리지 않고 직접 목차와 논거를 써 내려가며 핵심 문장 단위의 암기를 시도해야 합니다. 세 번째 회독부터는 시간을 정해두고 실제 시험과 같이 답안을 작성하여, 배점별 분량 조절과 논리적 일관성을 점검하시길 권합니다. 이러한 반복 속에서 비로소 본 감정평가 및 보상법규 종합문제 암기장은 수험생 여러분의 '몸에 밴 답안 틀'로 자리 잡을 것입니다.

마지막으로, 감정평가사 시험 준비는 결코 단기간에 성취할 수 있는 과정이 아닙니다. 그러나 "문제를 풀어내는 힘은 결국 법규 기본서와 법규 종합문제 풀이에서 나온다"는 점을 잊지 마시기 바랍니다. 본 감정평가 및 보상법규 종합문제 암기장이 여러분에게 있어 법규 공부의 나침반이 되어, 시험장에서 자신감 있게 답안을 작성할 수 있는 든든한 토대가 되기를 기대합니다.

감정평가사 수험의 길은 길고 고단하지만, 그 고난의 끝에는 반드시 보람이 기다리고 있습니다. 감정평가사 수험생 여러분의 노력이 이 감정평가 및 보상법규 종합문제 암기장을 통해 더욱 체계적이고 실질적인 결실로 이어지기를 기원합니다. 특히 본서 재출간에 많은 도움을 주신 박문각 박용 회장님과 노일구 부장님 등 출판사 관계자 여러분들께 진심으로 감사드립니다. 그리고 해당 감정평가 및 보상법규 종합문제 암기장 자료 정리에 많은 도움을 준 김가연 예비감정평가사님, 김나희 예비감정평가사님, 양인이 예비감정평가사님에게도 감사한 마음을 전합니다. 고단한 수험과정에 계신 수험생분들의 등불이 되기를 바라며 감정평가사 최종 합격을 진심으로 기원합니다.

감정평가 및 보상법규 연구실에서
법학박사 강정훈 감정평가사

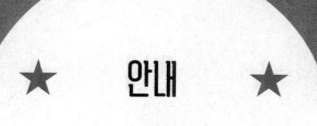

감정평가사란?

감정평가란 토지 등의 경제적 가치를 판정하여 그 결과를 가액으로 표시하는 것을 말한다. 감정평가사(Certified Appraiser)는 부동산·동산을 포함하여 토지, 건물 등의 유무형의 재산에 대한 경제적 가치를 판정하여 그 결과를 가액으로 표시하는 전문직업인으로 국토교통부에서 주관, 산업인력관리공단에서 시행하는 감정평가사시험에 합격한 사람으로 일정기간의 수습과정을 거친 후 공인되는 직업이다.

시험과목 및 시험시간

가. 시험과목(감정평가 및 감정평가사에 관한 법률 시행령 제9조)

시험구분	시험과목
제1차 시험	❶「민법」중 총칙, 물권에 관한 규정 ❷ 경제학원론 ❸ 부동산학원론 ❹ 감정평가관계법규(「국토의 계획 및 이용에 관한 법률」,「건축법」,「공간정보의 구축 및 관리 등에 관한 법률」중 지적에 관한 규정,「국유재산법」,「도시 및 주거환경정비법」,「부동산등기법」,「감정평가 및 감정평가사에 관한 법률」,「부동산 가격공시에 관한 법률」 및 「동산·채권 등의 담보에 관한 법률」) ❺ 회계학 ❻ 영어(영어시험성적 제출로 대체)
제2차 시험	❶ 감정평가실무 ❷ 감정평가이론 ❸ 감정평가 및 보상법규(「감정평가 및 감정평가사에 관한 법률」,「공익사업을 위한 토지 등의 취득 및 보상에 관한 법률」,「부동산 가격공시에 관한 법률」)

나. 과목별 시험시간

시험구분	교시	시험과목	입실완료	시험시간	시험방법
제1차 시험	1교시	❶ 민법(총칙, 물권) ❷ 경제학원론 ❸ 부동산학원론	09:00	09:30~11:30(120분)	객관식 5지 택일형
	2교시	❹ 감정평가관계법규 ❺ 회계학	11:50	12:00~13:20(80분)	

안내
GUIDE | PREFACE | CONTENTS

	1교시	❶ 감정평가실무	09:00	09:30~11:10(100분)	
제2차 시험	중식시간 11:10 ~ 12:10(60분)				과목별 4문항 (주관식)
	2교시	❷ 감정평가이론	12:10	12:30~14:10(100분)	
	휴식시간 14:10 ~ 14:30(20분)				
	3교시	❸ 감정평가 및 보상법규	14:30	14:40~16:20(100분)	

※ 시험과 관련하여 법률·회계처리기준 등을 적용하여 정답을 구하여야 하는 문제는 시험시행일 현재 시행 중인 법률·회계처리기준 등을 적용하여 그 정답을 구하여야 함

※ 회계학 과목의 경우 한국채택국제회계기준(K-IFRS)만 적용하여 출제

다. 출제영역 : 큐넷 감정평가사 홈페이지(www.Q-net.or.kr/site/value) 자료실 게재

응시자격 및 결격사유

가. 응시자격 : 없음
   ※ 단, 최종 합격자 발표일 기준, 감정평가 및 감정평가사에 관한 법률 제12조의 결격사유에 해당하는 사람 또는 같은 법 제16조 제1항에 따른 처분을 받은 날부터 5년이 지나지 아니한 사람은 시험에 응시할 수 없음

나. 결격사유(감정평가 및 감정평가사에 관한 법률 제12조, 2023.8.10. 시행)
   다음 각 호의 어느 하나에 해당하는 사람
   1. 파산선고를 받은 사람으로서 복권되지 아니한 사람
   2. 금고 이상의 실형을 선고받고 그 집행이 종료(집행이 종료된 것으로 보는 경우를 포함한다)되거나 그 집행이 면제된 날부터 3년이 지나지 아니한 사람
   3. 금고 이상의 형의 집행유예를 받고 그 유예기간이 만료된 날부터 1년이 지나지 아니한 사람
   4. 금고 이상의 형의 선고유예를 받고 그 선고유예기간 중에 있는 사람
   5. 제13조에 따라 감정평가사 자격이 취소된 후 3년이 지나지 아니한 사람. 다만, 제6호에 해당하는 사람은 제외한다.
   6. 제39조 제1항 제11호 및 제12호에 따라 자격이 취소된 후 5년이 지나지 아니한 사람

합격자 결정

가. 합격자 결정(감정평가 및 감정평가사에 관한 법률 시행령 제10조)
- 제1차 시험
  영어 과목을 제외한 나머지 시험과목에서 과목당 100점을 만점으로 하여 모든 과목 40점 이상이고, 전 과목 평균 60점 이상인 사람
- 제2차 시험
  - 과목당 100점을 만점으로 하여 모든 과목 40점 이상, 전 과목 평균 60점 이상을 득점한 사람
  - 최소합격인원에 미달하는 경우 최소합격인원의 범위에서 모든 과목 40점 이상을 득점한 사람 중에서 전 과목 평균점수가 높은 순으로 합격자를 결정
    ※ 동점자로 인하여 최소합격인원을 초과하는 경우에는 동점자 모두를 합격자로 결정. 이 경우 동점자의 점수는 소수점 이하 둘째 자리까지만 계산하며, 반올림은 하지 아니함

나. 제2차 시험 최소합격인원 결정(감정평가 및 감정평가사에 관한 법률 시행령 제10조)

공인어학성적

가. 제1차 시험 영어 과목은 영어시험성적으로 대체
- 기준점수(감정평가 및 감정평가사에 관한 법률 시행령 별표 2)

시험명	토플 PBT	토플 IBT	토익	텝스	지텔프	플렉스	토셀	아이엘츠
일반응시자	530	71	700	340	65 (level-2)	625	640 (Advanced)	4.5 (Overall Band Score)
청각장애인	352	-	350	204	43 (level-2)	375	145 (Advanced)	-

- 제1차 시험의 과목 중 영어 과목은 제1차 시험 응시원서 접수마감일부터 역산(逆算)하여 <u>5년이 되는 해의 1월 1일 이후에 실시된 다른 시험기관의 시험</u>(이하 "영어시험"이라 한다)에서 취득한 성적(제1차 시험의 시험일 전까지 발표되는 성적으로서 제11조에 따른 공고에서 정하는 방법에 따라 확인된 성적으로 한정한다)으로 시험을 대체한다.
  ※ 이하 생략(공고문 참조)

차례

CONTENTS | PREFACE | GUIDE

제01회 감정평가 및 보상법규 종합문제 ··· 10
제01회 감정평가 및 보상법규 종합문제 해설 ·· 15
제02회 감정평가 및 보상법규 종합문제 ··· 27
제02회 감정평가 및 보상법규 종합문제 해설 ·· 31
제03회 감정평가 및 보상법규 종합문제 ··· 43
제03회 감정평가 및 보상법규 종합문제 해설 ·· 44
제04회 감정평가 및 보상법규 종합문제 ··· 55
제04회 감정평가 및 보상법규 종합문제 해설 ·· 56
제05회 감정평가 및 보상법규 종합문제 ··· 68
제05회 감정평가 및 보상법규 종합문제 해설 ·· 69
제06회 감정평가 및 보상법규 종합문제 ··· 82
제06회 감정평가 및 보상법규 종합문제 해설 ·· 83
제07회 감정평가 및 보상법규 종합문제 ··· 94
제07회 감정평가 및 보상법규 종합문제 해설 ·· 95
제08회 감정평가 및 보상법규 종합문제 ··· 110
제08회 감정평가 및 보상법규 종합문제 해설 ·· 112
제09회 감정평가 및 보상법규 종합문제 ··· 123
제09회 감정평가 및 보상법규 종합문제 해설 ·· 125
제10회 감정평가 및 보상법규 종합문제 ··· 136
제10회 감정평가 및 보상법규 종합문제 해설 ·· 137
제11회 감정평가 및 보상법규 종합문제 ··· 146
제11회 감정평가 및 보상법규 종합문제 해설 ·· 148
제12회 감정평가 및 보상법규 종합문제 ··· 159
제12회 감정평가 및 보상법규 종합문제 해설 ·· 162

제13회 감정평가 및 보상법규 종합문제	177
제13회 감정평가 및 보상법규 종합문제 해설	179
제14회 감정평가 및 보상법규 종합문제	189
제14회 감정평가 및 보상법규 종합문제 해설	191
제15회 감정평가 및 보상법규 종합문제	205
제15회 감정평가 및 보상법규 종합문제 해설	207
제16회 감정평가 및 보상법규 종합문제	218
제16회 감정평가 및 보상법규 종합문제 해설	221
제17회 감정평가 및 보상법규 종합문제	233
제17회 감정평가 및 보상법규 종합문제 해설	234
제18회 감정평가 및 보상법규 종합문제	245
제18회 감정평가 및 보상법규 종합문제 해설	247
제19회 감정평가 및 보상법규 종합문제	257
제19회 감정평가 및 보상법규 종합문제 해설	259
제20회 감정평가 및 보상법규 종합문제	269
제20회 감정평가 및 보상법규 종합문제 해설	271
제21회 감정평가 및 보상법규 종합문제	281
제21회 감정평가 및 보상법규 종합문제 해설	282
제22회 감정평가 및 보상법규 종합문제	289
제22회 감정평가 및 보상법규 종합문제 해설	291
제23회 감정평가 및 보상법규 종합문제	305
제23회 감정평가 및 보상법규 종합문제 해설	306
제24회 감정평가 및 보상법규 종합문제	316
제24회 감정평가 및 보상법규 종합문제 해설	319

CONTENTS | PREFACE | GUIDE

제25회 감정평가 및 보상법규 종합문제 ······ 332
제25회 감정평가 및 보상법규 종합문제 해설 ······ 334
제26회 감정평가 및 보상법규 종합문제 ······ 349
제26회 감정평가 및 보상법규 종합문제 해설 ······ 350
제27회 감정평가 및 보상법규 종합문제 ······ 360
제27회 감정평가 및 보상법규 종합문제 해설 ······ 361
제28회 감정평가 및 보상법규 종합문제 ······ 374
제28회 감정평가 및 보상법규 종합문제 해설 ······ 375
제29회 감정평가 및 보상법규 종합문제 ······ 384
제29회 감정평가 및 보상법규 종합문제 해설 ······ 386
제30회 감정평가 및 보상법규 종합문제 ······ 396
제30회 감정평가 및 보상법규 종합문제 해설 ······ 397
제31회 감정평가 및 보상법규 종합문제 ······ 405
제31회 감정평가 및 보상법규 종합문제 해설 ······ 406
제32회 감정평가 및 보상법규 종합문제 ······ 414
제32회 감정평가 및 보상법규 종합문제 해설 ······ 419

종합문제

감정평가 및 보상법규

제01회 감정평가 및 보상법규 종합문제

Question 01

원주지방국토관리청장(이하 '이 사건 사업시행자'라고 한다)이 시행하는 이 사건 공익사업을 위하여 2013.1.18. 원고(이하 피수용자 甲 또는 원고 토지소유자 甲) 소유인 경기도 광주시 임야 3,505㎡ 등 5필지(이하 '이 사건 토지'라고 한다)를 수용하고, 그 손실보상금은 합계 976,261,750원으로 하며, 수용개시일은 2013.3.13.로 한다는 내용의 수용재결(이하 '이 사건 수용재결'이라고 한다)을 하였다. 당시 이 사건 사업시행자는 이 사건 수용재결의 보상금액에 관하여 감액 청구소송을 제기할지를 검토하고 있었다. 한편 원고(토지소유자)는 '50억 원이 넘는 대출금채무로 인해 매일 300만원에 달하는 지연손해금 채무가 발생하고 있다'라고 언급하면서, 이 사건 사업시행자에게 하루라도 빨리 이 사건 토지의 손실보상금을 지급해 주고, 나아가 이 사건 토지에 인접한 잔여지 6필지(이하 '이 사건 잔여지'라고 한다)도 매수해 줄 것을 요청하였다. 이러한 상황에서 원고와 이 사건 사업시행자는 2013.2.18. 이 사건 토지에 관하여 보상금액을 943,846,800원으로, 이 사건 잔여지에 관하여 보상금액을 693,573,430원으로 정한 각 '공공용지의 취득협의서'를 작성하였고, 원고가 이 사건 사업시행자에게 위 각 금액을 청구하는 내용의 각 보상금청구서 및 같은 금액을 영수한다는 내용의 각 영수증을 작성·교부하였으며, 2013.2.21. 이 사건 토지 및 잔여지에 관하여 '2013. 2.18. 공공용지의 협의취득'을 원인으로 소유권이전등기가 마쳐졌다. 한편 이 사건 토지에 관한 위 보상금청구서에는 이의를 유보한다는 취지와 함께 "보상금액이 너무 억울하여 이의 유보를 기재하고 향후 조치를 취하려 한다."는 내용이 기재되어 있다. 이 사안은 특이하게도 수용재결(2013.1.18.)이 있었고, 수용의 개시일(2013.3.13.) 사이에 협의하여(2013.2.18. - 2013.2.21. 소유권이전 등기 경료) 소유권까지 넘긴 상황이다(대판 2017.4.13, 2016두64241). 위와 같은 상황에서 교묘하게도 피수용자는 수용재결이 나온 다음에 협의를 진행하여 사업시행자에게 소유권을 넘기면서 잔여지 보상도 받아놓고도 수용재결에서 수용의 개시일에 보상금지급을 공탁하지 않았다는 이유로 수용재결무효확인소송을 제기하였다. 다음의 물음에 답하시오. 40점 (각각의 문제는 별개의 문제임)

(1) 토지보상법상 수용재결의 의의 및 법적 성질을 설명하시오. 10점

(2) 만약 사업시행자가 수용재결에 의하여 보상금을 바로 공탁하였고, 피수용자인 토지소유자가 수용재결의 보상금을 바로 수령한 것으로 전제하였을 때 토지보상법상 보상금 공탁 요건을 설명하시오. 또한 토지소유자가 수용재결에서 정한 공탁된 보상금은 이의유보하여 수령하였으나, 보상금증감에 관한 행정소송을 제기한 후, 이의재결에서 증액된 보상금에 대하여 이의유보의 뜻을 표시하지 않은 채 수령한 사안에서 이를 묵시적 이의유보라고 볼 수 있는지를 검토하시오(사실관계를 살펴보니 토지소유자가 상당한 감정비용을 예납하였고, 이의재결 증액 보상금은 토지소유자가 주장한 금액에 1/4도 미치지 못하고, 토지소유자는 수용재결보상금증액청구소송에서 이의재결 증액을 다툴 수 있다고 인식하였고, 사업시행자 대리인인 변호사도 6개월 이상 아무런 이의를 제기하지 않았고,

사업시행자가 보상금증액청구소송을 통해 토지소유자가 해당 보상금에 승복하지 못한다는 사실을 인지하고 있었다고 추정됨). 10점

(3) 위 문제 사실관계에서 수용재결에서 정한 수용의 개시일에 당사자가 협의의 형태로 소유권을 이전하고 보상금을 지급하였을 뿐만 아니라 잔여지까지 보상을 마친 경우에 피수용자는 수용재결 무효확인 주장을 하고 있다. 다음에 구체적인 내용을 설명하고 검토하시오. 20점

① 사업인정 전후의 협의의 성립으로 소유권 취득을 설명하시오.
② 수용의 개시일에 소유권 취득에 대해 설명하시오.
③ 수용재결이후에 협의로 취득할 수 있는지 여부를 검토하시오.
④ 수용재결 무효확인을 구할 실익이 있는지 여부를 검토하시오.

■ 참고규정

공익사업을 위한 토지 등의 취득 및 보상에 관한 법률

제16조(협의)
사업시행자는 토지 등에 대한 보상에 관하여 토지소유자 및 관계인과 성실하게 협의하여야 하며, 협의의 절차 및 방법 등 협의에 필요한 사항은 대통령령으로 정한다.

제26조(협의 등 절차의 준용)
① 제20조에 따른 사업인정을 받은 사업시행자는 토지조서 및 물건조서의 작성, 보상계획의 공고·통지 및 열람, 보상액의 산정과 토지소유자 및 관계인과의 협의 절차를 거쳐야 한다. 이 경우 제14조부터 제16조까지 및 제68조를 준용한다.
② 사업인정 이전에 제14조부터 제16조까지 및 제68조에 따른 절차를 거쳤으나 협의가 성립되지 아니하고 제20조에 따른 사업인정을 받은 사업으로서 토지조서 및 물건조서의 내용에 변동이 없을 때에는 제1항에도 불구하고 제14조부터 제16조까지의 절차를 거치지 아니할 수 있다. 다만, 사업시행자나 토지소유자 및 관계인이 제16조에 따른 협의를 요구할 때에는 협의하여야 한다.

제34조(재결)
① 토지수용위원회의 재결은 서면으로 한다.
② 제1항에 따른 재결서에는 주문 및 그 이유와 재결일을 적고, 위원장 및 회의에 참석한 위원이 기명날인한 후 그 정본(正本)을 사업시행자, 토지소유자 및 관계인에게 송달하여야 한다.

Question 02

관할 A시장은 「부동산 가격공시에 관한 법률」에 따라 甲소유의 토지에 대해 공시기준일을 2023.1.1.로 한 개별공시지가를 2023.5.28. 결정·공시하고('당초 공시지가') 甲에게 개별통지하였으나, 이는 토지가격비준표의 적용에 오류가 있는 것이었다. 이후 甲소유의 토지를 포함한 지역 일대에 개발 사업이 시행되면서 관련법에 의한 부담금 부과의 대상이 된 甲의 토지에 대해 A시장은 2023.8.3. 당초 공시지가에 근거하여 甲에게 부담금을 부과하였다. 한편 甲소유 토지에 대한 당초 공시지가에 이의가 있는 인근 주민 乙은 이의신청기간이 도과한 2023.8.10. A시장에게 이의를 신청하였고, A시장은 甲소유 토지에 대한 당초 공시지가를 결정할 때 토지가격비준표의 적용에 오류가 있었음을 이유로 「부동산 가격공시에 관한 법률」 제12조 및 같은법 시행령 제23조 제1항에 따라 개별공시지가를 감액하는 정정을 하였고, 직권 정정된 공시지가는 2023.9.7. 甲에게 통지되었다. 다음 물음에 답하시오(아래 설문은 각각 별개의 독립된 상황임). 30점

(1) 부동산 가격공시에 관한 법률상 직권 정정된 개별공시지가의 효력을 설명하고, 토지소유자 甲은 직권 정정된 개별공시지가에 대해 2023.10.22. 취소소송을 제기하였는데 토지소유자 甲의 취소소송은 적법한지를 검토하시오. 10점

(2) 만약 토지소유자 甲이 부동산 가격공시에 관한 법률에 따라 개별공시지가의 이의신청을 적법한 기간 내에 하였다고 가정하자. A시장은 토지소유자 甲의 이의신청에 대해 심사한 후 개별공시지가 이의신청 정정결정통지서를 보냈고, 토지소유자 甲은 행정기본법상 이의신청 결과 통지서를 2023.11.1.에 받았다. 토지소유자 甲이 행정소송을 제기함에 있어서 개별공시지가의 직권정정 결정을 통지받은 경우와 개별공시지가의 이의신청 결과통지서를 받은 경우를 비교하여 토지소유자 甲에게 어떠한 권리구제 차이점이 있는지 설명하시오. 10점

(3) 2024년 3월 19일 정부에서는 공시가격 현실화 계획이 국민재산세 부담을 가중시켰다며 전면 폐지하겠다고 발표하였다. 공시가격 현실화 계획은 국민 부동산 보유 부담을 높여 집값을 잡기 위해 오는 2035년까지 현재 시세의 90%까지 공시가격을 높인다는 골자로 한다. 공시가격 현실화 전면폐지 정책에 대하여 부동산가격공시제도 입법취지와 조세법률주의관점에서 논평하시오. 10점

■ 참조조문

〈부동산 가격공시에 관한 법률〉

제11조(개별공시지가에 대한 이의신청)
① 개별공시지가에 이의가 있는 자는 그 결정·공시일부터 30일 이내에 서면으로 시장·군수 또는 구청장에게 이의를 신청할 수 있다.
②~③ 생략

제12조(개별공시지가의 정정)
시장·군수 또는 구청장은 개별공시지가에 틀린 계산, 오기, 표준지 선정의 착오, 그 밖에 대통령령으로 정하는 명백한 오류가 있음을 발견한 때에는 지체 없이 이를 정정하여야 한다.

> 〈부동산 가격공시에 관한 법률 시행령〉
> 제23조(개별공시지가의 정정사유)
> ① 법 제12조에서 "대통령령으로 정하는 명백한 오류"란 다음 각 호의 어느 하나에 해당하는 경우를 말한다.
>   1. 법 제10조에 따른 공시절차를 완전하게 이행하지 아니한 경우
>   2. 용도지역·용도지구 등 토지가격에 영향을 미치는 주요 요인의 조사를 잘못한 경우
>   3. 토지가격비준표의 적용에 오류가 있는 경우
> ② 생략

03 甲과 乙등 5명의 감정평가사는 감정평가 및 감정평가사에 관한 법률(이하 '감정평가법')에 따라 국토교통부에서 정한 감정평가법인의 설립에 필요한 발기인모임이 결성되고, 발기인총회에서 정관을 작성하였고, 국토교통부장관의 인가를 받아 대박감정평가법인을 설립하였다. 대박감정평가법인이 정상적으로 업무를 수행하던 중 과도한 업무와 영업압박 등을 견디지 못한 소속감정평가사 丙은 세계 최대 규모의 금융기관인 론스타은행의 감정평가사 특별채용에 합격 후 입사하여 근무하게 되었다. 그러나 丙은 론스타은행에 근무하던 중에도 허위로 평가경력기간을 연장할 의도로 대박감정평가법인의 소속감정평가사로 남아 있었다. 감사원 정기감사 도중 이 사실을 알게 된 감사원은 국토교통부에 통보하였고, 국토교통부장관은 그 위반행위가 자격증 명의대여 또는 부당행사에 해당한다고 하여 감정평가관리·징계위원회를 거쳐 2년의 업무정지 처분을 하였다. 그러나 감정평가사 丙의 대박감정평가법인 소속기간은 1개월 남짓한 기간으로 론스타 은행의 바쁜 업무로 인하여 감정평가법인 사직서는 제출하였지만 대박감정평가법인에서 퇴사를 하지 못한 상태였다. 다음 물음에 답하시오. 20점 (각 설문은 별개의 상황임)

(1) 감정평가법상 명의대여와 부당행사를 구분하여 설명하고, 만약 해당 쟁점을 감정평가법인등으로 보아 감정평가법령상 [별표 3]을 적용하도록 전제하고, [별표 3]에서는 부당행사라 하더라도 기간이 짧고 위법임을 인식하지 못한 상태에서 1차 위반의 경우에는 6개월 이내의 업무정지를 하도록 하고, 이러한 부당행사 사실을 알고 고의적으로 계속 2차에 걸쳐 위반한 경우에는 1년 이내의 업무정지를 하도록 하며, 위법임을 인식한 상태에서 재차 위반을 하고 3차 위반을 하였을 경우에는 2년 이내의 업무정지를 하도록 하고 있는데, 1차 위반에서 바로 업무정지 2년을 한 것은 위법하다고 丙 감정평가사는 주장하고 있다. 감정평가법 시행령 제29조 [별표 3]의 법적 성질을 검토하고, 아울러 1차 위반으로 2년의 업무정지를 한 것이 타당한 것인지에 대하여 검토하시오. 10점

(2) 만약 위 감정평가사들이 정상적인 대박감정평가법인에 소속되어 감정평가 업무를 수행하던 중 전세품귀 현상이 발생하여 전세가격이 폭등하는 상황에서 대출업자와 공모하여 HUG의 전세주택보증 감정평가에서 원래 신축빌라 시세는 2억원인데 과도하게 빌라시세를 4억원으로 높게 평가하였다. 결국 전세사기에 대한 대대적인 정부의 감찰로 적발되었다. 이런 경우 감정평가법령상 어떤 규정을 위반한 것이고, 이에 대한 행정상 책임, 형사상 책임, 민사상 책임에 대하여 설명하시오. 10점

■ 참조조문
감정평가 및 감정평가사에 관한 법률(이하 '감정평가법') 시행령 제29조 별표 3 개별적 기준은 다음과 같다. (본 개별기준은 가정적인 상황임)
1. 감정평가법 제27조 명의대여 또는 부당행사 1차 위반 : 업무정지 6개월 이내
2. 감정평가법 제27조 명의대여 또는 부당행사 2차 위반 : 업무정지 1년 이내
3. 감정평가법 제27조 명의대여 또는 부당행사 3차 위반 : 업무정지 2년 이내
※ 일반기준 : 감정평가사 자격증 명의대여가 명백한 경우에는 자격을 취소할 수 있고, 부당행사인 경우에는 업무정지로 최대 2년 이내로 행사할 수 있다.

토지 등의 감정평가를 함에 있어서 ① 홍길동 심마니 주식회사의 설립 목적에 '산삼, 인삼, 장뇌삼 감정업'이 포함되어 있고, 상호에서도 '감정'이라는 문구를 사용한 점, ② 홍길동 심마니 주식회사의 홈페이지에는 '홍길동 심마니 회사는 대한민국 국가기관에서 요청하는 산삼 감정평가 사례들을 책임짐으로써 국내 단연 최고의 산삼감정의 실력과 신뢰를 자랑합니다'라는 문구가 기재되어 있고, 원산지, 중량 등을 확인하여 감정가를 책정하는 방법으로 실물 감정을 하고, 사진을 통한 인터넷 감정을 하는 경우에는 3만원의 감정비를 지급받는다고 안내되어 있는 점, ③ 홍길동 심마니 주식회사의 등기부상 대표이사인 홍길동의 처이고, 실질적인 대표자는 협회장직을 맡고 있는 홍길동으로, 이 사건 감정서는 홍길동 심마니 주식회사의 명의로 작성되어 법원에 제출된 점, ④ 법원의 감정인 지정을 통해 감정을 하게 된 경우라고 하더라도 그 감정평가가 업으로서 한다고 평가할 수 있는 경우에는 그에 대한 형사책임을 부담한다고 보아야 하는 점 등을 고려하여 볼 때 홍길동 심마니 회사는 감정평가 및 감정평가사에 관한 법률상 감정평가를 할 수 있는지 의문이 든다. ㉮ 감정평가사 자격을 갖춘 사람만이 감정평가업을 독점적으로 영위할 수 있도록 한 취지를 설명하고, ㉯ 민사소송법 제335조에 따른 법원의 감정인 지정결정 또는 같은 법 제341조 제1항에 따른 법원의 감정촉탁을 받은 경우, 감정평가법인등이 아닌 사람이더라도 홍길동 심마니 주식회가 그 감정사항에 포함된 토지 등의 감정평가를 할 수 있는지 여부와 ㉰ 이러한 행위가 형법 제20조의 정당행위에 해당하여 위법성이 조각되는지 여부를 검토하시오. 10점 (대법원 2021.10.14. 선고 2017도10634 판결 [부동산 가격공시 및 감정평가에 관한 법률위반])

Question 01 40점

Ⅰ. 논점의 정리

1. 수용재결의 의의 및 법적 성질을 설명하고자 한다.

2. 보상금의 공탁에 대하여 설명하고, 쟁송제기를 묵시적 이의유보로 볼 수 있는지에 대하여 검토한다.

3. 사업인정 전·후 협의의 소유권 취득을 설명하고, 수용재결 이후 협의취득 가능 및 무효확인을 구할 실익이 있는지 검토하고자 한다.

Ⅱ. 물음 1) 수용재결의 의의 및 법적 성질 10점

1. 수용재결의 의의 및 취지(토지보상법 제34조, 제50조)

사업인정 후 협의불성립 또는 불능한 경우 사업시행자의 신청에 따라 관할 토지수용위원회가 행하는 공용수용의 종국적 절차를 말한다. 이는 엄격한 절차와 형식으로 공·사익의 조화 도모에 취지가 있다.

2. 수용재결의 법적 성질

1) 형성적 행정행위

수용재결은 수용권의 내용을 확정하고 그 실행의 완성을 목적으로 하는 것으로 형성적 행정행위이자 처분에 해당한다.

2) 기속행위 및 재량행위

사업시행자가 요건을 갖추고 재결신청을 한 경우, 재결하여야 하는 기속행위이며, 토지보상법 제50조 제2항에 따라 보상금증액재결이 가능하여 재량행위이다.

3) 제3자효 행정행위

사업시행자에게는 수익적 효과, 피수용자에게는 침익적 효과가 발생하는 제3자효 행정행위이다.

Ⅲ. 물음 2) 공탁 및 쟁송제기가 묵시적 이의유보인지 10점

1. 공탁의 개관

1) 공탁의 의의 및 취지(토지보상법 제40조)
재결된 보상금을 관할 공탁소에 공탁함으로써 보상금 지급으로 갈음하는 제도를 말한다. 이는 사전보상 원칙 실현, 재결실효 방지 및 담보물권자의 보호에 취지가 있다.

2) 공탁의 법적 성질
〈변제공탁〉, 〈담보공탁〉 등의 견해 대립이 있으나 〈판례〉는 민법상 변제공탁과 다를 바 없다고 판시하였다.

3) 공탁의 요건(토지보상법 제40조 제2항)
① 보상금을 받을 자가 수령을 거부하거나 수령할 수 없는 경우, ② 사업시행자가 과실 없이 보상금을 받을 자를 알 수 없는 경우, ③ 재결된 보상금에 대하여 사업시행자가 불복하는 경우, ④ 압류, 가압류로 보상금 지급이 금지된 경우에는 공탁을 할 수 있다.

2. 공탁금 수령의 효과

1) 적법한 공탁금 수령 효과
수용법률관계가 종결되고, 사업시행자는 보상금 지급 의무가 완료된다.

2) 하자 있는 공탁금 수령 효과
① 이의유보를 한 경우에는 하자치유가 인정되지 않고, 수용법률관계가 종결되지 않는다.
② 이의유보를 하지 않은 경우에는 하자가 치유되고 보상금 수령거부 의사를 철회한 것으로 본다.

3. 쟁송제기를 묵시적 이의유보로 볼 수 있는지

1) 종전 판례의 태도
〈판례〉는 이의신청을 하고 있다는 사실만으로 이의유보를 한 것으로 보지 않는다고 판시하였다.

2) 최근 판례의 태도(2006두15462)
〈판례〉는 이의유보는 명시적으로 하여야 하는 것이 아니고, ① 상당한 감정비용을 예납한 점, ② 수령액이 최초 청구액의 1/4에도 미치지 않는 점, ③ 소송 결과를 확인하기 위하여 추가로 비용을 지불할 필요가 없는 점, ④ 사업시행자는 6개월이 지난 후 제기하여 수용보상금에 대한 다툼을 종결할 의사가 아닌 점을 인지하였거나 할 수 있었던 점에 따라 쟁송제기를 묵시적 이의유보로 인정하였다.

3) 검토
일반적으로는 종전 판례의 태도와 같이 쟁송절차로 묵시적 이의유보로 보지 않지만, 최근 판례의 경우 개별적 사안의 구체적 내용을 토대로 묵시적 이의유보를 긍정하였다. 따라서 개별적 사안의 경우 피수용자의 권리보호 취지에 따라 쟁송제기가 묵시적 이의유보에 해당한다고 판단된다.

Ⅳ. 물음 3) 사업인정 전·후 협의와 수용재결 후 협의취득 및 무효확인 실익 여부 20점

1. 사업인정 전·후 협의의 소유권 취득

1) 사업인정 전·후 협의의 의의 및 취지(토지보상법 제16조, 제26조)
협의란 사업시행자와 피수용자가 수용목적물에 대하여 합의하여 그 소유권을 취득하는 절차를 말한다. 이는 최소침해원칙 구현에 취지가 있다.

2) 사업인정 전·후 협의의 소유권 취득

〈판례〉는 협의의 경우, 공공기관이 사경제적 주체로서 행하는 사법상 매매의 실질을 가진다고 판시하였다. 따라서 사법상 계약의 성격인 협의에 따라 〈법률행위에 의한 물권 변동〉이며, 〈승계취득〉으로 소유권을 취득한다.

2. 수용의 개시일의 경우 소유권 취득

1) 수용재결 시 효과

① 수용재결 이후에는 손실보상청구권, 물상대위권, 인도이전의무, 위험부담이전의 효과,
② 사용·수용의 개시일 이후에는 원시취득, 대집행, 환매권의 효과가 발생한다.

2) 수용개시일의 소유권 취득

수용에 의할 경우에는 소유권은 〈법률규정에 의한 물권변동〉으로 〈원시취득〉으로 취득할 수 있고, 별도의 등기 없이 소유권을 취득한다.

3. 수용재결 이후 협의로 취득할 수 있는지 여부

1) 관련 판례의 태도(2016두64241)

〈판례〉는 ① 사업시행자는 수용·사용의 개시일까지 보상금을 지급·공탁하지 않음으로 재결을 실효시킬 수 있고, ② 토지소유자는 재결된 보상금에 대하여 이의신청 또는 행정소송을 제기하는 과정에 사업시행자와 임의로 합의할 수 있는 점, ③ 토지보상법 입법 목적에 따라 사법상 계약의 실질을 가진 협의취득을 금지해야 할 필요성이 없는 점에 따라 수용재결이 있더라도 다시 협의를 체결할 수 있다고 판시하였다.

2) 수용재결 이후 협의취득할 수 있는지

협의는 토지보상법에서 규정한 최소침해원칙의 구현방법이고, 토지보상법 입법목적에 따라 협의를 배제할 필요가 없는바 수용재결 후에도 협의로 소유권을 취득할 수 있다고 판단된다.

4. 수용재결의 무효확인을 구할 실익 있는지 여부

1) 관련 판례의 태도(2016두64241)

〈판례〉는 토지소유자와 사업시행자가 새로 협의서를 작성하여 이를 기초로 소유권이전등기를 마친 경우, 재결과 별개로 새로운 계약을 하였다고 볼 수 있고 이는 무효확인을 받더라도 소유권을 회복하거나 나아가 회복되는 다른 권리가 없어 무효확인을 구할 실익이 없다고 판시하였다.

2) 검토

협의취득으로 소유권이 이전된 경우, 승계취득에 해당하고 재결 절차인 무효확인으로 소유권에 미치는 영향이 없고, 민법상 착오, 사기, 강박에 의한 위법이 존재하지 않는 한 소유권의 회복이 불가능하다. 따라서 수용재결의 무효확인을 구할 실익이 존재하지 않는다고 판단된다.

V. 사안의 해결

1. 수용재결은 형성적 행정행위이며, 기속행위, 재량행위이고, 제3자효 행정행위이다.
2. 공탁의 이의유보는 명시적으로 할 필요 없고, 개별적 사안에 따라 쟁송제기가 묵시적 이의유보에 해당한다고 판단된다.
3. 수용재결을 한 경우에도 최소침해원칙에 따라 협의로 취득할 수 있고, 이 경우 무효확인으로 소유권 등의 권리 회복이 불가능한바 실익이 없다고 판단된다. —끝—

Question 02 [30점]

I. 논점의 정리

1. 개별공시지가의 정정 시 효력을 설명하고 취소소송이 적법한지 검토하고자 한다.
2. 개별공시지가의 이의신청에 대하여 설명하고, 직권정정을 한 경우와 권리구제상 차이점

을 설명하고자 한다.

3. 공시가격 현실화 폐지 정책에 대하여 부동산공시법의 입법취지 및 조세법률주의의 관점에서 논하고자 한다.

Ⅱ. 물음 1) 개별공시지가의 정정 및 취소소송의 적법성 10점

1. 개별공시지가 정정의 개관

1) 개별공시지가 정정의 의의 및 취지(부동산공시법 제12조)

개별공시지가에 틀린 계산, 오기, 명백한 오류가 있는 경우 직권으로 정정할 수 있는 제도를 말한다. 이는 행정쟁송 방지 및 행정 능률화 도모에 취지가 있다.

2) 개별공시지가 정정의 효력

〈판례〉는 개별공시지가 정정시 당초 개별공시지가는 효력이 소멸되고, 새로운 개별공시지가가 당초 결정, 공시일로 소급하여 효력이 발생한다고 판시하였다.

2. 甲의 취소소송 적법성

1) 제소기간의 의의 및 내용(행정소송법 제20조)

제소기간이란 소를 제기할 수 있는 기간으로 처분을 안 날로부터 90일, 있은 날로부터 1년 이내에 취소소송을 제기할 수 있다.

2) 사안의 경우

토지가격비준표 적용 오류로 개별공시지가가 정정되어(동법 시행령 제23조) 당초 결정 고시일인 2023.5.28.로 소급하여 효과가 발생하는바 2023.10.22.은 제소기간인 90일을 경과하여 취소소송은 위법하고, 요건 불충족으로 각하될 것으로 판단된다.

Ⅲ. 물음 2) 개별공시지가의 이의신청과 정정 시 권리구제의 차이점 10점

1. 개별공시지가의 이의신청의 개관

1) 이의신청의 의의 및 취지(부동산공시법 제11조)

개별공시지가에 이의가 있는 자는 개별공시지가의 결정·공시일로부터 30일 이내에 서면으로 시장·군수·구청장에게 이의를 제기할 수 있다. 이는 개별공시지가의 객관성 확보에 취지가 있다.

2) 이의신청의 법적 성질

강학상 이의신청과 특별법상 행정심판이라는 견해가 대립하나, 〈판례〉는 부동산공시법상 행정심판을 금지하는 명시적 규정이 없고, 행정심판과 이의신청의 절차 및 담당기관의 차이에 따라 〈강학상 이의신청〉으로 판시하였다(대판 2010.1.28, 2008두19987). 생각건대 개별공시지가의 이의신청은 처분청에 제기하는 점 등으로 판례의 태도가 타당하다고 판단된다.

3) 행정기본법 제36조 제4항

최근 행정기본법은 이의신청에 대한 결과통지일로부터 90일 이내에 행정심판 또는 행정소송이 가능하다고 규정하였다.

2. 이의신청 및 직권 정정 권리구제의 차이점

1) 개별공시지가 이의신청의 경우

이의신청의 결과 통지일인 2023.11.1.일을 기산점으로 하여 행정심판 또는 행정소송을 제기할 수 있다.

2) 개별공시지가 직권 정정의 경우

개별공시지가의 효력이 당초 공시일인 2023.5.28.로 소급하여 발생하고, 해당일을 기산점으로 행정소송을 다툴 수 있다.

3) 권리구제상 차이점

양자는 권리구제 제소기간 기산점에 차이가 있고, 〈사안의 경우〉 이의신청 시 요건을 충족하여 취소소송을 제기할 수 있으나, 직권 정정 시 제소기간이 경과하여 각하될 것으로 차이가 있다.

Ⅳ. 물음 3) 부동산공시제도 현실화 폐지정책 10점

1. 부동산공시법의 입법취지(부동산공시법 제1조)

부동산공시법은 부동산의 적정한 가격 형성을 도모하고, 조세 형평과 국민의 경제발전에 이바지함을 목적으로 하는 것을 입법취지로 한다.

2. 조세법률주의의 의의

조세법률주의란 세금부과 과정은 법률에 정해진 바에 따라 공정하게 하여야 한다는 것을 의미하고, 현행 조세부과는 표준지공시지가에 토지가격비준표를 적용한 개별공시지가에 시가 수준으로 조세하기 위하여 현실화율을 곱하여 세금 산정의 기초로 적용하였다.

3. 공시가격 현실화 전면폐지 정책에 대한 논평

1) 입법취지에 따른 논평

공시가격에 높은 현실화율을 적용하여 산정된 시가를 기초로 조세를 부과할 경우, 매년 높아지는 조세에 따라 그 부담이 시장 가격에도 영향을 미치고 이는 입법 취지인 적정가격 형성 도모에 부합하지 않는다고 판단된다. 따라서 현실화 폐지 정책은 타당하다고 사료된다.

2) 조세법률주의에 따른 논평

현행은 법률규정에 따라 매년 현실화율을 높이고, 미실현이익에 대한 세금 부과는 소비자의 과중한 조세부담으로 이어진다. 따라서 조세법률주의에 따라 현실화 폐지 정책은 타당하다고 사료된다.

V. 사안의 해결

최근 이슈가 된 공시지가에 대한 현실화율 폐지정책은 부동산공시법상 입법취지 및 조세법률주의에 따라 타당하다고 판단된다. 다만, 현실화율 폐지 시 당초 적용 취지인 고가 부동산 소유자에 대한 조세 형평문제가 발생할 수 있다는 점에서 누진 적용 등과 같은 제도의 추가적 마련이 필요하다고 판단된다. —끝—

Question 03 20점

I. 논점의 정리

1. 감정평가법상 명의대여와 부당행사를 구분하고, 감정평가법 시행령 제29조의 [별표 3]의 법적 성질을 검토하여 사안의 업무정지처분의 타당성을 검토하고자 한다.
2. 실제보다 높게 빌라가격을 평가한 사안에서 감정평가사의 위반 규정과 그에 따른 행정, 형사, 민사상 책임을 설명하고자 한다.

II. 물음 1) 명의대여와 부당행사 구분 및 감정평가법령상 [별표 3]의 법적 성질 10점

1. 명의대여와 부당행사의 구분(감정평가법 제27조)

① 명의대여는 A감정평가사의 자격증을 B가 이용하며 A인양 업무를 수행하도록 하는 것을 말한다. ② 부당행사란 〈판례〉에 따라 자격증을 본래의 용도가 아닌 용도로 행사하거나 법의 규율을 피할 목적 또는 감정평가 물량을 추가로 받을 목적으로 이용하는 경우 등을 말한다(대판 2013.10.31, 2013두11727).

2. 감정평가법 시행령 제29조 [별표 3]의 법적 성질

1) 학설의 검토

형식과 실질이 다른 법규명령형식의 행정규칙에 대하여 형식을 중시한 〈법규명령설〉, 실질을 중시한 〈행정규칙설〉, 수권여부에 따라 법규성이 다른 〈수권여부기준설〉이 대립한다.

2) 관련 판례의 태도

① 통설 판례는 법령의 형식에 따라 대통령령은 법규성을 긍정하고, 부령 및 총리령은 부정하였다.

② 최근 전원합의체에서는 제재적 처분은 법규명령 여부와 무관하게 적용되는바 이를 다툴 법률상 이익을 긍정하였다.

3) 검토

통상적인 경우에 따라 형식에 따라 법규성을 긍정하나, 부령의 경우에도 국민의 권익에 영향을 미치는 경우 법규성을 긍정하는 것이 타당하다고 판단된다. 따라서 감정평가법 시행령 제29조 [별표 3]은 〈대외적 구속력〉이 인정된다.

3. 업무정지처분의 타당성 여부

① 감정평가사에 대한 징계의 가중처벌 규정인 감정평가법 시행령 제29조 [별표 3]은 법규성이 인정되어 이에 따라 1차 위반 시 6개월의 업무정지를 따라야 하는 점, ② 법규성 여부와 무관하게 처분 시 정당한 비교형량으로 결정하여야 하나 1차 위반으로 상한인 2년의 업무정지는 과도하다고 판단되는바 업무정지처분은 타당성이 결여된다고 판단된다.

Ⅲ. 물음 2) 감정평가법상 위반 규정 및 책임 10점

1. 감정평가법 제25조 성실의무 위반

감정평가법인등은 업무를 수행하면서 품위를 유지하고, 신의와 성실로써 하며 고의나 과실로 평가를 잘못하여서는 안된다고 규정한다. 〈사안의 경우〉 대출업자와 공모하여 고의로 높은 가격으로 평가한바 법 제25조의 성실의무를 위반한 것으로 판단된다.

2. 행정상, 형사상, 민사상 책임

1) 행정상 책임

감정평가법 제39조 징계에서는 성실의무를 위반하는 경우 자격취소, 등록취소, 업무정지, 견책의 징계를 규정한다. 〈사안의 경우〉 고의로 잘못된 가격을 평가한바 징계위원회의 의결을 거쳐 등록취소, 업무정지, 견책 중 징계 책임이 발생할 것으로 판단된다.

2) 형사상 책임

성실의무를 위반한 경우에는 감정평가법 제49조에 규정된 3년 이하의 징역 또는 3천만원 이하의 벌금 책임이 존재한다. 또한 해당 감정평가사 소속 감정평가법인이 관리, 감독을 소홀히 한 경우 제51조의 양벌규정에 따라 법인에도 책임을 물을 수 있다.

3) 민법상 책임

감정평가법 제28조에 규정된 손해배상책임은 감정평가 업무를 하며 고의로 업무를 잘못하고, 이에 따라 의뢰인 또는 제3자에게 손해가 발생한 경우 책임이 발생한다. 손해배상책임에 따라 법원이 결정이 확정되면 해당 감정평가사는 국토교통부장관에게 그 사실을 알려야 하고, 위반 시 150만원의 과태료가 발생한다(법 제52조).

IV. 사안의 해결

전세사기 문제의 발생으로 최근 감정평가법 제39조 제11호에서는 금고형 1회만으로도 자격취소가 가능하도록 개정하여 감정평가사의 공공성 확보를 강화하였다. 감정평가는 국가 및 국민의 경제적 재산에 큰 영향을 미치는바 감정평가법인등은 공공성을 가지고 업무를 하여야 할 것이다.

—끝—

Question 04 10점

I. 논점의 정리

감정평가사가 아닌 자가 감정평가 업무를 수행할 수 있는지에 대하여 판례를 중심으로 설명하고자 한다.

Ⅱ. 감정평가 자격을 갖춘 자만이 독점적으로 영위할 수 있는 취지

〈판례〉는 감정평가에 대한 전문성과 공정성, 신뢰성을 바탕으로 적정한 가격을 평가하고, 소유자의 권리보호를 함에 취지가 있어 독점적으로 영위할 수 있다고 판시하였다(대판 2021.10.14, 2017도10634).

Ⅲ. 감정평가자격이 없는 자가 감정평가를 할 수 있는지

1. 관련 판례의 태도

① 〈판례〉는 공인회계사가 행한 자산재평가의 부지평가는 회계상 감정이 아닌바 위법하다고 판시하였다(대판 2015.11.27, 2014도191).
② 〈판례〉는 법원이 감정인을 선정하여 감정 촉탁하였고, 산양삼에 대한 감정을 하며 결정된 가격에 대한 의뢰인의 의견청취과정 등을 통해 권리보호가 인정된다고 보아 심마니의 감정평가를 긍정하였다(대판 2021.10.14, 2017도10634).

2. 검토

감정평가법상 취지에 따라 감정평가업은 감정평가자격이 있는 자만이 행할 수 있고, 위반 시 법 제49조에 따른 처벌을 받는다고 판단된다. 다만 〈사안의 경우〉 법원의 감정 촉탁으로 인한 점, 산양삼이라는 특수물건인 점을 고려하여 심마니의 감정평가가 인정된다고 사료된다.

Ⅳ. 위법성 조각 여부

법원의 촉탁에 의한 평가로 형법상 정당행위에 해당하여 위법성이 조각된다고 판단된다.

－끝－

제02회 감정평가 및 보상법규 종합문제

Question 01

서울특별시장은 공익사업을 위한 토지 등의 취득 및 보상에 관한 법률(이하 '토지보상법') 제4조에 따라 청년임대주택을 건설하기 위하여 SH 서울주택도시공사 甲을 사업시행자로 지정하였다. 사업시행자는 해당 사업이 국책사업이어서 국토교통부장관에게 사업인정을 신청하였고, 이에 따라 사업인정 및 사업인정고시가 이루어지는 과정에서 문제가 발생됨에 따라 이에 대한 불복을 검토하고 있다. 만약 사업인정고시가 이루어진다고 하더라도 사업시행자는 해당 청년임대주택 건설부지 1만평 소유자들과 한번 더 협의를 진행하고, 협의가 성립되지 않는다면 관할 토지수용위원회에 재결을 신청할 예정이다. 다음 물음에 답하시오(단, 각 물음은 상호독립적임). 40점

(1) 토지보상법의 사업인정 법적 성질과 사업인정고시의 법적 성질에 대하여 설명하고, 사업인정고시의 효과에 대하여 설명하시오. 10점

(2) 토지보상법 제21조에서 국토교통부장관은 사업인정을 하려면 중앙행정기관 및 중앙토지수용위원회와 협의하고, 대통령령으로 정하는 바에 따라 미리 사업인정에 이해관계가 있는 자의 의견을 들어야 함에도 불구하고 이를 하지 아니하고 사업인정을 하였다. 이에 대하여 이해관계가 있는 피수용자인 乙은 취소소송을 제기하고자 한다. 피수용자 乙의 주장의 타당성을 설명하시오. 20점

(3) 만약 적법한 사업인정 이후에 사업시행자 甲과 등기부상 명의자 丙이 협의를 진행하고, 협의성립확인으로 공증법인에 의한 공증절차를 밟아 관할 토지수용위원회가 수리함으로서 재결간주 효과가 발생하였다. 그런데 진정한 소유자 한석봉이 나타나 등기부상 명의자와의 협의는 무효이며 진정한 소유자인 한석봉 본인과 다시 협의를 해야 한다고 주장하면서 관할 토지수용위원회 협의성립확인신청수리처분 취소소송을 제기하였다. 진정한 소유자 한석봉의 주장은 타당한지를 설명하시오. 10점

■ 참조 조문

〈공익사업을 위한 토지 등의 취득 및 보상에 관한 법률〉

제20조(사업인정)
① 사업시행자는 제19조에 따라 토지 등을 수용하거나 사용하려면 대통령령으로 정하는 바에 따라 국토교통부장관의 사업인정을 받아야 한다.

제21조(협의 및 의견청취 등)
① 국토교통부장관은 사업인정을 하려면 관계 중앙행정기관의 장 및 특별시장·광역시장·도지사·특별자치도지사(이하 "시·도지사"라 한다) 및 제49조에 따른 중앙토지수용위원회와 협의하여야 하며, 대통령령으로 정하는 바에 따라 미리 사업인정에 이해관계가 있는 자의 의견을 들어야 한다.

제29조(협의 성립의 확인)

① 사업시행자와 토지소유자 및 관계인 간에 제26조에 따른 절차를 거쳐 협의가 성립되었을 때에는 사업시행자는 제28조 제1항에 따른 재결 신청기간 이내에 해당 토지소유자 및 관계인의 동의를 받아 대통령령으로 정하는 바에 따라 관할 토지수용위원회에 협의 성립의 확인을 신청할 수 있다.
② 제1항에 따른 협의 성립의 확인에 관하여는 제28조 제2항, 제31조, 제32조, 제34조, 제35조, 제52조 제7항, 제53조 제5항, 제57조 및 제58조를 준용한다.
③ 사업시행자가 협의가 성립된 토지의 소재지·지번·지목 및 면적 등 대통령령으로 정하는 사항에 대하여 「공증인법」에 따른 공증을 받아 제1항에 따른 협의 성립의 확인을 신청하였을 때에는 관할 토지수용위원회가 이를 수리함으로써 협의 성립이 확인된 것으로 본다.
④ 제1항 및 제3항에 따른 확인은 이 법에 따른 재결로 보며, 사업시행자, 토지소유자 및 관계인은 그 확인된 협의의 성립이나 내용을 다툴 수 없다.

Question 02

국토교통부장관은 표준지로 선정된 관악구 봉천동 100번지 A토지(田)의 2024.1.1. 기준 공시지가를 1㎡당 2,000만원으로 결정·공시하였다. 국토교통부장관은 A토지의 표준지공시지가를 산정함에 있어 부동산 가격공시에 관한 법률 및 같은 법 시행령이 정하는 "표준지선정관리지침"(국토교통부 훈령)을 고려하여 표준지를 평가하였다. 관악구청장은 A토지를 비교표준지로 선정하여 B토지에 대한 개별공시지가를 1㎡당 2,200만원으로 결정·공시 후 이를 甲에게 통지하였다. 甲은 국토교통부장관이 A토지의 표준지공시지가를 단순히 행정청 내부에서만 효력을 가지는 국토교통부 훈령 형식의 "표준지선정관리지침"이 정하는 바에 따라 평가함으로써 결과적으로 부동산 가격공시에 관한 법령이 직접 규정하지 않는 사항을 표준지공시지가 평가의 고려사항으로 삼은 것은 위법하다고 주장하고 있다. 다음 물음에 답하시오 (단, 각 물음은 상호독립적임). 30점

(1) 국토교통부 훈령인 "표준지선정관리지침"의 법적 성질에 비추어 甲 주장의 타당성 여부를 설명하시오. 10점

(2) 해당 표준지 봉천동 100번지 공시지가는 지목이 '대지'인 봉천동 120번지의 2023년 거래사례를 참조해 결정됐다. 하지만 지목이 다른 토지와 비교해 평가할 때에는 지목에 따른 토지 유용성 등 가치가 다른 점을 반영해야 하는데 이번 가격평가의견서에는 지목 차이를 반영하지 않았다. 또한, 가격평가의견서의 기타 요인 보정부분에서는 지목이 '대지'인 봉천동 120번지의 2023년 거래사례보다 30%를 감액하여 평가했는데 그 이유에 대해 명확한 근거를 제시하지 않았다. 인근 토지소유자 乙은 해당 표준지공시지가 결정에 대하여 위 2가지 위법이 있다고 주장하면서 취소소송을 제기하고자 한다. 인근 토지소유자 乙이 취소소송을 제기할 수 있는지와 소송이 가능하다면 주장의 타당성을 설명하시오. 20점 (단 제소기간은 경과하지 않은 것으로 간주할 것)

■ 참조 조문
〈부동산 가격공시에 관한 법률〉
제3조(표준지공시지가의 조사·평가 및 공시 등)
① 국토교통부장관은 토지이용상황이나 주변 환경, 그 밖의 자연적·사회적 조건이 일반적으로 유사하다고 인정되는 일단의 토지 중에서 선정한 표준지에 대하여 매년 공시기준일 현재의 단위면적당 적정가격(이하 "표준지공시지가"라 한다)을 조사·평가하고, 제24조에 따른 중앙부동산가격공시위원회의 심의를 거쳐 이를 공시하여야 한다.
② 국토교통부장관은 표준지공시지가를 공시하기 위하여 표준지의 가격을 조사·평가할 때에는 대통령령으로 정하는 바에 따라 해당 토지 소유자의 의견을 들어야 한다.
③ 제1항에 따른 표준지의 선정, 공시기준일, 공시의 시기, 조사·평가 기준 및 공시절차 등에 필요한 사항은 대통령령으로 정한다.
④ 국토교통부장관이 제1항에 따라 표준지공시지가를 조사·평가하는 경우에는 인근 유사토지의 거래가격·임대료 및 해당 토지와 유사한 이용가치를 지닌다고 인정되는 토지의 조성에 필요한 비용추정액, 인근지역 및 다른 지역과의 형평성·특수성, 표준지공시지가 변동의 예측가능성 등 제반사항을 종합적으로 참작하여야 한다.
⑤ 국토교통부장관이 제1항에 따라 표준지공시지가를 조사·평가할 때에는 업무실적, 신인도(信認度) 등을 고려하여 둘 이상의 「감정평가 및 감정평가사에 관한 법률」에 따른 감정평가법인등(이하 "감정평가법인등"이라 한다)에게 이를 의뢰하여야 한다. 다만, 지가 변동이 작은 경우 등 대통령령으로 정하는 기준에 해당하는 표준지에 대해서는 하나의 감정평가법인등에 의뢰할 수 있다.
—이하 생략—

〈표준지의 선정 및 관리지침, 시행 2023.1.30. 국토교통부훈령 제1593호〉
제7조(표준지 선정 및 관리의 기본원칙)
① 토지의 감정평가 및 개별공시지가의 산정 등에 효율적으로 활용되고 일반적인 지가정보를 제공할 수 있도록 표준지를 선정·관리한다.
② 다양한 토지유형별로 일반적이고 평균적인 토지이용상황, 가격수준 및 그 변화를 나타낼 수 있도록 표준지를 선정·관리한다.
③ 표준지 상호 간 연계성을 고려하여 용도지역·용도지대별 또는 토지이용상황별로 표준지를 균형 있게 분포시키고, 인근토지의 가격비교기준이 되는 토지로서 연도별로 일관성을 유지할 수 있도록 표준지를 선정·관리한다.

Question 03

甲과 乙은 감정평가사 자격이 없는 공인회계사로서, 甲은 A주식회사의 부사장 겸 본부장이고 乙은 A주식회사의 상무의 직에 있는 자이다. 甲과 乙은 A주식회사 대표 B로부터 서울 소재의 A주식회사 소유 빌딩의 부지를 비롯한 지방에 있는 같은 회사 전 사업장 물류센터 등 부지에 대한 자산재평가를 의뢰받고, 회사의 회계처리를 목적으로 부지에 대한 감정평가 등 자산재평가를 실시하여 그 결과 평가대상 토지(기존의 장부상 가액 3천억원)의 경제적 가치를 7천억원의 가액으로 표시하고, 그 대가로 1억 5,400만원을 받았다. 이러한 甲과 乙의 행위는 「감정평가 및 감정평가사에 관한 법률」(이하 '감정평가법') 위반이라고 감정평가사 丙은 주장하고 있다. 다음 물음에 답하시오. 20점

(1) 공인회계사 甲과 乙의 행위(즉 유형자산에 대한 감정평가)는 적정한 행위인지 설명하시오. 10점

(2) 감정평가사 丙의 주장처럼 甲과 乙의 유형자산의 자산재평가 행위가 위법하다면 감정평가법에 따라 고발조치한다면 어떠한 벌칙을 받게 되는지 법령을 중심으로 설명하시오. 10점

Question 04

「감정평가 및 감정평가사에 관한 법률」상 감정평가사 자격취소에 대하여 설명하시오. 10점

Question 01 40점

Ⅰ. 논점의 정리

1. 사업인정 및 사업인정고시의 법적 성질에 대하여 설명하고 사업인정고시의 효과를 설명하고자 한다.
2. 사업인정 시 이해관계인의 의견청취 및 중앙토지수용위원회의 협의를 결한 경우, 이해관계인의 취소소송 제기 가능성을 설명하고자 한다.
3. 협의성립확인에 대하여 설명하고, 진정한 소유자의 동의가 없는 경우 취소를 주장할 수 있는지 설명하고자 한다.

Ⅱ. 물음 1) 사업인정과 사업인정고시의 법적 성질 및 효력 10점

1. 사업인정의 의의 및 법적 성질(토지보상법 제2조 제7호, 제20조)

1) 사업인정의 의의 및 취지

사업인정이란 공익사업을 토지 등을 사용, 수용할 수 있는 사업으로 결정하는 것을 말한다. 이는 절차를 법정화하고, 피수용자에 대한 권리보호 및 사전적 권리구제에 취지가 인정된다.

2) 사업인정의 법적 성질

① 〈판례〉는 사업시행자에게 일정한 절차를 거칠 것을 조건으로 수용권을 형성하여 주는 형성적 행정행위로 국민의 권리·의무에 영향을 미치는 〈처분〉으로 보고, ② 국토교통부장관이 사업인정을 위하여 모든 절차를 거쳐 결정하는 〈재량행위〉이며, ③ 사업시행자에게는 수익적, 피수용자에게는 침익적 효과를 발생하는 〈제3자효 행정행위〉이다.

2. 사업인정고시의 의의 및 법적 성질

1) 사업인정고시의 의의 및 취지(토지보상법 제22조)

사업인정고시는 사업인정이 결정되면 사업시행자 및 이해관계인 등에게 통지하고, 관련 내용을 관보에 공시하는 것을 말한다. 이는 사업인정고시로부터 공용수용 절차가 진행되는 점에서 취지가 있다.

2) 사업인정고시의 법적 성질

통지라는 견해와 특허라는 견해가 대립하나 사업인정고시가 있은 날로부터 사업인정의 효력이 발생하는 점에서 사업인정과 구별하기 어렵고, 사업인정과 같이 〈특허〉로 보는 것이 타당하다.

3. 사업인정고시의 효력

사업인정고시가 있은 날로부터 사업인정의 효력이 발생하고, 사업시행자는 수용권이 설정되며, 수용목적물이 확정되고, 관계인의 범위 확정된다. 또한 피수용자는 토지보전의무가 발생하고, 감정평가사는 토지, 물건의 조사권이 형성된다.

Ⅲ. 물음 2) 사업인정 절차를 결한 경우, 이해관계인이 취소소송을 제기할 수 있는지

20점

1. 사업인정의 위법여부

1) 사업인정의 절차

사업인정은 사업인정의 신청(시행령 제10조), 협의 및 의견청취(법 제21조 제1항, 제2항), 중앙토지수용위원회의 검토(법 제21조 제3항), 의견제시 및 보완요청(법 제21조 제5항, 제6항, 제7항), 사업인정 통지 및 고시(법 제22조)의 절차를 거친다.

2) 사업인정의 절차상 하자 여부

〈사안의 경우〉 청년임대주택 사업에 대한 사업인정을 하면서 이해관계인의 의견청취 절차를 결하였다. 따라서 절차상 하자로 위법하다고 판단된다. 이에 실질적 하자 없이 절차상 하자만으로 취소를 구할 수 있는지 설명하고자 한다.

2. 절차상 하자의 독자적 위법성 및 그 정도

1) 학설 및 판례의 태도
소송경제 근거의 〈부정설〉, 적법절차 기초한 〈긍정설〉, 〈절충설〉의 견해가 대립하고, 〈판례〉는 기속행위와 재량행위 무관하게 모두 절차상 하자를 긍정하였고, 최근 〈판례〉는 절차의 하자도 중대, 명백한 경우에는 당연무효가 될 수 있다고 판시하였다.

2) 검토
헌법 제12조 제1항에서는 적법절차원칙을 규정하고, 행정소송법 제30조 제3항에서 절차위법으로 취소가 되는 점에 따라 절차상 하자는 독자적으로 위법성을 다툴 수 있다고 판단된다.

3) 위법성의 정도
통설과 판례의 태도에 따라 〈중대명백설〉에 의하고, 〈사안의 경우〉 내용상 중대한 위법이 존재하나 일반인의 입장에서 명백하다고 보기 어려워 〈취소사유〉에 해당한다고 판단된다.

3. 乙 주장의 타당성

1) 이해관계인의 취소소송 제기 가능성
행정소송법 제12조는 취소소송은 취소 등을 구할 법률상 이익이 있는 자가 제기할 수 있다고 규정한다. 乙은 해당 사업인정으로 영향을 받는 이해관계인으로 법률상 이익이 있는 자에 해당하여 원고적격이 인정되고, 취소소송을 제기할 수 있다.

2) 乙 주장의 타당성
사업인정을 하는 경우 토지보상법 제21조에 규정된 절차를 거치지 않았다면, 절차상 하자에 해당하고 이는 〈취소사유〉의 위법이 존재하는바 취소소송을 제기할 수 있다고 판단된다. 따라서 乙의 주장은 타당성이 인정된다.

Ⅳ. 물음 3) 협의성립확인 및 진정한 토지소유자 주장의 타당성 [10점]

1. 협의성립확인의 개관

1) 협의성립확인의 의의 및 취지(토지보상법 제29조)

사업인정 후 협의가 성립된 경우, 사업시행자는 피수용자의 동의를 받아 관할 토지수용위원회에 협의성립확인을 신청할 수 있고, 확인을 받음으로써 재결로 간주하는 제도를 말한다. 이는 계약불이행 방지 및 신속한 사업수행에 취지가 있다.

2) 협의성립확인의 절차

① 일반적으로 피수용자의 동의를 받아 협의성립확인을 신청하고, 재결의 절차를 적용하여 열람, 심의, 재결의 절차를 거친다(동법 제29조 제1항). ② 공증인법에 의할 경우 피수용자의 공증을 받아 협의성립확인을 신청하고, 관할 토지수용위원회가 신청을 수리하여 재결로 간주한다(동법 제29조 제3항).

3) 협의성립확인의 효력

① 협의성립확인 시 재결로 간주하여 사업시행자는 원시취득으로 소유권을 취득한다.
② 또한 재결에 따라 협의 성립 및 내용에 대하여 사후적으로 다툴 수 없는 차단효가 발생한다.

2. 진정한 토지소유자 동의 흠결 시 취소소송 제기여부

1) 관련 판례의 태도(2016두51719)

〈판례〉는 ① 간이한 절차만으로 원시취득의 강력한 효력과 차단효가 발생하게 된 법적 정당성의 원천은 사업시행자와 토지소유자의 진정한 합의를 하였다는 데 있고, 동의의 주체는 진정한 토지소유자를 의미한다. ② 진정한 토지소유자의 동의 없이 등기부상 소유명의자만의 동의를 얻어 협의성립확인 신청을 하였음에도 관할 토지수용위원회가 이를 수리하였다면 이는 토지보상법상 소유자의 동의 요건을 흠결한 것이고, 이를 수리행위의 위법사유로 하여 취소를 제기할 수 있다고 판시하였다.

2) 한석봉 주장의 타당성(검토)

협의성립확인은 원시취득과 차단효의 발생으로 사후적으로 다툴 수 없는 불이익이 발생하는바 진정한 토지 소유자의 동의가 있어야 할 것이고, 진정한 소유자인 한석봉의 동의 없이 협의성립확인이 되었다면 이는 동의 요건을 충족하지 못한 위법이 존재하여 취소할 수 있다고 판단된다. 따라서 한석봉 주장은 타당성이 인정된다.

V. 사안의 해결

1. 사업인정고시가 있는 날부터 사업인정의 효력이 발생하여 수용권 설정, 수용목적물 확정, 토지보전 의무 등이 발생할 것으로 판단된다.
2. 사업인정 시 이해관계인의 의견청취를 필수로 거쳐야 하고, 이를 위반하는 경우 절차상 하자로 취소사유의 위법이 존재한다고 판단된다.
3. 협의성립확인 시 차단효가 발생하여 사후적으로 다툴 수 없는바 피수용자가 이러한 효력을 충분히 인지할 수 있도록 강제적인 사전 안내 제도의 도입이 필요하다고 판단된다.

—끝—

Question 02 [30점]

I. 논점의 정리

1. 표준지선정관리지침의 법적 성질 및 이를 기준한 표준지공시지가의 위법 여부를 설명하고자 한다.
2. 표준지공시지가 결정시 지목이 다른 거래사례를 기준하여 평가하고, 이에 대한 차이 및 감액에 대한 근거를 제시하지 않은 경우 인근 토지소유자가 취소소송을 제기할 수 있는지 설명하고자 한다.

Ⅱ. 물음 1) 표준지선정관리지침의 법적 성질 및 표준지공시지가의 위법 여부 10점

1. 표준지선정관리지침의 의의 및 취지

표준지선정관리지침은 표준지의 선정 및 관리에 대한 세부사항에 대하여 규정한 것으로 국토교통부 훈령에 해당한다. 이는 표준지 선정 및 관리의 객관성 확보에 취지가 있다.

2. 표준지선정관리지침의 법적 성질

1) 법령보충적 행정규칙 및 문제점

표준지선정관리지침은 부동산공시법 제3조 제3항 및 동법 시행령 제2조 제2항의 위임을 받은 법령보충적 행정규칙으로 형식은 행정규칙이나, 그 실질은 법령의 구체적 내용을 설명하는 차이가 있어 법규성 여부가 문제가 된다

2) 학설의 검토

① 형식을 중시하는 〈행정규칙설〉, ② 실질을 중시하는 〈법규명령설〉, ③ 규범을 구체화하는 경우 법규성을 인정한 〈규범구체화 행정규칙설〉, ④ 헌법이 정한 형식에 부합하지 않다고 보는 〈위헌무효설〉이 대립한다.

3) 판례의 태도

① 〈판례〉는 상위 규정과 결합하여 대외적 구속력이 인정된다고 판시하였고(대판 1987.9.29, 86누484), ② 〈판례〉는 토지보상법 제68조 제3항에 위임에 따라 토지보상법 시행규칙 제22조의 법규성을 긍정하였다(대판 2012.3.29, 2011다104253).

4) 검토

표준지선정관리지침의 경우 부동산공시법 제3조 제3항 및 동법 시행령 제2조 제2항의 위임 규정을 두고, 판례의 태도에 따라 이와 결합하여 법규성이 인정된다고 판단된다. 다만, 법규성의 논의가 존재하는바 법규성의 인정여부에 따라 甲 주장의 타당성을 설명하고자 한다.

3. 甲 주장의 타당성

1) 표준지선정관리지침의 법규성이 인정되는 경우
표준지선정관리지침은 대외적 구속력이 인정되고, 이에 따라 표준지공시지가 평가를 하였다면 이는 적법한 것으로 甲주장의 타당성이 결여된다.

2) 표준지선정관리지침의 법규성이 부정되는 경우
표준지선정관리지침은 내부적 사무처리준칙에 해당하고, 법령에서 규정하지 않은 사항을 표준지공시지가 평가에 적용하는 것은 타당하지 않다고 판단되어 甲주장이 타당하다고 판단된다. 다만, 곧바로 위법한 것은 아니고 이를 기준함에 따라 부당한 표준지공시지가가 결정되었다고 인정되는 경우에 위법하다고 생각된다.

Ⅲ. 물음 2) 지목이 다른 거래사례를 기준한 위법 및 인근 토지소유자의 취소소송 제기 가능 여부 20점

1. 표준지공시지가 의의 및 법적 성질(부동산공시법 제3조)
국토교통부장관이 조사·평가하여 표준지에 대하여 매년 공시기준일 현재 단위면적당 적정가격을 결정·공시하는 것을 말한다. 이는 적정가격 형성 및 조세형평에 취지가 있고, 〈판례〉는 그 자체로 항고소송의 대상이 되는 처분이라고 판시하였다(대판 2008.8.21, 2007두13845).

2. 인근 토지소유자의 취소소송 제기 가능 여부

1) 관련 규정의 검토
① 부동산공시법 제7조 및 동법 시행령 제11조에서는 표준지공시지가에 이의가 있는 자는 공시일로부터 30일 이내에 국토교통부장관에 이의를 제기할 수 있다고 규정하였고, ② 부동산공시법 제9조는 표준지공시지가는 토지 시장의 지가정보 제공, 거래지표, 행정목적의 지가산정, 감정평가의 기초가 된다고 규정하였다.

2) 인근 토지소유자의 취소소송 제기 가능여부

표준지공시지가는 토지에 대한 공시가격으로 행정목적 및 감정평가 등 다양한 범위에서 활용되는 점, 표준지공시지가에 대한 이의신청을 제기할 수 있는 자의 범위를 토지소유자로 한정하지 않은 점을 고려하여 인근 토지소유자의 경우에도 취소소송을 제기할 수 있다고 판단된다.

3. 표준지공시지가 결정의 위법 여부

1) 관련 규정의 검토

① 부동산공시법 제3조에서는 표준지공시지가를 조사·평가하는 경우, 해당 토지와 유사한 이용가치를 지닌다고 인정되는 토지의 조성비용, 거래가격, 임대료 등을 고려하여 평가하도록 하였고, ② 표준지조사평가기준 제9조에서는 공법상 용도지역 및 실제이용상황 등을 기준하여 개별요인을 비교하도록 규정하였다.

2) 관련 판례의 태도(2007두20140)

〈판례〉는 표준지공시지가의 적정성이 인정되기 위해서는 감정평가서에 평가원인을 구체적으로 특정하여 명시함과 동시에 그 요인별 참작내용과 정도를 객관적으로 납득할 수 있을 정도로 작성하여야 한다고 판시하였다.

3) 표준지공시지가의 위법여부

사안의 경우 ① '전' 토지에 대하여 '대지'의 거래사례를 기준으로 하여 평가하였고, 지목에 대한 차이도 반영하지 않았으며 ② 평가액 결정에 대한 감액의 명확한 근거를 제기하지 않았다. 따라서 표준지공시지가는 위법하다고 판단되며, 인근토지소유자인 乙의 주장은 타당성이 인정된다.

Ⅳ. 사안의 해결

1. 표준지선정관리지침은 법령보충적 행정규칙으로 상위법령과 결합하여 법규성이 인정된다고 판단된다.
2. 대상 토지와 지목이 다른 거래사례로, 지목의 차이를 반영하지 않고, 구체적으로 평가 근거를 제시하지 않은 표준지공시지가는 위법하고, 국토교통부장관은 이를 소멸시켜 다시 평가하여야 할 것이다.

-끝-

Question 03 20점

Ⅰ. 논점의 정리

1. 공인회계사가 한 유형자산 평가의 적정여부를 설명하고자 한다.
2. 감정평가사자격이 없는 자가 평가한 경우 벌칙에 대하여 설명하고자 한다.

Ⅱ. 물음 1) 공인회계사의 유형자산평가 적정 여부 10점

1. 감정평가 및 감정평가법인등의 의미[감정평가법 제2조]

감정평가란 토지 등의 경제적 가치를 판정하여 그 결과를 가액으로 표시하는 것을 말한다.

감정평가법인등이란 감정평가업무를 수행하기 위하여 자격을 취득하고, 동법 제21조에 따라 사무소를 개설한 감정평가사와 제29조에 따라 인가를 받고 설립한 법인을 말한다.

2. 감정평가업의 의미[감정평가법 제10조]

감정평가업이란 부동산공시법에서 규정한 업무, 부동산공시법 제8조의 공공용지 매각, 처분, 토지의 수용보상업무, 자산재평가 업무, 법원에서 소송, 경매 중인 업무, 금융기관 등의 의뢰에 따른 업무, 조언 및 정보제공 등의 업무가 있다.

3. 공인회계사의 유형자산 평가가 적정한 행위인지

1) 회계상 감정의 의미

〈판례〉는 기업이 작성한 회계 관련 서류에 대하여 회계처리기준에 부합하게 작성되었는지를 감정하는 것을 공인회계사의 업무에 해당하는 회계상 감정으로 판시하였다.

2) 유형자산 평가가 적정한 행위인지 여부

〈판례〉는 자산재평가의 유형자산평가는 회계처리기준의 부합여부를 판단하는 회계상 감정이 아니고, 감정평가법에 따라 감정평가법인등의 업무에 해당하는바 공인회계사의 유형자산평가는 위법한 행위로 판단된다.

Ⅲ. 물음 2) 감정평가법에 따른 벌칙 10점

1. 甲과 乙에게 적용될 벌칙

1) 관련 규정의 검토(감정평가법 제49조)

감정평가법 제49조 제2호에서는 감정평가법인등이 아닌 자의 감정평가 업무에 대하여 벌칙 규정을 두고 있고, 이 경우 3년 이하의 징역 또는 3천만원 이하의 벌금에 처한다.

2) 검토

공인회계사인 甲과 乙은 감정평가법인등에 해당하지 않고, 감정평가업인 자산재평가의 유형자산 평가를 한바 감정평가법 제49조에 따라 3년 이하의 징역 또는 3천만원 이하의 벌금에 처한다고 판단된다.

2. 관련 판례의 검토

최근 〈판례〉에서는 감정촉탁을 하는 권한은 법원에 있고, 행정소송사건의 심리절차에서 토지보상법상 토지 등의 손실보상액에 관하여 감정을 명할 경우 그 감정인으로 반드시 감정평가사나 감정평가법인을 지정하여야 하는 것은 아니라고 판시하였다.

Ⅳ. 사안의 해결

최근 판례는 감정평가법의 입법취지 및 업무영역 규정에 근거하여 부적합한 판례로 판단된다. 해당 판례는 산양삼이라는 특수 물건 및 법원의 감정인 지정이라는 개별적 상황에 대하여만 인정되는 판례로 보아야 하고, 감정평가사 자격을 갖추지 않은 자의 감정평가업무 시에는 제49조의 벌칙규정에 따라 처벌하여야 한다고 생각된다. ―끝―

Question 04 10점

Ⅰ. 서론

감정평가 및 감정평가사에 관한 법률에 규정된 감정평가사 자격취소에 대하여 설명하고자 한다.

Ⅱ. 감정평가사 자격취소(감정평가법 제13조, 제39조 제1항)

1. 자격취소의 의의 및 취지

감정평가사에 대하여 부당한 방법으로 자격을 취득한 경우 및 자격증 명의대여, 금고형 1회 이상, 1년 이상 업무정지처분의 2회 이상에 해당하는 경우 자격을 취소할 수 있는 제도를 말한다. 이는 위법한 감정평가방지 및 공정성 확보에 취지가 있다.

2. 자격취소의 법적 성질

① 부당한 방법으로 자격을 취득한 경우에는 '하여야 한다'로 규정하여 〈기속행위〉에 해당하고, ② 자격증 명의대여, 금고형 1회 이상, 1년 이상의 업무정지의 2회 이상은 '할 수 있다'로 〈재량행위〉에 해당한다.

3. 자격취소의 절차

(1) 개요

감정평가법에서는 자격취소의 경우 청문(법 제45조)만이 규정되어 있다. 그러나 침익적 처분인 자격취소는 일반법인 행정절차법이 적용되어, 처분의 사전통지(제21조), 청문(제22조 제1항), 처분의 이유제시(제23조), 고지(제26조) 등의 절차가 적용된다.

(2) 처분의 사전통지(행정절차법 제21조)

행정청은 당사자에게 의무를 부과하거나 권익을 제한하는 처분을 하는 경우에는 미리 당사자 등에게 통지하여야 한다.

(3) 청문(의견청취, 행정절차법 제22조)

① 행정절차법 제22조에서는 신분·자격의 박탈을 하는 경우 청문을 한다고 규정하고 있으며, ② 감정평가법 제45조에서는 부정한 방법으로 자격을 받은 사유로 자격취소 시 청문을 실시하여야 한다고 규정하고 있다.

(4) 처분의 이유제시(행정절차법 제23조)

행정청은 처분을 할 때에는 ① 신청 내용을 모두 그대로 인정하는 처분인 경우, ② 단순반복적인 처분 또는 경미한 처분으로서 당사자가 그 이유를 명백히 알 수 있는 경우, ③ 긴급히 처분을 할 필요가 있는 경우를 제외하고는 당사자에게 그 근거와 이유를 제시하여야 한다.

(5) 고지(행정절차법 제26조)

행정청이 처분을 하는 때에는 당사자에게 그 처분에 관하여 행정심판 및 행정소송을 제기할 수 있는지 여부, 그 밖에 불복을 할 수 있는지 여부, 청구절차 및 청구기간, 그 밖에 필요한 사항을 알려야 한다.

—끝—

제03회 감정평가 및 보상법규 종합문제

Question 01

우리 헌법 제23조 제3항은 손실보상의 일반적 기준에 관하여 정당보상의 원칙을 규정하고 있으며, 현행 「공익사업을 위한 토지 등의 취득 및 보상에 관한 법률」(이하 '토지보상법')에서는 그 구체적인 기준으로서 시가보상원칙, 공시지가기준, 개발이익 배제, 생활보상제 등을 규정하고 있다. 다음의 설문에 답하시오. 40점

(1) 헌법 제23조 제3항의 정당한 보상의 의미에 대하여 설명하시오.
(2) 토지보상법상 보상의 적정화를 위하여 어떠한 내용으로 구체화되고 있는지 설명하시오.
(3) 토지보상법상 개발이익 배제제도의 의의, 필요성, 문제점에 대하여 논하시오.

Question 02

공용수용에서 공적주체인 사업시행자가 행하는 강제적인 수용절차를 진행할 수 있는 핵심적인 명분은 공공필요이다. 그렇다면 공공필요와 수용목적물의 관계는 어떠한지 설명하시오. 20점

Question 03

사용수용의 법리를 설명하고 공익의 계속적 실현을 담보할 수 있는 보장책을 제시하시오. 20점

Question 04

「공익사업을 위한 토지 등의 취득 및 보상에 관한 법률」 제20조부터 제22조까지 사업인정의 절차 등을 명시하고 있다. 이는 공익사업을 수행함에 있어서 절차적 정당성이 매우 중요하기 때문이다. 그러나 각 개별법령에서는 이러한 절차를 거치지 아니하는 사업인정 의제제도를 두고 있는 실정이다. 사업인정 의제제도의 법적 문제를 검토하시오. 20점

Question 01 (40점)

Ⅰ. 논점의 정리

재산권 침해에 대해 손실보상의 범위를 결정하는 문제는 각국의 입법정책 및 사회적 가치관에 따라 달라진다. 우리나라는 헌법 제23조 제3항에서 정당보상의 원칙을 취하면서 구체적인 보상 기준을 토지보상법에서 규정하고 있다. 이때 〈물음 1〉에서 이러한 헌법 제23조 제3항의 정당보상에 대한 학설 및 판례에 대해 검토한다. 〈물음 2〉에서 토지보상법상 보상의 적정화를 위한 구체적 내용을 설명한다. 〈물음 3〉에서 토지보상법상 개발이익배제의 의의 및 형평성 등의 문제점에 대해 검토한다.

Ⅱ. 물음 1(헌법 제23조 제3항의 의미)

1. 문제의 소재

헌법 제23조 제3항은 정당한 보상을 지급하여야 한다고 규정한다. 그러나 정당 보상의 범위가 추상적인바 이에 대한 검토가 필요하다.

2. 학설

공용침해로 발생한 객관적 손실 전부를 보상하여야 한다는 〈완전보상설〉, 사회국가원리에 비추어 정당한 보상이면 족하다는 〈상당보상설〉, 완전보상을 요하는 경우와 상당보상을 요하는 경우를 나누는 〈절충설〉이 있다.

3. 판례의 태도

① 대법원은 정당보상이란 완전보상을 뜻하는 것으로 보상의 시기나 방법 등에 어떠한 제한이 없어야 한다고 판시하였다. ② 헌법재판소는 정당보상이란 피수용 재산의 객관적 가치를 완전하게 보상하는 것을 의미한다고 판시하였다.

4. 검토

정당한 보상이란 침해 전후 재산적 가치를 동일하게 보상하는 것이므로 판례에 따라 완전보상이라고 봄이 타당하다고 판단된다. 이때 대물적 보상으로 해결되지 않는 부분은 생활보상으로서 보상함이 바람직할 것이다.

Ⅲ. 물음 2(토지보상법상 보상의 적정화를 위한 내용)

1. 손실보상의 기준

1) 시가보상(토지보상법 제67조 제1항)

시가보상이란 협의 성립 및 수용재결 당시의 가격을 기준으로 보상하는 것을 말한다. 〈판례〉는 토지 등을 수용함으로 인해 그 소유자에게 보상하여야 할 손실액은 수용재결 당시의 가격을 기준하여 산정할 것이고, 이와 달리 이의재결일을 그 평가기준일로 하여 보상액을 산정해야 한다는 상고이유는 받아들일 수 없다고 판시하였다.

2) 개발이익 배제 보상(토지보상법 제67조 제2항)

① 개발이익이란 공익사업의 시행 또는 공고 등으로 인해 토지소유자가 자기의 노력과 관계없이 지가가 상승되어 현저하게 받은 이익으로서 정상지가 상승분을 초과하여 증가된 부분을 말한다. ② 개발이익 배제란 이러한 개발이익을 보상액 산정 시 고려하지 않는 것을 말한다.

3) 공시지가 기준보상(토지보상법 제70조 제1항)

협의나 재결에 의하여 취득하는 토지에 대하여 공시지가를 기준으로 하여 보상하는 것을 말한다. 이때 그 토지의 위치·형상·환경·이용상황 등을 고려하여 평가한 적정가격으로 보상하여야 한다.

4) 생활보상의 지향(토지보상법 제78조, 제78조의2)

피수용자가 종전과 같은 생활을 유지할 수 있도록 보장하기 위한 보상으로서, 재산권보상의 한계점을 보완하고자 하는 것이다.

2. 손실보상의 원칙(방법)

1) 의의

손실보상의 원칙이란 공익사업을 시행하는 자가 공용침해에 따른 손실보상을 함에 있어서 지켜야 하는 원칙을 말한다. 이는 헌법 제23조 제3항의 정당보상을 구체화하기 위하여 법률로써 규정된 것이다.

2) 구체적인 내용

사업시행자 보상원칙(토지보상법 제61조), 사전보상원칙(동법 제62조), 현금보상원칙(동법 제63조), 개인별 보상원칙(동법 제64조), 일괄보상원칙(동법 제65조), 사업시행이익과의 상계금지원칙(동법 제66조), 시가보상원칙(동법 제67조), 개발이익 배제의 원칙(동법 제67조 제2항), 복수평가의 원칙(동법 제68조)이 있다.

3. 손실보상액 결정에 대한 불복

1) 이의신청(토지보상법 제83조)

재결서의 정본을 받은 날부터 30일 이내에 해당 지방토지수용위원회를 거쳐 또는 바로 중앙토지수용위원회에 이의를 신청할 수 있으며, 이는 특별법상 행정심판에 해당한다.

2) 보상금증감청구소송(동법 제85조 제2항)

보상금 재결 사항에 대해 불복 시 재결서를 받은 날부터 90일 이내에, 이의신청을 거친 경우 이의신청에 대한 재결서를 받은 날부터 60일 이내에 각각 제기할 수 있다. 분쟁의 일회적 해결에 그 취지를 두고 있다.

4. 기타 정당보상 실현을 위한 내용

보상금의 공탁(토지보상법 제40조 제2항), 재결의 실효(동법 제42조) 및 확장수용(토지보상법 제72조, 제74조, 제75조) 등이 이에 해당한다.

IV. 물음 3(개발이익 배제 관련 사항)

1. 개발이익 배제의 의의(토지보상법 제67조 제2항)

개발이익 배제란 공익사업의 시행으로 인해 토지소유자의 노력과 관계없이 상승한 정상지가 상승분 이상의 이익을 보상액 산정 시 배제하는 것을 말한다.

2. 개발이익 배제의 필요성

개발이익은 미실현된 잠재적 이익으로서 공익사업의 시행으로 인해 발생하는 것이므로, 수용 당시 토지소유자의 재산권 가치에 해당한다고 볼 수 없다. 〈헌법재판소〉는 개발이익은 형평의 관념에 비추어 볼 때, 토지소유자에게 당연히 귀속되어야 할 성질의 것은 아니고, 오히려 투자자인 기업자 또는 궁극적으로 국민 모두에게 귀속되어야 할 성질의 것이라고 하였다. 따라서 평등의 원칙 및 판례, 토지보상법 제67조 제2항의 입법 취지를 비추어 보아 개발이익 배제제도의 필요성이 인정된다.

3. 개발이익 배제제도의 문제점

1) 사업시행지구 내외의 형평성 문제

사업시행지구 내의 개발이익 배제는 가능하나, 사업시행지구 이외 지역의 개발이익 환수가 이루어지지 않는 점에서 형평성의 문제가 존재한다. 〈판례〉는 비록 수용되지 아니한 토지소유자가 보유하게 되는 개발이익을 포함하여 일체의 개발이익을 환수할 수 있는 제도적 장치가 마련되지 아니한 상황에서 기준지가가 고시된 지역 내에서 피수용토지를 둔 토지소유자로부터만 이를 환수한다고 하여, 합리적 이유 없이 수용 여부에 따라 토지소유자를 차별한 것이라고는 인정되지 아니한다고 하여 형평성 문제를 부정하였다.

2) 개발이익 배제의 불완전성 문제

해당 사업으로 인하여 발생한 개발이익의 범위를 정확하게 산정하여 완전하게 배제하기 어렵다는 한계점이 존재한다.

4. 사안의 검토

생각건대 개발이익 배제제도는 정당보상을 실현하기 위하여 토지보상법 제67조 제2항에 규정된 손실보상의 기준으로서, 그 불완전성 문제는 토지보상법 시행령 제37조 제3항의 지가변동률 규정 및 동법 시행령 제38조의2의 적용공시지가 규정으로 완화할 수 있다. 또한 형평성 문제는 판례에 따라 법률상 규제제도가 없는 이상 위법이 없는바 개발이익 배제제도는 공평한 보상을 위해 유지되어야 한다고 판단된다.

V. 사안의 해결

〈물음 1〉에서 헌법 제23조 제3항의 정당보상은 판례에 따라 완전보상이라 판단되며 생활보상까지 그 범위를 넓혀야 함에 유의한다.

〈물음 2〉에서 토지보상법은 손실보상의 기준·원칙·불복 제도 등을 규정하여 보상의 적정화를 실현하고자 하고 있다.

〈물음 3〉에서 개발이익 배제제도는 형평성·불완전성 등의 문제가 존재하나 판례 및 토지보상법 제67조 제2항의 입법취지상 정당보상을 위해 유지되어야 한다. 단 개발이익을 얻는 사업구역 외의 토지에 대해서는 그 이익 환수를 위해 제도 마련이 필요할 것으로 판단된다.

Question 02 20점

I. 논점의 정리

헌법 제23조 제3항은 공용수용의 요건으로 공공필요를 요구하고 있으며, 수용목적물은 그 공공필요를 갖춘 공용수용으로 인해 취득되는 토지 등을 의미한다. 이하에서는 이러한 양자의 관계를 검토하고자 한다.

Ⅱ. 공공필요와 수용목적물의 의의

1. 공공필요의 의의 및 판단기준

1) 의의

공공필요는 대표적 불확정 개념으로 시대와 사회에 따라 달라지는 개념이다. 종래에는 그 범위가 매우 제한적이었으나 현대복리국가이념의 등장으로 행정의 기능이 확대됨에 따라 공공필요의 개념 또한 확대되고 있는 추세이다.

2) 판단기준

공공필요에 자의적 해석을 방지하기 위하여 비례의 원칙을 통해 판단한다. 즉, ① 목적물을 수용할 만한 사업인가를 판단하는 적합성의 원칙, ② 침해를 최소화할 수 있는 범위 내일 것을 요구하는 필요성의 원칙, ③ 공익과 사익의 이익형량 시 공익이 더 커야 한다는 상당성의 원칙이 충족되어야 한다. 그리고 이는 ④ 단계적 심사과정을 거쳐야 한다.

2. 수용목적물의 의의

수용목적물이란 공용수용의 객체로서 토지보상법 제3조에서는 ① 토지 및 토지에 관한 소유권 외의 권리, ② 입목(立木), 건물 등 토지에 정착된 물건 및 이에 관한 소유권 외의 권리, ③ 광업권·어업권·양식업권 또는 물의 사용에 관한 권리, ④ 토지에 속한 흙·돌·모래 또는 자갈에 관한 권리 등을 목적물로 규정하고 있다. 또한 각 개별법에서는 무체재산권까지도 수용목적물로 인정하고 있다.

Ⅲ. 공공필요와 수용목적물의 관계

1. 공공필요 개념 확장에 따른 수용목적물 범위의 확대

종래에는 수용목적물로 토지소유권에 한정되었으나, 최근에는 공공필요 개념 확장에 따라 일체의 재산적 가치가 있는 권리는 모두 수용목적물이 될 수 있다.

2. 수용목적물의 범위제한

수용목적물이 사유재산권인 경우, 침해되는 사익과 공익 사이의 이익형량을 통해 공공필요가 판단된다. 그리고 공공필요가 인정되는 사유재산권의 범위만큼 수용목적물의 범위가 결정된다.

3. 공공필요의 상충(토지보상법 제19조 제2항)

수용목적물이 공물인 경우에는 토지보상법 제19조 제2항에 따라 공익사업에 수용 또는 사용되고 있는 토지 등은 특별히 필요한 경우가 아니면 이를 다른 공익사업을 위하여 수용 또는 사용할 수 없다. 이때 상당성의 원칙에 따라 기존 공익사업의 공익보다 신규 공익사업의 공익이 더 큰 경우 공물을 신규 공익사업의 수용목적물로 인정한다.

4. 공공필요가 결여된 수용목적물

수용개시단계부터 공공필요가 없었던 경우에는 사업인정의 실체적 하자로서 불가쟁력이 발생한 경우를 제외하고는 불복하여 다툴 수 있다. 수용절차 종료 후 공공필요가 상실된 경우에는 환매권을 행사할 수 있다(토지보상법 제91조).

IV. 사안의 해결

공용수용절차에 있어 수용목적물은 공공필요의 전제하에서 그 범위가 결정된다는 점에서 양자는 밀접한 관계에 있다. 이는 헌법 제23조 제3항의 정당한 보상과도 깊은 관련성이 있는바, 감정평가사는 정당보상 실현을 위해 이러한 양자의 관련성을 숙지하여 수용행정에 참여해야 할 것이다.

Question 03 (20점)

I. 논점의 정리

공용수용은 원칙적으로 공적주체에게만 인정되는 것으로 이해되어 왔으나, 공익사업의 증가 및 다양화 등의 이유로 사적주체에게도 사용수용이 인정되게 되었다. 이러한 사용수용의 법리에서는 해당 사업에 공공성이 인정될 수 있다면 공익의 계속적 실현이 가능한지가 가장 문제되므로 이하에서 논의하고자 한다.

II. 공공적 사용수용(사적공용수용)의 법리

1. 의의 및 취지

공공적 사용수용이란 특정 공익사업을 위하여 국가로부터 수용권을 설정받은 사적주체가 타인의 재산권을 법률의 힘에 의해 강제적으로 취득하는 것을 의미한다. 이는 민간 활력의 도입 및 공행정의 민간화 차원에서 그 취지가 인정된다.

2. 법적 근거

헌법 제23조 제3항 및 토지보상법 제4조 제5호가 근거가 된다. 또한 택지개발촉진법, 사회간접자본시설에 대한 민간투자법 등 개별법에 근거 규정이 있다.

3. 요건

공용수용의 요건인 공공필요, 재산권에 대한 침해, 침해의 적법성, 특별한 희생, 보상규정을 동일하게 요건으로 한다. 단 재산권의 침해주체가 사적주체라는 점에서 공공성 유무의 판단이 가장 중요하게 검토된다.

III. 계속적 공익실현을 위한 보장책

1. 보장책의 필요성 및 법적 근거

영리추구를 목적으로 하는 사기업은 국가의 통제를 받지 않는 한, 공익성보다는 이윤을

극대화하기 위한 유혹에 항상 노출되어 있으므로 계속적 공익실현을 위한 보장책이 필요하다. 이는 공용침해 시 공공필요가 요구된다는 헌법 제23조 제3항에 법적 근거를 둔다.

2. 보장책

1) 입법상 보장책

토지보상법 제91조의 환매권, 제23조의 사업인정 실효, 제24조의 사업인정 폐지 등의 규정이 있다. 최근 대법원은 수용권을 남용하는 재결을 하지 못한다고 판시하였는바 제34조의 재결도 보장수단으로 볼 수 있다.

2) 행정상 보장책

민간투자법에서는 감독명령 위반 시, 벌칙을 가할 수 있도록 규정하고 있다. 또한 사업인정 시 부관(행정기본법 제17조)을 붙여 공공성 보장을 도모할 수 있다.

3) 사법상 보장책

공익의 계속적 실현을 달성하지 못할 시, 헌법 제23조 제3항의 공공필요가 결여된 재산권 침해라 볼 수 있다. 따라서 이때 행정쟁송, 위헌법률심사, 헌법소원 등의 방법으로 통제를 가할 수 있다.

Ⅳ. 사안의 해결

공공적 사용수용은 공익사업의 증가 및 다양화로 인해 그 필요성이 인정된다. 단 공익의 계속적 실현을 위한 개별법 규정들이 매우 추상적이고 제한적이어서 실효성 확보수단으로서 미흡하다는 문제가 존재한다. 따라서 구체적인 보장책 마련을 위한 법 규정이 필요하며, 이로써 사용수용의 가장 중요한 요건인 공공성이 충족될 것이다.

Question 04 [20점]

Ⅰ. 논점의 정리

사업인정은 공익사업을 토지 등을 수용 또는 사용할 사업으로 결정하는 것을 말한다(토지보상법 제2조 제7호). 각 개별법령에서는 이러한 토지보상법 제20조의 사업인정절차를 거치지 않는 사업인정 의제제도를 규정하고 있는데, 그 절차적 정당성에 대해 문제가 존재하는바 이하 검토하기로 한다.

Ⅱ. 사업인정 의제제도의 의의 및 문제점

1. 의의

개별 공익사업의 특성을 반영해 토지보상법상 사업인정절차의 예외를 인정하는 것으로, 개별법상 사업계획 인가·승인 등을 사업인정에 갈음하도록 하여 절차를 간소화한 것을 말한다. 택지개발촉진법 등 각종 개별 법률에 근거를 둔다.

2. 문제점

1) 공공성 판단의 문제

토지보상법상 사업인정 시 수용을 위한 전제절차로 공공성 여부가 구체적으로 판단되는데에 비해, 사업인정 의제제도는 이러한 공공성 판단이 미흡하다는 문제가 있다.

2) 이해관계인 등의 절차참여 미흡

최근 개정된 토지보상법 제21조 제2항에서는 사업인정 의제 시에도 이해관계인의 의견을 들어야 한다고 규정하고 있으나, 구체적인 실현 방법의 부재로 미흡한 점이 있다.

3) 토지세목고시절차 부재로 인한 문제

토지세목고시를 생략하는 절차 간소화로 인해 사업인정단계에서 토지소유자는 자신의 토지가 수용대상이 되는지조차 알지 못하여 행정쟁송을 제기할 기회를 잃게 되는 문제가 존재한다.

4) 재결신청기간 규정배제로 인한 문제

재결신청기간에 대해 토지보상법은 사업인정 후 1년 이내에 하도록 규정하나(토지보상법 제28조), 사업인정 의제 시에는 해당 사업의 전체 사업기간 등을 적용하고 있어, 재결신청기간 특례의 문제가 발생한다.

5) 사업인정의 형해화 문제

토지보상법은 제4조에서 공익사업의 유형을 규정하면서 국가기관에 의해 사업인정을 받아야 비로소 토지 등의 수용이 가능하도록 규정하고 있다. 사업인정 의제제도는 이러한 사업인정 제도를 형해화시키는 문제가 존재한다.

Ⅲ. 사안의 해결(개선방안 검토)

사업인정 의제제도는 공익사업의 신속한 수행이 가능하나 상기와 같은 문제점들이 존재한다. 이때 단기적으로는 사전적 권리구제로서 사업의 홍보 및 공청회 등을 통한 지역 주민의 참여 도모가 가능할 것이며, 장기적으로는 의견청취 절차의 구체적 방법과 재결기간에 대한 법 개정이 검토되어야 할 것이다.

제04회 감정평가 및 보상법규 종합문제

Question 01
공익사업을 위한 토지 등의 취득 및 보상에 관한 법률(이하 '토지보상법')상 피수용자는 공익사업의 보상계획공고에 따라 보상평가를 받을 수 있다. 이때 토지보상법상 복수평가의 원칙이 적용되는 데 토지소유자 추천으로 인한 감정평가법인등의 추천절차를 설명하고, 손실보상액이 도출된 후에 피수용자와 사업시행자가 간의 사업인정 전후의 협의와 사업인정 후의 협의성립확인에 대해 비교 설명하시오. 30점

Question 02
공익사업을 위한 토지 등의 취득 및 보상에 관한 법률상 사업시행자와 피수용자의 법률관계를 설명하고, 광평대군 묘역과 풍납토성 사건에서와 같이 공물의 용도폐지를 선행하지 않으면서 사업시행자가 공물을 수용할 수 있는지에 대하여 공익 간 충돌의 문제로 설명하시오. 30점

Question 03
공용수용은 공익사업을 위하여 특정의 재산권을 법률에 의하여 강제적으로 취득하는 것을 내용으로 하므로 그 공익사업을 위한 필요가 있어야 하고, 그 필요가 있는지에 대하여는 "수용에 따른 상대방의 재산권 침해를 정당화할 만한 공익의 존재가 쌍방의 이익의 비교형량을 하여야 한다."라고 대법원 판례는 적시하고 있으며, 공익사업을 위한 토지 등의 취득 및 보상에 관한 법률(이하 '토지보상법')은 공용수용행정에 있어서 토지 등의 취득과 손실보상 등에 대하여 헌법 제23조의 취지에 부합하도록 일반법적 지위를 가지고 있다. 감정평가사에게 있어서 공용수용의 법리를 명확히 아는 것은 매우 중요한 문제인바, 이하의 물음에 대하여 구체적으로 논술하시오. 40점

(1) 사업인정과 수용재결의 법적 성질을 고찰하시오. 10점
(2) 사업인정과 수용재결의 권리구제의 차이점을 검토하시오. 15점
(3) 사업인정과 수용재결의 권리구제의 공통점을 검토하시오. 10점
(4) 하자의 승계 등 법적 논제를 고찰하시오. 5점

Question 01 [30점]

Ⅰ. 논점의 정리

토지보상법상에서는 당사자 사이에 협의로 수용목적물을 취득할 수 있는 절차를 규정하고 있다. 협의란 사업시행자와 피수용자가 수용목적물에 대한 권리취득 및 소멸 등을 위하여 행하는 교섭행위를 말하는 것으로, 최소침해의 원칙을 구현하는 데에 그 취지가 있다. 이하에서는 적정한 보상액을 결정할 수 있도록 규정한 복수평가 및 감정평가법인등의 추천절차를 설명하고, 사업인정 전후의 협의와 사업인정 후 협의의 효과를 강화하기 위해 시행하는 협의성립확인 제도를 비교하고자 한다.

Ⅱ. 복수평가 및 감정평가법인등의 추천절차

1. 복수평가 원칙(토지보상법 제68조 제1항)

사업시행자는 토지 등에 대한 보상액을 산정하려는 경우에는 감정평가법인등 3인을 선정하여 토지 등의 평가를 의뢰하여야 한다.

2. 감정평가법인등의 추천절차(동법 시행령 제28조)

1) 보상계획의 공고 및 통지(영 제23조 제1항)

사업시행자는 토지보상법 제15조 제1항에 따른 보상계획을 공고할 때에는 시·도지사와 토지소유자가 감정평가법인등을 추천할 수 있다는 내용을 포함하여 공고하고, 이를 통지하여야 한다.

2) 토지소유자의 추천자료의 요청(영 제28조 제5항)

토지보상법 시행령 제28조 제5항에 따라 감정평가법인등을 추천하려는 토지소유자는 해당 시·도지사와 한국감정평가사협회에 필요한 자료를 요청할 수 있다.

3) 토지소유자들의 동의(영 제28조 제4항)

감정평가법인등을 추천하려는 토지소유자는 보상대상 토지의 토지소유자 총수의 과반수 이상의 동의를 받은 서류를 첨부하여 추천하여야 한다.

4) 토지소유자의 감정평가법인등 추천(토지보상법 제68조 제2항)

시·도지사와 토지소유자는 토지보상법 제15조 제2항에 따른 보상계획의 열람기간 만료일로부터 30일 이내에 사업시행자에게 감정평가법인등을 추천할 수 있다.

Ⅲ. 사업인정 전후 협의 및 협의성립확인제도 비교

1. 사업인정 전후 협의의 비교

1) 공통점

(1) 제도적 취지

협의 절차를 통해 최소침해의 원칙을 구현하고, 신속하게 사업을 수행하고자 함에 그 취지가 있다.

(2) 협의의 내용

토지 및 물건 조서의 작성범위 내의 내용에서 토지보상법 제50조에서 규정한 사항 등에 대해 협의한다.

2) 차이점

(1) 법적 성질

사업인정 전 협의에 대해서 다수설과 판례는 사법상 계약으로 본다. 반면, 사업인정 후 협의에 대해서는 판례는 사법상 계약으로 이해하나, 다수 견해는 공법상 계약으로 본다는 차이점이 있다.

(2) 내용상 차이

사업인정 후 협의의 경우, 사업시행자는 피수용자의 동의 또는 공증을 받아서 관할 토지수용위원회의 협의성립확인을 받으면 재결로 간주되지만(토지보상법 제29조), 사업인정 전 협의는 그렇지 않다.

(3) 효과상 차이

협의가 성립하면 사업시행자는 권리를 취득하게 되는데, 사업인정 전 협의의 경우는 승계취득으로 보며, 사업인정 후 협의의 경우에는 견해의 대립이 있지만, 협의성립확인을 받은 경우에는 원시취득으로 본다.

(4) 권리구제방법상 차이

협의에 대한 다툼이 있는 경우, 사업인정 전 협의는 사법상 계약이므로 민사소송에 의해 다투지만, 사업인정 후 협의의 경우, 판례에 따르면 민사소송에 의해야 하나, 다수설에 의하면 공법상 당사자소송에 의해야 한다고 본다.

2. 사업인정 전후 협의와 협의성립확인의 비교

1) 공통점

협의와 협의성립확인은 그 효과면에서 손실보상, 환매권 등 공용수용의 효과가 발생한다는 공통점이 있다.

2) 차이점

(1) 법적 성질에 따른 목적물 취득의 효과

협의는 사법상 계약 또는 공법상 계약의 성질을 가지므로 승계취득 또는 원시취득 여부에 대한 다툼이 있다. 협의성립확인은 계약에 대한 확정력을 발생시키는 행정처분의 성질을 가지므로, 재결과 동일하게 보아 원시취득에 해당한다.

(2) 권리구제의 방법

협의의 경우, 민사소송으로 다툴 수 있지만, 협의성립확인을 받게 되면, 처분성이 인정되므로, 행정쟁송을 통해 권리구제를 받을 수 있다.

Ⅳ. 결

이상에서는 보상금액 산정을 위한 복수평가 원칙에 따른 감정평가법인등의 추천제도를 알아보고, 사업인정 전후의 협의 및 협의성립확인제도를 비교하였다. 협의성립확인을 통해 협의에 대해 확정력이 부여되는 점을 감안하여 사업시행자가 협의성립확인에 대한 동의를 요구할 때에, 피수용자에게 해당 사실을 사전 고지하도록 하는 제도를 도입할 필요가 있을 것이다.

Question 02 30점

Ⅰ. 논점의 정리

토지보상법상 공용수용을 둘러싼 당사자는 토지 등의 재산권을 취득하고자 하는 사업시행자와 재산권을 지키고자 하는 피수용자로 구분된다. 이들은 공용수용의 법적 주체로서 각자 일정한 권리와 의무를 지니므로, 이하에서는 그들 간의 법률관계에 대해 검토할 것이다. 또한, 토지보상법상 공용수용을 할 때 공물이 수용목적물이 될 수 있는지 여부와 관련하여 학설과 판례를 중심으로 검토해 보고자 한다.

Ⅱ. 공용수용의 당사자

1. 사업시행자(수용권자)

1) 의의

사업시행자는 공익사업을 수행하는 주체로서 수용권을 설정받고 수용권자가 된다. 이때 수용권의 주체가 국가 이외의 공공단체 및 사인인 경우에는 수용권자가 누구인가에 대해서는 견해가 대립한다.

2) 학설 및 판례

학설은 국가가 수용권의 주체라는 국가수용권설, 국가 이외의 자도 수용권자가 될 수 있다는 사업시행자 수용권설, 국가적 공권인 수용권을 사업시행자에게 위탁한 것이라는 국가위탁권설이 대립한다. 대법원은 사업시행자를 수용권자로 인정한 사업시행자 수용권설의 입장을 취하고 있다.

3) 권리와 의무

수용권자의 권리에는 타인토지 출입조사권, 사업인정 신청권, 재결신청권 등이 있으며, 손실보상, 위험부담 등의 의무가 있다.

2. 피수용자

1) 의의

피수용자는 수용목적물의 주체로서 토지보상법상 토지소유자와 관계인을 대상으로 한다. 토지소유자는 등기부상 소유자가 아니라 진정한 의미의 소유자를 의미하며, 관계인은 토지소유권 이외의 권리를 가진 기타 권리자를 모두 포함한다.

2) 제한

사업인정고시가 있은 후 새로운 권리를 취득한 자는 기존 권리를 승계 취득한 자를 제외하고는 피수용자의 주체로서의 자격이 제한된다.

3) 권리와 의무

피수용자는 손실보상청구권, 재결신청청구권 등의 권리가 있으며, 수인의무, 보전의무, 목적물의 인도·이전의무 등의 의무가 있다.

3. 법률 관계

사업시행자의 권리는 피수용자의 의무가 되고, 사업시행자의 의무는 피수용자의 권리가 되는 대응적 법률 관계를 가지고 있다. 공용수용 시, 협의를 통해 피수용자는 최소침해의 원칙을 관철할 수 있지만, 관계인 등의 범위에서 제외된 대상의 경우, 원고적격 및 손실보상 가능성의 문제가 발생한다.

Ⅲ. 공물인 경우에도 공용수용의 목적물이 될 수 있는지 여부

1. 공물의 의의 및 문제점(토지보상법 제19조)

공물이란 행정주체에 의하여 직접 행정목적에 공용된 개개의 유체물을 말하는 것으로, 이미 공익을 위해 제공되고 있는 공물인 경우에도 공용수용의 대상이 될 수 있는지가 문제된다.

2. 공물의 수용가능성

1) 관련 규정(토지보상법 제19조 제2항)

토지보상법 제19조 제2항에서는 공익사업에 수용되거나 사용되고 있는 토지 등은 특별히 필요한 경우가 아니면 다른 공익사업을 위하여 수용하거나 사용할 수 없다고 규정하고 있다. 원칙상 수용을 인정하지 않고 있지만, 특별한 경우에는 그 예외를 인정하고 있다.

2) 학설의 태도

종전 사업의 공익성보다 새로운 공익사업의 공익성이 더 큰 경우에 수용이 가능하다고 보는 긍정설의 입장과 이미 공적 목적에 제공되고 있으므로, 공용폐지가 선행되지 않으면 수용이 불가능하다고 보는 부정설의 입장이 대립하고 있다.

3) 판례

대법원은 1996.4.26, 95누13241 판결을 통해서, 택지개발 시, 광평대군 묘역인 지방문화재를 용도폐지 없이 수용이 가능하다고 판시하였다. 또한 대판 2019.2.28, 2017두71031

에서도 토지보상법에 따라 국가지정문화재나 그 보호구역에 있는 토지 등을 수용할 수 있다는 점을 명확히 판시하여, 풍납토성의 공용수용 가능성을 인정하였다.

4) 비례의 원칙에 따른 검토

토지보상법 제19조 제2항에서 언급하고 있는 특별한 필요의 판단은 비례의 원칙을 통하여 종전 공익과 새롭게 달성될 공익 사이의 비교·교량을 하여야 한다.

IV. 결

토지보상법상 공용수용의 당사자는 수용권의 주체인 사업시행자와 수용 목적물의 주체인 피수용자로 구별되며 둘은 각자의 권리가 의무가 되는 대응적 법률관계를 가지고 있다. 또한 공물의 공용수용 가능성에 있어서도, 학설과 판례를 검토한 결과, 달성되는 공익이 더 크다고 판단되어 특별히 필요한 경우에는 그 가능성을 긍정하고 있다.

Question 03 40점

I. 논점의 정리

공용수용은 공익과 사익 사이의 비교 형량을 통해 토지보상법상 절차를 거쳐 특정인의 재산권을 공익사업을 위하여 강제적으로 취득하는 것을 의미한다. 이때 사업인정절차는 그 공공성을 검토하여 사업시행자에게 수용권을 부여할지 여부를 결정하는 단계이다. 이하에서는 사업인정과 수용재결의 법적 성질을 검토하고 권리구제의 방법을 비교하며, 나아가 하자의 승계 등 법적 논제를 고찰한다.

Ⅱ. 물음 1의 검토(사업인정과 수용재결의 법적 성질)

1. 사업인정의 의의 및 법적 성질

1) 사업인정의 의의 및 법적 근거
사업인정은 공익사업을 토지 등을 수용·사용할 사업으로 결정하는 것을 말한다. 이는 공공성 판단 등에 그 취지가 있으며, 토지보상법 제20조에 근거한다.

2) 사업인정의 법적 성질
사업시행자에게 일정한 절차를 거칠 것을 조건으로 수용권을 설정해주는 형성적 행정행위로서 쟁송법상 처분에 해당하며, 공익성 여부를 구체적으로 판단하여야 하므로 재량행위이다. 사업시행자에게는 수익적이고, 피수용자에게는 침익적이므로, 제3자효 행정행위이다.

2. 수용재결의 의의 및 법적 성질

1) 수용재결의 의의 및 법적 근거
수용재결이란 사업인정 후 협의 불성립의 경우, 관할 토지수용위원회가 수용권의 구체적 내용을 결정하고 그 실행을 완성시키는 공용수용의 종국적 절차이다. 공사익 조절과 공익 실현에 그 취지가 있으며, 토지보상법 제34조, 제50조에 근거한다.

2) 수용재결의 법적 성질
수용재결은 권리의 취득 및 상실을 결정하는 형성적 행정행위이자 쟁송법상 처분이고, 재결의 발령 자체는 기속행위이지만, 그 내용에 대해서는 재량행위에 해당하며, 피수용자에게는 침익적이나 사업시행자에게는 수익적 효과가 발생하는바 제3자효 행정행위의 성질을 가진다.

Ⅲ. 물음 2의 검토(양자에 대한 권리구제의 차이점)

1. 적용 법률의 차이

사업인정의 경우 토지보상법상 권리구제가 규정되어 있지 않으므로 일반적인 행정심판법 및 행정소송법이 적용될 것이다. 수용재결의 경우 토지보상법상 권리구제 규정이 존재하므로, 특별법 우선 원칙에 따라 토지보상법상 권리구제 수단인 이의신청 및 행정소송이 적용된다.

2. 불복사유의 차이

양자 모두 실체적 하자 및 절차적 하자를 불복의 사유로 삼을 수 있다. 사업인정의 경우 재량의 일탈, 남용에 대해서도 불복할 수 있으며, 수용재결의 경우, 보상금 증감 자체를 불복사유로 할 수 있다.

3. 행정심판의 차이

1) 성격의 차이

사업인정은 행정심판법에 따라 임의주의를 취하고 있으나, 수용재결은 처분청을 거쳐 이의를 신청하는 처분청 경유주의를 취하고 있다. 이때의 이의신청은 특별법상 행정심판에 해당한다.

2) 심판청구기간의 차이

사업인정은 안 날로부터 90일, 있은 날로부터 180일 이내에 심판을 청구해야 하지만, 수용재결은 재결서 정본을 받은 날부터 30일 이내에 심판을 청구한다.

3) 심판기관의 차이

사업인정은 중앙행정심판위원회가 심리, 의결하는 기관이 되지만, 수용재결은 처분청을 경유하여 중앙토지수용위원회에 이의를 신청하므로, 중앙토지수용위원회가 심리, 의결하는 기관이 된다.

4) 이의재결 확정의 효력

사업인정과 달리 수용재결은 이의재결 확정 시, 민사소송법상 확정력이 부여된다.

4. 행정소송의 차이

사업인정의 경우, 토지보상법상 별도의 규정이 없으므로, 행정소송법에 따라 처분이 있음을 안 날로부터 90일, 있은 날로부터 1년의 제소기간이 적용된다. 수용재결은 토지보상법 제85조에 따라, 재결에 불복 시, 재결서를 받은 날부터 90일, 이의신청을 거친 경우, 이의신청 재결서를 받은 날부터 60일의 제소기간이 적용된다.

5. 손실보상에서의 차이

사업인정은 실효 등으로 인해 손실이 발생한 경우에 한하여 손실보상이 가능하다. 수용재결은 손실보상을 직접 결정하는 절차로서 그 자체가 손실보상을 인정해 주는 구제수단에 해당한다.

Ⅳ. 물음 3의 검토(양자 간 권리구제의 공통점)

1. 항고쟁송 가능성

사업인정 및 수용재결은 모두 행정쟁송법상 처분으로 항고쟁송이 가능하다.

2. 항고쟁송의 제기효과

사업인정 및 수용재결에 대한 항고쟁송을 제기하는 경우, 행정소송법 제23조 및 토지보상법 제88조에 따라 집행부정지 원칙이 적용된다.

3. 실효 시 손실보상 가능성

사업인정 실효(토지보상법 제23조), 재결의 실효(동법 제42조)의 경우 손실보상으로 권리구제를 도모할 수 있다.

V. 물음 4의 검토(하자의 승계 등 법적 논제)

1. 하자의 승계 의의 및 요건

1) 의의 및 인정 가능성

둘 이상의 행정행위가 연속적으로 이루어지는 경우, 선행행위의 하자를 이유로, 후행행위의 위법을 주장하는 것으로, 국민들의 권리구제에 그 인정의 취지가 있다.

2) 요건

선행행위와 후행행위 모두 처분이어야 하며, 선행행위에 불가쟁력이 발생하여야 하고, 후행행위에는 고유한 하자가 없어야 하며, 선행행위에 취소 정도의 위법에 불과하여야 한다. 사안의 경우 사업인정과 수용재결 모두 처분이며, 다른 요건의 경우 전제하는 것으로 보고 이하에서 검토하고자 한다.

2. 인정 범위

1) 학설

동일한 하나의 법률효과를 목적으로 하는 경우에 하자가 승계된다고 보는 전통적 하자승계론과 선행행위의 구속력이 미치지 않는 범위 내에서 하자가 승계된다고 보는 구속력이론이 대립한다.

2) 판례

판례는 양 처분이 독립하여 별개의 효과를 목적으로 하는 경우에도, 수인 한도를 넘으며 그 결과가 예측가능하지 않은 경우에 하자의 승계를 인정하였다(대판 1994.1.25, 93누8542).

3) 검토

국민의 권리구제 측면에서 보충적으로 〈예측가능성, 수인가능성〉을 고려해 구체적 타당성을 기해야 하는 것이 타당하다고 판단된다.

3. 하자의 승계 인정 여부

1) 판례

판례는 사업인정에 명백하고 중대한 하자가 있어 당연 무효라고 볼 특단의 사정이 없는 이상 그 위법부당함을 이유로 재결의 취소를 구할 수는 없다고 판시한 바 있다.

2) 검토

사업인정과 수용재결은 각각 별개의 법률효과를 목적으로 하지만, 수인 한도를 넘거나 그 결과가 예측가능하지 않은 경우에 해당하지 않으므로, 다수설 및 판례는 양자 간의 하자의 승계를 부정하고 있다.

Ⅵ. 결

사업인정과 수용재결은 모두 공익사업의 일련의 절차로서, 국민의 권리·의무에 영향을 미치는 처분이다. 따라서 그 법적 성질과 권리구제 방안에 대한 이해가 선행되어야 하며, 하자의 승계가 가능한지에 대해서도 판례의 태도를 고려하여 판단해야 할 것이다.

제05회 감정평가 및 보상법규 종합문제

Question 01 「공익사업을 위한 토지 등의 취득 및 보상에 관한 법률」 제20조에 따른 사업인정의 개념과 법적 성질에 대해 설명하고, 이에 따라 발생하는 법적 효력에 대해 검토하시오. 20점

Question 02 공익사업을 함에 있어서 첫 번째 고려하여 할 요소가 해당 사업의 공공성(공공필요)이다. 국민의 재산권을 강제로 수용함이 있어서, 즉 공용수용의 요건으로 공공성(공공필요)을 설명하고, 최근 공익사업을 위한 토지 등의 취득 및 보상에 관한 법률 제21조(협의 및 의견청취 등) 규정에서 중앙토지수용위원회의 공익성 검토에 대하여 설명하시오. 30점

Question 03 「국방·군사시설 사업에 관한 법률」에 따른 국방·군사시설을 설치하기 위하여 방산전문 사업시행자 甲은 공익사업을 수행함에 있어서 공익사업의 공공성을 인정받기 위한 사업인정을 받으려면 시간이 많이 소요되고 절차도 복잡하다는 것을 알고, 국토교통부장관으로부터 사업인정의제를 받으려고 한다. 최근 공익사업을 위한 토지 등의 취득 및 보상에 관한 법률 (이하 '토지보상법') 제21조가 전면 개정되었다. 다음 물음에 대하여 답하시오. 30점

(1) 일반적인 다른 공익사업시행자 丙이 토지보상법 제21조 제1항에 사업인정을 받기 위한 절차를 설명하고 이러한 절차를 제대로 이행하지 않은 경우에 피수용자 乙은 어떤 방법으로 권리구제를 받을 수 있는지 여부를 검토하시오. 15점

(2) 위 방산전문 사업시행자 甲이 토지보상법 제21조 제2항에 사업인정의제를 받으려면 중앙토지수용위원회와 협의하고, 이해관계인의 의견을 들어야 한다. 중앙토지수용위원회는 방산전문 사업시행자 甲에 대해 공익성 판단기준으로 형식적 심사와 실질적 심사로 구분하여 판단하려고 한다. 구체적인 형식적 심사와 실질적 심사과정에 대하여 설명하고, 방산전문 사업시행자 甲이 사업을 수행할 의사와 능력도 없으며, 해당 국방시설을 위해 이제는 4차 산업이 발달되어 전투드론과 초주파 공중레이더가 있으면 되므로 토지 등을 수용할 필요성이 없음에도 불구하고 사업시행자 甲이 토지 등을 수용하려고 한다면 중앙토지수용위원회는 어떤 판단을 해야 하는지를 설명하시오. 15점

Question 04 「공익사업을 위한 토지 등의 취득 및 보상에 관한 법률」(이하 '토지보상법')상 실효제도를 서술하시오. 20점

Question 01 20점

I. 논점의 정리

공익사업의 원활한 수행을 위하여 토지보상법상 규정하고 있는 절차 중 사업인정의 개념과 법적 성질을 검토하고, 법적 효력에 대해 논의하고자 한다.

II. 사업인정의 개념 및 법적 성질

1. 사업인정의 개념(토지보상법 제2조 제7호, 제20조)

사업인정이란 공익사업을 토지 등을 수용, 사용할 수 있는 사업으로 결정하는 것을 의미한다. 공익사업의 주체인 사업시행자에게 수용권을 부여하여 공익사업의 원활한 진행을 도모하고, 공공의 이익을 실현하는 취지에서 인정되었으며 토지보상법 제20조에 근거를 두고 있다.

2. 사업인정의 법적 성질

1) 형성적 행정행위

사업시행자에게 수용권을 부여하고, 피수용자인 토지소유자 및 이해관계인에게는 토지 보전 의무와 인도, 이전의 의무를 부여하였다. 이는 국민들의 권익에 직접적인 영향을 주는 형성적 행정행위로, 그 처분성이 인정된다.

2) 재량행위

사업시행자의 사업인정 신청에 대하여 국토교통부장관은 공익사업으로 인해 달성되는 공익과 재산권 침해로 인하여 감소한 사익의 크기를 비교 형량하여 사업인정의 타당성을 판단하므로, 재량행위에 해당한다.

3) 제3자효 행정행위

수용권을 설정받은 사업시행자에게는 수익적 효과를 일으키지만, 자신의 재산권을 침해받은 피수용자에게는 침익적 효과를 동시에 발생시키는바, 제3자효 행정행위에 해당한다.

Ⅲ. 사업인정의 법적 효력

1. 사업인정의 고시의 의의, 취지(토지보상법 제22조 제3항)

국토교통부장관이 사업인정을 하였을 때 지체 없이 그 뜻을 사업시행자, 토지소유자 등에 통지하고 토지의 세목을 관보에 고시하는 것을 말하며, 사업인정은 고시한 날부터 효력이 발생한다고 규정하고 있다. 사업인정고시로부터 공용수용 절차가 진행되는데 취지가 있다.

2. 사업인정고시의 효과

(1) 토지수용권의 발생

사업인정은 형성행위로서 사업인정고시가 있게 되면 사업시행자는 토지세목고시에서 정한 일정한 범위의 수용목적물을 취득할 수 있는 수용권을 취득하게 된다. 그러나 수용권의 내용이 완성되는 시기는 사업인정이 아니고 이후에 협의에서 정한 날 또는 수용재결에서 정한 수용의 개시일이다.

(2) 수용목적물의 확정

토지세목고시에 의하여 수용 또는 사용할 토지의 범위가 구체적으로 확정된다. 수용목적물이 사업인정고시를 통해서 확정되면 고시되지 않은 토지는 수용할 수 없다. 따라서 토지세목고시에 없는 토지에 대한 수용재결은 무효이다.

(3) 관계인의 범위확정

수용목적물의 범위가 확정되면 그 권리자인 토지소유자 및 관계인의 범위도 확정된다. 사업인정은 관계인의 범위에 관한 시간적 제한이 되는데 사업인정고시가 있은 후에 권리를 취득한 자는 기존의 권리를 승계한 자를 제외하고는 관계인에 포함되지 아니한다고 한다.

(4) 토지 등의 보존 의무(토지보상법 제25조)

사업인정고시가 된 후에는 누구든지 고시된 토지에 대하여 사업에 지장을 줄 우려가 있는 형질의 변경이나 규정된 물건을 손괴하거나 수거하는 행위를 하지 못한다.

(5) 사업시행자의 토지 및 물건조사권(토지보상법 제27조)
사업인정고시 이후에는 별도의 시장 등의 허가 없이도 법의 규정에 의거, 타인토지에 출입하여 측량, 조사를 할 수 있는 토지 및 물건에 관한 조사권을 취득하게 된다.

(6) 보상액 산정시기의 고정
공용수용에 따른 보상액은 사업인정 당시의 공시지가를 기준으로 하여, 그때부터 재결 시까지의 시점수정을 하여 산정하므로, 사업인정고시일은 보상액을 고정시키는 효과를 가지게 된다.

(7) 기타
사업인정 후 협의가 결렬된 경우에는 사업시행자에게 재결신청권(토지보상법 제28조), 피수용자에게 재결신청청구권(토지보상법 제30조)이 인정된다.

Ⅳ. 결
사업인정은 공익사업의 원활한 진행을 위해 필요하지만, 재산권의 침해에도 영향을 주기 때문에 그로 인해 발생하는 다양한 권리와 의무를 신중하게 고려하여 사업인정 여부를 결정해야 할 것이다.

Question 02 30점

Ⅰ. 논점의 정리
토지보상법상 공용수용이란 손실보상을 전제로 하여 공공필요를 위하여 타인의 재산권을 법률의 힘에 의하여 강제적으로 취득하는 것이다. 이는 재산권 보장의 예외적인 행정작용으로서, 법에서 정한 요건을 충족했을 시에만 인정된다. 공용수용의 요건에는 사업내용의 공공성(공공필요), 법률에 근거한 수용권의 발동과 수용절차의 규제, 수용으로 인한 재산상 손실에 대한 정당한 보상이 있다. 이하 공용수용의 요건으로서의 공공성(공공필요)을 설명하고, 토지보상법 제21조에서 규정한 중앙토지수용위원회의 공익성 검토에 대해 검토하고자 한다.

Ⅱ. 공공성

1. 개념

공공성이란 공용침해의 실질적 허용요건이자, 본질적 제약요소로 대표적인 불확정 개념이다. 이는 시대적 상황, 국가 정책의 목표 등에 따라 가변적이기 때문에 명확한 개념의 정의가 어려우며, 정치, 사회, 국가 목적 등에 의하여 그 내용이 결정된다.

2. 공공성의 판단

공공성의 개념은 추상적이므로, 헌법 제37조 제2항에 그 판단근거를 두고 있다. 해당 조문에서 언급하는 필요한 경우의 범위 내에서만 공공성이 인정되며, 재산권의 본질적 내용을 침해하는 부분에서는 인정될 수 없다.

3. 공공성 개념의 확대화 경향

종전에는 그 범위가 매우 제한적이었으나, 현대복리국가이념과 사회국가의 요청에 의하여 행정의 기능이 확대됨에 따라 과거에 인정되지 않던 부분에 대하여도 공공성을 넓게 인정하는 경향이 있다.

Ⅲ. 공공성 판단을 위한 이익형량

1. 공익과 공익 간의 이익형량

종전에 공익사업에 편입이 되어 이미 공익을 위해 사용되고 있는 토지가 다시 새로운 공익사업의 시행에 편입되게 된다면, 종전에 달성된 공익과 새롭게 달성될 공익 간의 이익형량이 필요하다고 행정기본법 제19조 제2항에서 규정하고 있다.

2. 공익과 사익 간의 이익형량

수용을 통해 시행되는 공익사업을 통해 달성되는 공익과 피수용자의 침해되는 재산권인 사익은 대립 관계에 있으므로, 정당하게 형량되어야 한다.

3. 이익형량의 기준(행정기본법 제10조 비례의 원칙)

1) 비례의 원칙의 개념 및 법적 근거

비례의 원칙이란 행정 목적과 그 행정 목적의 실현을 위한 행정수단 사이에 합리적 비례관계가 있어야 한다는 원칙으로, 헌법 제37조 제2항에 근거하며, 행정기본법 제10조에 그 법적 근거를 두고 있다. 비례의 원칙이 적합하기 위해서는 적합성의 원칙, 필요성의 원칙, 상당성의 원칙이 충족되어야 하며, 이는 단계적 심사구조를 갖는다. 비례의 원칙에 위반하여 이루어진 행정권 행사는 재량권의 일탈, 남용으로 보아 위법하다고 판단된다.

2) 적합성의 원칙

적합성의 원칙이란 행정목적 달성을 위해서 그에 적합한 수단을 사용해야 한다는 원칙으로, 수용을 통해 달성하고자 하는 공익을 위해 해당 사업이 공용수용을 할 만한 사업에 해당하는지를 판단하는 단계이다.

3) 필요성의 원칙

필요성의 원칙은 최소침해의 원칙이라고도 하며, 행정 목적 달성을 위해 존재하는 여러 개의 수단 중, 최소한의 침해를 관철할 수 있는 수단을 선택해야 한다는 원칙을 의미한다.

4) 상당성의 원칙

상당성의 원칙은 행정 목적 달성을 통해 실현되는 공익과 침해되는 사익을 정당하게 이익형량하여야 한다는 원칙을 말한다.

4. 비례의 원칙에 따른 공공성 판단

공용수용의 요건인 공공성을 판단하기 위해서는 비례의 원칙의 단계에 따라, 먼저 적합성의 원칙에 의거 해당 사업으로 달성되는 공익이 공용수용을 인정할 만큼 충분한지, 공용수용의 범위 등을 확정하여야 한다. 필요성의 원칙에 따라 공용수용이 최소한의 침해를 관철하는 수단인지 여부를 확인 후, 상당성의 원칙에 따라 공익과 사익의 크기를 비교 형량하는 단계적 과정을 거친 후, 공공성이 충족되었는지를 결정한다.

Ⅳ. 중앙토지수용위원회의 공익성 검토

1. 관련 규정의 검토(토지보상법 제21조)

토지보상법 제21조 제1항과 제2항에 따르면, 국토교통부장관이 사업인정을 하려 하거나, 관계행정청이 사업인정 의제를 하려는 경우 미리 중앙토지수용 위원회와 협의하여야 한다고 규정하고 있다. 해당 조문을 통해, 공익사업의 수행을 위한 요건인 공공성을 갖추었는지 여부를 중앙토지수용위원회에서 검토한다는 사안을 확인할 수 있다.

2. 공익성 검토 절차

사업인정 신청의 적법성을 검토하는 사전 검토, 공익성을 평가하는 내용 검토, 공익성을 보완하기 위해 진행하는 협의의 절차를 거친 후, 결정하고 해당 사실을 통지한다.

3. 공익성 검토의 기준

1) 형식적인 기준

형식적인 기준은 외형상 해당 사업이 공익성이 있는 사업에 해당하는지를 판단하는 것으로, 수용사업의 적격성과 사전절차의 적법성이 그 기준이 된다.

2) 실질적인 기준

실질적인 기준은 해당 사업이 내용적으로 공익성이 있는 사업인지 여부를 검토하는 것으로, 사업의 공공성과 수요의 필요성의 두 개의 항목 내의 세부적인 항목들을 검토의 기준으로 한다.

V. 결

토지보상법은 공익사업을 위한 공용수용을 위한 요건으로 공공성 판단을 두고 있는데, 이는 비례의 원칙에 의거 달성되는 공익과 침해되는 사익을 비교 형량하는 과정이 필요하다는 것을 의미한다. 또한, 중앙토지수용위원회도 별도의 기준에 따라 공익성을 검토하여, 최소의 피해로 공익을 달성하고자 노력한다. 그러나 현재의 공공성 판단은 주관이 개입될 여지가 있다는 문제점이 존재하기 때문에, 지역 주민들의 적극적인 참여 및 의견 청취의 과정 등을 통해 제도를 개선하는 노력이 필요할 것이다.

Question 03 [30점]

I. 논점의 정리

토지보상법에는 공익사업과 사업인정 의제를 받을 수 있는 사업의 범위를 규정하고 있다. 사업인정은 토지보상법 제21조에 따른 절차를 준수하여야 하는바 해당 절차를 준수하지 않아 위법한 경우 권리구제의 방법을 검토한다. 토지보상법 제21조에서는 중앙토지수용위원회의 사업인정 요건에 대한 공익성 판단 기준을 설명하고 있다. 사업인정 의제제도는 수용권 남용 문제가 있어서 더 엄격한 공익성 판단이 요구되고 있는데, 이때 중앙토지수용위원회의 판단에 대해 검토하고자 한다.

Ⅱ. 물음 1에 대한 검토(사업인정절차 및 乙의 권리구제방법)

1. 사업인정절차

1) 사업인정의 의의 및 법적 성질(토지보상법 제2조 제7호, 제20조)

사업인정이란 공익사업을 토지 등을 수용·사용할 사업으로 결정하는 것을 말한다. 공익성을 판단하고, 피수용자의 사전적 권리구제를 통해 공익사업을 신속하게 수행하고자 하는 데에 그 취지가 있다. 사업인정은 사업시행자에게 수용권을 설정하는 형성적 행정행위로서 처분이며, 공익과 사익을 이익형량하여 결정하는 재량행위이다. 사업시행자에게는 수익적 효과를, 피수용자에게는 침익적 효과를 발생시키는 제3자효 행정행위이다.

2) 사업인정의 절차

토지보상법 제20조에 따른 사업인정의 신청이 있는 경우, 국토교통부장관은 동법 제21조 제1항에 따라 관계 중앙행정기관의 장과 시·도지사 및 중앙토지수용위원회와 협의하여야 하며, 미리 이해관계인의 의견 청취절차를 거쳐야 한다.

2. 사업인정절차의 하자의 위법성 검토

1) 사업인정 시 절차의 하자

토지보상법 제21조에서 규정하고 있는 협의 및 의견청취, 공익성 검토, 의견제시, 고시 및 통지 등의 절차를 이행하지 않은 경우, 절차의 하자가 인정된다.

2) 절차의 하자 시 위법성 검토

(1) 절차의 하자의 독자적 위법성 긍정 여부

절차의 하자의 독자적 위법성 인정 여부 관련하여, 위법성을 인정하는 긍정설과 위법성 인정이 불필요하다는 부정설 등이 대립하고 있다. 판례는 절차 규정의 취지와 국민의 권익구제 측면에서 절차적 하자의 독자적 위법성을 긍정한다고 판시하였으며, 행정소송법 제30조 제3항에서도 절차의 하자 취소를 긍정하였다. 따라서 절차의 하자의 독자적 위법성을 인정하는 것이 타당하다.

(2) 절차의 하자의 위법성 정도

통설과 판례는 중대명백설에 따라 판단하도록 하였다. 중대명백설에 따르면, 토지보상법 제21조의 절차를 위반한 사업인정은 내용상 중대하지만, 외관상 명백하지는 않기 때문에 취소사유의 위법에 해당한다.

3. 피수용자 乙의 권리구제방법

1) 사전적 구제방법

토지소유자 및 사업인정의 이해관계인은 관계 서류가 공고된 날로부터 14일간, 즉 열람기간 내에 의견제출을 통해 사전적 권리구제를 도모할 수 있다.

2) 사후적 구제방법

(1) 행정쟁송

사업인정은 처분이지만, 토지보상법상 별도의 권리구제수단이 없으므로, 행정심판법상 행정심판과 행정쟁송법상 행정쟁송을 제기할 수 있다. 이때 절차의 하자는 취소 정도의 위법성이 있으므로, 취소심판 또는 취소소송을 통하여 권리를 구제받을 수 있다. 이때 사업인정이 불가쟁력이 발생하여, 수용재결의 단계에서 사업인정의 하자를 이유로 수용재결의 취소를 구할 수 있는지에 대해서, 판례는 사업인정과 수용재결의 하자의 승계를 부정하였다.

(2) 손해배상의 청구

국가배상법 제2조 제1항에 따라 위법한 국가 작용으로 인하여 개인이 손해를 입은 경우, 즉 국가배상의 요건을 충족한 경우에는 사업인정에 대한 손해배상을 청구할 수 있다.

Ⅲ. 물음 2에 대한 검토(공익성 판단 기준 및 중앙토지수용위원회의 판단)

1. 공익성 판단 기준

1) 형식적 심사기준

형식적 심사는 토지보상법 제4조의 공익사업에 해당할 것, 의견 수렴 절차 및 사업 시행 절차 준수 여부 등을 판단하는 과정이다. 토지보상법 제4조에 해당하지 않는 공익사업은 사업인정을 반려하게 되며, 절차를 준수하지 않은 경우에는 보완요구 또는 각하하게 된다.

2) 실질적 심사기준

실질적 심사는 헌법상 공공필요의 요건에 따라 토지수용사업의 공공성과 토지수용의 필요성으로 구분하여 각 세부항목을 두어 공익성에 대한 실질적 내용을 판단하는 과정이다.

2. 중앙토지수용위원회의 판단

1) 형식적 심사기준 측면

국방시설의 설치는 토지보상법 제4조 제1호의 사업에 해당한다. 또한, 토지보상법 제21조 및 제22조에서 규정하고 있는 사업인정절차의 하자가 존재하지 않으므로, 형식적 요건을 충족하였다고 보는 것이 타당하다.

2) 실질적 심사기준 측면

판례에 따르면, 공익사업의 주체인 사업시행자가 공익사업을 수행할 능력과 의사를 상실하였음에도 사업인정에 기하여 수용권을 행사하는 것은 수용권 남용에 해당하여 허용되지 않는다고 판시하며(대판 2011.1.27, 2009두1051) 사업시행자의 공익사업 수행능력과 의사도 실질적 심사기준에 해당한다고 인정하였다. 방산전문 사업시행자 甲이 사업을 수행할 의사와 능력도 없으며, 해당 국방시설을 위해 이제는 4차 산업이 발달되어 전투드론과 공중레이더가 있으면 토지 등의 수용이 필요하지 않은 점에서 사업의 공공성과 방법의 적절성이 인정되지 않아 실질적 심사기준에 부합하지 않는다.

3. 사안의 검토

사안의 사업인정은 형식적 심사 기준은 충족하였으나, 실질적 심사 기준에 부합하지 않으므로, 중앙토지수용위원회는 해당 사업에 대하여 사업시행자에게 협의취득 강화 등의 재협의 보완 요청을 하거나, 해당 토지가 필요하지 않다고 판단한다면 부적정 의견을 제시할 수 있다.

Ⅳ. 결

사업인정은 공익사업 수행을 위해 중요한 절차이지만, 피수용자의 이해관계를 충분히 반영하여야 하기에 그 요건 및 절차 충족 여부를 제대로 확인해야 할 것이다. 중앙토지수용위원회는 공익성 판단 기준을 구체화하여 공익사업의 공공성 등을 면밀하게 판단할 수 있도록 하였는바 해당 기준에 근거하여 그 사업인정의 적정성을 판단해야 할 것이다.

Question 04 20점

Ⅰ. 논점의 정리

토지보상법은 공익사업의 원활한 시행과 사인의 재산권 조화를 위한 법으로서 기능을 수행하므로 공익뿐만 아니라 사익을 보호하기 위한 제도 또한 마련되어 있다. 이러한 취지로 불안정한 법률관계의 조속한 확정과 피수용자의 보호측면에서 실효제도를 두고 있다. 이하, 사업인정의 실효와 수용재결의 실효를 각각 검토한다.

Ⅱ. 사업인정의 실효

1. 사업인정의 의의 및 효과(토지보상법 제2조 제7호, 제20조)

사업인정은 해당 사업이 토지 등을 수용, 사용할 수 있는 사업이라고 결정하는 것으로서, 사업시행자에게 수용권을 설정하여 주는 형성적 행위로 처분이며, 수익적 효과와 침익적 효과를 동시에 발생시키는 복효적 행정행위이다. 사업인정의 효과로 사업시행자에게는 수용권이 설정되지만, 피수용자에게는 토지 보전의 의무가 발생하게 되고, 사업인정 이후 수용 목적물과 그 범위가 확정된다.

2. 재결신청의 해태로 인한 실효(동법 제23조)

사업시행자가 사업인정의 고시가 있은 날로부터 1년 이내에 재결신청을 하지 아니한 경우에는 사업인정고시가 된 날부터 1년이 되는 날의 다음 날에 사업인정은 그 효력을 상실한다.

3. 사업의 폐지·변경으로 인한 실효(동법 제24조)

사업시행자는 사업인정고시 후 사업의 전부 또는 일부의 폐지·변경으로 인하여 수용, 사용의 필요가 없게 된 때에는 시·도지사에게 신고하고, 토지소유자 및 관계인에게 통지하여야 한다. 신고를 받은 시·도지사의 고시가 있는 날부터 사업인정의 전부 또는 일부는 그 효력을 상실한다.

Ⅲ. 재결의 실효

1. 재결의 의의 및 법적 성질(토지보상법 제34조, 제50조)

재결은 공용수용의 종국적인 절차로서 사업시행자의 신청에 의하여 사업시행자가 보상금 지급을 조건으로 수용의 목적물을 취득할 수 있는 권리를 설정해 주는 형성적 행정행위이다. 토지소유자 및 관계인은 해당 목적물에 대한 권리를 상실하므로 이는 복효적 행정행위이기도 하다.

2. 재결의 실효 사유(동법 제42조)

토지보상법 제42조에서는 사업시행자가 수용 또는 사용의 개시일까지 보상금을 지급 또는 공탁하지 아니하면 그 재결은 효력을 상실한다고 규정하였다. 또한 명시적인 규정은 없으나, 재결이 있은 후 수용 또는 사용의 개시일 이전에 사업인정이 취소되거나 변경되는 경우, 재결의 효력은 상실한다. 그러나 보상금의 지급, 공탁이 있는 후라면, 사업인정의 취소 또는 변경 고시가 있다고 하더라도 재결의 효력에는 경향이 없다.

Ⅳ. 실효의 효과

1. 사업인정과 재결의 효력 상실

실효는 행정청의 별도 행위 없이도 일정한 사유 발생 시 장래를 향하여 효력을 상실하므로, 사업인정과 재결도 당연히 그 효력을 상실하게 된다.

2. 사업인정 실효로 인한 손실보상(토지보상법 제23조 제2항, 동법 제24조 제7항)

사업인정이 실효된 경우 이로 인한 손실은 사업시행자가 보상하여야 하며, 손실이 있은 것을 안 날부터 1년 이내에, 발생한 날부터 3년 이내에 청구하여야 한다. 보상액은 협의에 의해 정하되, 협의가 성립하지 않은 때에는 사업시행자 또는 손실을 입은 피수용자는 재결을 신청할 수 있다.

3. 재결의 실효로 인한 손실보상(동법 제42조)

사업시행자가 수용 또는 사용의 개시일까지 보상금을 지급 또는 공탁하지 아니하여 재결이 실효된 경우, 그로 인해 토지소유자 또는 관계인이 입은 손실은 사업시행자가 보상하여야 한다. 다만, 손실이 있음을 안 날부터 1년이 지나거나 손실이 발생한 날부터 3년이 지난 후에는 손실보상을 청구할 수 없다.

Ⅴ. 결

행정상 실효제도는 법적 안정성 확보 측면에서 도입된 제도로서, 피수용자의 보호를 위해 사업인정과 재결의 실효와 손실보상의 규정을 두고 있다. 해당 규정이 잘 실행될 수 있도록 하여 토지소유자 및 관계인의 권리보호가 잘 이루어질 수 있도록 노력해야 할 것이다.

제06회 감정평가 및 보상법규 종합문제

Question 01 '지역밀착형 생활SOC사업'에 따른 도서관 건립사업의 사업시행자인 甲은 국토교통부장관에게 사업인정을 득한 후 2019년 2월 1일 수용재결을 신청하였다. 사업시행자 甲이 신청한 수용재결이 적법하기 위해서는 어떠한 요건을 충족해야 하는지 검토하시오. 30점

Question 02 서울특별시 용산구청은 용산역 일대의 녹지조성사업에 대해 국토교통부장관으로부터 사업인정을 득한 후 피수용자와 협의하였으나 협의가 불성립되어 서울지방토지수용위원회에 협의경위서 등을 작성하여 수용재결을 신청하였다. 그러나 서울지방토지수용위원회는 이를 공고한 후 6개월이 지나도록 재결을 발령하지 않고 있다. 용산구청은 서울지방토지수용위원회의 부작위에 대해 부작위위법확인소송을 제기할 수 있는지 검토하시오. 30점

Question 03 「공익사업을 위한 토지 등의 취득 및 보상에 관한 법률」(이하 '토지보상법')상 천재지변 시의 토지의 사용(법 제38조)과 시급한 토지 사용에 대한 허가(법 제39조)를 비교하시오. 20점

Question 04 토지보상법상 공용사용에 대한 유형과 그에 따른 손실보상에 대하여 설명하시오. 20점

Question 01 (30점)

I. 논점의 정리

공익사업을 위한 사업인정을 받은 후 토지소유자 및 관계인과 협의가 성립하지 않은 경우 사업시행자는 관할 토지수용위원회에 수용재결을 신청할 수 있다. 강제취득 절차로서 수용재결은 공용수용의 종국적 절차로서, 엄격한 요건 및 절차를 거쳐야 한다. 이하 사업시행자가 신청한 수용재결이 적법하다고 인정받기 위해서 충족해야 하는 요건에 대해 검토하고자 한다.

II. 수용재결의 의의

1. 의의 및 근거

수용재결이란 공용수용의 종국적 절차로서, 사업인정을 통하여 사업시행자에게 부여된 수용권의 구체적인 내용을 결정하고, 그 실행을 완성시켜 주는 행위로 토지보상법 제34조, 제50조에 그 근거를 두고 있다.

2. 법적 성질

수용권의 구체적인 내용을 확정하고 그 실행을 완성시키는 점에서 형성적 행정행위로서 처분성이 인정된다. 수용재결의 결정에 대해서는 기속행위로 보고, 그 내용에 대해서는 이익형량을 통해 결정하므로 재량행위성을 갖는다. 수용재결은 사업시행자에게는 수익적 효과를, 피수용자에게는 침익적 효과를 가져오므로 제3자효 행정행위로 본다.

III. 수용재결이 적법하기 위한 요건

1. 성립요건

1) 주체 및 내용

사업인정고시 이후 사업시행자와 피수용자 간의 협의가 불성립할 것을 요건으로 한다. 수용재결은 사업시행자가 적법한 관할 토지수용위원회에 재결을 신청하여 이루어져야 하며, 그 내용은 신청한 범위 내에서만 인정되어야 한다.

2) 형식(토지보상법 제34조)

토지수용위원회의 재결은 서면으로 하며, 재결서에는 주문 및 그 이유와 재결일을 적고, 위원장 및 회의에 참석한 위원이 기명날인한 후 그 정본을 사업시행자, 토지소유자 및 관계인에게 송달하여야 한다.

3) 절차

(1) 재결신청(토지보상법 제28조 제1항)

사업인정고시 후 협의가 성립되지 않거나 협의할 수 없을 때, 사업시행자는 사업인정 고시가 된 날부터 1년 이내에 관할 토지수용위원회에 재결을 신청할 수 있다. 재결신청서에는 토지·물건 조서와 협의경위서 등을 첨부하여야 한다.

(2) 공고 및 열람(동법 제31조)

관할 토지수용위원회가 재결신청서를 접수한 때에는 지체 없이 이를 공고하고 공고한 날부터 14일 동안 열람할 수 있도록 하며, 토지소유자 및 관계인은 열람기간 중 의견을 제시할 수 있다.

(3) 심리 및 의견진술(동법 제32조)

토지수용위원회는 열람기간이 지난 후, 해당 신청에 대한 조사 및 심리를 진행할 수 있으며, 사업시행자와 토지소유자 및 관계인에게 의견을 진술하게 할 수 있다.

(4) 재결 기간(동법 제35조)

토지수용위원회는 심리를 시작한 날부터 14일 이내에 재결을 하여야 한다.

2. 효력발생 요건

수용재결서를 토지소유자 및 관계인(피수용자)에게 송달하면, 그 효과가 발생한다.

IV. 결

수용재결은 공익사업의 공용수용 절차의 종국적 절차로 피수용자의 재산권의 침해 정도를 감안하여 엄격한 절차와 요건하에서만 인정되어야 할 것이다.

Question 02 30점

I. 논점의 정리

용산구청이 부작위위법확인소송을 제기하기 위해서는 서울지방토지수용위원회의 부작위가 행정소송법상 부작위에 해당하여야 하며, 해당된다면 그 부작위가 소송의 대상에 해당하여야 하며, 용산구청이 재결의 부작위에 대한 소송을 제기할 원고적격을 갖추어야 하는 등 소제기요건을 갖추어야 한다. 이하에서 해당 사안들을 검토하고자 한다.

II. 수용재결의 검토

1. 수용재결의 의의(토지보상법 제34조, 제50조)

사업인정 후 협의불성립의 경우, 사업시행자의 재결신청에 대하여 관할토지수용위원회가 수용권의 구체적인 내용을 정하고 그 실행을 완성시키는 공용수용의 종국적 절차이다. 토지보상법 제34조에 그 법적 근거가 있으며, 이는 공익사업 시행을 통한 공익의 실현과 침해되는 사익과 달성되는 공익의 조절에 그 취지가 있다.

2. 법적 성질

수용권의 구체적인 내용을 결정함으로써 사업시행자와 피수용자의 구체적 권리, 의무에 영향을 미치므로, 형성적 행정행위이고, 그 처분성이 인정된다. 재결의 발령 자체는 기속행위이지만, 그 내용의 결정에 대해서는 재량행위이다. 사업시행자에게는 수익적 효과를 피수용자에게는 침익적 효과를 발생시키므로, 제3자효 행정행위이다.

3. 요건 및 절차

사업인정 후 협의불성립의 경우, 사업시행자가 토지수용위원회에 재결을 신청할 수 있다. 재결은 서면으로 하며, 토지보상법 제31조와 제34조에 따라, 열람, 심리, 화해의 권고, 재결의 절차를 거친다.

Ⅲ. 부작위위법확인소송의 제기가능성

1. 부작위위법확인소송의 의의 및 성질

부작위위법확인소송은 행정청의 부작위가 위법하다는 것을 확인하는 소송을 말하며, 항고소송의 일종이다(행정소송법 제4조 제3호). 이는 법률관계를 변동시키는 것이 아니라, 부작위에 의해 현실의 법상태가 위법임을 확인하는 것이 그 목적이므로, 확인소송의 성질을 갖는다.

2. 소 제기 요건

1) 대상적격 (부작위인지 여부)

(1) 부작위의 의의 및 요건

부작위란 행정청이 당사자의 신청에 대하여 상당한 기간 내에 일정한 처분을 할 법률상 의무가 있음에도 불구하고, 이를 하지 않는 것을 말하며, 그 의의 자체가 요건이 된다(행정소송법 제2조 제1항 제2호).

(2) 당사자의 신청 존부

판례에 따르면 신청권이란 신청의 인용이라는 결과를 얻을 권리가 아니라, 일반적, 추상적 응답요구권인 형식적 신청권을 의미한다고 판시하였다. 신청권의 존부에 대해서는 원고적격설, 대상적격설, 본안문제설의 견해가 대립하고 있지만, 대법원은 부작위가 성립하기 위해서는 법규상, 조리상 신청권이 있어야 한다고 하며, 당사자의 신청에 대하여 행정청은 일정한 처분을 하여야 할 의무가 발생한다는 점에서 대상적격의 문제로 논의되어야 한다고 판시하였다.

(3) 사안의 검토(대상적격 충족)

용산구청은 토지보상법 제28조에 따른 재결신청을 하였고 수용재결은 기속행위이므로, 서울지방토지수용위원회는 상당한 기간 내에 재결을 발령해야 한다. 그러나 사안에서는 6개월이 지나도록 발령하지 않고 있는바, 이는 사회통념상 상당한 기간이 경과한 것으로서 부작위에 해당한다.

2) 원고적격(행정소송법 제36조)

처분의 신청을 한 자로서 부작위의 위법의 확인을 구할 법률상 이익이 있어야 한다. 해당 사안에서 용산구청은 토지보상법 제28조에 따라 재결을 신청한 자이며, 법규상 신청권이 인정되므로, 해당 규정에 의해 보호되는 법률상 이익이 존재한다고 보인다. 따라서 용산구청에 대한 원고적격이 인정된다.

3) 제소기간

행정소송법 제38조에서는 부작위위법확인소송에도 동법 제20조 제소기간 규정을 준용한다. 다만, 부작위로 인한 위법은 매일 계속되므로, 해당 규정의 취지는 행정심판을 거친 경우에만 해당한다고 판단된다. 따라서 용산구청은 제소기간의 제한 없이 부작위위법확인소송을 제기할 수 있다.

Ⅳ. 결(사안의 해결)

서울지방토지수용위원회의 부작위는 행정소송법상 부작위에 해당하여 대상적격을 충족하며, 소를 제기한 용산구청은 원고적격이 인정되며, 제소기간의 제한을 받지 않기 때문에 부작위위법확인소송의 제기요건을 충족하였으므로, 소 제기는 가능하다 할 것이다.

Question 03 [20점]

Ⅰ. 논점의 정리

공용수용은 공익사업을 위해 국민의 재산권을 강제적으로 취득하는 절차로, 헌법에 규정된 재산권 보장의 예외적인 조치에 해당하여 엄격한 절차와 형식이 요구된다. 그러나 공익상 불가피한 경우 절차의 일부를 생략할 수 있도록 하였는데, 이에 대해 토지보상법은 제38조(천재지변 시의 토지의 사용)와 제39조(시급한 토지 사용에 대한 허가)의 경우로 구분하여 규정을 두었다. 이하 양자의 내용을 비교하고자 한다.

Ⅱ. 공통점

1. 규정 취지

토지를 사용할 때, 천재지변이나 시급을 요하는 경우에는 일반적 공익사업의 경우와 달리 모든 절차를 거칠 여유가 없는데, 이때에도 공익사업을 원활하게 진행하기 위해 해당 규정을 두었다.

2. 요건

양자 모두 관련 행정청으로부터 허가를 받고, 토지소유자 및 점유자에게 미리 통지를 하여야 한다. 이는 통상의 절차를 거치는 경우보다 재산권의 침해 정도가 더 크다고 인정되어, 그 기간을 6개월 미만으로 제한을 두어 재산권 침해를 최소화하고자 하였다.

3. 효과

사업시행자는 공용사용권과 대행, 대집행 청구권 등의 권리를 갖게 되고, 피수용자는 수용목적물에 대한 인도, 이전의무와 손실보상청구권을 갖게 된다.

4. 보상액 산정

그 토지와 인근 유사토지의 사례를 참작하여 평가하여 산정한 적정가격을 보상액으로 산정,

지급하여야 하는 의무가 존재한다.

5. 허가에 대한 불복
양자의 허가권자는 다르지만, 허가에 대해서는 처분성이 인정되므로, 그 허가의 위법성이 인정되면, 행정쟁송을 제기하여 다툴 수 있다.

Ⅲ. 차이점

1. 요건 및 절차
제38조의 경우, 허가권자는 시도지사 및 시·군·구청장이지만, 제39조의 경우, 사업인정 후 재결신청이 이미 있었던 상태이기 때문에 토지수용위원회의 허가를 받아야 하며, 담보제공의 의무가 존재한다.

2. 보상금 지급절차
제38조의 경우, 사업시행자와 손실을 입은 자가 그 보상금을 협의하여 결정하며, 협의가 불성립했을 때, 관할 토지수용위원회에 재결을 신청할 수 있다. 그러나 제39조의 경우, 토지소유자의 보상청구가 있을 때, 사업시행자가 산정한 보상액을 지급하며, 보상시기까지 그 지급을 완료하지 않는 경우에 토지소유자 및 관계인은 담보물을 취득할 수 있다.

3. 손실보상액에 대한 불복
토지보상법 제38조의 경우, 손실보상액에 대한 재결의 처분성 여부에 대해 견해의 대립이 존재한다. 특히, 협의를 통해 산정한 손실보상액의 경우, 그 처분성을 인정하기가 어렵기 때문에 행정쟁송이 아닌 공법상 당사자소송을 통해 다툴 수 있다. 동법 제39조의 경우, 재결이 있은 후인 경우에는 동법 제85조의 재결불복 규정을 적용하여, 취소소송이나 보상금증감소송으로 다툴 수 있지만, 재결이 있기 전인 경우에는 사업시행자를 상대로 보상금의 증액지급을 구하는 공법상 당사자소송만을 제기할 수 있다고 보았다.

Ⅳ. 결

약식절차에 의한 재산권 취득은 보통절차에 의하는 경우보다 그 재산권 침해의 정도가 크기 때문에 반드시 요건을 충족하는지 검토하여, 재산권 침해로 인한 피해를 최소화하기 위해 노력해야 할 것이다.

Question 04 20점

Ⅰ. 논점의 정리

공용사용이란 공익사업의 주체가 타인의 재산권 위에 공법상의 사용권을 취득하고, 그 상대방은 그 사용을 수인할 의무를 지는 내용의 공용제한을 의미한다. 토지보상법상 공용사용의 유형은 계속적 사용, 일시적 사용, 지하사용 또는 공중사용이 있다. 이하 해당 유형별 공용사용의 내용을 살펴보고, 그 손실보상에 대해 살펴보기로 한다.

Ⅱ. 계속적 사용과 손실보상

1. 계속적 사용의 개념

계속적 사용은 특정한 공익사업의 주체인 사업시행자가 그 공익사업을 위하여 타인의 재산 또는 권리를 비교적 장기간에 걸쳐 사용하는 것을 말한다.

2. 계속적 사용의 절차

계속적 사용은 공익목적을 위해 개인의 재산권에 대해 중대한 침해를 가하는 것으로, 그 재산권자를 보호하기 위하여 일정한 절차를 거쳐 그 사용권이 설정되어야 한다. 그 절차로는 협의취득과 강제취득절차가 있으며, 토지보상법 제21조에 따라 협의를 거치고, 그 협의가 불성립한 경우 강제취득절차에 따르게 된다. 강제취득절차는 사업인정, 토지, 물건 조서작성, 협의, 재결의 절차를 거쳐 이루어진다.

3. 계속적 사용에 대한 손실보상

계속적 사용은 사업시행자가 토지 등을 사용할 권리를 취득하고, 토지소유자 등에 대해서 권리행사를 제한하는 것이므로, 손실보상은 그 권리행사의 제한에 따른 토지의 객관적 이용가치의 감소분의 크기로 책정한 사용료를 지급하는 방식으로 이루어진다. 계속적 사용의 대상인 토지가, 협의 또는 재결에 의한 것이라면, 토지보상법 제71조 제1항에 따라, 적정가격으로 평가된 보상금을 지급하도록 하고 있다.

Ⅲ. 일시적 사용과 손실보상

1. 일시적 사용의 개념

일시적 사용이란 공익사업의 주체가 그 사업을 위하여 일시적으로 타인의 토지, 건물 등 기타 재산을 사용하는 경우를 말한다. 일시적 사용에는 토지보상법 제9조부터 제13조에서 규정한 타인토지 등에의 출입과 제38조와 제39조에서 규정한 약식 사용이 있다.

2. 타인토지 출입과 손실보상

1) 타인토지에의 출입

공익사업 준비를 위해 타인이 점유하는 토지에 출입하여 측량, 조사할 필요가 있는 경우 사업시행자는 시·군·구청장의 허가를 받아 측량, 조사를 진행할 수 있으며, 해당 과정에서 불가피한 경우, 점유자 및 소유자의 동의를 받아 장해물의 제거 등을 할 수 있다.

2) 타인토지에의 출입 시 손실보상

사업시행자는 타인토지 등에 출입하여 발생하는 손실을 보상하여야 한다. 다만, 손실보상은 손실이 있는 것을 안 날부터 1년이 지나거나 손실이 발생한 날부터 3년이 지난 후에는 청구할 수 없다. 손실보상 비용은 사업시행자와 손실을 입은 점유자가 협의하여 결정하되, 협의가 성립되지 않은 경우에는 재결을 신청할 수 있다.

3. 약식사용

1) 약식사용

토지보상법 제38조와 제39조 규정에 따라 천재지변 시나 시급을 요하는 경우, 공익사업을 긴급히 시행하기 위해서 시·군·구청장의 허가를 받아 타인의 토지를 사용할 수 있으며, 그 기간은 재산권의 침해 피해를 최소화하기 위해 6개월로 제한하고 있다.

2) 약식사용으로 인한 손실보상

동법 제38조에 의해 타인의 토지를 사용함에 따라 손실이 발생한 경우, 사업시행자는 그 손실을 보상할 의무가 존재한다. 그 금액에 대해서는 사업시행자와 손실을 입은 자가 협의하여 결정하되, 손실이 있는 것을 안 날부터 1년이 지났거나 손실이 발생한 날부터 3년이 지난 경우 그 보상을 청구할 수 없다. 동법 제39조의 경우, 사업시행자는 산정한 보상금을 토지소유자 및 그 관계인에게 지급하여야 하는데, 지급시기까지 이를 지급하지 않는다면, 토지소유자 및 그 관계인은 담보물을 취득하게 된다.

Ⅳ. 지하사용 또는 공중사용과 손실보상

1. 토지의 지하 또는 공중공간 사용의 개념

토지소유자와 사업시행자 간 협의가 불성립한 경우, 공용수용 절차에 따라 사업시행자는 토지보상법 제28조 제1항에 따라 사업인정을 받고 사용재결을 신청하여 지하 또는 공중 공간에 대한 사용권을 가지게 된다.

2. 지하공간 사용에 대한 손실보상

토지보상법 제71조 제2항은 사용하는 토지와 그 지하 및 지상의 공간의 사용에 대한 구체적인 보상액 산정 및 평가방법은 국토교통부령으로 정하도록 하고 있다. 시행규칙 제31조는 사실상 영구적으로 지하공간을 사용하는 경우, 토지가격에 입체이용저해율을 곱하여 산정한 금액을 보상금으로 지급하도록 하고 있다.

V. 결

이상에서는 토지보상법상 규정된 공용수용의 유형과 각 유형별 손실보상에 관하여 살펴보았다. 해당 손실보상에 대해 불만이 있는 경우의 불복방법 또한 규정되어 있는데, 만약 협의나 재결과 같은 공용수용의 일반절차에 따른 경우, 협의는 사법상 계약으로 보아 민사소송 또는 공법상 당사자소송으로 다툴 수 있지만, 재결의 경우 처분성이 인정되어 행정소송으로 다툴 수 있을 것이다. 일시적 사용에 의한 경우에 있어서도 그 처분성이 인정되면 행정소송을 제기할 수 있지만, 처분성을 부정하면, 민사소송이나 공법상 당사자소송으로 권리를 구제받을 수 있을 것이다.

제07회 감정평가 및 보상법규 종합문제

Question 01 사업시행자가 사업인정, 협의, 수용재결을 거쳤으나 수용의 개시일에 보상금을 지급·공탁하지 않은 경우, ① 수용의 개시일이 사업인정일부터 1년 이내인 경우와 ② 1년 이후인 경우, 토지보상법상 수용당사자의 법률관계를 각각 설명하시오. 20점

Question 02 「공익사업을 위한 토지 등의 취득 및 보상에 관한 법률」상 공탁제도를 기술하고 그 문제점을 검토하시오. 20점

Question 03 헌법 제23조의 취지에 따라 「공익사업을 위한 토지 등의 취득 및 보상에 관한 법률」에서는 국민의 재산권 보호를 위해 사전보상의 원칙을 규정하고 있다. 사전보상원칙을 담보할 수 있는 제도로서 재결의 실효에 대해 설명하고 그에 따른 법률관계를 검토하시오. 20점

Question 04 대법원 판례 2005.8.19, 2004다2809에서는 "피수용자 등이 사업시행자에 대하여 부담하는 수용대상토지의 인도의무에 관한 (구)토지수용법 제63조, 제64조, 제77조 규정에서의 '인도'에는 명도도 포함되는 것으로 보아야 하고, 이러한 명도의무는 그것을 강제적으로 실현하면서 직접적인 실력행사가 필요한 것이지 대체적 작위의무라고 볼 수 없으므로 특별한 사정이 없는 한 행정대집행법에 의한 대집행의 대상이 될 수 있는 것이 아니다."라고 판시하고 있는 바, 현행 「공익사업을 위한 토지 등의 취득 및 보상에 관한 법률」 제44조 및 제89조의 대행·대집행에 대하여 설명하시오. 30점

Question 05 사업시행자 甲은 재결에 의해 수력발전 시설 건설 예정지역 내의 토지 및 지상 입목에 대하여 적절한 보상을 하기로 예정되어 있었다. 그러나 보상금이 지급되기 전 홍수로 인하여 지상 입목이 멸실되었다. 이때 멸실 전 토지 및 지상 입목에 대해 보상하기로 한 甲은 토지보상법에 의해 어떤 의무를 지는지 논술하시오. 10점

Question 01 (20점)

I. 논점의 정리

토지보상법은 재산권을 침해당한 피수용자의 권리를 보호하기 위해서 제62조에서 사전보상의 원칙을 규정하고 있으며, 그 원칙을 담보하기 위해서 제42조에 재결의 실효 규정을 두었다. 사안의 경우는 재결의 실효와 사업인정의 실효 간의 관계를 파악하기 위한 것이다. 이하, 재결의 실효에 대해 검토하고, 각 경우에 토지보상법상 당사자인 사업시행자와 피수용자의 법률관계에 대해 알아보고자 한다.

II. 재결의 실효

1. 재결의 실효의 의의 및 취지(토지보상법 제42조)

재결의 실효란 유효하게 성립된 재결에 대하여 행정청의 의사에 의하지 아니하고, 객관적 사실의 발생에 의해 당연히 재결의 효력이 상실되는 것을 말한다. 토지보상법 제42조에 따르면, 사업시행자가 수용 또는 사용의 개시일까지 관할 토지수용위원회가 재결한 보상금을 지급하거나 공탁하지 아니하였을 때에는 해당 토지수용위원회의 재결은 효력을 상실하게 된다. 이는 피수용자를 보호하고, 사전보상의 원칙을 담보하는데 그 취지가 있다.

2. 효과

재결이 실효됨으로써 피수용자가 입은 손해에 대해 사업시행자는 보상할 의무가 있으며, 피수용자는 재결 실효로 인한 손해에 대한 보상을, 손실이 있음을 안 날부터 1년, 있은 날부터 3년 이내에 청구하여야 한다. 재결이 실효되면 재결신청의 효력도 자동으로 상실된다.

3. 재결의 실효와 사업인정의 효력의 관계

재결이 실효되면 재결신청도 실효되지만, 이는 장래를 향한 효력상실이므로, 재결신청 기간 내라면 다시 재결신청이 가능하다. 그러나 재결신청의 효력이 상실되어, 사업인정고시일부터 1년 이내에 재결신청을 하지 않은 것으로 되었다면, 사업인정 자체도 효력을 상실하여(토지보상법 제27조), 수용절차 일체가 백지상태로 환원된다.

Ⅲ. 수용의 개시일이 1년 이내인 경우 법률관계

1. 보상금 미지급, 미공탁의 효과

수용의 개시일까지 보상금을 지급·공탁하지 않아 재결이 실효되고, 그 재결의 신청까지 실효되었다. 그러나 사업인정고시일부터 1년 이내이기 때문에 재결신청 기간 내에 있으므로, 사업인정은 여전히 유효하게 된다.

2. 사업시행자의 경우

사업인정의 효력이 유지되고 있고, 이미 최초에 협의를 진행했으나 그 협의가 불성립하였음이 인정된 것이므로, 다시 재결을 신청할 수 있다.

3. 피수용자의 경우

1) 재결신청청구권

협의불성립의 경우 토지소유자 및 관계인이 사업시행자에게 재결신청을 조속히 할 것을 청구하는 권리로, 재결이 실효되더라도 사업인정의 효력이 유지되는 경우에 피수용자는 재결신청을 조속히 할 것을 청구할 수 있다. 청구를 받은 사업시행자는 60일 이내에 재결을 신청할 의무가 있다.

2) 손실보상청구권, 반환 및 원상회복청구권

사업시행자는 재결의 실효(토지보상법 제42조)로 피수용자가 입은 손실을 보상하여야 한다. 그 보상은 협의에 의하고 협의가 성립하지 않으면 재결을 신청할 수 있다. 또한 사업시행자는 토지나 물건의 사용기간의 단료 혹은 사업의 폐지·변경 등으로 더 이상 사용할 필요가 없게 된 경우 해당 소유자 또는 그 승계인에게 반환하여야 하며, 소유자는 손실이 보상된 경우를 제외하고는 원상회복을 청구할 수 있다.

Ⅳ. 수용의 개시일이 1년 이후인 경우 법률관계

1. 판례

판례는 재결의 효력이 상실되면 재결신청 역시 그 효력을 상실하게 되는 것이므로 그로 인하여 사업인정의 고시가 있은 날로부터 1년 이내에 재결신청을 하지 않는 것으로 되었다면 사업인정도 역시 효력을 상실하여 결국 그 수용절차 일체가 백지상태로 환원된다고 하였다.

2. 보상금 미지급, 미공탁의 효과

수용의 개시일에 재결이 실효되므로, 해당일이 1년 이후인 경우, 사업인정고시일부터 1년 이내에 재결을 신청하지 않은 것으로 보아, 사업인정의 효력이 상실된다.

3. 사업시행자의 경우

공익사업 절차가 일체로 백지화되어 공익사업이 완전히 폐지된 경우로서, 사업시행자는 동일한 사업을 이유로 다시 사업인정을 받아서 수용절차를 진행하여야 한다.

4. 피수용자의 경우

1) 손실보상청구권(토지보상법 제23조), 반환 및 원상회복 청구권

피수용자는 사업인정의 실효로 입게 된 손실에 대한 보상을 청구할 권리가 있으며, 그 보상은 당사자 간 협의에 의하며, 협의가 불성립한 경우 재결을 신청할 수 있다. 사업인정 실효 이후에도 사업시행자가 점유를 계속하고 있다면, 반환 및 원상회복 청구권에 근거하여 점유의 위법성을 주장할 수 있다.

2) 환매권 행사(토지보상법 제91조)

사업시행자가 해당 토지 및 물건에 대한 소유권을 취득한 경우, 환매권을 행사할 수 있다. 환매권이란, 수용의 전제가 되는 공익사업의 폐지·변경 등 기타 사유로 수용목적물의 전부 또는 일부가 필요 없게 된 경우, 원래의 토지소유자가 일정한 대가를 지급하고 그 토지를 되찾을 수 있는 권리이다. 사업인정이 실효된 경우, 해당 공익사업 자체가 폐지된 것으로 보아, 피수용자는 환매권을 행사하여 자신의 토지를 반환받을 수 있을 것이다.

V. 결

토지보상법은 사전보상의 원칙을 담보하기 위하여 재결의 실효 규정을 두었다. 이때 재결의 실효 시기가 사업인정고시일부터 1년 이내인 경우, 사업인정의 효력은 상실되지 않아, 사업시행자는 해당 사업인정에 근거하여 재결을 신청하고, 공익사업을 다시 수행할 수 있지만, 1년이 경과한 경우, 사업인정의 효력까지 상실되어, 해당 공익사업 전체가 백지화된다. 각 경우에 대해 손실이 발생하였을 때 보상받을 수 있도록 규정하여, 피수용자에 보호가 이루어지도록 도모하였다.

Question 02 (20점)

I. 논점의 정리

공익사업 시행에 따라 발생하는 재산권 침해의 피해를 최소화하기 위하여 토지보상법은 제62조에 사전보상의 원칙을 규정해 두었으며, 토지보상법 제40조에 규정된 공탁제도는 그 실효성을 확보하기 위한 수단이다. 이하 공탁제도의 내용에 대해 알아보고, 그 문제점을 검토하고자 한다.

II. 공탁제도(토지보상법 제40조)

1. 의의 및 취지

사업시행자는 원칙적으로 수용 또는 사용의 개시일까지 관할 토지수용위원회가 재결한 보상금을 지급하여야 하나, 특별한 사유에 해당하는 경우에는 수용 또는 사용의 개시일까지 수용 또는 사용하고자 하는 토지 등의 소재지의 공탁소에 보상금을 공탁할 수 있다(토지보상법 제40조). 이는 사업시행자가 보상금을 지급하지 않음으로써 수용재결의 효력이 상실되는 것을 막아 공익사업이 원활하게 시행될 수 있도록 하는 것과 사전보상의 원칙을 실현하기 위함에 그 취지가 있다.

2. 법적 성질

채무자인 사업시행자가 보상금을 공탁소에 공탁함으로써 토지소유자 등에 대한 채무를 면하게 되므로 변제공탁으로 본다. 따라서 민법 제487조에 규정된 변제공탁과 그 목적 및 요건이 동일하다.

3. 요건(토지보상법 제40조 제2항)

보상금을 받을 자가 그 수령을 거부하거나 보상금을 수령할 수 없는 때, 사업시행자의 과실 없이 보상금을 받을 자를 알 수 없을 때, 관할 토지수용위원회가 재결한 보상금에 대하여 사업시행자가 불복이 있는 때, 압류 또는 가압류에 의하여 보상금의 지급이 금지된 때에 보상금을 공탁할 수 있다.

4. 관할, 공탁물 및 수령권자

관할 공탁소는 보상금을 수령할 피수용자가 거주하는 현주소지의 공탁소가 원칙이나, 현주소지를 찾는 것이 용이하지 않는 등의 사정이 있는 경우, 수용 또는 사용하고자 하는 토지 등의 소재지 공탁소에 공탁하는 것을 인정한다. 공탁물은 현금이 원칙이나, 채권보상의 경우 채권도 가능하며, 수령권자는 수용목적물의 소유자 및 관계인이다.

5. 공탁금의 회수

토지보상법상 공탁금은 피수용자가 공탁금 수령을 거절한다는 사유와 같이 비자발적인 경우에는 회수가 인정되지 않지만, 사업시행자가 쟁송을 통해 보상금의 감액을 확정받은 경우, 초과분에 대해서는 회수할 수 있다.

Ⅲ. 효과

1. 적법한 공탁

사업시행자가 보상금을 지급한 것과 동일하므로, 수용·사용의 개시일에 그 수용목적물에 대한 수용권이나 사용권을 취득한다.

2. 미공탁

수용 또는 사용의 개시일까지 재결에서 정한 보상금을 공탁하지 않은 경우, 해당 재결은 그 효력을 상실하며, 재결신청 또한 실효된다(대판 2017.4.7, 2016두63361).

3. 하자 있는 공탁

토지보상법 제40조 제2항에 규정된 요건에 해당하지 않음에도 불구하고 공탁하는 경우, 보상금의 일부분만을 공탁하는 경우, 조건부 공탁의 경우는 모두 무효이다. 피수용자가 보상금에 대해서 이의유보를 한 경우, 해당 공탁금을 수령하더라도 이후 보상금에 대해 쟁송을 제기하여 다툴 수 있지만, 아무런 이의를 제기하지 않은 경우, 하자 있는 공탁이라도 그 공탁금을 수령한 경우, 보상금 지급의 효과가 발생한다.

Ⅳ. 문제점 및 개선방안

1. 공탁 요건에 대한 이해부족

토지보상법 제40조 제2항에서 공탁의 요건을 규정하고 있지만, 사업시행자가 이를 제대로 이해하지 못해 요건을 충족하지 못한 채 공탁하여 사업진행에 차질이 생기는 경우가 다수 존재하는 문제가 있다.

2. 이의유보 없는 공탁금 수령

이의유보는 공탁금 수령 전에 피수용자가 사업시행자 또는 공탁공무원에게 명시적 또는 묵시적 의사표시를 함으로써 인정된다. 공탁금을 수령할 때, 보상금에 불복이 있거나 공탁에 하자가 있는 경우 이의를 유보한 후 공탁금을 수령해야 함에도 불구하고, 이의유보 없이 수령하여 이후 이의제기를 더 이상 할 수 없는 불이익이 발생하는 문제가 있다. 따라서 피수용자에게 해당 사안에 대해 확인하는 절차가 필요할 것이다.

3. 이의재결에서 증액된 보상금의 미공탁

수용재결에서 결정된 보상금을 미공탁하는 경우 재결이 실효된다는 것은 규정에 있으나, 이의재결에서 증액된 보상금을 공탁하지 않아도 이의재결이 실효된다는 것은 규정되어 있지 않고, 대법원 또한, 수용재결과 이의재결의 성격이 다름이 이유로 그 실효를 인정하지 않고 있다. 이는 피수용자가 증액된 보상금을 지급받지 못하는 문제가 발생한다. 이를 위해, 사업시행자가 증액된 보상금을 미지급하거나 미공탁 시 피수용자가 권리를 구제받을 수 있는 방안을 강구해야 할 것이다.

V. 결

보상금 공탁제도는 사전보상의 원칙을 실현하고 피수용자의 권리를 보호하기 위함에 시행되고 있지만, 이해부족으로 인해 발생한 하자 있는 공탁으로 공익사업의 시행에 차질이 발생하는 점과 이의유보 없이 공탁금을 수령한 피수용자에게 불이익이 발생하는 점, 증액된 보상금의 미공탁에 대한 실효 규정이 존재하지 않아, 피수용자가 증액된 보상금을 제대로 받지 못하는 점의 문제가 존재한다. 따라서 피수용자의 권리보호를 위해 개선방안을 강구하는 노력이 필요할 것이다.

Question 03 20점

I. 논점의 정리

토지보상법 제62조에서는 공익사업으로 인해 재산권을 침해받은 자를 보호하기 위한 취지로 사전보상의 원칙을 규정하고 있으며, 해당 원칙을 담보하기 위해 동법 제42조에서 재결의 실효를 규정하고 있다. 이하 재결의 실효에 대해 알아보고, 그와 관련된 법률관계를 검토하고자 한다.

Ⅱ. 재결의 실효

1. 의의 및 취지

토지보상법 제42조에 따르면, 사업시행자가 수용 또는 사용의 개시일까지 관할 토지수용위원회가 재결한 보상금을 지급·공탁하지 아니하였을 때에는 해당 토지수용위원회의 재결은 효력을 상실하게 된다. 이는 피수용자를 보호하고, 사전보상의 원칙을 담보하는데 그 취지가 있다.

2. 효과

재결이 실효되면, 재결신청의 효력 또한 상실된다. 또한, 피수용자는 재결의 실효로 인해 입게 된 손실에 대해서 보상을 청구할 수 있는데, 보상의 청구는 손실이 있음을 안 날로부터 1년, 손실이 있은 날로부터 3년 이내에 청구하여야 한다.

3. 재결신청 및 사업인정 효력과의 관계

1) 판례

판례는 재결의 효력이 상실되면 재결신청 역시 그 효력을 상실하게 되는 것이므로 그로 인하여 사업인정의 고시가 있은 날로부터 1년 이내에 재결신청을 하지 않는 것으로 되었다면 사업인정도 역시 효력을 상실하여 결국 그 수용절차 일체가 백지상태로 환원된다고 판시하였다.

2) 검토

재결이 실효되면, 재결신청 또한 실효된다. 만약 수용의 개시일이 사업인정고시일부터, 1년 이내라면 재결신청 기간 내이므로 사업인정은 실효되지 않지만, 1년 이후라면 재결신청 기간 이후이므로 사업인정도 그 효력을 상실하게 된다.

Ⅲ. 재결의 실효 후 법률관계

1. 법률관계의 당사자

재결과 재결의 실효에 대한 법률관계의 당사자는 수용권의 주체인 사업시행자와 수용목적물의 권리자인 피수용자이다.

2. 재결만 실효되고 사업인정의 효력이 유지되는 경우

1) 사업시행자

사업인정의 효력이 유지되므로, 사업인정에 의해 관할 토지수용위원회에 재결을 신청할 수 있다.

2) 피수용자

(1) 재결신청청구권(토지보상법 제30조)

토지소유자 및 관계인이 사업시행자에게 재결의 신청을 조속히 할 것을 청구하는 권리로, 사업시행자는 청구를 받은 때부터 60일 이내에 재결신청할 의무를 진다.

(2) 손실보상청구권(토지보상법 제42조 제2항)

사업시행자는 재결의 실효로 인해 피수용자가 입은 손실을 보상할 의무를 진다. 손실은 당사자 간 협의에 의하고, 협의가 성립되지 않으면, 양 당사자는 재결을 신청할 수 있다.

3. 사업인정까지 실효된 경우

1) 사업시행자

공익사업이 완전히 폐지된 경우로서 사업시행자는 동일 사업에 대해 국토부장관에게 다시 사업인정을 받고 수용절차를 진행해야 한다.

2) 피수용자

(1) 손실보상청구권(토지보상법 제23조 제2항)

사업시행자는 사업인정의 실효로 인하여 피수용자가 입은 손실을 보상하여야 한다. 그 보상은 당사자 간의 협의에 의하고, 협의가 성립하지 아니하면, 양 당사자는 재결을 신청할 수 있다.

(2) 환매권(토지보상법 제91조)

환매권이란 수용의 전제가 된 공익사업의 폐지·변경 등 기타 사유로 수용목적물의 전부 또는 일부가 필요 없게 되었을 때, 원래의 토지소유자가 일정한 대가를 지급하고 수용토지를 되찾을 수 있는 권리이다. 사업인정까지 실효된 경우, 공익사업이 폐지된 경우에 해당하므로, 피수용자는 환매권을 행사하여 자신의 토지를 반환받을 수 있다.

IV. 결

수용재결은 피수용자의 의사와 관계없이 강제적으로 그가 소유한 토지 등을 취득하는 절차인바 사전보상의 원칙이 전제되어야 하며, 이를 담보하기 위하여 재결의 실효제도가 존재한다. 그러므로 관련 법률 관계를 검토하여 피수용자의 피해가 최소화될 수 있도록 노력해야 할 것이다.

Question 04 30점

I. 논점의 정리

공용수용이란 공익사업을 위하여 타인의 재산권을 법률의 힘에 의하여 강제로 취득하는 것을 말한다. 토지보상법은 공용수용의 절차로서, 사업인정, 조서작성, 협의, 재결을 규정하고 있으며, 최종적으로는 관할 토지수용위원회의 재결에 의해 사업시행자는 수용목적물을 원시 취득하게 된다. 이때 재결에 의해 발생하는 피수용자의 인도·이전의무와 그 의무의 불이행에 대한 실효성 확보수단인 대행 및 대집행을 설명하고자 한다.

Ⅱ. 인도·이전의무와 의무이행 확보수단

1. 인도·이전의무(토지보상법 제43조)

토지소유자 및 관계인은 수용 또는 사용의 개시일까지 그 토지나 물건을 사업시행자에게 인도하거나 이전하여야 한다. 이를 이행하지 않는 경우, 대행 또는 대집행의 대상이 될 수 있다.

2. 대행(토지보상법 제44조)

1) 의의

시·군·구청장 등이 토지나 물건의 인도 또는 이전을 대행하는 것을 말한다. 공익사업을 원활하게 수행하기 위함에 그 취지가 있으며, 대행은 대집행의 요건 및 절차가 적용되지 않으므로 대집행의 특례로 보는 것이 타당하다.

2) 요건

토지나 물건을 인도 또는 이전하여야 할 자가 고의 또는 과실 없이 그 의무를 이행할 수 없거나 사업시행자의 과실 없이 의무가 있는 자를 알 수 없을 경우일 것, 사업시행자의 청구에 의할 것을 요건으로 한다.

3) 효과

대행으로 인하여 소요되는 비용은 인도·이전의 의무가 있는 자가 부담하며(토지보상법 제44조 제2항), 의무자가 그 비용을 납부하지 않는 경우에는 지방세 체납처분의 예에 따라 징수할 수 있다(동법 제90조).

3. 대집행(토지보상법 제89조)

1) 의의 및 취지(행정기본법 제30즈 제2항)
① 의무자가 행정상 의무로서 타인이 대신하여 행할 수 있는 의무를 이행하지 아니하는 경우 법률로 정하는 다른 수단으로는 그 이행을 확보하기 곤란하고 그 불이행을 방치하면 공익을 크게 해칠 것으로 인정될 때에 행정청이 의무자가 하여야 할 행위를 스스로 하거나 제3자에게 하게 하고 그 비용을 의무자로부터 징수하는 것을 말하며, ② 공익사업의 원활한 수행에 취지가 있으며, 토지토상법에서 규정되지 않은 것은 행정대집행법을 따른다.

2) 요건

(1) 토지보상법상 요건
토지보상법 제89조는 이 법 또는 이 법에 따른 의무를 이행하지 않거나 인도·이전을 기간 내에 완료할 가망이 없는 경우 또는 의무자로 하여금 이행하게 함이 심히 공익을 해한다고 인정될 경우, 행정대집행법에 따라 대집행을 신청할 수 있으며 사업시행자가 국가 또는 지방자치단체인 경우에는 직접 더집행할 수 있다고 규정하였다.

(2) 행정대집행법상 요건
행정대집행법 제2조는 대체적 작위의무의 불이행 시 다른 수단으로 그 이행확보가 곤란한 경우 또는 그 불이행을 방치함이 심히 공익을 해할 것으로 인정될 때는 대집행을 할 수 있다고 규정하고 있다.

3) 대집행의 주체
인도·이전의무는 관할 토지수용위원회의 재결에 따라 발생하지만, 그 의무이행의 확보는 사업시행자의 신청에 의해 시·군·구청장이 한다.

III. 토지·물건 인도 거부 시 대집행 가능성

1. 문제점

토지나 물건의 인도를 신체의 점유로서 거부하는 등과 같은 경우 이를 실력으로 배제할 수 있는가의 논의이다. 대집행의 대상은 원칙상 대체적 작위의무이지만, 비대체적 작위의무인 토지·물건 인도 의무가 토지보상법 제89조의 의무에 포함되어 대집행의 대상이 가능한지에 대해 견해가 대립한다.

2. 학설

대집행 규정이 무의미해지는 것을 방지하고, 공익사업의 원활한 진행을 위해 인정하는 긍정설, 비대체적 작위의무에 대한 대집행은 직접강제에 해당한다는 입장의 부정설이 있다.

3. 판례

판례는 피수용자 등이 기업자에 대하여 부담하는 수용대상토지의 인도의무에 관한 토지보상법 제63조, 제64조, 제77조 규정에서의 '인도'에는 명도도 포함되는 것으로 보아야 하고, 이러한 명도의무는 그것을 강제적으로 실현하면서 직접적인 실력행사가 필요한 것이지 대체적 작위의무라고 볼 수 없으므로 특별한 사정이 없는 한 행정대집행법에 의한 대집행의 대상이 될 수 있는 것이 아니라고 판시하였다.

4. 검토

법치행정의 원칙 및 국민의 권익 보호 측면을 고려할 때, 비대체적 작위의무에 토지보상법 제89조를 확대적용하는 것은 타당하지 않다고 판단된다.

IV. 결

의무자가 신체의 점유를 수반하여 고의로 인도·이전의무를 이행하지 않는 경우, 대행 또는 대집행으로 그 이행의 확보가 곤란하고, 이는 공익사업의 진행을 곤란하게 하는 문제가 있다. 공익사업의 원활한 수행이라는 토지보상법의 입법 목적을 달성함과 동시에 피수용자의 권익 보호를 조화롭게 이룰 수 있도록 하는 입법론적 조치가 필요하다고 판단된다.

Question 05 [10점]

I. 논점의 정리

사업시행자는 수용 또는 사용의 개시일까지 재결에서 정한 보상금을 지급하거나 공탁함으로써, 수용의 개시일이 되면 그 목적물을 원시취득한다. 이때 재결일과 수용의 개시일 사이의 위험부담에 대한 토지보상법상 규정을 검토한다.

II. 위험부담이전의무

1. 의의(토지보상법 제46조)

수용재결 이후 수용목적물이 피수용자의 고의 또는 과실 없이 멸실 또는 훼손되는 경우, 그로 인한 손실을 사업시행자의 부담으로 하는 것을 말한다. 민법상 채무자위험부담주의(민법 제537조)의 예외규정으로서, 공용수용으로 재산권을 박탈당하게 되는 피수용자의 권익을 보호하는 데 취지가 있다.

2. 요건

수용재결이 발령된 날부터 수용의 개시일까지 피수용자의 귀책사유 없이 목적물이 멸실 또는 훼손될 것을 요건으로 한다. 목적물의 단순 가격하락은 이에 포함되지 않는다.

3. 효과

수용목적물의 멸실 또는 훼손에 대한 손실을 사업시행자가 부담하게 된다.

4. 협의취득 시 준용 여부

협의취득 시 위험부담에 대한 토지보상법 규정은 없으나 법 제46조의 취지에 비추어 협의가 성립한 경우에도, 이를 준용하는 것이 타당하다고 판단된다. 대법원도 지상 입목이 홍수로 인해 멸실되었다고 하더라도, 매수 또는 보상하기로 한 자는 이행불능을 이유로 보상약정을 해제할 수 없다고 판시하였다(대판 1977.12.27, 76다1472).

Ⅲ. 결

사안은 재결이 행해진 이후이며, 보상금 지급 이전에 수용목적물인 지상 입목이 멸실된 것이므로, 토지보상법 제46조가 적용된다. 따라서 사업시행자 甲은 위험부담 의무가 있으므로, 멸실 여부와 관계없이 보상금을 지급해야 할 것이다.

제08회 감정평가 및 보상법규 종합문제

Question 01

전라북도에서 잠업사를 운영하던 甲은 2024년 7월 양잠업과 누에업 사업자등록을 하고 양잠농가에 누에를 공급하는 사업을 잘 진행하고 있었다. 그런데 2020년 1월부터 2025년 12월 31일까지 사업시행자인 호남철도공사가 호남고속전철사업을 인근에서 진행하여 2025년 12월 말에 완공되었고, 2026년 3월경 사업이 완료되어 고속철도가 지나다니면서 소음과 진동으로 甲이 운영하던 잠업사의 멀쩡한 누에가 30% 이상 폐사를 하였다. 국립농업과학원 조사결과 호남고속철도의 소음과 진동이 기준치 이상을 넘어 폐사한 것으로 밝혀졌다. 잠업사 대표 甲은 공익사업을 위한 토지 등의 취득 및 보상에 관한 법률에 따라 적절한 보상을 받고자 한다. 다음 물음에 답하시오. 40점 (해당 문제는 대법원 2019.11.28. 선고 2018두227 판결을 기초로 함)

(1) 공익사업시행지구 밖 간접손실보상에 대해 설명하고 간접손실보상 대상인지 설명하시오. 20점

(2) 호남철도 공사로 공익사업시행지구 밖의 양잠업 등을 운영하는 甲이 공익사업을 위한 토지 등의 취득 및 보상에 관한 법률 시행규칙 제64조 제1항 제2호에서 정한 공익사업시행지구 밖 영업손실보상의 요건인 '공익사업의 시행으로 인한 그 밖의 부득이한 사유로 일정 기간 동안 휴업이 불가피한 경우'에 공익사업의 시행 결과로 휴업이 불가피한 경우가 포함되는지 여부를 설명하시오. 10점

(3) 실질적으로 같은 내용의 손해에 관하여 공익사업을 위한 토지 등의 취득 및 보상에 관한 법률 제79조 제2항에 따른 손실보상과 환경정책기본법 제44조 제1항에 따른 손해배상청구권이 동시에 성립하는 경우, 영업자가 두 청구권을 동시에 행사할 수 있는지 여부를 검토하고, '해당 사업의 사업완료일로부터 1년'이라는 손실보상청구기간이 지나 손실보상청구권을 행사할 수 없는 경우에도 손해배상청구가 가능한지 여부를 설명하시오. 5점

(4) 공익사업으로 인하여 공익사업시행지구 밖에서 영업을 휴업하는 자가 공익사업을 위한 토지 등의 취득 및 보상에 관한 법률 제34조, 제50조 등에 규정된 재결절차를 거치지 않은 채 곧바로 사업시행자를 상대로 공익사업을 위한 토지 등의 취득 및 보상에 관한 법률 시행규칙 제47조 제1항에 따라 영업손실에 대한 보상을 청구할 수 있는지 여부와 어떤 보상항목이 공익사업을 위한 토지 등의 취득 및 보상에 관한 법령상 손실보상대상에 해당함에도 관할 토지수용위원회가 사실을 오인하거나 법리를 오해함으로써 손실보상대상에 해당하지 않는다고 잘못된 내용의 재결을 한 경우, 피보상자가 제기할 소송과 그 상대방을 설명하시오. 5점

Question 02

서울의 도심기능 및 인구의 분산과 수도권 주택공급수단의 목적에서 정부는 3기 신도시 중 하나로 인천시 계양 일대를 지정하였다. 신도시 지역의 개발에는 다양한 도시기반시설의 확충이 필요하고, 이러한 필요에 따라 사업의 시행을 맡은 한국토지주택공사는 우선 기반시설인 도로건설을 위해 인천 계양구 일대의 토지를 매입하기로 결정하였다. 그러나 협의보상에 저항하는 토지소유자들이 많아 불가피하게 공용수용절차를 진행하고 있다. 甲은 경기도 화성시에 있는 자신의 토지가 도로부지로 수용됨에 따라 경기도와 손실보상액에 대한 협의를 하였으나 서로 간의 의견차이로 인해 계속 협의가 결렬되었다. 이에 2019.5.31. 인천시 토지수용위원회가 해당 토지수용에 관하여 재결을 하게 되었다. 甲은 이에 불복하고자 한다. 40점

(1) 甲이 도로부지로의 수용에 관한 결정 자체를 다투고자 하는 경우와 손실보상금액이 적기 때문에 증액을 요구하고자 하는 경우에 각각 어떠한 불복방법이 존재하는지를 논술하시오. 30점

(2) 만약, 인천시 토지수용위원회가 수용재결서 정본을 송달하면서 이의신청기간을 알리지 아니한 경우 그 효과는 어떠한지를 판례를 토대로 검토하시오. 10점

Question 01 (40점)

Ⅰ. 논점의 정리

1. 〈물음 1〉에 대하여 갑이 운영하던 양잠업이 공익사업의 시행으로 인한 간접손실보상의 대상이 되는지와 관련하여, 간접손실보상의 근거를 살펴보고, 갑의 영업이 간접손실보상의 요건을 충족하는지 검토한다.

2. 〈물음 2〉에 대하여 갑이 운영하던 양잠업이 토지보상법 시행규칙 제64조 제1항 제2호의 요건에 포함되는지 대법원 2019.11.28. 2018두227 판례를 통하여 검토한다.

3. 〈물음 3〉에 대하여 대법원 2019.11.28. 2018두227 판례를 통해 손실보상청구권과 손해배상청구권의 동시 행사 여부 및 손실보상청구기간이 지난 후 손해배상청구의 가능 여부를 검토한다.

4. 〈물음 4〉에 대하여 대법원 2019.11.28. 2018두227 판례를 통해 민사소송 및 당사자소송의 가능성을 검토한다.

Ⅱ. 물음 1의 검토(간접손실보상 설명, 간접손실보상 대상 여부 검토)

1. 간접손실보상의 의의[토지보상법 제79조]

간접손실보상이란 공익사업의 시행으로 인하여 사업시행지 밖의 재산권자에게 가해지는 손실 중 필연적으로 발생하는 간접손실에 대한 보상을 말한다. 공익사업이 대규모화됨에 따라 손실보상의 관념이 확장되면서 인정된 제도이다. 물리적, 기술적 손실에 대해서는 간접침해 보상, 사회적, 경제적 손실에 대해서는 간접손실보상으로 보는 것이 일반적 견해이다.

2. 간접손실보상의 성격

손실보상설, 손해배상설, 결과책임설 등이 주장되고 있으나, 간접손실보상은 기본적으로 손실보상으로 봄이 타당하다. 다만, 예견된 범위를 넘는 피해에 대해서는 손해배상으로 봄이 타당하다. 침해의 효과가 간접적이라는 점에서 직접침해에 의한 보상과 구별되며, 사후보상이다. 간접손실보상은 재산권 보상 및 생활보상의 성격을 모두 갖는다.

3. 간접손실보상의 법적 근거

간접손실이 헌법 제23조 제3항에 포함되는지가 문제되는 것으로, 헌법 제23조 제3항은 공용침해로 인하여 재산권자에게 직접적으로 발생한 손실만을 의미한다는 부정설과 공용침해로 인해 필연적으로 발생한 손실이라면 동 규정에 포함된다고 보는 긍정설이 대립한다. 판례는 수산업협동조합사건에서 간접적인 영업손실이라도 특별한 희생으로서 예측가능성과 특정성이 있다면 헌법 제23조 제3항에서 규정하는 손실보상이 된다고 판시하여, 긍정설의 입장을 취하고 있다.

4. 간접손실보상의 요건

공익사업시행지구 밖의 제3자에게 발생한 손실일 것, 손실의 예견 가능성과 특정성이 있을 것, 특별한 희생일 것, 보상규정이 존재할 것을 요건으로 한다.

5. 사안의 검토(甲의 손실이 간접손실보상대상에 해당하는지 여부)

1) 예견 가능성 및 특정성

甲은 호남고속철도 사업구역 인근에서 잠업사를 운영하고 있던 자로서 고속철도 운행으로 인한 소음, 진동 등의 영향 범위 내에 있고, 이에 따라 잠업에 손실이 발생할 것을 충분히 예측할 수 있으므로, 손실의 예견 가능성 및 특정성 요건을 충족한다.

2) 특별한 희생인지 여부

(1) 특별한 희생의 판단 기준

특별한 희생이란 재산권에 가하여진 침해가 수인 한도를 넘는 침해에 해당한다고 형식적 기준과 실질적 기준에 따라 판단되는 것을 말한다. 판례는 종합적으로 고려하여 판단하여야 한다고 판시한바, 실질적 기준만이 아닌 형식적 기준 또한 동시에 고려하여 상호보완적으로 판단하는 것이 타당하다고 판단된다.

(2) 검토

甲은 누에고치에 발생한 이상증상으로 인하여 더 이상 잠업을 할 수 없을 만큼 손실을 입게 되었으므로 수인 한도를 넘는 손실로서 특별한 희생에 해당된다고 보인다.

3) 보상규정의 존재 여부

(1) 토지보상법 시행규칙 제64조

토지보상법 제79조 제2항의 위임에 따른 동법 시행규칙 제64조는 배후지의 3분의 2 이상이 상실되거나 진출입로의 단절 등의 경우를 규정하므로, 甲의 잠업 손실에는 적용되기 어려운 것으로 보인다.

(2) 토지보상법 제79조 제2항

동 규정을 일반적 근거조항으로 보게 되면 그 취지가 지나치게 확장되는 것으로 보이므로, 개괄수권조항으로 보는 것이 타당하다고 판단된다.

6. 사안의 해결

갑의 손실은 특별한 희생으로서 예측가능성 및 특정성이 있으므로 간접손실이 발생한 것으로 봄이 타당하다. 간접손실보상의 요건 중 손실보상 규정의 존재요건만 충족한다면, 간접손실보상의 대상이 될 수 있을 것이라 판단된다.

Ⅲ. 물음 2의 검토(토지보상법 시행규칙 제64조 제1항 제2호의 요건에 포함되는지 여부)

1. 토지보상법 시행규칙 제64조

① 배후지의 3분의 2 이상이 상실되어 그 장소에서 영업을 계속할 수 없는 경우, ② 그 밖의 부득이한 사유로 인하여 일정한 기간 동안 휴업하는 것이 불가피한 경우 그 영업자의 청구에 의하여 당해 영업을 공익사업시행지구에 편입되는 것으로 보아 보상하여야 한다.

2. 관련 판례(대판 2019.11.28, 2018두227)

'공익사업의 시행으로 인한 그 밖의 부득이한 사유로 인하여 휴업이 불가피한 경우'란 공익사업 시행 당시 발생한 사유로 휴업이 불가피한 경우만을 의미하는 것이 아니라 공익사업 시행 결과로 설치되는 시설의 형태, 구조, 사용 등에 기인하여 휴업이 불가피한 경우도 포함된다고 판시하였다.

3. 사안의 해결

판례의 태도에 비추어 볼 때, 갑의 영업손실은 공익사업 시행 결과로 발생한 것으로서 토지보상법 시행규칙 제64조 제1항 제2호의 '그 밖의 부득이한 사유'에 포함된다고 볼 수 있으며, 동 규정을 근거로 하여 손실보상이 가능하다.

Ⅳ. 물음 3의 검토

1. 판례의 태도

1) 동시행사 가능 여부

손해배상과 손실보상은 각 요건이 충족되면 성립하는 별개의 청구권이다. 다만 손실보상청구권에는 이미 '손해 전보'라는 요소가 포함되어 있어 양자의 청구권을 동시에 행사할 수 있다고 본다면 이중배상의 문제가 발생하므로, 어느 하나만을 선택적으로 행사할 수 있을 뿐이다.

2) 청구기간 도과 시 손해배상청구 가능 여부

'해당 사업의 공사완료일로부터 1년'이라는 손실보상 청구기간(토지보상법 제79조 제5항, 제73조 제2항)이 도과하여 손실보상청구권을 더 이상 행사할 수 없는 경우에도 손해배상의 요건이 충족되는 이상 여전히 손해배상청구는 가능하다.

2. 사안의 적용

甲은 손실보상청구권과 손해배상청구권이 동시에 성립하더라도 동시에 행사할 수 없고,

토지보상법 제73조 제2항에 의해 사업의 공사완료일로부터 1년이 지난 후에는 손실보상청구권을 행사할 수 없으므로, 손해배상청구가 가능한 기간 내라면, 손해배상청구로서 권리구제를 도모할 수 있을 것이다.

V. 물음 4의 검토(재결에 대해 제기하는 소송과 그 상대방)

1. 재결절차를 반드시 거쳐야 하는지 여부

사업인정 후 협의가 불성립 시, 피수용자는 사업시행자에게 재결신청을 청구한다. 청구한 날로부터 60일 이내에 사업시행자는 토지수용위원회에 재결을 신청하고, 수용재결이 이루어진다. 재결에 불복하고자 하는 경우, 토지보상법 제83조 내지 제85조에 따라 이의신청 및 행정소송을 제기할 수 있다. 토지보상법 제34조 내지 제50조에 따른 재결절차를 거친 다음, 재결에 불복이 있는 때에 비로소 토지보상법 제83조 내지 제85조에 따라 권리구제를 받을 수 있을 뿐, 이러한 절차를 거치지 않은 채 사업시행자를 상대로 손실보상을 청구하는 것은 허용되지 않는다.

2. 피수용자가 제기할 소송과 그 상대방

최근 판례에 따르면(대판 2019.11.28, 2018두227), 토지수용위원회가 사실을 오인하거나 법리를 오해함으로써 손실보상대상에 해당하지 않는다고 잘못된 내용의 재결을 한 경우, 취소소송이 아니라 사업시행자를 상대로 토지보상법 제85조 제2항에 따른 보상금증감청구소송을 제기해야 한다고 판시하였다.

VI. 결(사안의 해결)

1. 〈물음 1〉에서는 사안의 경우, 간접손실보상의 요건인 특별한 희생의 발생, 희생의 예견 가능성 및 특정성 요건을 충족하여 간접손실보상의 대상이 된다고 판단된다.

2. 〈물음 2〉에서는 영업손실보상의 그 밖의 부득이한 사유에 해당하여 사안의 공익사업의 시행 결과로 인한 간접손실도 보상대상이 된다.

3. 〈물음 3〉에서는 손해배상청구권과 손실보상청구권은 그 요건, 효과가 다르므로 동시에 성립이 가능하지만, 둘 중 하나만 선택적으로 행사가 가능하며, 손실보상청구기간이 지나도 손해배상청구는 가능하다고 보았다.

4. 〈물음 4〉에서는 사안의 경우 피수용자는 토지보상법 제85조 제2항의 보상금증감청구소송을 사업시행자를 상대로 제기하여 불복할 수 있다고 보았다.

Question 02 40점

I. 논점의 정리

1. 〈물음 1〉에서는 수용재결 자체를 다투는 경우로서 이의신청, 취소소송, 무효등확인소송을 검토하고, 손실보상금액에 대해서 불복하고자 하는 경우로서 이의신청과 보상금증감청구소송을 검토한다.

2. 〈물음 2〉에서는 토지수용위원회가 수용재결을 함에 있어, 불복절차를 고지하지 않은 경우, 그 효과에 대하여 행정심판법상 고지 제도의 적용 여부와 이에 따른 고지 의무 위반 시 효과를 검토한다.

II. 물음 1의 검토

1. 수용재결에 대하여 불복하는 경우

1) 이의신청(토지보상법 제83조)

(1) 의의 및 성격

이의신청이란 토지보상법 제34조의 재결에 대하여 불복이 있을 때, 중앙토지수용위원회에 이의를 신청하여 그 취소, 변경을 구하는 것이다. 이는 특별법상 행정심판에 해당하여 행정심판의 성격을 가지며, '할 수 있다'로 규정하여 임의주의적 성격을 갖는다.

(2) 요건 및 효과

재결서 정본을 받은 날부터 30일 이내에 처분청을 경유하여 중앙토지수용위원회에 이의를 신청할 수 있다. 이의신청은 사업의 진행 및 토지의 수용·사용을 정지시키지 않으며, 중앙토지수용위원회는 원재결이 위법 또는 부당하다고 인정될 때에는 그 재결의 전부 또는 일부를 취소하거나 손실보상액을 변경할 수 있다.

(3) 이의재결의 효력

이의신청에 대한 재결이 확정된 때에는 민사소송법상 확정판결이 있는 것으로 보며, 재결서 정본은 집행력 있는 판례의 정본과 동일한 효력을 가진다.

2) 취소소송(토지보상법 제85조 제1항)

(1) 의의

관할 토지수용위원회의 위법한 수용재결에 대하여 취소 또는 변경을 구하는 소송이다. 토지보상법 제85조 제1항에 그 법적 근거가 있으며, 토지보상법이 정하는 사항 외에는 행정소송법 제8조에 의해 행정소송법이 준용된다.

(2) 원처분주의와 행정심판과의 관계

토지보상법은 제34조의 재결에 대하여 불복이 있는 때라고 규정하여 원처분주의를 명문화하여 신속한 권리구제를 도모하고 있다. 또한, 이의신청을 거치지 않고 행정소송을 제기할 수 있도록 이의신청 임의주의를 규정하여, 신속한 권리구제를 도모하고 있다.

(3) 요건 및 효과

재결의 취소 또는 변경을 구할 법률상 이익이 있는 자는 관할 행정법원에 원재결에 대하여 재결서를 받은 날부터 90일 이내에, 이의신청을 거친 때에는 이의신청에 대한 재결서를 받은 날부터 60일 이내에 소를 제기할 수 있다. 취소소송이 제기되면 관할 법원은 심리,

판결할 의무를 지게 되며, 집행부정지 원칙에 따라 사업의 진행 및 토지의 수용, 사용을 정지시키지 않는다.

3) 무효등확인소송(판례를 통해 인정)

토지수용위원회의 재결의 효력 유무, 존재 여부를 확인하는 소송으로 토지보상법상 명시적 규정은 없으나, 판례가 인정한 바 있다. 행정소송법 제35조에 근거하고 있으며, 제소기간이나 이의신청 전치주의의 제한이 없다.

4) 사안의 경우

甲은 인천시 토지수용위원회의 재결에 불복이 있는 경우, 해당 인천시 지방토지수용위원회를 거쳐 중앙토지수용위원회에 이의를 신청할 수 있다. 또한, 甲은 이의신청을 제기하지 않고 바로 행정소송을 제기하거나, 이의신청을 거친 후 그 이의재결에 불복하고자 할 때 행정소송을 제기할 수 있다. 그리고 그 하자의 유형에 따라 무효등확인소송도 제기할 수 있다고 판단된다.

2. 손실보상금액에 대하여 불복하는 경우

1) 이의신청(토지보상법 제83조)

위법·부당한 재결에 불복하고자 하는 자는 재결서 정본을 받은 날부터 30일 이내에 중앙토지수용위원회에 이의를 신청할 수 있다. 이는 토지보상법 제83조에 근거하며, 특별법상 행정심판이다. 이의신청은 그 성격상 수용결정에 대한 이의신청과 보상금액에 대한 이의신청으로 구분된다.

2) 보상금증감청구소송(토지보상법 제85조 제2항)

(1) 의의

보상금의 재결사항에 대해 불복이 있는 때 제기하는 소송으로, 분쟁의 일회적 해결을 도모하는 데 목적이 있으며, 토지보상법 제85조 제2항에 근거를 두고 있다.

(2) 소송의 유형
토지보상법 제85조에서는 재결청을 공동 피고에서 제외하여 소송당사자가 법률관계의 당사자이므로, 공법상 당사자소송임을 분명히 하고 있다. 소송의 성질에 관하여 형성소송설과 확인급부소송설이 대립하고 있으나, 보상금증감청구소송이 재결청을 관여시키지 않고 소송당사자 사이의 분쟁을 일회적으로 해결하고자 한다는 점에서 확인급부소송이 타당할 것이다.

(3) 제기요건
원처분주의에 의해 이의재결에 고유한 하자가 없는 한, 수용재결에 의해 결정된 보상금 관계를 그 대상으로 한다. 피수용자가 제기한다면, 사업시행자가 피고가 되며, 재결서를 받은 날부터 90일 이내, 또는 이의신청에 대한 재결서를 받은 날부터 60일 이내에 제기해야 한다.

(4) 판결의 효력
보상액의 다소, 보상액의 지급방법 등이 심리의 범위에 포함되며, 판례에 따르면 재결신청 지연가산금도 이에 포함되고, 잔여지 수용에 관련된 사항도 그 범위에 포함된다. 판결의 형성력으로 인해 토지수용위원회는 별도의 처분을 할 필요가 없다.

3) 사안의 경우
갑은 인천시 토지수용위원회를 거쳐 중앙토지수용위원회에 대해 이의를 제기할 수 있으며, 보상금증감청구소송을 통해 손실보상금의 증액을 구할 수 있을 것이다.

3. 사안의 해결

갑은 도로부지로의 수용재결 자체를 다투고자 하는 경우 이의신청 및 하자의 유형에 따라 취소소송, 무효등확인소송을 제기할 수 있고, 보상금액에 대해 불복하는 경우, 이의신청이나 보상금증감청구소송을 통해 권리를 구제받을 수 있다.

Ⅲ. 물음 2의 검토

1. 행정심판법상 고지제도

행정심판법은 행정청이 처분을 서면으로 하는 경우 해당 처분이 행정심판의 대상이 되는 처분인지 등을 알려야 한다고 규정하여 고지제도를 규정하고 있다. 이는 행정의 민주화, 개인의 권리보호에 그 취지가 있다.

2. 수용재결에 대한 적용 여부

고지제도는 처분을 할 때에 불복방법을 알려주는 제도로서 모든 행정처분에는 특별한 사정이 없는 한 고지제도가 적용된다고 볼 수 있다. 나아가, 수용재결에 대해 이의신청을 하는 경우, 재결서 정본을 받은 날부터 30일 이내에 제기하도록 규정하고 있는바, 고지제도의 실익은 더 크다고 볼 수 있다.

3. 고지의무 위반의 효과

행정심판법 제27조 제6항에서는 심판청구기간을 알리지 않은 경우 처분이 있은 날부터 180일 이내에 심판청구를 할 수 있다고 규정하고 있다.

판례는 재결서 정본을 송달함에 있어 상대방에게 이의신청 기간을 알리지 않았다면 있은 날부터 180일 이내에 이의신청을 할 수 있다고 보아야 한다고 판시하였다.

4. 사안의 경우

사안에서는 행정심판법 제27조 제6항 규정에 의하여 수용재결이 있은 날부터 180일 이내에 이의신청을 할 수 있을 것이다. 따라서 甲은 재결이 있은 날부터 180일 이내에 이의신청을 제기할 수 있고, 해당 이의신청에 대한 재결서를 받은 날부터 60일 이내에 취소소송을 제기할 수 있을 것이다.

Ⅳ. 결(사안의 해결)

1. 〈물음 1〉의 경우, 수용재결 자체에 대한 불복 시 이의신청, 취소소송, 무효등확인소송을 제기할 수 있고, 보상금에 대한 불복 시 이의신청, 보상금증감청구소송을 제기할 수 있다.

2. 〈물음 2〉의 경우, 토지수용위원회가 수용재결을 함에 있어 불복절차를 고지하지 않은 경우에는 수용재결이 있은 날부터 180일 이내에 이의신청을 할 수 있을 것이다.

제09회 감정평가 및 보상법규 종합문제

Question 01 다음은 사업인정과 수용재결등에 대한 내용이다. 다음 물음에 답하시오. 30점

> 가. 사업인정 및 고시
> 평택 – 이동간 도로 확장 및 포장공사 {1997.2.27. 서울지방국토관리청 고시 제1997 – 39호로 도로구역결정(변경)}
> 나. 사업시행자 : 피고 대한민국 산하 서울지방국토관리청장
> 다. 피고 중앙토지수용위원회의 2004.12.21.자 수용재결
>   (1) 수용대상 : 평택시 ○○동 산 5번지 38,480㎡의 원고의 공유지분 11,640분의 11,340 중 447,907,200분의 180,748,260 및 위 토지 지상 지장물, 외 평택시 ○○동 일대
>   (2) 손실보상금 : 2,935,865,000원
> 라. 피고 중앙토지수용위원회의 2005.4.19.자 이의재결
>   – 손실보상금을 3,116,411,600원으로 증액(해당 내용은 대법원2008두1504의 사실관계임)

(1) 「공익사업을 위한 토지 등의 취득 및 보상에 관한 법률」(이하 '토지보상법')상 수용결정에 대하여 피수용자는 다투고자 한다. 어떤 권리구제방법이 있는지를 검토하고, 수용재결을 소송의 대상으로 삼을지, 이의재결을 소송의 대상으로 삼을지를 검토하시오. 15점

(2) 수용재결 보상금과 이의재결 보상금에 대하여 만족하지 못하는 피수용자는 토지보상법상 어떤 불복 방법을 해야 하는지에 대하여 관련 규정과 판례를 중심으로 검토하시오. 15점

Question 02 국방부장관은 국가안보의 중요성을 인식하고 서해 5도에 군부대 사격장 시설의 확장 설치를 위하여, 서해 5도 중 연평도의 甲소유의 토지에 대하여는 사업인정고시 전인(사업인정고시일 2009.10.4.) 2009.3.4.에 협의취득의 형식으로, 乙소유의 토지에 대하여는 사업인정고시 후인 2009.12.4.에 수용재결을 통하여 이를 취득하여 사격장을 설치·운영하여 오다가 2016.4.5. 이를 다른 지역으로 이전하고 2016.4.5. 해당 사격장 사업폐지를 고시하고 위 토지를 아무런 사용계획 없이 방치하고 있다. 30점 (다만 2021.8.10. 개정 시행되는 토지보상법 제91조 제1항 적용을 전제하여 문제를 풀 것)

(1) 甲, 乙은 각각 과거 자신의 소유였던 토지를 되찾을 수 있는지, 가능하다면 그 요건과 절차 등을 설명하시오. 15점

(2) 만약, 이 토지들에 대하여 A시장이 공영주차장 설치장소로 도시관리계획 변경결정을 한 상태라면 甲과 乙이 이 토지를 되찾을 수 있는지를 논하시오. 15점 (도시관리계획 변경결정으로 「국토의 계획 및 이용에 관한 법률」상 실시계획고시가 있어 사업인정이 의제된 것으로 본다.)

Question 03

2003.11.24. 국토의 계획 및 이용에 관한 법률(이하 '국토계획법'이라 한다) 제30조에 의하여 오산시 양산동 114 일원의 토지에 관하여 양산초등학교를 신설하는 내용이 포함된 도시관리계획(도시계획시설)결정의 고시가 이루어지자, 오산시장은 2004.11.1. 국토계획법 제88조에 의하여 오산시 양산동 114 일원에 관하여, 사업시행자를 경기도 화성교육청으로 하는 도시계획시설사업 실시계획을 인가하여 이를 고시(사업인정고시의제)하였다. 그런데 중간에 민간아파트 주택사업시행자가 아파트를 짓고자 하면서 오산시 양산동 114번지 일원(원 토지소유자는 주식회사 미원모방이었고 경기도에서 초등학교 건립을 위해 취득함) 토지를 교환의 형태로 해당 부지를 민간 주택사업시행자에게 처분하였고(소유권 이전 2014.12.10.) 사업인정고시는 하지 않았으며 중학교 건립을 새롭게 추진하게 되었다. 다음 물음에 답하시오(해당 사안은 2014.12.10. 종전 공익사업을 폐지 고시하고, 2023.7.16. 현재 환매권을 행사할 수 있는지 여부가 쟁점임)(대법원 2010.9.30, 2010다30782 판결 사례임). 40점 (다만 2021.8.10. 개정 시행되는 토지보상법 제91조 제1항 적용을 전제하여 문제를 풀 것)

(1) 「공익사업을 위한 토지 등의 취득 및 보상에 관한 법률」(이하 '토지보상법') 제91조에서 정한 환매권의 의미와 동법 제1항에 정한 '공익사업'의 의미 및 협의취득 또는 수용된 토지가 필요 없게 되었는지 여부의 판단기준을 설명하시오. 10점

(2) 토지보상법 제91조 제1항에서 말하는 환매권 행사기간의 의미와 토지보상법 제91조 제6항에서 정한 공익사업의 변환이 인정되는 경우, 환매권 행사가 제한되는지 여부를 설명하시오. 10점

(3) 공익사업의 변환은 새로운 중학교 공익사업에 관해서도 토지보상법 제20조 제1항의 규정에 의해 사업인정을 받거나 위 규정에 따른 사업인정을 받은 것으로 의제되는 경우에만 인정할 수 있는지 여부와 지방자치단체(경기도)가 도시관리계획상 초등학교 건립사업을 위하여 학교용지를 협의취득하였으나 위 학교용지 인근에서 아파트 건설사업을 하던 주택건설사업 시행자와 그 아파트 단지 내에 들어설 새 초등학교 부지와 위 학교용지를 교환하고 위 학교용지에 중학교를 건립하는 것으로 도시관리계획을 변경한 사안에서, 위 학교용지에 관한 환매권 행사를 인정할 수 있는지 여부를 설명하시오. 20점

Question 01 [30점]

I. 논점의 정리

〈물음 1〉에서는 토지보상법은 수용재결 등에 대한 불복수단으로 규정하고 있는 이의신청, 취소소송을 살펴보고, 소송 제기 시 소의 대상을 원처분주의에 입각하여 검토한다. 〈물음 2〉에서는 수용재결 또는 이의재결에서 결정된 보상금에 대한 불복수단으로서 토지보상법에서 규정하고 있는 이의신청과 보상금증감청구소송을 검토한다.

II. 물음 1의 검토(수용재결에 대한 권리구제와 원처분주의)

1. 수용재결의 의의 및 법적 성질(토지보상법 제34조, 제50조)

사업인정 후 협의가 불성립한 경우 관할 토지수용위원회가 수용권의 구체적 내용을 결정하고, 그 실행을 완성시키는 공용수용의 종국적 절차로, 수용을 통한 공익의 실현과 공사익 조화에 그 취지가 있다. 형성적 행정행위로서 처분이며, 재결의 발령 자체는 기속행위이지만 그 구체적 내용의 결정에 관한 것은 재량행위이다. 사업시행자에게는 수익적 효과를, 피수용자에게는 침익적 효과를 일으키는 제3자효 행정행위이다.

2. 수용재결에 대한 권리구제방법

1) 이의신청(토지보상법 제83조)

관할 토지수용위원회의 위법 또는 부당한 재결에 대하여 불복이 있을 때, 처분청을 경유하여 중앙토지수용위원회에 이의를 신청하는 것을 말하며, 재결서 정본을 받은 날부터 30일 이내에 제기해야 한다. 이는 임의주의적 성격을 가지며, 특별법상 행정심판에 해당한다. 집행부정지 원칙에 따라 토지 수용 등이 중단되지 않으며, 이의재결 확정 시, 민사소송법상 확정판결이 있은 것으로 본다.

2) 취소소송(토지보상법 제85조 제1항)

토지수용위원회의 위법한 수용재결에 대한 취소 또는 변경을 구하는 소송으로, 취소나 변경을 구할 법률상 이익이 있는 자가 재결서를 받은 날부터 90일 이내에, 이의신청을 거친 경우, 이의신청 재결서를 받은 날르부터 60일 이내에 관할 법원에 제기할 수 있다. 토지보상법에서는 '제34조의 재결에 불복이 있는 때'로 규정하여 원처분주의를 명문화하여 신속한 권리구제를 도모하고 있다.

3. 소송의 대상

1) 관련 규정
행정소송법 제19조에서는 재결취소소송을 재결 자체에 고유한 위법이 있음을 이유로 하는 경우에 한한다고 하여 원처분주의를 취하고 있으며, 토지보상법은 "제34조의 재결에 따른 재결에 불복할 때"라고 규정하여 원처분주의를 명문화하여 신속한 권리구제를 도모하고 있다.

2) 관련 판례
최근 판례는 수용재결에 불복하여 취소소송을 제기하는 때에는 이의신청을 거친 경우에도 수용재결을 한 중앙토지수용위원회 또는 지방토지수용위원회를 피고로 하여 수용재결의 취소를 구하여야 하고, 다만 이의신청에 대한 재결 자체에 고유한 위법이 있음을 이유로 하는 경우에는 그 이의재결을 한 중앙토지수용위원회를 피고로 하여 이의재결의 취소를 구하여야 한다고 판시하였다.

3) 검토
관련 규정 및 판례는 원처분주의를 채택하고 있는바, 중앙토지수용위원회의 이의재결에 고유한 하자가 없는 한, 원처분인 수용재결을 소의 대상으로 하고 이의재결 자체의 고유한 하자가 인정되는 경우에는 이의재결을 소의 대상으로 하는 것이 타당하다.

4. 사안의 해결

수용재결 자체에 대한 불복은 토지보상법상 이의신청 및 취소소송에 의한다. 취소소송 제기 시 소의 대상은 원처분주의에 입각하여 수용재결을 대상으로 한다. 예외적으로 이의재결에 고유한 하자가 있는 경우, 이의재결을 소의 대상으로 삼을 수 있다.

Ⅲ. 물음 2의 검토(보상금액에 대한 불복)

1. 이의신청(토지보상법 제83조)

토지보상법 제34조 재결에 대하여 불복이 있는 때 처분청을 경유하여 중앙토지수용위원회에 재결서 정본을 받은 날부터 30일 이내에 이의를 신청하는 것을 의미한다. 임의주의적 성격을 가지며 특별법상 행정심판에 해당한다. 보상금에 불복하고자 하는 경우에도 이의신청이 가능하다.

2. 보상금증감청구소송(토지보상법 제85조 제2항)

1) 의의 및 법적 성질

보상금의 재결사항에 대하여 불복하는 경우, 제기하는 소송으로 종전 취소소송을 통한 우회적 권리구제를 보완하며 분쟁의 일회적 해결을 도모하는 데 그 취지가 있다.

2) 법적 성질

토지보상법 제85조 제2항에서 법률관계의 당사자인 사업시행자와 피수용자를 각각 원고, 피고로 한다고 규정하며, 재결청을 공동 피고에서 제외하므로, 형식적 당사자소송이다. 형성소송이라는 견해와 확인 급부소송이라는 견해가 대립하고 있으나, 해당 소송의 입법취지가 법원이 정당 보상액을 확인하고 그 이행을 명하는 데 있다는 점을 볼 때, 확인·급부소송으로 보는 견해가 타당하다.

3) 제기요건

취소소송과 달리 소의 대상에 대해 원처분주의 또는 재결주의로 해석하지 않고, 관할 토지수용위원회가 행한 재결로 형성된 법률관계인 보상금 증감을 그 대상으로 한다고 보는 것이 타당하다. 따라서 수용재결에서 정한 보상금 그 자체가 소의 대상이 되고, 이의신청을 거쳤을 경우, 이의재결에서 정한 보상금이 소의 대상이 된다. 재결서를 받은 날부터 90일 이내 또는 이의재결서를 받은 날부터 60일 이내에 제기할 수 있다.

4) 심리범위 및 판결의 효력

보상액의 다소, 보상액의 지급방법, 재결신청 지연가산금 등이 심리 범위에 포함된다. 판례에 따르면, 손실의 범위(잔여지)도 심리 범위에 포함된다고 본다. 판결의 형성력으로 인해 토지수용위원회는 별도의 처분을 할 필요가 없다.

3. 사안의 해결

수용재결 또는 이의재결의 보상금에 대하여 다투고자 하는 피수용자는 특별법상 행정심판인 이의신청을 통해 불복할 수 있으며, 사업시행자를 상대로 보상금증감청구소송을 제기할 수 있다.

Ⅳ. 결

1. 〈물음 1〉에서는 수용재결에 불복하고자 하는 경우, 이의신청이나 취소소송을 제기할 수 있으며, 취소소송의 대상은 원처분주의에 따라 수용재결이며, 이의재결 자체에 고유한 하자가 있다고 인정되는 경우 이의재결 자체를 소의 대상으로 할 수 있다.

2. 〈물음 2〉에서는 수용재결 자체가 아닌 보상금 액수에 대해 다투는 경우에는 이의신청뿐만 아니라 보상금증감청구소송의 제기가 가능하며, 최근 판례에 따르면, 그 대상의 범위로 잔여지 수용을 인정하는 등 대상이 확대되고 있다고 보는 것이 타당하다.

Question 02 30점

Ⅰ. 논점의 정리

〈물음 1〉에서는 甲과 乙이 자신의 토지를 되찾을 수 있는지와 관련하여 토지보상법상 환매권의 의의, 성질, 요건, 절차 등을 검토한다. 〈물음 2〉에서는 변경된 사업시행자인 A시장이 도시관리계획 변경 결정을 한 경우, 甲과 乙이 환매권을 행사할 수 있는지와 관련하여, 토지보상법 제91조 제6항에서 규정하고 있는 공익사업의 변환이 인정되는지 검토하고, 그에 따른 환매권 행사 제한에 대해 알아보고자 한다.

Ⅱ. 물음 1의 검토(환매권 행사 가능 여부 및 요건과 절차)

1. 환매권의 의의(토지보상법 제91조)

환매권이란 공익사업을 위해 취득된 공용수용의 목적물이 공익사업의 폐지·변경으로 인하여 불필요하게 되었거나 공익사업에 공용되고 있지 않은 경우에 원래의 토지소유자인 피수용자가 일정한 대가를 지급하고 소유권을 회복할 수 있는 권리를 말하며, 토지보상법 제91조에 법적 근거를 두고 있다.

2. 환매권의 행사요건

1) 토지보상법 제91조 제1항 검토

공익사업의 폐지·변경 또는 그 밖의 사유로 취득한 토지의 전부 또는 일부가 필요 없게 된 경우, 토지의 협의취득일 또는 수용의 개시일 당시의 토지소유자 또는 그 포괄승계인은 사업의 폐지·변경으로 인해 취득한 토지의 전부 또는 일부가 필요 없게 된 경우에는, 관계 법률에 따라 사업이 폐지·변경된 날 또는 제24조에 따른 사업의 폐지·변경 고시가 있는 날, 그 밖의 사유로 전부 또는 일부가 필요 없게 된 경우에는 사업완료일로부터 10년 이내에 토지에 대해 받은 보상금에 상당하는 금액을 사업시행자에게 지급하고 그 토지를 환매할 수 있다. 종전에는 취득일로부터 10년 이내로 환매권 발생 기간을 제한하였으나, 헌법불합치 판결을 받아 이후 현재와 같이 개정되었다.

2) 해당 공익사업의 폐지·변경, 혹은 그 밖의 사유로 필요 없게 된 때의 의미

해당 공익사업이란 사업인정 시 구체적으로 특정된 공익사업을 말하는 것으로서 폐지·변경이란 공익사업을 그만두거나 다른 공익사업으로 바꾸는 것을 말한다. 그 밖의 사유란 폐지·변경은 없지만 더 이상 해당 사업에 제공할 필요가 없게 된 객관적 사유를 말한다. 필요 없게 된 때는 사업의 목적, 내용 등 제반 사정에 비추어 종합적으로 판단하여야 한다.

3) 환매권의 행사 기간

관계 법률에 따라 사업이 폐지·변경된 날, 또는 제24조에 따른 사업의 폐지·변경 고시가 있는 날부터 10년 이내에 그 토지에 대해 받은 보상금 상당액을 사업시행자에게 지급하고 환매할 수 있다. 환매권자는 사업시행자가 통지, 공고한 날부터 6개월 이내에 환매권을 행사하여야 한다.

4) 환매권 행사성립

환매기간 내에 환매의 요건을 충족하면, 환매권자는 수령한 보상금에 상당하는 금액을 사업시행자에게 지급하고, 환매의 의사표시를 하면 사업시행자의 의사와 관계없이 환매권을 행사할 수 있다.

3. 사안의 경우

갑과 을은 토지소유자이고, 환매 목적물은 토지이고, 환매권 행사의 상대방은 국방부장관이다. 해당 사안에서 사업 폐지 고시일은 2016년 4월 5일이므로, 해당 일자로부터 10년 이내에 그 토지에 대해 받은 보상금에 상당하는 금액을 지급하고 환매권을 행사할 수 있다.

Ⅲ. 물음 2의 검토(환매권 행사제한 사유 여부)

1. 공익사업변환의 의의(토지보상법 제91조 제6항)

공익사업변환이란 사업시행자가 사업인정을 받아 토지를 취득·수용한 후, 토지보상법 제

4조 제1호 내지 제5호의 다른 공익사업으로 변경된 경우, 변경 고시일부터 환매권 기산일을 새로 정하는 것을 말한다. 공익사업의 원활한 수행을 위해 절차의 반복을 방지하고자 함에 그 취지가 있으며, 토지보상법 제91조 제6항에 그 근거가 있다.

2. 공익사업변환이 인정되기 위한 요건

1) 요건

① 원사업주체가 국가, 지방자치단체 또는 공공기관이어야 하고, ② 변경되는 공익사업이 토지보상법 제4조 제1호 내지 제5호의 사업에 해당해야 한다. 변경되는 공익사업이 사업인정을 받아야 하는지에 관해서 종전에는 규정이 없었으나, 최근 대법원은 새로운 공익사업에 대해 사업인정 혹은 사업인정이 의제되어야만 한다고 판시하였다(대판 2010.9.30, 2010다30782).

2) 사업시행자가 변경되는 경우 동조 적용가능 여부

토지보상법 제91조 제6항에서 사업주체의 변경에 대해 규정이 없어서, 긍정설과 부정설의 견해가 대립하였다. 판례는 공익사업변환 규정의 내용이나 입법 이유로 볼 때, 사업시행자가 동일한 경우에만 허용되는 것으로 해석되지 않는다고 판시하여, 사업시행자가 변경되는 경우에도 공익사업변환이 인정될 수 있다는 입장을 취했다.

3. 사안의 경우

甲의 경우, 사업인정 전의 협의취득이므로, 토지보상법 제91조 제6항의 '사업인정을 받아'를 미루어 볼 때, 사업인정 후의 경우에만 인정되므로, 환매권 행사가 제한되지 않는다. 乙의 경우, 사업인정 후 재결을 통한 취득이므로, 해당 사안의 경우 공익사업의 변환이 인정되므로, 을의 환매권 행사는 제한된다.

IV. 결(사안의 해결)

1. 〈물음 1〉에서 甲과 乙은 환매권 행사요건을 충족하여, 절차에 따라 환매권을 행사함으로써

토지의 소유권을 되찾을 수 있다.
2. <물음 2>에서 乙은 공익사업 변환이 인정됨에 따라 환매권 행사 제한 특례에 적용되어 환매권 행사가 불가능하고, 甲은 환매권 행사제한이 적용되지 않아서 환매권 행사가 가능하다.

Question 03 [40점]

I. 논점의 정리

<물음 1>에서는 토지보상법 제91조에서 규정하고 있는 환매권의 의미와 동조 제1항의 의미를 검토한다. <물음 2>에서는 환매권 행사 기간의 의미를 살펴보고, 동법 제91조 제6항에서 정하고 있는 공익사업의 변환에 따라 환매권 행사가 제한되는지를 검토한다. <물음 3>에서는 공익사업의 변환 요건을 검토하여, 해당 사안에서 환매권 행사를 인정할 수 있는지 여부를 알아본다.

II. 물음 1의 검토(환매권의 의미와 토지보상법 제91조 제1항의 의미)

1. 환매권의 의의 및 취지

공익사업을 위하여 취득한 토지가 필요 없게 되거나 더 이상 이용되지 않는 경우, 원래의 토지소유자가 일정한 대가를 지급하고 다시 토지 소유권을 취득하는 것을 말한다. 이는 형평의 원칙에 따라 헌법상 재산권 존속 보장 도모에 그 취지가 있다.

2. 환매권의 법적 성질

판례는 환매요건 충족 시, 수령한 보상금에 상당한 금액을 사업시행자에게 지급함으로써 환매권이 발생한다고 하여 형성권이라고 판시하였다. 그 성격에 대해 공권설과 사권설이 대립하고 있으나, 판례는 환매권 행사로써 매매의 효력이 발생한다고 보아 사권설의 입장을 취하고 있다. 수용 법률 관계가 소멸되어 사업시행자를 공권력 행사의 주체로 보기 어려우며, 토지소유자 개인의 이익을 위하는 점을 비추어 볼 때 사권으로 보는 것이 타당하다고 판단된다.

3. 환매권의 행사요건

1) 관련 규정 검토

토지보상법 제91조 제1항에서 규정하고 있는 내용을 검토하면, ① 공익사업의 폐지·변경 또는 그 밖의 사유로 인하여 ② 취득한 토지의 전부, 또는 일부가 필요 없게 된 경우를 그 요건으로 함을 알 수 있다.

2) 공익사업의 폐지·변경 또는 그 밖의 사유로 인하여 필요 없게 된 때의 의미

토지보상법 제91조 제1항에서 규정하고 있는 공익사업은 사업인정 당시 구체적으로 특정된 공익사업을 의미한다. 폐지·변경이란 공익사업을 그만두거나 다른 공익사업으로 바꾸는 것을 의미하며, 그 밖의 사유란 폐지·변경은 없었으나, 더 이상 해당 목적의 사업에 제공할 필요가 없게 된 객관적인 사유를 뜻한다. 필요 없게 된 때는 판례에 따르면 객관적인 사정을 기준으로, 사업의 목적, 내용 등 제반사정에 비추어 판단하여야 한다.

Ⅲ. 물음 2의 검토(환매권 행사 기간의 의미와 공익사업 변환이 인정되는 경우 환매권 행사가 제한되는지 여부)

1. 행사 기간의 의미

토지보상법 제91조 제1항은 필요 없게 된 사유가 사업의 폐지·변경인 경우에는 폐지·변경의 고시일, 그 밖의 사유인 경우에는 사업완료일로부터 10년 이내에 환매권을 행사하여야 한다고 규정한다. 동조 제2항은 취득일로부터 5년 이내에 토지의 전부를 해당 사업에 이용하지 않았을 때에는 취득일로부터 6년 이내에 환매권을 행사하여야 한다고 규정한다. 두 요건에 모두 충족되는 환매권자는 자신에게 유리한 기간을 선택적으로 적용할 수 있으며, 이 기간은 제척기간으로서 기간 내에 행사하지 않으면 권리가 소멸한다.

2. 공익사업변환 인정 시 환매권 행사가 제한되는지 여부

1) 공익사업 변환의 의의(토지보상법 제91조 제6항)

국가나 지방자치단체, 공공기관이 사업인정을 받아 토지를 취득한 후, 토지보상법 제4조 제1호 내지 제5호의 공익사업으로 변경된 경우, 변경고시일로부터 환매권의 기산일을 새로 하는 것을 의미한다. 이는 공익수업의 효율적 수행을 위해 절차의 반복을 피하고자 하는 데에 그 취지가 있다.

2) 공익사업 변환의 요건

종전의 사업시행자, 즉 원사업주체가 국가, 지방자치단체, 공공기관이어야 하며, 대법원은 반드시 변환 전후의 사업주체가 동일해야 하는 것은 아니라고 판시한 바 있다. 변경된 공익사업은 토지보상법 제4조 제1호 내지 제5호에 해당해야 하며, 변경 전·후의 사업 모두 사업인정을 받거나 사업인정 의제를 받아야 한다.

3) 공익사업 변환의 효과

공익사업 변환이 인정되는 경우에는 변경 전 공익사업의 환매권 행사요건을 충족하는 경우에도 환매권을 행사할 수 없고, 새로운 기산일로부터 다시 요건을 충족해야 한다.

4) 소결

토지보상법 제91조 제1항의 요건을 충족하여 환매권이 발생한 경우라도 동조 제6항의 공익사업의 변환이 인정된다면, 환매권 행사가 제한된다. 다만, 변경된 기산일로부터 다시 환매권 행사 요건을 충족하게 된다면, 새로이 발생한 환매권은 행사할 수 있을 것이다.

Ⅳ. 물음 3의 검토(최종 환매권 인정 여부)

1. 환매권 행사요건 충족 여부

해당 사업은 2004년 11월 1일에 국토계획법 제88조에 의하여 도시계획시설사업 실시계획을 인가하여 사업인정고시 의제하였다. 도시계획시설사업 실시계획인가 당시 특정된 공익사업은 초등학교 건립사업이다. 이후, 취득한 토지를 민간 주택사업시행자에게 처분한 점, 토지 교환 이후 중학교 건립을 추진하기 위해 도시관리계획을 고시한 점을 비추어 볼 때, '취득한 토지가 필요 없게 된 경우'의 요건을 충족한다. 무엇보다 폐지 고시가 있던 2014년 12월 10일로부터 현재 시점인 2023년 7월 16일은 10년 이내라는 점을 고려했을 때, 토지보상법 제91조 제1항의 환매권 행사요건을 모두 충족함을 알 수 있다.

2. 공익사업 변환 요건 검토

변경 전 사업시행자는 경기도 화성 교육청으로서 지방자치단체에 해당한다. 변경 후 공익사업은 중학교 건립사업으로, 토지보상법 제4조 제4호의 학교 건립사업에 해당한다. 그러나 변경된 사업인 중학교 건립사업은 별도의 사업인정을 받지 않았다는 점에서 사업인정 요건을 충족하지 않으며, 취득한 토지를 새로운 공익사업의 시행자가 아닌 민간 주택사업시행자라는 제3자에게 처분하였으므로, 토지 소유 요건 또한 충족하지 않는다.

3. 사안의 해결

사안의 경우 환매권 행사요건은 충족하였으나, 공익사업의 변환은 사업인정 요건과 토지 소유 요건을 충족하지 못하여서 인정되기 어렵다. 따라서 환매권 행사가 제한되지 않으므로, 위 학교용지에 관한 환매권 행사를 인정할 수 있다.

V. 결

토지보상법 제91조 환매권 조항에서 제1항은 그 요건을 규정하고, 제6항은 공익사업의 변환으로 환매권 행사가 제한되는 경우를 규정하고 있다. 위 사안의 경우 공익사업의 변환이 인정되지 않아, 환매권 행사가 제한되지 않는다. 한편, 제6항에 관하여는 국민의 재산권 보장 차원에서 위헌성 논의가 여전히 존재한다.

제10회 감정평가 및 보상법규 종합문제

Question 01

풍납토성은 백제 한성기 왕궁을 수비하기 위한 토성으로 추정되는 유적지로 최고의 왕성 유적으로 백제 한성기의 역사를 보여주는 중요한 문화재이다. 그런데 오랜 세월이 흘러 풍납토성안에 레미콘 회사가 있어 성벽이 낡고 허물어지고 있어 고증을 거쳐 풍납토성을 다시 재건해야 하겠다고 송파구청장은 판단하였다. 이에 사업시행자로 송파구청장은 풍납토성 보전을 위하여 국토교통부장관에게 사업인정을 신청하였다. 송파구청장의 사업인정 신청에 대하여 국토교통부장관은 토지보상법 제4조 공익사업에 해당되는지, 공공필요는 있는지, 그 공공필요는 비례의 원칙에 부합하는지, 사업시행자의 공익사업 수행능력과 의사가 있는지 제반 문제를 검토하였다(해당 문제는 대법원 2019.2.28, 2017두71031 판결을 기초로 함).

해당 사안에 대하여 문화유산법상 사적지정처분과 이 사건 사업인정고시 처분이 행하여졌다. 2025년 7월 12일 현재 문화유산법상 각 사적지정처분에 대한 불가쟁력은 발생하였고, 후행처분에 대한 고유한 하자는 없는 것으로 간주한다. 다음 물음에 답하시오. 40점

(1) 공익사업을 위한 토지 등의 취득 및 보상에 관한 법률(이하 '토지보상법')상 사업인정의 법적 성격 및 사업인정기관이 공익사업을 위한 토지 등의 취득 및 보상에 관한 법률상의 사업인정을 하기 위한 요건에 대하여 설명하시오. 10점

(2) 문화유산의 보존을 위한 사업인정 등 처분에 대하여 재량권 일탈·남용 여부를 심사하는 방법 및 이때 구체적으로 고려할 사항, 특히 사업인정의 공익성, 필요성, 비례의 원칙 위반 여부에 대하여 설명하시오. 5점

(3) 국가지정문화유산에 대하여 관리단체로 지정된 지방자치단체의 장이 문화유산법 제83조 제1항 및 공익사업을 위한 토지 등의 취득 및 보상에 관한 법률에 따라 지정문화유산이나 그 보호구역에 있는 토지 등을 수용할 수 있는지 여부를 설명하시오. 5점

(4) 위 공익사업에서 사업시행자 송파구청장에게 해당 공익사업을 수행할 의사와 능력이 있는지 여부와 문화유산법상 사적지정처분과 사업인정고시는 하자가 승계되는지 여부를 설명하시오. 20점

Question 02

사업시행자 甲은 교통량이 증가함에 따라 대규모 도로를 개통하기 위하여 국토교통부장관에게 사업인정을 신청하였고 이에 국토교통부장관은 사업인정을 해주었다. 40점

(1) 이에 사업인정지역의 인근에 거주하는 주민 乙은 도로확충을 통한 공익보다는 자신에게 가해지는 재산권 행사의 제한이나 자연환경 침해가 크다는 이유로 해당 사업인정의 취소를 구하는 쟁송을 제기하였다. 이러한 인근 주민 乙이 제기한 취소소송은 적법한가? 적법하다면 인용가능성은 있는가? (관계법령에서 도로사업의 사업인정 시 환경영향평가법령상의 환경영향평가를 받도록 규정하고 있다.) 30점

(2) 만약 인근 주민 乙이 행정심판을 제기하여 인용재결(취소재결)을 받은 경우 사업시행자가 이에 취소소송을 제기하려는 경우 인용재결이 소송의 대상이 될 수 있는가? 10점

Question 01 40점

I. 논점의 정리

해당 판례는 풍납토성 보존을 위해 지방자치단체의 장인 송파구청장에게 사업인정을 해준 사안에 관한 것이다. 〈물음 1〉에서는 토지보상법상 사업인정의 법적 성질 및 그 요건을 검토한다. 〈물음 2〉에서는 행정소송법 제27조의 재량의 일탈·남용의 심사방법과 사업인정의 공익성, 필요성, 비례의 원칙 위반 여부를 검토한다. 〈물음 3〉에서는 지방자치단체의 장이 문화재를 수용할 수 있는지를 판례를 통해 검토한다. 〈물음 4〉에서는 송파구청장에게 사업수행의사와 능력이 있는지 여부를 살펴보고, 사적지정처분과 사업인정의 하자의 승계 여부를 검토한다.

II. 물음 1의 검토(사업인정의 법적 성질 및 요건)

1. 사업인정의 의의[토지보상법 제2조 제7호, 제20조]

사업인정은 공익사업을 토지 등을 수용 또는 사용할 사업으로 결정하는 것으로서 사업시행자에게 일정한 절차를 거칠 것을 조건으로 수용권을 설정해주는 행위이다. 이는 공공성을 판단하고 피수용자의 사전적 권리구제를 도모하는데 취지가 있으며, 토지보상법 제20조에 근거를 두고 있다.

2. 사업인정의 법적 성질

사업인정은 수용권을 설정하여 주므로, 형성적 행정행위로서 처분성이 인정된다. 또한, 공익성 여부를 비교·교량하여 판단하므로 재량행위이고, 사업시행자에게는 수익적 효과를, 피수용자에게는 침익적 효과를 일으키므로 제3자효 행정행위이다.

3. 사업인정의 요건

① 공익사업이 토지보상법 제4조에 해당하는 공익사업이어야 한다. ② 공공필요(공공성)가 인정되어야 한다. ③ 비례의 원칙에 의한 공공성 판단이 선행되어야 한다. ④ 사업시행

자의 공익사업 수행능력과 의사가 있어야 한다(대판 2011.1.27, 2009두1051).

Ⅲ. 물음 2의 검토(재량권 일탈, 남용 심사방법 및 해당 사업 인정의 구체적 고려사항 검토)

1. 재량권 일탈, 남용 여부 심사방법

행정소송법 제27조에서는 재량의 일탈, 남용에 대한 취소를 규정하고 있다. 따라서 사업인정기관은 사업인정과 관련된 공익과 사익, 공익 간의 비교 형량을 통해 결정하되, 이는 비례의 원칙에 적합해야 한다. 또한, 문화재보호법의 내용 및 취지, 문화재 특성 및 국민의 재산권을 신중히 고려하여 판단해야 한다.

2. 사업인정의 공익성, 필요성, 비례의 원칙 검토

문화재 보존을 위한 사업인정 등 처분에 대해 재량권 일탈, 남용 여부를 심사할 때에는 문화재 보호법의 내용 및 취지를 고려하여 신중하게 판단해야 한다. 이때 비례의 원칙에 따라 목적 달성을 위해 적합한 수단인지(적합성), 가능한 수단 중 최소침해의 수단인지(필요성), 달성되는 공익이 침해되는 이익보다 큰지(상당성)를 단계적으로 고려하여 판단해야 한다.

Ⅳ. 물음 3의 검토(지방자치단체의 장의 문화재 등 수용 가능성)

1. 관련 규정의 검토

토지보상법 제19조 제1항에서는 사업시행자는 공익사업 수행을 위해 필요한 경우, 이 법에서 정하는 바에 따라 토지 등을 수용하거나 사용할 수 있다고 하였으나, 제2항에서는 공익사업에 수용되거나 사용되고 있는 토지 등은 특별히 필요한 경우가 아니면 다른 공익사업을 위해 수용하거나 사용할 수 없다고 규정하였다.

2. 지방자치단체장의 문화재 등 수용 가능성

판례는 문화유산법은 지방자치단체 또는 지방자치단체의 장에게 시·도지정문화재뿐 아니라 국가지정문화유산에 대하여도 일정한 권한 또는 책무를 부여하고 있고, 문화유산법에 해당 문화유산의 지정권자만이 토지 등을 수용할 수 있다는 등의 제한을 두고 있지 않으므로, 국가지정문화유산에 대하여 관리단체로 지정된 지방자치단체의 장은 문화유산법 제83조 제1항 및 토지보상법에 따라 국가지정문화유산나 그 보호구역에 있는 토지 등을 수용할 수 있다고 판시하였다.

3. 사안의 경우

사안의 풍납토성이 국가지정문화유산이라 하더라도, 판례에 따르면 관리단체로 지정된 지방자치단체의 장인 송파구청장도 문화유산 보호 및 관리를 위해 토지 수용 주체가 될 수 있다고 판단된다.

V. 물음 4의 검토(공익사업의 수행 의사와 능력 및 하자의 승계검토)

1. 사안의 검토

해당 사안에서 송파구청장은 풍납토성 지정지역 중 일부를 5,502억에 매입한 것으로 보아, 사업을 수행할 의사가 있는 것으로 보이며, 그 외에 사업을 수행할 능력이 결여된다는 사정을 찾기 어려우므로, 사업수행능력 또한 인정된다.

2. 사적지정처분과 사업인정의 하자의 승계 여부

1) 하자의 승계 의의

하자의 승계란 둘 이상의 행정행위가 연속적으로 이루어진 경우, 선행행위에 하자가 있지만 불가쟁력으로 인해 다툴 수 없을 때, 선행행위의 하자를 이유로 후행행위의 위법성을 주장할 수 있는 제도이다.

2) 요건

두 행위 모두 처분일 것, 선행행위에는 취소 정도의 위법이 있으며, 불가쟁력이 발생하였을 것, 후행행위에는 고유한 하자가 없을 것을 요건으로 한다.

3) 하자의 승계 인정 범위

(1) 학설

하자의 승계 인정 범위에 대해 선, 후행행위가 동일한 법률효과를 목적으로 하는 경우 하자의 승계를 인정하는 전통적 하자의 승계론과 선행행위의 하자가 후행행위에 대해 예측과 수인이 불가능한 경우 하자의 승계를 인정하는 구속력이론이 대립하고 있다.

(2) 판례

다수설과 판례는 전통적 하자의 승계론에 입각하여 하자의 승계 여부를 판단한다. 예외적으로, 선행처분과 후행처분이 별개의 법률효과를 목적으로 하는 때에도 예측가능성과 수인가능성이 없는 경우에 하자의 승계를 인정하였다.

(3) 검토

국민의 권리구제 측면에서 보충적으로 〈예측가능성, 수인가능성〉을 고려해 구체적 타당성을 기해야 하는 것이 타당하다고 판단된다.

4) 판례의 유형별 검토

① 긍정하는 경우로는 개별통지를 받지 못한 개별공시지가와 과세처분, 계고처분 판례가 있고, ② 부정하는 판례로는 사업인정과 수용재결, 표준지공시지가와 개별공시지가, 중개사무소 판례가 있다.

5) 사안의 경우

(1) 하자의 승계 요건 검토

사적지정처분과 사업인정은 모두 처분이며, 사적지정처분의 하자는 중대명백설에 따라 취소 정도의 위법사유이며, 불가쟁력이 발생하였다. 사업인정의 경우 적법한 것으로 보인다. 따라서 해당 사안은 하자의 승계요건을 충족하는 것으로 보인다.

(2) 하자의 승계 인정 여부

사적지정처분과 사업인정은 서로 다른 법률효과를 목적으로 하므로, 전통적 하자의 승계론에 따라 하자의 승계가 인정될 수 없다. 또한, 사적지정처분의 하자가 예측가능성과 수인한도를 넘는다고 볼 수 없으므로 하자의 승계가 부정될 것으로 보인다.

Ⅵ. 결

① 〈물음 1〉에서 사업인정은 처분이며 재량행위이자, 제3자효 행정행위인 것을 알아보았으며, 사업인정의 4가지 요건에는 사업시행자의 사업수행능력과 의사가 포함된다.

② 〈물음 2〉에서 사업인정에서 재량의 일탈, 남용을 판단하기 위해서는 비례의 원칙을 기준으로, 공사익 혹은 공익 간 비교형량을 거쳐야 한다.

③ 〈물음 3〉에서 판례 및 문화유산법 규정에 따라 관리단체로 지정된 지방자치단체장도 수용·사용의 주체가 될 수 있다.

④ 〈물음 4〉에서 송파구청장의 사업수행 의사와 능력은 인정된다. 또한, 사적지정처분과 사업인정에 대해 하자의 승계문제가 발생하나, 하자의 승계요건은 충족하지만, 전통적 이론과 구속력이론에 따라 별개의 법률효과를 목적으로 하고, 예측가능성 및 수인가능성이 결여되어 하자의 승계는 인정되기 어려울 것으로 보인다.

Question 02 40점

Ⅰ. 논점의 정리

사안은 사업시행자 甲에 대한 국토교통부장관의 사업인정에 대해 인근 주민 乙과 사업시행자 갑이 다투는 경우의 문제이다. 〈물음 1〉에서는 인근 주민 乙이 제기한 취소소송의 적법성과 관련하여, 인근 주민의 원고적격 여부를 살펴보고, 나아가, 소송의 인용 가능성과 관련하여, 사업인정이 비례의 원칙에 적합한지를 검토한다. 〈물음 2〉에서는 원처분주의와 재결주의 논의를 통해 인근 주민이 받은 인용 재결이 소송의 대상이 될 수 있는지를 검토한다.

Ⅱ. 물음 1의 검토(취소소송의 적법성, 소송의 인용 가능성)

1. 취소소송의 적법성

1) 소송요건

취소소송이 적법하려면 소송요건을 만족시켜야 하는데, 요건에는 대상적격, 협의의 소익, 원고적격, 전치주의, 제소기간 등이 있다. 해당 사안에서는 인근 주민이 제기한 취소소송의 적법성에 대한 판단으로, 원고적격 외에 다른 요건은 문제가 되지 않는다는 전제하에 원고적격을 중심으로 취소소송의 적법성을 검토하고자 한다.

2) 원고적격

(1) 의의

원고적격이란 처분 등의 취소를 구할 법률상 이익이 있는 자를 의미하는 것으로, 행정소송법 제12조에 근거한다. 이때 법률상 이익의 의미에 대해 해석이 모호하여 견해가 대립한다.

(2) 법률상 이익

권리구제설, 법률상 보호이익설, 보호가치 있는 이익구제설, 적법성 보장설이 대립하고 있으며, 판례는 법률상 이익을 근거 법률, 관계 법률에 의해 보호되는 직접적이고 구체적인 이익으로 보았다.

(3) 검토

현행 소송제도에서 항고소송을 권리구제 수단으로 보는 점 등을 고려했을 때, 법률상 이익 보호구제설이 타당하다.

3) 법률의 범위 문제

(1) 문제점

원고적격의 법률상 이익을 해석할 때에 법률의 범위를 어디까지 봐야 하는가에 대한 문제가 발생한다.

(2) 학설 및 판례

근거법규, 관계법규, 헌법상 기본권까지 고려하는 견해가 대립한다. 판례는 처분의 근거 또는 관계법규에서 명시적 또는 합리적인 해석상 보호하고 있는 이익을 법률상 보호이익으로 보았다.

(3) 인근 주민 법률상 이익 인정 판례

판례는 연탄공장허가취소소송에서 근거 법률 외에 관계 법률도 법률의 범위에 포함시켰으며, 국립공원개발사업승인취소소송 등에서는 환경영향평가법을 직접적 근거 법률로 인정하여, 영향권 내의 주민들에 대해서는 원고적격이 있는 것으로 사실상 추정하였다.

4) 사안의 검토

사안의 인근 주민은 사업인정으로 인해 재산권 행사에 제한이 가해졌고, 환경상 이익의 침해를 받았으므로, 환경영향평가법을 근거법률 내지 관계법률로 보아 원고적격이 인정 가능하다. 따라서 인근 주민이 제기한 취소소송은 적법하다고 볼 수 있다.

2. 취소소송의 인용 가능성

1) 비례의 원칙 위반 여부

(1) 비례의 원칙 의의

행정행위의 수단과 목적 사이에 합리적 비례 관계가 있어야 한다는 원칙으로, 행정기본법 제10조에 근거한다. 적합성, 필요성, 상당성 원칙 위반 여부를 단계적으로 고려하여 판단한다.

(2) 사안의 경우

해당 사업을 위한 사업인정은 적합하며, 사업인정을 통해 토지 등을 수용하는 것이 최소침해의 수단으로 보인다. 그러나 인근 즈민 등의 환경적 이익 침해가 도로사업을 통해 달성되는 이익보다 더 크므로, 상당성의 원칙에 위반되어 위법성이 인정된다. 이때 중대명백설에 따라, 위법성 정도는 중대하나 외관상 명백하지 않으므로, 취소 정도의 사유로 판단된다.

2) 사안의 적용

해당 사업인정은 비례의 원칙 위반으로 취소사유의 위법성이 존재하므로, 인근 주민의 취소소송은 인용 가능성이 있다고 판단된다.

Ⅲ. 물음 2의 검토(재결취소소송의 가능성)

1. 원처분주의와 재결주의

1) 의의

원처분주의란 재결 자체의 고유한 위법이 없는 한, 원처분을 대상으로 소를 제기해야 한다는 것을 말하며, 재결주의란 소송 대상을 재결로만 하여, 원처분의 위법도 재결소송에서 다룰 수 있도록 하는 정책적 제도를 말한다.

2) 행정소송법 제19조의 태도

행정소송법 제19조는 '취소소송은 처분 등을 대상으로 한다. 다만, 재결취소소송의 경우에는 재결 자체에 고유한 위법이 있음을 이유로 하는 경우에 한한다.'고 규정하여 원처분주의를 취하고 있다.

2. 원처분주의하에서 재결취소소송

1) 재결 자체의 고유한 위법의 의미

재결 자체의 고유한 위법이란 원처분에는 없고, 재결에만 있는, 주체, 절차, 형식상의 위법을 의미한다. 내용상 하자에 대해서는 견해의 대립이 있으나, 고유한 위법에 포함되는 것이 타당하다.

2) 인용 재결의 재결취소소송 가능성

판례는 인용 재결로 인해 새로이 권익을 침해받았다 하더라도, 원처분은 존재하므로, 재결의 고유한 위법을 주장할 수 있다고 판시하여, 재결취소소송의 가능성을 인정하였다. 이 경우 소의 대상은 재결 및 재결에 따른 처분 모두가 될 수 있다.

3. 사안의 경우

사업시행자 甲은 사업인정취소재결(인용재결)에 의해서 더 이상 사업을 진행할 수 없는 권익의 침해를 받은 자이다. 이는 재결의 고유한 위법에 해당하므로, 甲은 인용재결을 소송의 대상으로 하여 다툴 수 있을 것이라고 판단된다.

IV. 결

① 〈물음 1〉에서 인근 주민 을은 환경영향평가법상 법률상 이익을 가지므로, 원고적격이 인정되어 취소소송이 가능하며, 비례의 원칙의 위반으로 위법성이 인정되어 인용받을 수 있다.

② 〈물음 2〉에서 사업시행자 갑은 인용 재결에 의해 권익을 침해받았고, 이는 재결의 고유한 위법으로 볼 수 있으므로, 인용 재결을 대상으로 취소소송을 제기할 수 있다.

제11회 감정평가 및 보상법규 종합문제

Question 01

1970년대부터 비료산업을 선도해오던 甲회사는 회사 명의의 새로운 비료공장을 건설하고자 공장부지를 매입하려고 하였으나 여의치 않아 「공익사업을 위한 토지 등의 취득 및 보상에 관한 법률」상의 사업인정을 받았다. 그 후 협의가 성립되지 못하였고, 중앙토지수용위원회의 재결에 의하여 수용이 행하여졌다. 피수용자인 甲은 사기업이 비료공장을 짓기 위해 해당 토지를 수용하는 것은 위법하다고 주장하면서 이의신청을 하였지만 중앙토지수용위원회는 기각재결을 하였다. 다음 물음에 답하시오. 40점 (해당 문제는 대법원 2013.7.12, 2012두21796 판결에 기초함)

(1) 甲회사의 비료공장 건설사업에 대한 사업인정의 적법 여부를 설명하시오. 20점

(2) 위 사업인정이 위법하다고 인정되는 경우의 권익구제방법을 설명하시오. 20점

Question 02

A 시장 甲은 1990년에 「자연공원법」에 의하여 A 시내 산지 일대 5 ㎢를 'X시립공원'으로 지정·고시한 다음, 1992년 X시립공원 구역을 구분하여 용도지구를 지정하는 내용의 'X시립공원 기본계획'을 결정·공고하였다. 甲은 2017년에 X시립공원 구역 내 10,000㎡ 부분에 다목적 광장 및 휴양관(이하 '이 사건 시설'이라 한다)을 설치하는 내용의 'X시립공원 공원계획'을 결정·고시한 다음, 2018년에 甲이 사업시행자가 되어 이 사건 시설에 잔디광장, 휴양관, 도로, 주차장을 설치하는 내용의 'X시립공원 공원사업'(이하 '이 사건 시설 조성사업'이라 한다) 시행계획을 결정·고시하였다. 甲은 이 사건 시설 조성사업의 시행을 위하여 그 사업구역 내에 위치한 토지(이하 '이 사건 B토지'라 한다)를 소유한 乙과 손실보상에 관한 협의를 진행하였으나 협의가 성립되지 않자 수용재결을 신청하였다. 관할 지방토지수용위원회의 수용재결 및 중앙토지수용위원회의 이의재결에 모두 이 사건 B토지의 손실보상금은 1990년의 X시립공원 지정 및 1992년의 X시립공원 용도지구 지정에 따른 계획제한을 받는 상태대로 감정평가 한 금액을 기초로 산정되었다. 다음 물음에 답하시오. 40점

(1) 「공익사업을 위한 토지 등의 취득 및 보상에 관한 법률」 제21조상 사업인정의제가 되더라도 반드시 중앙토지수용위원회와 공익성 협의(검토)를 하도록 규정하고 있는데, 공익성 협의(검토)에는 어떠한 내용을 검토해야 하고, 만약 위 사례에서 공익성 협의(검토)를 제대로 이행하지 않고 한 사업인정고시의 효력은 어떠한지를 검토하시오. 15점

(2) 乙이 위 사건에서 보상금증감청구소송을 제기하면 이 소송에서 이 사건 B토지에 대한 보상평가는 1990년의 X시립공원 지정·고시 이전을 기준으로 하여야 한다고 주장한다. 보상평가에서 공법상 제한받는 토지에 대한 乙의 주장은 타당한지를 검토하시오. 10점

(3) 한편, 丙이 소유하고 있는 토지(이하 '이 사건 C 토지'라 한다)는 「문화유산법」상 보호구역으로 지정된 토지로서 이 사건 시설 조성사업의 시행을 위한 사업구역 내에 위치하고 있다. 甲은 공물인 이 사건 토지 C토지를 이 사건 시설 조성사업의 시행을 위하여 수용할 수 있는가에 대하여 광평대군 묘역 관련 판례와 풍납토성 사건 판례를 토대로 검토하시오. 15점

Question 01 40점

I. 논점의 정리

사안은 사기업인 갑 회사가 비료공장을 건설하기 위해 사업인정 및 수용재결을 받은 것에 대해 피수용자가 중앙토지수용위원회에 이의신청을 하였으나 기각재결을 받은 경우이다.

〈물음 1〉에서는 사기업인 갑 회사의 비료공장 건설사업에 대한 사업인정이 적법한 것인지를 사용수용의 가능성 및 사업인정의 내용상 요건 검토를 통해 판단한다.

〈물음 2〉에서는 사업인정이 위법한 경우 권익구제방법에 대해 논의한다.

II. 사업인정의 개관

1. 의의(토지보상법 제2조 제7호, 제20조)

사업인정은 수용의 첫 단계로서 공익사업을 수용 또는 사용할 사업으로 결정하는 것을 말한다. 공공성 판단 및 공익사업의 원활한 수행에 취지가 있다.

2. 법적 성질

사업인정은 일정한 조건 충족 시 수용권을 설정하는 형성적 행정행위로서 처분이며, 공익성 판단 과정에서 이익형량이 요구되어 재량행위이다. 사업시행자에게는 수익적 효과를, 피수용자에게는 침익적 효과를 발생시키는 제3자효 행정행위이다.

III. 물음 1(사업인정의 적법 여부)

1. 공공적 사용수용의 가능성

1) 의의 및 근거

공공적 사용수용이란 특정한 공익사업을 위해 공권을 부여받은 사적 주체가 특정 사인의 재산권을 법률의 힘에 의해 강제적으로 취득하는 것을 말한다. 이는 공익사업의 증대, 공행정의 민영화 등에 의해 필요성이 인정되며, 공용수용과 같이 헌법 제23조 제3항을 근거로 한다. 또한 개별법상 근거로 토지보상법 제4조 제5호 및 제8호, 사회기반시설에 대한 민간투자법 등이 있다.

2) 계속적 공익실현의 보장책

사기업은 이윤추구가 목적인바 사용수용을 인정한다고 해도 공익성을 계속적으로 실현할 수 있도록 보장하여야 한다. 이에 대한 보장책은 입법적 통제수단으로 환매권(제91조), 사업인정 실효(제23조), 사업인정 폐지(제24조) 등이 있다. 행정적 통제수단으로는 사업시행자에 대한 감독, 명령과 처분, 위반 시 벌칙이 있다. 사법적 통제수단으로 위법한 사용수용에 대한 행정쟁송 및 보장책 미비 시 헌법소원 등이 있다.

3) 설문의 판례의 태도

설문의 판례에서 사기업에 의하여 설치·운영되고 또 그 이용비용이 다소 비싸다고 하여 국토계획법상 기반시설로서 설치되는 체육시설에 해당하지 아니한다고 보기는 어렵다고 판시하여, 사용·수용을 긍정하였다. 또한 대법원은 어떤 공익사업이 공익사업인지의 여부는 그 사업 자체의 성질에 의할 것이지 사업주체의 여하에 의하여 정할 것은 아니라고 판시한 바 있다.

4) 사안의 경우

사안의 경우 갑회사의 비료공장 건설사업은 공공적 사용수용으로 헌법 제23조 제3항 및 개별법상 근거를 두고 있으며, 판례에 따라 사업 주체의 여하에 의하여 수용 여부가 달라지는 것은 아니므로 갑 회사 또한 수용주체로서 인정된다. 단, 사용수용의 경우 공공성 판단이 중요한 요건인바 이하 사업인정의 내용상 요건을 검토한다.

2. 사업인정의 적법요건 검토

1) 개설

갑 회사의 사용수용이 가능하여 주체·절차·형식상 하자는 보이지 않는다. 이때 해당 사업이 사업인정을 할 만한 공공성이 존재하는지 내용상 요건이 중요한바 이하 검토한다.

2) 내용상 요건 위법성 검토

(1) 토지보상법 제4조의 공익사업인지

사업인정을 받으려는 경우 토지보상법 제4조 각 호에 해당하는 사업이어야 한다. 사안의 경우 비료공장 사업은 사기업인 갑 회사가 자신 명의로 공사하므로 제4조 제3호의 국가, 지방자치단체가 건설하는 공장에 해당하지 않으며, 다른 호의 규정에도 해당되는 사항이 없으므로 해당 사업인정은 토지보상법 제4조 공익사업 요건을 위반한 사업인정이다.

(2) 공공필요의 판단

공공필요는 대표적 불확정 개념으로 행정기본법 제10조에 규정된 비례의 원칙에 따라 판단된다. 해당 사안의 비료공장 건설사업은 토지보상법 제4조에 해당하지 않아 그 사업인정은 행정목적 달성을 위한 적합한 수단이 아닌바 적합성의 원칙에 위배된다. 또한 해당 비료사업은 현대 첨단 사회에서 공공성이 존재하는 사업이라 판단되기 어려운바 상당성의 원칙에도 위배되므로 비례의 원칙에 위반된다.

(3) 사안의 경우

사안에서 사기업인 갑 회사는 사적주체이나 설문의 판례 및 대법원 판례에 따라 수용의 주체로서 인정된다. 단 비료건설 사업은 토지보상법 제4조에 해당하지도 않으며, 비례의 원칙에 위배되어 공공필요도 존재하지 않으므로 해당 사업인정은 내용상 하자가 존재하는 위법한 처분에 해당한다. 이때 통설 및 판례인 중대명백설에 따라 법 규정 위반이라는 중대하고 명백한 하자가 존재하는바 무효 사유의 하자가 존재한다.

IV. 물음 2(위법한 사업인정에 대한 권익구제방법)

1. 사전적 권익구제

사전적 권리구제란 위법·부당한 행정작용 등으로 인하여 권익침해가 발생하기 전에 이를 예방하는 제도적 장치를 말한다. 토지보상법 제21조에서 사업인정 전 이해관계인의 의견청취 및 중앙토지수용위원회와의 협의를, 제22조에서 사업인정고시를 규정하여 사전적 권리구제를 도모하고 있다.

2. 사후적 권익구제

1) 사업인정에 대한 행정쟁송

토지보상법에는 사업인정에 대한 불복규정을 두고 있지 않으므로 행정심판법과 행정소송법에 따라 행정소송을 제기할 수 있다. 사안의 경우 내용상 하자가 중대명백하여 무효사유에 해당하므로 무효등확인심판 또는 무효등확인소송의 제기가 가능하며, 이는 제소기간의 제한을 받지 않는다.

2) 재결에 대한 행정쟁송

사안의 경우 수용재결 후 피수용자가 제기한 이의신청에 대해 기각 재결이 있었으므로, 행정소송법 제19조 및 토지보상법 제85조의 원처분주의에 따라 행정소송을 제기할 수 있다(제85조). 사안의 사업인정은 무효사유가 존재하는바 사업인정이 무효된다면 수용재결 또한 당연 무효이므로 하자승계는 논의의 대상이 아니다.

3) 손해배상의 청구

국가배상법 제2조 제1호는 국가나 지방자치단체는 공무원 또는 공무를 위탁받은 사인이 직무를 집행하면서 고의 또는 과실로 법령을 위반하여 타인에게 손해를 입힌 경우 상당인과관계 내에서 그 손해를 배상하여야 한다고 규정한다. 사안의 경우 국토교통부장관의 위법한 사업인정이 존재하는바 요건이 충족되어 국가배상 청구소송이 가능할 것이다.

V. 사안의 해결

〈물음 1〉에서 갑회사의 비료공장 건설사업에 대한 사업인정은 무효사유가 존재하는 위법한 처분이다.

〈물음 2〉에서 사전적 권익구제방법으로 토지보상법 제21조의 이해관계인의 의견청취, 제22조의 사업인정고시가 있으며, 사후적 권익구제방법으로 사업인정에 대한 무효등확인심판, 무효등확인소송, 재결에 대한 행정소송 제기, 국가배상 청구 등이 있다.

Question 02 40점

I. 논점의 정리

사안은 1990년 시립공원으로 지정된 사업시행지구에 대해 2018년에 와서야 구체적인 시설 조성사업의 시행계획을 결정·고시한 경우로서, 그 손실보상금을 1990년 시립공원 지정 등 계획제한을 받는 상태대로 평가한 금액을 기초로 산정하였다.

〈물음 1〉에서는 토지보상법 제21조에서 규정하는 공익성 협의 내용에 대해 알아보고 사안과 같이 이를 제대로 이행하지 않고 한 사업인정고시의 효력에 대해 검토한다.

〈물음 2〉에서는 1990년 시립공원 지정 이전을 기준으로 보상평가해야 한다는 갑 주장의 타당성을 검토한다.

〈물음 3〉에서는 병 소유의 토지가 공물임을 가정할 경우 수용가능성에 대해 관련 판례를 토대로 검토한다.

II. 물음 1(토지보상법 제21조 공익성 검토기준 및 공익성 검토를 이행하지 않은 사업인정고시의 효력 검토)

1. 토지보상법 제21조 공익성 협의(검토)기준

1) 관련 규정 검토

토지보상법 제21에서는 사업인정을 받거나 사업인정 의제를 받은 공익사업에 대해 중앙토지수용위원회와 협의하도록 규정하고 있다.

2) 형식적 검토 기준

형식적 심사는 토지보상법 제4조상 토지수용이 가능한 사업인지 여부, 의견 수렴 및 사업시행절차의 준수 여부 등 형식적 요건을 판단하는 과정이다. 이때 토지수용에 해당하지 않는 경우 사업인정 신청을 반려하며, 의견수렴절차 등을 이행하지 않은 경우 보완을 요구한다.

3) 실질적 검토 기준

실질적 심사는 사업의 공공성과 수용의 필요성을 심사한다. 사업의 공공성 심사는 ① 사업시행의 공공성, ② 사업의 공공기여도, ③ 사업시행자의 유형, ④ 사업 재원의 공공성, ⑤ 사업 수행능력, ⑥ 목적 및 상위 계획 부합 여부, ⑦ 공익의 지속성, ⑧ 시설의 대중성을 판단한다. 수용의 필요성 심사는 ① 피해의 최소성, ② 방법의 적절성, ③ 사업의 시급성을 판단한다.

2. 공익성 협의를 결여한 사업인정고시의 효력

1) 사업인정고시의 의의 및 법적 근거

사업인정고시란 국토교통부장관이 토지보상법 제20조에 따른 사업인정을 하였을 때 지체 없이 그 뜻을 사업시행자, 토지소유자 및 관계인, 관계 시·도지사에게 통지하고, 사업시행자의 성명이나 명칭, 수용하거나 사용할 토지의 세목을 관보에 고시하는 것을 말한다. 동법 제22조에 근거한다.

2) 공익성 협의 결여가 취소사유인지

(1) 절차상 하자의 독자적 위법성

① 학설

적법절차의 보장관점에서 절차상 하자만으로 독자적 위법사유가 된다는 〈긍정설〉, 행정경제상 불합리를 논거로 절차상 하자의 독자적 위법성을 부정하는 〈부정설〉, 기속행위와 재량행위를 나누어 구별하는 〈절충설〉이 있다.

② 판례 및 검토

판례는 기속행위인 과세처분에서 이유부기 하자를, 재량행위인 영업정지처분에서 청문절차 결여 하자를 이유로 절차적 하자의 독자적 위법성을 인정하였다. 생각건대, 행정소송법 제30조 제3항에서도 절차상 하자의 취소를 인정하고 있으며 법률우위의 원칙에 따라서도 절차상 하자 또한 위법성을 인정함이 타당하다 판단된다.

(2) 절차상 하자가 취소사유인지 여부

통설 및 판례인 중대명백설에 따르면, 공익성 검토를 결여한 것은 사전적 권리구제를 도모하고자 하는 규정의 중요한 부분을 위반한 것으로서 내용상 중대하나, 일반인의 관점에서 외관상 명백하다 볼 수 없어 취소 정도의 사유에 해당한다.

3. 사안의 해결

토지보상법 제21조의 취지는 형식적 기준과 실질적 기준을 통한 공익성 검토를 통해 사전적 권리구제를 도모하고자 하는 것으로, 이를 결여한 사업인정은 절차상 하자가 존재하는 위법한 사업인정에 해당한다. 이때 취소정도의 사유가 존재하므로 취소소송의 제기를 통해 권리구제가 가능하다.

Ⅲ. 물음 2(공법상 제한받는 토지에 대한 乙주장의 타당성)

1. 공법상 제한받는 토지

1) 의의 및 종류(토지보상법 시행규칙 제23조)

「국토의 계획 및 이용에 관한 법률」과 같은 관계 법령에 의하여 토지의 각종 이용제한 및 규제 등을 받는 토지를 말한다. 일반적 제한과 개별적 제한으로 구별되는데, 일반적 제한이란 그 제한 자체로 목적이 완성되고 구체적인 사업의 시행이 필요하지 않은 제한을 말한다. 개별적 제한이란 구체적인 사업의 시행을 목적으로 하는 제한을 말한다.

2) 평가방법

(1) 관련 규정의 검토

토지보상법 시행규칙 제23조에 따라 공법상 제한을 받는 토지는 제한받는 상태대로 평가한다. 다만, 그 공법상 제한이 해당 공익사업의 시행을 직접 목적으로 하여 가하여진 경우에는 제한이 없는 상태를 상정하여 평가한다. 또한 해당 공익사업의 시행을 직접 목적으로 하여 용도지역 또는 용도지구 등이 변경된 경우, 종전의 용도지역 또는 용도지구 등을 기준으로 평가한다.

(2) 관련 판례의 태도

해당 공익사업의 시행 이전에 도시계획법에 의한 고시 등으로 이용제한이 가하여진 경우에는 그 제한을 일반적 계획제한으로 보고, 그러한 제한을 받는 상태 그대로 재결 당시의 토지의 형태 및 이용상황 등에 따라 평가한 가격을 기준으로 보상가액을 결정한다고 판시하였다.

2. 공원지정 이전으로 평가해야 하는지

1) 판례의 태도

판례는 자연공원법에 의한 자연공원 지정 및 공원 용도지구지정은 그와 동시에 구체적인 공원시설을 설치 및 조성하는 내용의 공원시설 계획이 이루어졌다는 특별한 사정이 없는 한, 구체적인 공원사업의 시행을 목적으로 한 것이 아니므로, 토지보상법 시행규칙 제23조 제1항에서 정한 일반적 계획제한에 해당한다고 판시하였다.

2) 사안의 경우

사안의 경우 시립공원 지정 및 시립공원 용도지구 지정과 동시에 구체적인 공원시설을 설치 및 조성하겠다는 공원시설계획이 수립되지 않았으며, 그 후 약 28년이 경과한 후에야 일부 지역에 국한하여 시설의 설치 및 조성을 위한 공원시설계획이 수립되었으므로, 이전의 공원 용도지구 지정은 일반적 계획제한에 해당하는 것으로 판단된다.

3. 사안의 해결(을 주장의 타당성)

1990년의 시립공원 지정·고시 당시 구체적인 공원시설계획이 이루어지지 않았고, 시기적으로도 현재 사업과는 무관한바 이는 일반적 계획제한에 해당하여 토지보상법 시행규칙 제23조 제1항에 따라 그 제한을 받는 상태대로 평가한다. 따라서 을의 주장은 타당하지 않다.

Ⅳ. 물음 3(관련 판례를 통한 공물의 수용가능성 검토)

1. 공물의 의의 및 취지(토지보상법 제19조)

공물이란 국가, 지방자치단체 등의 행정주체에 의하여 직접 행정 목적에 공용된 개개의 유체물을 말한다. 이는 공익성 확보를 위한다는 점에서 그 취지가 인정된다. 사안의 문화재는 문화재 보호라는 행정목적을 위해 지정되었다는 점에서 공물에 해당한다.

2. 공물의 수용 가능성

1) 관련 규정의 검토(토지보상법 제19조)

토지보상법 제19조 제2항에서는 공익사업에 수용되거나 사용되고 있는 토지 등은 특별히 필요한 경우가 아니면 다른 공익사업을 위해 사용할 수 없다고 규정하고 있다. 이때 특별히 필요한 경우의 해석이 문제되는바 이하 검토한다.

2) 학설

기존 사업의 공익성보다 해당 공물을 수용하고자 하는 새로운 공익사업의 공익성이 더 큰 경우 용도폐지의 선행 없이 공물을 수용할 수 있다는 〈긍정설〉, 이미 공적 목적에 제공되고 있는 공물은 용도폐지 선행 없이는 수용의 대상이 될 수 없다는 〈부정설〉이 대립한다.

3) 판례

(1) 광평대군 묘역(95누13241)

토지보상법 제19조의 규정에 의한 제한 이외에는 수용의 대상이 되는 토지에 관하여 아무런 제한을 하지 아니하고 있으므로 지방문화재로 지정된 토지는 수용의 대상이 될 수 있다.

(2) 풍납토성 판례(2017두71031)

문화유산법은 지방자치단체 또는 지방자치단체의 장에게 시도지정문화재뿐 아니라 국가지정문화재에 대하여도 일정한 권한 또는 책무를 부여하고 있고, 문화유산법에 해당 문화유산의 지정권자만이 토지 등을 수용할 수 있다는 등의 제한을 두고 있지 않으므로, 국가지정문화유산에 대하여 관리단체로 지정된 지방자치단체의 장은 문화유산법 제83조 제1항 및 토지보상법에 따라 국가지정문화유산이나 그 보호구역에 있는 토지 등을 수용할 수 있다.

3. 특별한 필요의 판단(비례의 원칙)

1) 비례의 원칙의 의의 및 요건(행정기본법 제10조)

비례의 원칙이란 행정 작용에 있어 행정 목적과 행정 수단 사이에는 합리적인 비례관계가 있어야 한다는 원칙이다. 행정 목적의 달성에 적합한 수단을 선택해야 한다는 〈적합성의 원칙〉, 여러 수단 중 필요한 최소 한도를 침해하는 수단을 선택해야 한다는 〈필요성의 원칙〉, 달성되는 공익과 침해되는 사익을 비교형량하여 공익이 더 큰 경우 가능하다는 〈상당성의 원칙〉 및 세 원칙을 〈단계적 심사 과정〉에 따라 검토할 것을 요건으로 한다.

2) 검토

비례의 원칙에 따라 새로운 공익사업으로 달성되는 공익이 종전의 공익사업으로 인한 공익보다 크다고 인정된다면 토지보상법 제19조 제2항의 특별히 필요한 경우에 해당한다.

4. 사안의 경우

이 사건 C토지는 판례에 따라 문화유산법상 공물에 해당한다고 하더라도 사업시행자 갑은 이를 수용할 수 있으며, 이때 특별히 필요한 기준에 대한 판단은 비례의 원칙에 따른다. 사안의 경우 문화유산보호라는 기존 공익보다 X시립공원 사업의 공익이 더 크다면 특별히 필요한 경우에 해당하여 용도폐지의 선행 없이 공물의 수행이 가능할 것이다.

제12회 감정평가 및 보상법규 종합문제

사업시행자 한국토지주택공사는 경기도 이천시 마장면 소재 특전사 부지에 대하여 해당 국방시설을 이전하고, 택지개발사업을 하기로 공익사업을 위한 토지 등의 취득 및 보상에 관한 법률(이하 '토지보상법')에 따라 국토교통부장관에게 사업인정을 받고 피수용자들과 협의 진행을 하고 있었다. 사업시행자 한국토지주택공사는 경기도 이천시 마장면 소재 특전사 부지 토지 등기부상 명의자 홍길동에게 협의에 대한 동의를 받고 토지보상법에 따라 공증법인에 공증을 받아 협의성립의 확인을 관할 토지수용위원회에 신청하였으며 관할 토지수용위원회는 이를 수리하여 적법한 협의성립확인을 받았다. 이러한 협의성립확인은 토지보상법상 재결로 간주되어 사업시행자 한국토지주택공사는 해당 토지를 원시취득하게 되었다. 그런데 등기부상 명의자인 홍길동은 진정한 소유자가 아니고 진정한 소유자는 "이원수"라는 사람이 나타나 해당 협의성립확인에 강력한 반발을 하고 있다. 다음 물음에 답하시오. 30점 (해당 문제는 대법원 2018.12.13. 선고 2016두51719 판결을 기초로 함)

(1) 토지보상법상 협의성립확인에 대하여 설명하시오. 10점

(2) 토지보상법상 협의성립확인을 받은 경우 소유권 취득의 효과는 일반적인 사업인정 전 협의 취득의 소유권 취득 효과와 어떤 차이가 있는지 설명하시오. 10점

(3) 토지보상법상 위의 사건에서 진정한 소유자는 상속자는 원고 이원수이고, 진정한 소유자가 동의한 것이 아니라 등기부상 명의인 홍길동이 동의한 것이기 때문에 이는 진정한 소유자 동의라고 볼 수 없다고 주장하며 행정소송을 제기하였다. 협의성립확인신청수리처분이 적법한 것이지 아니면 위법한 것인지 여부를 설명하시오. 10점

경기도 화성시 동탄면에 소재한 OO저수지에서 10여 년간 낚시터 및 식당을 운영하고 있던 甲은, 그 지역 일대가 택지개발사업구역으로 지정됨에 따라 국토교통부장관으로부터 사업인정을 받은 한국토지주택공사 乙과 손실보상에 관한 협의를 진행하여 계약을 체결하였다. 이때 乙은 甲에게 의사를 묻지도 않고 관할 토지수용위원회에 협의성립확인을 신청하였고, 동 위원회는 협의성립확인을 해주었다. 그런데 얼마 후 OO저수지를 관리하는 한국농어촌공사에서 OO저수지 주변 토지는 농업생산기반시설 부지이며 甲이 「농어촌정비법」 제23조에 따른 목적 외 사용승인을 받지 않고 낚시터시설물 및 식당건축물 등을 설치하였으므로, 동법 제128조에 따라 불법시설물의 철거 및 원상회복을 명하였다. 이에 사업시행자 乙은 甲의 낚시터시설물 및 식당건축물 등이 철거대상 시설물인바, 甲이 직접 이를 철거하여야 하고 손실보상해 줄 수 없다고 주장하고 있다. 30점

(1) 이 경우 손실보상해 줄 수 없다는 乙의 주장이 타당한지를 설명하시오. 10점

(2) 한편 甲은 기 계약한 협의금액을 다시 살펴본 결과 일부 지장물에 대한 보상액이 누락된 것으로서 이에 대한 착오가 있었음을 이유로 이미 협의성립확인된 계약을 취소하기를 원

하게 되었다. 이때 甲의 권리구제수단은 무엇인지, 그리고 甲이 계약을 취소할 수 있는지 설명하시오. 10점

(3) 만약 위 (2)와 같은 상황에서 협의계약 당시 정한 잔금지급일이 지났다면, 甲은 곧바로 협의계약을 취소한 후 乙에게 재결신청청구를 할 수 있는가? 그때 乙이 거부하는 경우 甲의 권리구제수단에 대해 설명하시오. 10점

Question 03

국토교통부장관은 사업시행자 한국수자원공사(피고)의 창원산업단지 사업인정 신청에 대하여 2025년 2월 25일 사업인정을 해주고 해당 사업인정고시를 하였다. 해당 지역에서 농사를 짓던 토지소유자 甲과 그 가족들은 사업시행자의 협의에 불응하고 공익사업을 위한 토지 등의 취득 및 보상에 관한 법률에 따라 재결신청청구를 하였다. 이에 사업시행자 한국수자원공사는 피수용자들의 재결신청청구에 대하여 재결신청청구 거부회신을 하였고, 이에 토지소유자 갑과 가족들은 행정소송으로 재결신청청구 거부취소소송을 제기하였다. 그런데 위와 같이 재결신청청구거부 회신에 대해 행정법원은 처분이 되지 않는다며 부적법 각하하였다. 이에 토지소유자 甲과 토지소유자 형, 그리고 관계인들은 억울하여 고등법원과 대법원까지 소송을 불사하고자 한다. 한국수자원공사는 국책사업으로 현 공익사업을 국가로부터 위임받아 행정청의 지위를 갖고 있다. 다음 물음에 답하시오. 40점 (해당 문제는 대법원 2019.8.29. 선고 2018두57865 판결을 기초로 함)

(1) 공익사업을 위한 토지 등의 취득 및 보상에 관한 법률상 토지소유자 및 관계인에게 인정되는 재결신청청구권에 대하여 설명하시오. 5점

(2) 위 사실관계에서 사업시행자 한국수자원공사는 주변민원이 많아 여러 사정 등을 고려하여 사업추진 시기를 늦출 필요성이 있다고 판단하고 사업인정고시 후 상당한 기간이 경과하도록 협의 기간을 통지하지 아니하고 있다면, 토지소유자 甲은 공익사업을 위한 토지 등의 취득 및 보상에 관한 법률상 재결신청의 청구를 할 수 있는지를 설명하시오. 5점

(3) 공익사업을 위한 토지 등의 취득 및 보상에 관한 법률상 한국수자원공사가 보상계획을 공고·열람한 후에 토지소유자 甲에게 협의기간을 2025년 3월 1일부터 2025년 3월 30일까지로 하여 보상협의요청서를 보내왔다고 가정하자. 협의를 진행해 본 결과 당사자 간에 협의가 성립할 가능성이 없음이 명백한 경우 甲은 협의기간 만료 전에도 재결신청의 청구를 할 수 있는지, 만약 할 수 있다면 한국수자원공사는 언제까지 재결을 신청하여야 하는지를 검토하시오. 만약 사업시행자가 보상협의요청서에 기재한 협의기간이 종료하기 전에 토지소유자 및 관계인이 재결신청의 청구를 하였으나 사업시행자가 협의기간이 종료하기 전에 협의기간을 연장한 경우, 「공익사업을 위한 토지 등의 취득 및 보상에 관한 법률」 제30조 제2항에서 정한 60일 기간의 기산 시기는 언제인지 설명하시오. 10점

(4) 공익사업을 위한 토지 등의 취득 및 보상에 관한 법률상 한국수자원공사가 토지소유자 甲의 농업손실보상에 대한 재결신청의 청구를 거부하는 경우 甲은 소송의 방법으로 그 절차의 이행을 구할 수 있는지를 설명하시오. 20점

① 종전 재결신청청구거부 시 민사소송의 방법으로 소구할 수 없다는 판례와 행정소송으로 재결신청청구거부 시 취소소송이 가능하다는 판례를 설명하시오. 5점

② 공익사업으로 농업의 손실을 입게 된 자가 「공익사업을 위한 토지 등의 취득 및 보상에 관한 법률」 제34조, 제50조 등에 규정된 재결절차를 거치지 않은 채 곧바로 사업시행자를 상대로 손실보상을 청구할 수 있는지 여부를 설명하시오. 5점

③ 편입토지 보상, 지장물 보상, 영업·농업보상에 관하여 토지소유자나 관계인이 사업시행자에게 재결신청을 청구했음에도 사업시행자가 재결신청을 하지 않을 경우, 토지소유자나 관계인의 불복 방법 및 이때 사업시행자에게 재결신청을 할 의무가 있는지가 소송요건 심사 단계에서 고려할 요소인지 여부를 설명하시오. 5점

④ 한국수자원공사법에 따른 사업을 수행하기 위한 토지 등의 수용 또는 사용으로 손실을 입게 된 토지소유자나 관계인이 「공익사업을 위한 토지 등의 취득 및 보상에 관한 법률」 제30조에 따라 한국수자원공사에 재결신청을 청구하는 경우, 위 사업의 실시계획을 승인할 때 정한 사업시행기간 내에 해야 하는지 여부를 설명하시오. 5점

Question 01 (40점)

I. 논점의 정리

사안은 진정한 소유자가 아닌 등기부상 소유자의 동의를 통한 공증을 받아 협의성립확인을 받은 경우이다. 이때 토지의 진정한 소유자가 이러한 수리처분이 위법하다고 주장하고 있는바, 〈물음 1〉에서는 우선 토지보상법상 협의성립확인에 대해 알아본다. 〈물음 2〉에서는 협의성립확인과 사업인정 전 협의 양자의 소유권 취득효과 차이에 대해 알아본다. 〈물음 3〉에서는 진정한 소유자의 동의를 결한 해당 토지수용위원회의 협의성립확인 수리처분이 적법한 것인지 검토한다.

II. 물음 1(협의성립확인)

1. 의의 및 취지(토지보상법 제29조)

사업인정 후 협의가 성립한 경우, 사업시행자가 피수용자의 동의를 얻거나 공증을 받아 관할 토지수용위원회에 협의성립에 대한 확인을 받는 것을 말한다. 이는 계약불이행의 위험을 방지하고 공익사업을 원활하게 수행하기 위함에 그 취지가 있다.

2. 법적 성질

확인으로 보는 견해와 공증으로 보는 견해가 있다. 생각건대 토지수용위원회가 협의 성립의 존재 여부를 판단하는 행위로 봄이 타당하다는 점에서 확인행위로 봄이 타당하다. 확인행위는 원칙상 재량권이 인정될 수 없는바 기속행위로 본다.

3. 절차

1) 동의절차(토지보상법 제29조 제2항)

사업인정 후 협의가 성립한 경우, 사업시행자가 피수용자의 동의를 받아 수용재결 신청기간 내에 일반재결절차를 준용하여 관할 토지수용위원회에 협의성립의 확인을 신청한다.

2) 공증절차(토지보상법 제29조 제3항)

사업인정 후 협의가 성립한 경우, 사업시행자가 공증인법에 따른 공증을 받아 관할 토지수용위원회에 협의성립확인을 신청한다. 토지수용위원회가 협의성립확인 신청을 수리함으로써 확인된 것으로 본다.

4. 효과

토지수용위원회가 확인한 사항은 수용재결의 효력이 인정된다. 또한 차단효 및 확정력에 의해 사업시행자와 토지소유자 등은 협의의 성립이나 그 내용을 다툴 수 없다.

Ⅲ. 물음 2(협의성립확인과 사업인정 전 협의의 소유권 취득효과 차이)

1. 법적 성질의 차이

사업인정 전 협의는 다수설 및 판례에 따라 사법상 계약의 효력이 발생한다. 협의성립확인은 토지보상법 제29조 제4항에 따라 확정력이 발생하고 수용재결의 효과가 생기므로 공법적 관계로서 처분성이 인정된다.

2. 취득 효과의 차이

사업인정 전 협의는 사법상 계약으로서 권리와 의무가 승계되는 승계취득의 효력을 갖는다. 협의성립확인은 재결로 간주되어 토지보상법 제45조에 따라 권리와 의무가 승계되지 않는 원시취득의 효력을 갖는다.

3. 성립 효과의 차이

사업인정 전 협의는 사법상 계약으로서 협의의 내용대로 권리와 의무가 발생한다. 협의성립확인은 재결로 간주되므로 토지보상법에 따른 권리와 의무가 발생한다.

4. 권리구제방법의 차이

사업인정 전 협의는 사법상 계약이므로 이에 대한 불복은 민사소송에 의한다. 협의성립확인은 재결로 간주되므로 토지보상법 제83조 및 제85조에 의해 불복할 수 있다. 이때 토지보상법 제29조 제4항에 의해 협의 자체를 직접 다툴 수 없으며, 먼저 확인의 효력을 상실시킨 후 협의의 내용을 다툴 수 있다.

Ⅳ. 물음 3(사안의 협의성립확인신청 수리처분의 적법 여부)

1. 공증에 의한 확인 시 동의의 주체

1) 관련 규정의 검토

토지보상법 제29조 제3항에서는 공증인법에 따른 공증 절차의 협의성립확인 신청을 규정하면서 동법 시행령 제13조에서는 협의성립확인 시, 소유자의 동의를 받도록 하고 있다. 이때 동의를 받아야 하는 소유자가 누구인지에 대해 이하 검토한다.

2) 관련 판례의 태도

대법원은 간이한 절차만을 거치는 협의성립확인에 원시취득의 효력을 부여함과 동시에 사후적으로 그 내용을 다툴 수 없게 한 법적 정당성의 원천은 사업시행자와 토지소유자가 진정한 합의를 하였다는 데에 있고, 여기에 공증에 의한 협의성립확인 제도의 체계와 입법 취지 및 효과 등에 비추어 토지보상법 제29조 제3항에 따른 동의의 주체는 〈토지의 진정한 소유자〉를 의미한다고 하였다. 따라서 사업시행자의 과실 여부와 무관하게 진정한 소유자의 동의를 받지 못한 협의성립확인을 토지수용위원회가 수리하였다면 이는 소유자의 동의 요건을 갖추지 못한 것으로 위법이라 하였다.

2. 사안의 경우

토지보상법 제29조 제3항의 입법 취지와 협의성립확인 제도의 요건 및 효과를 비추어 볼 때, 동의의 주체는 단순히 등기부상 소유자가 아닌 진정한 소유자를 의미한다고 보아야 하므로 판례의 입장이 타당하다. 따라서 해당 사안에서 진정한 소유자의 동의를 결한 협의성립확인에 토지수용위원회가 수리를 하였다면 이는 사업시행자의 과실 여부와 무관하게 그 위법성이 인정된다.

V. 사안의 해결

〈물음 1〉 협의성립확인은 협의가 성립된 경우 소유자의 동의를 받아 사업시행자의 신청으로 이루어지는 것이며, 재결로 간주된다.

〈물음 2〉 협의는 사법상 계약으로서 승계취득의 효과를 가지며 민사소송으로 다투어야 하나, 협의성립확인은 재결로 인정되어 원시취득의 효과를 가지며 토지보상법 제83조, 제85조에 의해 다툴 수 있다.

〈물음 3〉 사안은 진정한 소유자의 동의를 받지 않은 협의성립확인 신청에 대해 토지수용위원회가 수리처분하였는바, 이는 위법한 처분이다.

Question 02 30점

I. 논점의 정리

사안은 택지개발사업에 따른 피수용자 갑과 사업시행자 을 간의 협의와 협의성립확인, 재결신청청구를 둘러싼 다툼으로서 갑의 권리구제수단에 대한 문제이다.

〈물음 1〉에서는 사업인정 전 무허가 건축물 보상 여부를 검토한다.

〈물음 2〉에서는 피수용자의 동의를 결한 협의성립확인의 위법성 및 피수용자 갑의 권리구제방법을 검토한다.

〈물음 3〉에서는 협의성립확인에 재결실효규정의 준용이 가능한지 살펴보고, 재결신청청구 거부 시 갑의 권리구제수단을 검토한다.

Ⅱ. 관련 행정 작용의 검토

1. 사업인정 후 협의(토지보상법 제26조)

협의란 사업시행자가 수용할 토지 등에 관한 권리를 취득하거나 소멸하기 위해 토지소유자 및 관계인과 의논하여 이루어진 의사의 합치를 말한다. 판례는 사법상 계약으로 보나 사업인정 후 협의는 사업시행자가 공권력의 주체로서 수용권을 실행하는 공용수용의 절차이므로 공법상 계약으로 봄이 타당하다.

2. 협의성립확인(토지보상법 제29조)

협의성립 시 수용재결신청기간 이내에 토지소유자의 동의를 받아 관할 토지수용위원회의 확인을 받는 것을 말하며 계약불이행 위험의 방지에 그 취지가 있다. 견해의 대립은 있으나 토지수용위원회가 협의성립의 존재 여부를 판단하는 행위이므로 확인으로 본다.

3. 재결신청청구권(토지보상법 제30조)

피수용자가 사업인정 후 협의 불능·불성립의 경우 사업시행자에게 사업고시일 1년 이내에 재결신청을 청구하는 것이다. 사업시행자는 청구를 받은 날부터 60일 이내에 재결을 신청하여야 한다(토지보상법 제30조 제2항).

Ⅲ. 물음 1(무허가건축물에 대한 보상)

1. 무허가건축물의 보상

1) 무허가건축물의 의의(토지보상법 시행규칙 제24조)

건축법 등 관계법령에 의하여 허가를 받거나 신고를 하고 건축 또는 용도변경을 하여야 하는 건축물을 허가를 받지 아니하거나 신고를 하지 아니하고 건축 또는 용도변경한 건축물을 말한다.

2) 관련 규정의 검토(토지보상법 제25조 및 제75조)

토지보상법 제75조에서는 건축물, 입목, 공작물, 기타 물건에 대해서는 해당 물건의 가격 범위 내에서 이전에 필요한 비용으로 보상해야 한다고 규정한다.

토지보상법 제25조에서는 사업인정 후 건물의 건축은 허가를 받아야 하며, 사업인정 이후의 무허가건축물 등에 대해서는 손실보상을 청구할 수 있다고 규정한다.

2. 사업인정 전 무허가건축물의 보상 여부

1) 학설 및 판례

대집행의 대상이므로, 대집행 실행 시 재산적 가치가 소멸한다는 이유로 보상을 〈부정하는 견해〉와 강제집행의 대상이 되는 것은 별론으로 하고 행위 자체의 효력이 부인되는 것은 아니라는 이유로 보상을 〈긍정하는 견해〉가 대립한다. 〈판례〉는 사업인정고시 전에 건축한 건축물은 그 허가의 유무와 관계없이 보상대상이 된다고 판시하였다.

2) 사안의 경우

사안의 경우 피수용자 갑의 건축물은 사업인정 이전부터 건축 또는 설치하여 사용 중인 무허가건축물이므로, 손실보상의 대상이 된다. 따라서 사업시행자 을은 이를 손실보상을 해야 할 의무가 있으므로, 손실보상을 해줄 수 없다는 을의 주장은 타당하지 않다.

Ⅳ. 물음 2(협의성립확인의 위법성과 권리구제방안, 계약 취소의 가능성)

1. 협의성립확인의 위법성과 그 정도

1) 절차의 하자 여부

협의성립확인 시, 먼저 피수용자의 동의를 받은 뒤 관할 토지수용위원회에 확인 신청을 해야 한다(토지보상법 제29조).

사안의 경우 피수용자 갑의 동의를 받지 않고 확인을 받았는바 토지보상법 제29조의 절차 규정에 따르지 않은 절차상 하자가 위법하다.

2) 절차상 하자의 독자적 위법성

견해의 대립은 있으나 판례는 기속행위인 과세처분에서 이유부기 하자를, 재량행위인 업무정지처분에서 청문절차 결여의 하자를 이유로 취소를 인정한 바 있다. 생각건대 행정소송법 제30조 제3항에서도 절차상 하자에 의한 취소를 인정하는바 적법보장의 관점에서도 판례에 따라 절차상 하자의 독자적 위법성을 인정함이 타당하다.

3) 위법성 정도

통설 및 판례인 중대명백설에 의하면 협의성립확인의 절차상 하자는 내용상 법령 위반으로서 중대한 하자이나 외관상 일반인의 견지에서 명백하지 않으므로 취소 정도의 사유에 해당한다.

2. 피수용자 갑의 권리구제수단

1) 협의성립확인에 대한 불복

협의성립확인은 재결로 간주되므로 토지보상법 제83조의 이의신청과 동법 제85조의 취소소송으로 다투어야 한다.

2) 협의에 대한 불복

토지보상법 제29조 제4항의 확정력에 의해 협의 자체를 직접 다툴 수는 없다. 따라서 협의성립확인을 다투어 그 효력을 없앤 후, 협의의 내용에 대해 다툴 수 있다. 이때 협의의 성질을 사법상 계약으로 본다면 민사소송으로, 공법상 계약으로 본다면 공법상 당사자소송으로 다툴 수 있다.

3. 계약 취소 가능성

1) 공법규정 흠결 시 사법규정의 유추적용 가능성

유추적용을 긍정하는 〈긍정설〉, 공·사법을 별개로 보는 〈부정설〉, 내용이 유사한 경우 인정하는 〈제한적 긍정설〉이 있다. 판례는 제한적 긍정설의 입장이다. 생각건대, 공법관계의 특수성을 무시할 수 없는 점에서 제한적으로 긍정하는 판례의 태도가 타당하다.

2) 협의의 위법성 및 그 정도

민법은 의사표시에 중대한 착오가 있는 경우 이를 이유로 취소할 수 있고, 그 착오가 표의자의 중대한 과실로 인한 때에는 취소할 수 없다고 규정한다. 이를 사인 상호 간의 이해관계 조정을 위한 것이라 볼 때, 유추적용이 가능하다고 판단된다. 이때 민법상 계약의 법리에 따라 취소사유의 위법이 인정된다.

3) 사안의 적용

보상금의 착오는 내용상 중요 부분의 의사표시의 하자라 할 수 있으며, 설문상 피수용자인 갑에게 중대한 과실이 없다고 판단된다. 따라서 협의의 위법성이 인정되어 갑은 계약취소가 가능하리라 판단된다.

V. 물음 3(재결신청청구 및 거부 시 권리구제수단)

1. 재결신청청구 가능성

1) 협의성립확인의 재결실효 규정 준용 여부

협의성립확인은 재결로 간주되므로 협의성립확인을 받은 후 협의에서 정한 시기까지 보상금이 지급되지 않으면, 해당 확인행위의 효력은 상실된다. 이때 협의의 효력도 상실되는지에 대해 논란이 있으나, 협의는 계약이므로 계약불이행의 문제가 발생하는 것이지 곧바로 협의의 효력이 상실된다고는 볼 수 없다.

2) 사안의 경우

협의에서 정한 잔금지급일이 지났다면 협의성립확인은 실효될 것이다. 따라서 피수용자 갑은 공법상 계약인 사업인정 후 협의에 대하여 공법상 당사자소송을 제기할 수 있으며, 사업시행자에게 재결신청청구를 할 수 있을 것이다.

2. 거부 시 갑의 권리구제수단

1) 항고소송 가능성

판례는 사업시행자만이 재결을 신청할 수 있고, 토지소유자 및 관계인은 사업시행자에게 재결신청을 청구할 수 있도록 규정하고 있으므로, 토지소유자 등의 청구에도 사업시행자가 재결신청을 하지 않을 때 재결신청청구의 거부에 대해 거부처분취소소송 또는 부작위위법확인소송으로 다투어야 한다고 판시하였다.

2) 민사소송 및 당사자소송 가능성

판례는 가산금 제도로 사업시행자의 재결신청을 강제하고 있는 점, 사업인정의 효력이 상실되는 점을 들어, 민사소송의 방법으로 그 절차의 이행을 제기할 수 없다고 판시하였다. 판례의 태도에 비추어 본다면 공법상 당사자소송의 제기도 어려울 것으로 보인다.

3) 사안의 경우

사안에서 사업시행자 을이 피수용자 갑의 재결신청청구를 거부하는 것에 대해 갑은 판례에 따라 재결신청청구 거부처분 취소소송을 제기할 수 있다.

VI. 사안의 해결

〈물음 1〉 갑의 무허가건축물은 사업인정 전에 설치·건축된 것이므로 허가의 유무와 무관하게 손실보상의 대상이 된다.

〈물음 2〉 해당 협의성립확인은 절차의 하자가 있어 위법하므로, 갑은 협의성립확인에 대해 다투어 확인의 효력을 제거한 뒤, 공법상 당사자소송으로 협의 내용을 다툴 수 있다. 이를 사법규정으로 유추적용할 경우, 사안의 협의는 위법성이 인정되므로 계약취소도 가능하다.

〈물음 3〉 해당 협의성립확인이 실효되는바, 갑은 합의를 취소하고 재결신청청구를 할 수 있고, 그 거부에 대해서는 거부처분취소소송으로 다툴 수 있다.

Question 03 40점

I. 물음 1(재결신청청구권)

1. 의의 및 취지(토지보상법 제30조)

사업인정 후 협의 불성립의 경우 피수용자가 사업시행자에게 재결신청을 청구하는 것을 말한다. 수용을 둘러싼 법률관계의 조속한 안정을 통한 피수용자의 권리보호, 사업시행자와의 형평을 기하기 위함에 그 취지가 있다.

2. 요건 및 절차

1) 당사자 및 청구 형식

피수용자인 토지소유자 및 관계인이 사업시행자 또는 사업시행자의 업무대행자에게 신청하여야 한다. 서면을 통해 청구하며, 일부 누락이 있더라도 청구 의사가 성립한 것으로 본다.

2) 청구 기간 및 사유

원칙적으로 협의 불성립의 경우 협의기간 만료일부터 재결신청기간 만료일까지 청구하여야 한다.

3. 재결신청청구의 효과

청구일로부터 60일 이내에 사업시행자가 재결신청을 하지 않으면, 지연 기간에 대한 지연가산금을 토지수용위원회가 재결한 보상금에 가산하여 지급해야 한다(토지보상법 제30조 제2항 및 제3항).

II. 물음 2(협의기간의 통지가 없는 경우 재결신청청구의 가능성)

1. 문제의 소재

토지보상법 제30조는 협의가 성립되지 아니하였을 때라고 규정하고 있는데, 사업시행자가 사업인정 후 상당 기간이 경과하도록 협의 기간을 통지하지 않은 경우, 재결신청청구를 할 수 있는지가 문제된다.

2. 관련 판례의 태도

대법원은 사업시행자가 사업인정 후 상당 기간이 경과하도록 협의기간을 통지하지 않았다면, 피수용자는 사업시행자에게 재결신청의 청구를 할 수 있다고 판시하였다.

3. 사안의 경우

생각건대 재결신청청구제도는 수용 법률 관계의 조속한 안정을 기하여 피수용자의 권리를 보호한다는 취지이므로 상당 기간이 경과하도록 협의 기간을 통지하지 않은 경우에도 협의가 성립되지 않은 경우에 포함된다고 봄이 타당하다. 따라서 사안의 피수용자 갑은 재결신청청구를 할 수 있다.

Ⅲ. 물음 3(재결신청청구의 가능성)

1. 논점의 정리

협의성립가능성이 없음이 명백한 경우 피수용자가 협의기간이 만료되기 이전이라도 재결신청의 청구를 할 수 있는지, 할 수 있다면 언제까지 하여야 하는지 이하 검토한다.

2. 재결신청청구의 가능성

1) 관련 판례의 태도

판례는 협의 기간이 정해져 있는 경우라도 협의의 성립 가능성 없음이 명백한 때에는 굳이 협의기간 만료일까지 기다리게 할 필요성이 없는 것이므로 만료일 전이라도 재결신청의 청구를 할 수 있다고 판시하였다.

2) 사안의 경우

토지보상법 제30조 제1항 및 동법 시행령 제14조 제1항은 협의기간이 경과한 이후에 재결신청청구가 가능하다고 규정한다. 그러나 재결신청청구권이 피수용자의 권익 보호를 위한 제도임을 고려할 때 협의불성립이 명백한 경우에는 조속한 보상을 위해 협의 기간 이내이더라도 재결신청청구가 가능하다고 봄이 타당하므로, 판례의 입장이 옳다고 판단된다.

3. 재결신청청구 시 60일의 기산점

1) 관련 판례의 태도

① 판례는 협의기간이 종료하기 전이라도 협의불성립이 명백하다면 재결신청의 청구를 할 수 있다고 하면서도, 그러한 경우에도 사업시행자가 가산금지급의무를 부담하게 되는 60일의 기간은 협의기간 만료일로부터 기산하여야 한다고 판시하였다.

② 토지소유자 등이 그 협의 기간이 종료하기 전에 재결신청의 청구를 한 경우 사업시행자가 협의 기간이 종료하기 전에 협의 기간을 연장하였다 하더라도 토지보상법 제30조 제2항의 60일의 기간은 당초의 협의기간 만료일로부터 기산하여야 한다고 판시하였다.

2) 검토

생각건대 토지보상법 제30조 제2항에서 사업시행자는 그 청구를 받은 날부터 60일 이내에 재결을 신청하여야 한다고 하며, 동조 제3항에서는 제2항에 따른 기간을 넘겨 재결 신청을 한 경우 그 지연된 기간에 대해 가산금을 지급한다고 규정한다. 따라서 규정 준수 및 조속한 보상을 통한 피수용자의 권익보호의 관점에서도 판례의 입장은 타당하지 않다. 따라서 60일의 기산점은 협의기간 만료일이 아니라 재결신청을 청구한 날로 봄이 타당하다고 판단된다.

4. 소결

피수용자 갑은 협의기간 만료일인 2011년 3월 30일 이전이라도 협의 불성립이 명백하다면 재결신청청구를 할 수 있다. 이때 토지보상법 제30조 제2항에서 규정하는 지연가산금의 기산점은 신청청구일이 된다.

Ⅳ. 물음 4(재결신청청구 거부 시)

1. 소물음 1

1) 종전 판례

판례는 재결신청청구의 입법취지, 지연가산금 제도를 두어 청구권의 실효성을 확보할 수 있는 점, 사업시행자가 재결신청기간 내에 재결신청을 하지 않으면 사업인정이 실효되며 이로 인해 발생한 토지소유자의 손실을 보상해야 하는 점 등을 종합해보면, 재결신청청구를 거부한다고 하여 민사소송의 방법으로 그 절차의 이행을 구할 수 없다고 판시하였다.

2) 보상제외처분에 대한 판례

토지보상법 제30조 제1항에서 협의가 성립되지 않은 때의 사유를 제한하고 있지 않은 점, 수용법률 관계의 조속한 확정 및 재산권의 적정한 보호라는 취지에 비추어 토지소유자가 손실보상 대상에 해당한다고 주장함에도 불구하고 사업시행자가 보상대상에서 이를 제외한 채 협의를 하지 않아 결국 협의가 성립하지 않은 경우도 협의가 성립하지 않은 때에 포함된다고 하였으며, 재결신청을 거부하면서 아무런 조치도 취하지 않은 것은 재결신청청구제도의 취지에 반하여 위법하다고 판시하였다.

3) 최근 판례

토지보상법 제28조 및 제30조에 따르면, 사업시행자만이 재결을 신청할 수 있고, 피수용자는 재결신청청구만을 할 수 있으므로, 사업시행자가 재결신청을 하지 않을 때 피수용자는 거부처분취소소송 또는 부작위위법확인소송으로 다툴 수 있다고 판시하였다.

4) 소결

최근 판례에서 재결신청청구 거부에 대해 거부처분 취소소송으로 다툴 수 있다고 명시적으로 판시함으로써 피수용자의 권리보호를 한층 강화한 것으로 판단된다.

2. 소물음 2

1) 농업손실보상의 의의(토지보상법 제77조 제2항, 칙 제48조)

농업손실이란 공익사업의 시행으로 인하여 해당 토지가 공익사업시행지구에 편입되어 영농을 계속할 수 없게 됨에 따라 발생한 손실로서 이를 보상하는 것이 농업손실보상이다.

2) 관련 판례의 태도(재결전치주의)

판례는 토지보상법의 내용 및 입법 취지를 종합할 때, 공익사업으로 인하여 농업 손실을 입게 된 자가 농업손실보상을 받기 위해서는 규정된 재결절차를 거친 다음, 그 재결에 대해 불복이 있을 때에 비로소 토지보상법 제83조 및 제85조에 따라 권리구제를 받을 수 있을 뿐, 그러한 절차를 거치지 않은 채 사업시행자를 상대로 곧바로 손실보상을 청구할 수는 없다고 판시하였다.

3) 검토

토지보상법 제77조 제2항의 농업손실보상을 받기 위해서는 동법의 절차를 준수해야 하는바, 재결절차를 거치지 않은 채 손실보상을 청구할 수는 없다고 보는 판례의 입장이 타당하다.

3. 소물음 3

1) 관련 판례의 태도

판례는 토지보상법 제28조 및 제30조에 따르면, 사업시행자만이 재결을 신청할 수 있고, 피수용자는 재결신청청구만을 할 수 있으므로, 사업시행자가 재결신청을 하지 않을 때 피수용자는 거부처분취소소송 또는 부작위위법확인소송으로 다툴 수 있다고 판시하였다. 이때 구체적인 사안에서 피수용자의 재결신청청구가 적법하여 사업시행자가 재결신청을 할 의무가 있는지는 본안에서 사업시행자의 거부처분이나 부작위가 적법한가를 판단하는 단계에서 고려할 요소이지, 소송요건 심사단계에서 고려할 요소는 아니라 판시하였다.

2) 검토

생각건대 사업시행자가 재결신청청구에 대해 거부 또는 부작위하는 경우, 피수용자는 지연가산금 또는 사업인정의 실효를 수동적으로 기다릴 수 있을 뿐인 점, 행정소송법상 처분의 개념상 비추어볼 때 그 위법성은 본안단계에서 심리해야 하는 점 등을 비추어 볼 때, 판례의 입장이 타당하다.

4. 소물음 4

1) 관련 판례의 태도

한국수자원공사법에 특별한 규정이 있는 경우 외에는 토지보상법을 적용할 수 있으며, 재결신청은 토지보상법 제23조 제1항 및 제28조 제1항에도 불구하고 실시계획을 승인할 때 정한 사업의 시행기간 내에 하여야 한다고 판시하였다. 즉 관련 규정 내용 및 취지 등을 종합하면 한국수자원공사가 한국수자원공사법에 따른 사업을 수행하기 위해 수용하는 경우, 재결신청은 실시계획 승인 시 정한 사업의 시행기간 내에 해야 하므로, 토지소유자 등의 재결신청청구도 위 사업시행기간 내에 하여야 한다고 판시하였다.

2) 사안의 해결

토지보상법 제23조 제1항 및 제28조 제1항에서는 사업인정고시일로부터 1년 이내에 재결신청을 하여야 한다고 규정하나, 특별법인 한국수자원공사법이 우선 적용되므로, 한국수자원공사는 피수용자의 재결신청청구에 대해 실시계획 승인 시 정한 사업기간 내에만 재결신청을 하면 된다.

제13회 감정평가 및 보상법규 종합문제

Question 01

최근 부산광역시는 도시 중심부를 관통하는 하천의 상류에 장마철 홍수피해를 방지할 목적으로 댐건설을 계획하고 협의를 통한 용지매수에 착수하였다. 그러나 당초 부산광역시의 예상과 달리 댐건설에 필요한 용지매수가 원활하게 진행되지 않자, 부산광역시장은 「공익사업을 위한 토지 등의 취득 및 보상에 관한 법률」에 따라 국토교통부장관에게 사업인정을 신청하는 등 사업인정절차를 거쳤으며, 그로부터 3년 이후 중앙토지수용위원회는 부산광역시에 댐건설에 필요한 용지에 대해 수용재결을 하였다. 그런데 문제는 수용예정 지역 내에서 약 1,000년 이전부터 거주하면서 전통문화를 고수해 온 K집성촌의 토지소유자인 甲 등은 댐건설로 인해 자신들의 성지인 시조묘지가 이장되어야 할 뿐만 아니라 시조 사당을 중심으로 지금까지 고수해 온 자신의 전통문화(이 전통문화는 문화유산법상 "중요민속자료"로 지정이 예정되어 있음)의 상실에 대한 고려가 전혀 없다는 이유를 들어 댐 건설사업인정은 위법이며, 동 사업인정의 위법성은 수용재결에 승계되기 때문에 수용재결 또한 위법하다고 주장하면서 수용재결의 취소를 요구하고 있다. 이러한 사안 내용을 전제로 다음 질문에 답하시오. 40점 (박정훈 교수 응용)

(1) 甲 등이 제기한 수용재결의 취소소송에서 사업인정의 위법성을 다툴 수 있는지 여부 및 그리고 이 경우에 댐건설로 인한 K집성촌의 전통문화에 대한 영향이 고려되지 않았다는 점을 이유로 사업인정의 위법성을 甲 등이 주장하는 경우에 어떠한 법리구성이 필요한지를 논하시오. 20점

(2) 행정소송법 제23조 제1항은 "취소소송의 제기는 처분 등의 효력이나 그 집행 또는 절차의 속행에 영향을 주지 아니한다."고 규정하고 있어 甲 등이 수용재결의 취소소송을 제기하더라도 부산광역시는 토지소유권을 취득하고, 이를 전제로 댐건설을 진행할 수 있다. 그렇다면 이 경우에 甲 등이 소송진행 중에 댐건설을 중지시킬 방법은 무엇인지를 논하시오. 10점

(3) 만약 (2)의 소송진행 중에 댐건설을 중지시키는 것이 현저히 공공복리에 반하는 경우 법원은 사정판결을 내릴 수 있는지를 논하시오. 10점

Question 02

인천광역시는 올해 23개 공익사업 시행을 위해 378억 4,000만원의 보상비를 확보하여 편입용지 손실보상을 추진한다고 2016년 1월 20일 밝혔다. 작년에 이어 계속 보상을 추진하는 사업장은 19개소 342억 2,000만원이고, 올해 새로 보상을 추진하는 사업장은 4개소 36억 2,000만원이다. 이 중 도로사업 보상은 14개소이고, 하천사업 보상은 7개소이며, 기타 사업보상은 2개소이다. 특히 인천광역시 서구 일대의 도로확장공사와 관련하여 甲의 토지가 인천광역시 지방토지수용위원회의 수용재결에 의하여 수용되었다. 본 수용재결은 「공익사업을 위한 토지 등의 취득 및 보상에 관한 법률」(이하 '토지보상법')에 의한 것인데, 이에 대하여 甲은 해당 수용처분은 위법한 것이거나 적어도 수용재결에서 정한 보상액은 과소한 것이라고 보아 이를 다투려고 한다. 40점

(1) 甲이 취할 수 있는 토지보상법상 쟁송수단에 대하여 구체적으로 논하시오.

(2) 만약, 토지수용위원회가 수용재결서 정본을 송달하면서 이의신청기간을 알리지 아니한 경우 그 효과는 어떠한지를 대법원 판례를 토대로 설명하시오.

Question 01 [40점]

I. 논점의 정리

〈물음 1〉에서 댐 건설로 인한 전통문화에 대한 영향 미고려와 관련하여 재량의 일탈·남용이 존재하는바 이로 인한 사업인정의 위법성 및 그 정도를 살펴보고, 사업인정과 수용재결의 하자 승계 인정 여부를 검토한다.

〈물음 2〉에서 갑 등이 소송 진행 중 댐 건설을 중지시킬 수 있는지와 관련하여 집행정지의 요건 충족 여부를 검토한다.

〈물음 3〉에서 사정판결의 요건 충족 여부를 검토한다.

II. 물음 1(사업인정과 수용재결의 하자승계 인정 여부)

1. 관련 행정작용의 의의 및 법적 성질

1) 사업인정(토지보상법 제2조 제7호, 제20조)

사업인정은 공익사업을 토지 등을 수용·사용할 사업으로 결정하는 것을 말한다. 사업시행자에게 수용권을 설정하여 주는 형성적 행위로서 처분이며, 공익성 판단 필요로 재량행위이다. 사업시행자에게는 수익적 효과를, 피수용자에게는 침익적 효과를 발생시키는 제3자효 행정행위이다.

2) 수용재결(토지보상법 제34조, 제50조)

재결이란 사업인정 후 협의 불성립의 경우, 관할 토지수용위원회가 수용권의 구체적 내용을 결정하고 그 실행을 완성시키는 공용수용의 종국적 절차이다. 형성적 행정행위로서 처분이며, 재결 자체는 기속행위이나 그 내용에 재량성을 가진다. 토지소유자에게는 침익적 효과를, 사업시행자에게는 수익적 효과를 발생시키는 제3자효 행정행위이다.

2. 사업인정의 위법 및 그 정도

1) 위법 여부

(1) 재량의 한계

재량행위라 할지라도 재량권의 일탈·남용이 있는 경우 사법심사의 대상이 될 수 있으며, 사실오인, 평등·비례의 원칙 위반, 재량권의 불행사 또는 해태, 목적위반 등을 들 수 있다.

(2) 사안의 경우

사안에서 이해관계인이 고수해온 전통문화의 상실 등에 대한 이익형량을 하지 않은 부분에서 부산광역시의 재량 불행사 또는 해태가 존재하므로, 재량권의 일탈·남용에 해당하여 사업인정은 위법하다고 판단된다.

2) 위법성 정도

통설 및 판례인 중대명백설에 따르면, 사업인정의 위법은 내용상 중대한 위법이나 일반인의 견지에서 명백하지 않은바 취소 정도의 위법을 구성한다.

3. 하자의 승계 가능 여부

1) 하자의 승계

(1) 의의

행정이 여러 단계의 행정행위를 거쳐 이루어지는 경우 선행행위의 위법을 이유로 적법한 후행행위의 위법을 주장할 수 있는 것을 말한다. 행정관계의 안전성을 위해 부정함이 원칙이나 국민의 재판받을 권리보장을 위해 인정이 필요하다.

(2) 요건

① 선·후행행위 모두 처분일 것, ② 선행행위는 취소 정도의 위법이 있을 것, ③ 후행행위는 고유한 위법이 없을 것, ④ 선행행위는 불가쟁력이 발생할 것을 요한다.

(3) 사안의 경우

사안의 경우 ① 선행행위인 사업인정과 후행행위인 수용재결 모두 처분이며, ② 선행행위인 사업인정은 재량권의 일탈·남용으로 취소 정도의 위법이 있으며, ③ 후행행위인 수용재결은 적법하다. 또한 ④ 사업인정은 불가쟁력이 발생하여, 하자승계요건을 충족한다.

2) 하자의 승계 범위

(1) 학설

선·후행행위가 결합하여 하나의 법률효과를 목적으로 하는 경우 긍정하는 〈전통적 하자승계론〉과 수인가능성 및 예측가능성을 추가적 요건으로 하여 선행행위의 구속력이 후행행위에 미치는지 여부를 기준으로 판단하는 〈구속력이론〉이 있다.

(2) 판례

판례는 기본적으로 선·후행행위가 결합하여 하나의 법적 효과를 달성시키는지를 기준으로 하자의 승계 여부를 결정한다. 다만 예외적으로 양 처분이 서로 독립하여 별개의 법률효과를 목적으로 하더라도, 수인 한도를 넘으며 그 결과가 예측불가능한 경우에는 하자의 승계를 인정하였다.

(3) 검토

생각건대, 구속력이론은 기판력과 구속력의 실질적 차이를 간과했다는 점, 전통적 하자승계론은 지나치게 형식적이라는 점에서 구체적 사안에 대해 양자를 모두 고려하여야 함이 타당하다.

3) 사안의 경우

사안의 경우 하자의 승계 조건은 충족되나 서로 별개의 법률효과를 목적으로 한다. 또한 사업인정은 토지보상법 제21조 의견청취 규정 및 제22조의 고시 규정이 존재하므로, 수용재결에 대한 예측가능성과 수인가능성이 있다고 보이며, 판례는 사업인정과 수용재결의 하자승계에 대해 줄곧 부정하는 판시를 해 왔다. 따라서 사안의 사업인정 위법이 수용재결에 하자가 승계되지 않는다고 보는 것이 타당하다.

III. 물음 2(집행정지 인용 여부)

1. 집행정지의 의의(행정소송법 제23조)

행정소송 제기에 수반하여 원고의 권리보전을 위해 본안판결까지 행정처분의 일시정지를 명하는 결정으로, 원활한 행정운용을 위해 집행부정지가 원칙이나, 원고의 임시적인 권리구제를 위해 예외적으로 허용된다.

2. 요건 및 충족 여부

1) 인용 요건

① 집행정지 대상인 처분 등이 존재할 것, ② 적법한 본안소송이 계속될 것, ③ 회복하기 어려운 손해가 있을 것, ④ 긴급한 필요가 있을 것, ⑤ 공공복리에 중대한 영향을 미칠 우려가 없을 것, ⑥ 본안청구가 이유 없음이 명백하지 않을 것을 요한다.

2) 충족 여부

사안의 경우 ① 정지 대상인 수용재결이라는 처분이 존재하며, ② 적법한 취소소송이 진행 중이다. 이때 ③ 전통문화 상실이라는 회복하기 어려운 손해가 발생하고, ④ 대행, 대집행 등으로 행정행위가 가능하므로 본안판결을 기다릴 여유가 없는 긴급한 필요가 존재한다. 다만 ⑤ 전통문화 상실로 인한 손해보다 댐 건설로 달성 가능한 공공복리가 크다고 판단되므로 공공복리에 중대한 영향을 미칠 우려가 있는 것으로 보인다.

3. 사안의 경우

사안의 경우 전통문화 상실이라는 손해가 발생하지만, 댐 건설로서 달성되는 공공복리가 더 크다는 점에서 집행정지를 한다면 공공복리에 중대한 영향을 미치게 되므로, 집행정지는 인용될 수 없다고 판단된다.

Ⅳ. 물음 3(사정판결 가능성)

1. 사정판결의 의의(행정소송법 제28조)
원고의 청구가 이유 있다고 인정되는 때에도 처분 등의 취소가 현저히 공공복리에 적합하지 아니한 경우 법원은 원고의 청구를 기각할 수 있다. 이는 법치주의에 대한 중대한 예외로서 그 요건이 엄격히 검토되어야 한다.

2. 요건
① 원고의 청구가 이유 있을 것이라 하여 처분 시를 기준으로 한다. ② 처분을 취소하는 것이 현저히 공공복리에 적합하지 아니할 것이라 하여 개인의 권익과 공공복리의 침해를 비교·형량하여 결정한다. ③ 당사자의 신청이 있을 것을 요한다.

3. 처분이 위법함을 주문에 표시
법원이 사정판결을 함에 있어 그 판결의 주문에 처분이 위법함을 명시하여야 한다. 이로써 처분의 위법성에 대해 기판력이 발생하여 향후 원고에게 발생한 손해배상을 청구하든가 해당 처분이 적법한 것임을 전제로 하는 후속 처분 등을 저지할 수 있다.

4. 사안의 경우
사안의 경우 수용재결의 고유한 하자가 확인되지는 않으나, 만약 위법을 전제한다 하더라도 수용재결을 취소하게 되면 댐 건설을 위해 투입한 막대한 비용 등으로 인한 국가 재정의 손실, 주민들의 용수 문제 등 공공복리의 침해가 상당한 수준으로 판단된다. 따라서 사정판결이 가능하다고 판단된다.

V. 사안의 해결

〈물음 1〉에서 해당 사업인정은 재량권의 일탈·남용이 존재하여 위법하나 수용재결과 별개의 법률효과를 목적으로 하며 예측가능성, 수인가능성도 없는바 관련 판례에 따라 하자승계가 인정되지 않는다.

〈물음 2〉에서 집행정지로 인해 공공복리에 중대한 영향을 미칠 것으로 판단되는바 집행정지는 인정되지 않는다.

〈물음 3〉에서 만약 재결이 위법하더라도 그 위법을 이유로 재결을 취소할 경우 침해되는 공공복리가 현저함으로 사정판결이 가능하다.

Question 02 40점

I. 논점의 정리

〈물음 1〉에서 수용재결에 대한 불복으로 토지보상법상 이의신청과 취소소송을, 보상금에 대한 불복으로 이의신청과 보상금증감청구소송을 검토한다.

〈물음 2〉에서 만약 수용재결서 정본에 이의신청 기간을 고지하지 않은 경우 그 효과에 대해 판례를 토대로 설명한다.

II. 물음 1(수용재결 및 보상금에 대한 불복)

1. 수용재결에 대한 불복

1) 이의신청(토지보상법 제83조)

(1) 의의

토지보상법 제34조에서 정한 재결에 대해 이의가 있는 자가 관할 토지수용위원회를 거쳐 중앙 토지수용위원회에 이의를 신청하는 것을 말한다. 특별법상 행정심판에 해당하며 임의주의적 성격을 가진다.

(2) 요건 및 효과

① 신청기간

재결서 정본을 받은 날부터 30일 이내에 처분청을 경유하여 중앙 토지수용위원회에 이의를 신청할 수 있다. 이때 판례는 30일의 제소기간 단축은 사업의 시급성·전문성을 고려하여 위법이 아니라 판시하였다.

② 집행부정지 원칙

이의신청은 집행부정지 원칙에 따라 사업의 진행 및 토지의 수용·사용을 정지시키지 않는다(토지보상법 제88조).

③ 효과

이의신청에 대한 재결 확정 시 민사소송법상 확정판결이 있는 것으로 보며, 재결서 정본은 집행력 있는 판결의 정본과 동일한 효력을 가진다(토지보상법 제86조).

2) 취소소송(제85조 제1항)

(1) 의의

관할 토지수용위원회의 위법한 재결에 대해 취소 또는 변경을 구하는 소송으로, 재결서를 받은 날부터 90일 이내, 이의신청에 대한 재결서를 받은 날부터 60일 이내에 제기해야 한다.

(2) 집행부정지 원칙

토지보상법 제88조에 따라 제85조에 따른 행정소송이 제기되어도 사업의 진행 및 토지의 수용 또는 사용을 정지시키지 아니한다.

(3) 원처분주의와 행정심판과의 관계

행정소송법 제19조는 원처분주의를 취하며, 토지보상법 제85조 제1항에서는 제34조의 재결에 불복이 있는 때라고 규정하여 원처분주의를 명문화하였다. 〈판례〉는 수용재결에 불복하여 이의신청을 거친 경우에도 수용재결의 취소를 구해야 한다고 판시하여 원처분주의를 인정하였다.

2. 보상금에 대한 불복

1) 이의신청(토지보상법 제83조)

이의신청은 재결 자체에 대한 이의신청과 보상금에 대한 이의신청으로 나뉜다. 이때 보상금에 대한 이의신청으로서 처분청을 경유하여 중앙 토지수용위원회에게 신청할 수 있다. 특별법상 행정심판으로서 재결서 정본을 받은 날부터 30일 이내에 제기해야 한다.

2) 보상금증감청구소송(토지보상법 제85조 제2항)

(1) 의의 및 취지

보상금의 재결사항에 대해 불복이 있는 때 제기하는 소송으로, 종전 취소소송을 통한 우회적 권리구제를 보완하여, 분쟁의 일회적 해결 및 신속한 권리구제에 취지가 있다.

(2) 소송요건

소송을 제기하는 자가 피수용자일 때에는 사업시행자를, 사업시행자일 때에는 피수용자를 상대로 한다. 재결서를 받은 날부터 90일 이내에, 이의신청을 거친 경우에는 이의신청 재결서를 받은 날부터 60일 이내에 제기해야 한다.

(3) 성질

형식적 당사자소송이란 형식적으로는 당사자소송을 취하나 실질적으로는 처분 등의 효력을 다투는 항고소송의 성질을 갖는 소송을 말한다. 현행 토지보상법 제85조에서는 재결청을 공동피고에서 삭제하여 보상금증감청구소송은 〈형식적 당사자소송〉임을 규정하고 있다. 판례는 기업자를 상대로 보상금의 지급을 구하는 〈확인·급부소송〉이라 보았다.

(4) 심리 및 판결

지급방법, 보상액의 범위, 손실보상금의 증감, 손실보상방법, 보상항목의 인정, 잔여지 수용보상, 이전보상, 보상면적 소송 등 다양한 보상 관련 문제를 심리한다. 이때 소송당사자는 판결에 따라 이행해야 하며, 중앙토지수용위원회의 별도의 처분이 불요하다(형성력).

Ⅲ. 물음 2(고지제도 적용 가능성)

1. 행정심판법상 고지제도(행정심판법 제58조)

행정청이 처분을 할 때에는 그 상대방에게 처분에 관하여 행정심판을 제기할 수 있는지 여부, 제기하는 경우 심판청구절차 및 청구기간을 알려야 한다.

행정절차법 제26조에서도 처분청의 고지의무를 규정하고 있다. 단 행정절차법의 경우 제재규정이 없어 실효성이 결여된다.

2. 수용재결과 고지제도

행정심판법상 고지제도가 토지보상법상 수용재결에 적용될 수 있는지가 문제되나, 고지제도는 처분 시의 불복 방법을 알려주는 것이므로, 특별한 사정이 없는 한 모든 행정처분에 적용된다. 나아가 수용재결에 대한 이의신청 기간은 재결서 정본을 받은 날부터 30일이라 행정심판법의 기간보다 더 짧은바 그 실익이 더 크다고 판단된다.

3. 고지 의무 위반의 효과

1) 관련 규정의 검토

고지는 법적 효과를 발생시키지 않는 비권력적 사실행위이다. 다만 행정심판법 제27조 제6항에 따라 고지의무 위반 시 처분이 있는 날로부터 180일 이내에 심판청구를 할 수 있다고 규정한다.

2) 관련 판례의 태도

판례는 재결서 정본을 송달함에 있어서 상대방에게 이의신청기간을 알리지 않았다면 (구)행정심판법 제18조 제6항 규정에 의하여 같은 조 제3항의 기간 내에, 즉 처분이 있은 날부터 180일 이내에 이의신청을 할 수 있다고 보아야 한다고 판시하였다.

4. 사안의 경우

갑은 현행 행정심판법 제27조 제6항 및 판례에 따라 수용재결이 있은 날부터 180일 이내에 이의신청이 가능하다. 그러므로 만약 갑이 수용재결서를 받은 날부터 30일이 경과한 후라고 하더라도 수용재결이 있은 날로부터 180일 이내라면 이의신청 제기를 할 수 있으며, 이의신청에 대한 재결서를 받은 날부터 60일 이내에 행정소송을 제기할 수 있다.

Ⅳ. 사안의 해결

〈물음 1〉에서 수용재결에 대한 불복은 이의신청 및 취소소송으로, 보상금액에 대한 불복은 이의신청 및 보상금증감청구소송으로 가능하다.

〈물음 2〉에서 고지의무 위반 시에는 행정심판법 제27조 제6항에 따라 처분이 있은 날로부터 180일 이내에 행정심판 제기가 가능하다. 따라서 갑은 재결이 있은 날부터 180일 이내에 이의신청을 제기할 수 있다.

제14회 감정평가 및 보상법규 종합문제

Question 01

사업시행자 원주국토관리청장은 (광주-원주 간) 고속도로사업 2공구 사업에 대하여 사업인정을 받고 피수용자와 협의를 하였으나 협의가 결렬되어 수용재결을 신청하였다. 관할 토지수용위원회는 2025년 4월 1일 수용재결(손실보상금 970,000,000원)을 하였고, 수용의 개시일은 2025년 5월 20일로 하였고, 2025년 4월 1일 당사자에게 수용재결서 정본이 도달하였다. 피수용자 甲은 50억원의 채무가 있어서 하루 이자만 300만원을 내고 있어서 수용개시일까지는 기다릴 수 없고, 사업시행자와 보상협의서를 다시 작성하고 2025년 4월 5일에 협의를 하고 협의 보상금액으로 940,000,000원 수령하고 잔여지 매수청구도 하여 690,000,000원에 대한 보상금액도 수령하면서 소유권이전등기서류를 교부하여 소유권이전등기까지 사업시행자에게 경료되었다. 그런데 피수용자는 수용의 개시일에 사업시행자가 손실보상금 970,000,000원을 공탁하지 않아 수용재결이 실효되었다며 수용재결무효확인소송을 제기하였다. 다음 물음에 답하시오. 35점 (해당 문제는 대법원 2017.4.13. 선고 2016두64241 판결 [수용재결무효확인]을 기초로 함)

(1) 「공익사업을 위한 토지 등의 취득 및 보상에 관한 법률」(이하 '토지보상법')상 공용수용의 효과를 설명하시오. 10점

(2) 위 사례를 토대로 토지보상법상 법률행위에 의한 물권변동과 법률규정에 의한 물권 변동의 차이점을 설명하시오. 10점

(3) 위 사례에서 토지보상법상 수용재결일 이후 수용의 개시일 사이에 피수용자와 협의하여 협의 계약 취득 방식으로 사업시행자가 소유권을 취득한 것이 타당한 것인지 여부와, 위와 같이 수용개시일 이후에 재결이 실효된 것을 기회로 수용재결무효확인소송을 통해 피수용자는 소유권을 회복할 수 있는지 여부를 설명하시오. 15점

Question 02

최근 부동산 가격 폭등에 따른 부동산 가격의 안정화 및 대도시 인구분산 등의 목적으로 정부는 경기도 하남시 교산지구일대를 3기 신도시로 지정하기로 부동산 정책을 결정하였다. 이에 한국토지주택공사 주도로 대규모 택지개발을 시행하기로 하여, 한국토지주택공사는 택지개발사업이 시행될 지역의 토지에 대한 보상평가를 감정평가법인등 甲에게 의뢰하였다. 甲은 평소 친분관계가 있는 乙소유의 토지에 대해 인근 유사토지에 비해 약 30% 높게 평가하였고, 이는 다른 감정평가사의 평가액에 비해서도 약 30% 높은 것이었다. 주변 토지소유자들은 평가가 잘못 이루어졌다는 불만을 토로하면서 재평가를 요구하고, 한국토지주택공사의 협의에 불응하였다. 이 사안과 관련하여 다음 쟁점사항에 대하여 논술하시오. 30점

(1) 감정평가법인등 甲의 보상평가가 타당하게 이루어진 것인가에 대하여 논하시오. 15점

(2) 사안과 관련하여 사업시행자인 한국토지주택공사가 취하여야 할 조치에 대하여 설명하시오. 15점

서울특별시 서초구 원지동 부근에 추모공원 도시계획시설 사업으로 임야 1,878㎡가 공익사업지역에 편입되었다. 해당 토지가 서울추모공원 조성사업에 편입되면서 피수용자들은 손실보상을 청구하면서 다음과 같은 주장을 하고 있다. 이 사건 헌법 제23조 제3항 및 공익사업을 위한 토지 등의 취득 및 보상에 관한 법률(이하 '토지보상법') 조항들은 수용토지 등의 구체적인 보상액 산정 및 평가방법을 투자비용·예상수익 및 거래가격 등을 고려하여 산정하도록 하고 있을 뿐 구체적인 내용을 하위법규에 모두 위임하고 있으므로, 포괄위임입법금지원칙에 반하고, 공용 수용에 따른 '정당한 보상'의 내용을 반드시 '법률'로 규정하여야 한다는 헌법 제23조 제3항에 반한다. 또한 토지보상법 시행규칙 제23조 제2항, 제24조가 이 사건 법률조항들이 위임하지 아니한 사항에 대하여 규정하고 있어 '법률'에 의한 보상원칙에 반하고, 토지보상법 시행규칙 제23조 제2항은 개발이익에 포함된다고 볼 수 없는 개발제한구역 지정으로 인한 지가하락 부분의 특별한 희생을 보상금 산정에 반영하지 못하도록 하고, 같은 규칙 제24조는 불법으로 형질을 변경한 토지의 경우 현황대로 평가하지 아니하고 토지의 형질이 변경될 당시의 이용상황을 상정하여 평가하도록 하여 정당한 보상의 원칙에도 위배된다. 한편, 토지보상법 시행규칙 제23조 제2항에 의하여 개발제한구역의 해제와 공익사업상의 개발계획 수립의 선후관계라는 우연한 사정에 의하여 보상액의 차이가 발생하므로 평등원칙에도 위배된다고 주장하고 있다(해당 사례는 2011.12.29, 2010헌바205·282·296·297 위헌소원 사건임). 이하 물음에 답하시오. 35점

(1) 위 사례에서 토지보상법 제70조상 일반적인 토지 보상 기준과 토지보상법 제67조 제2항에서 규정하고 있는 개발이익배제기준에 대하여 설명하시오. 10점

(2) 위 사례를 통해 토지보상법상 공법상 제한받는 토지의 보상평가 기준과 무허가·불법형질변경 토지 보상 평가기준에 대하여 설명하시오. 10점

(3) 행정상 손실보상의 요건인 특별한 희생에 대한 판단과 헌법 제23조 제3항의 효력 논의로 만약 보상 규정이 흠결되어 있는 경우에 어떻게 권리구제를 받을 수 있는지 여부를 논술하시오. 15점

Question 01 35점

Ⅰ. 논점의 정리

〈물음 1〉에서 토지보상법상 공용수용의 효과를 설명한다.

〈물음 2〉에서 법률행위에 의한 물권변동과 법률규정에 의한 물권변동의 차이점을 설명한다.

〈물음 3〉에서 사안과 같이 재결 이후 수용개시일 이전에 협의계약이 가능한지, 피수용자가 재결 실효를 이유로 재결무효확인소송을 통해 소유권 회복이 가능한지 검토한다.

Ⅱ. 물음 1(공용수용의 효과)

1. 공용수용의 의의 및 취지

공용수용이란 공익사업을 시행하기 위하여 공익사업 주체가 타인의 토지 등을 강제적으로 취득하고, 그로 인한 손실을 공평부담의 견지에서 보상하는 것을 말한다. 이는 공익사업의 효율적인 수행을 통한 공공복리 증진, 사유재산권의 적정한 보호를 통한 공·사익의 조화를 도모함에 취지가 있다.

2. 공용수용의 당사자

당사자란 공익사업을 위해 토지 등을 취득하는 사업시행자와 토지 등을 양수하는 토지소유자 및 관계인을 말한다. ① 사업시행자는 수용권자로서 공익사업을 수행하는 자를 말한다(토지보상법 제2조 제3호). ② 토지소유자는 피수용자로서 공익사업에 필요한 토지의 소유자를 말한다(동조 제4호). ③ 관계인은 피수용자로서 토지에 관한 소유권 외의 권리를 가진 자나 그 토지에 있는 물건에 관하여 소유권이나 그 밖의 권리를 가진 자를 말한다(동조 제5호).

3. 공용수용의 효과

1) 수용재결일 기준

사업시행자는 ① 수용의 개시일까지 보상금을 지급·공탁하여야 하며(토지보상법 제40

조), ② 피수용자가 수용목적물을 인도·이전하지 아니하는 경우 대행(동법 제44조), 대집행(동법 제89조)을 신청할 수 있다.

피수용자는 ③ 수용목적물에 대한 손실보상청구권(동법 제9조)을 가지며, ④ 수용물에 대한 인도·이전의무를 가진다(동법 제43조). ⑤ 재결이 있은 후 피수용자의 과실 없이 수용목적물이 멸실·훼손되는 경우 그로 인한 손실은 사업시행자가 부담한다(동법 제46조).

2) 수용개시일 기준

사업시행자는 ① 수용의 개시일에 수용목적물을 원시취득한다. 피수용자는 ② 환매요건 충족 시 환매권(토지보상법 제91조)을 행사할 수 있다.

Ⅲ. 물음 2(법률행위·법률규정에 의한 물권변동의 차이점)

1. 법률행위에 의한 물권변동

사업인정 전후에 이루어지는 협의에 의한 물권변동으로, 토지보상법 규정과 다른 내용을 계약에 의해 정할 수 있다. 사업시행자는 협의에서 정한 내용에 따라 토지 등을 취득·사용한다.

2. 법률규정에 의한 물권변동

협의 불성립 시 사업시행자이 관할 토지수용위원회에 신청하여 일정한 법률규정에 따라 결정된 재결에 의해 물권이 변동된다. 재결 이후 보상금 미지급·미공탁 시 토지보상법 제42조에 의해 실효된다.

3. 양자의 차이점

1) 등기의 필요 여부

법률행위로 인한 물권변동의 경우 별도의 등기를 해야 소유권이 이전된다. 반면 법률규정에 의한 물권변동의 경우 별도의 등기를 요하지 않는다. 다만 처분 시에는 등기해야 한다.

2) 권리 취득 형태

법률행위로 인한 물권변동은 권리와 의무가 이전되는 승계취득의 형태를 취한다. 법률규정에 의한 물권변동은 권리와 의무가 소멸된 상태로 물권이 변동되는 원시취득의 형태를 취한다.

3) 실효사유

법률행위에 의한 물권변동은 민법 규정에 따라 착오, 사기, 강박 등 일정한 사유 발생 시 실효된다. 법률규정에 의한 물권변동은 보상금 미지급·미공탁, 사업인정 취소 등 일정한 법령 규정에 따라 실효된다.

Ⅳ. 물음 3(수용재결 이후 협의의 타당성과 피수용자의 소유권 회복 가능성)

1. 수용재결 이후 협의의 타당성

1) 관련 판례의 태도

수용·사용의 개시일까지 토지수용위원회가 재결한 보상금을 지급·공탁하지 않음으로써 재결의 효력을 상실시킬 수 있는 점, 토지소유자 등은 수용재결에 대해 이의신청·행정소송 제기 시 보상금액에 대해 임의로 합의할 수 있는 점, 공익사업의 효율적 수행을 통한 공공복리의 증진과 재산권의 적정한 보호라는 토지보상법의 입법 목적에 비추어 보더라도 수용재결이 있은 후 협의취득 절차를 금지해야 할 별다른 필요성을 찾기 어려운 점을 고려한다면, 토지수용위원회의 재결이 있은 후라고 하더라도, 토지소유자 등과 사업시행자는 다시 협의할 수 있다.

2) 검토

헌법 제23조의 최소침해의 원칙, 토지보상법의 입법 목적, 당사자 간의 자발적 합의라는 점에서 정당보상에 적합하다는 점 등을 미루어 본다면 재결 이후이더라도 협의가 가능하다고 보는 판례의 입장이 타당하다.

2. 피수용자의 소유권 회복 가능성

1) 관련 판례의 태도

재결 이후 해당 토지에 대해 협의를 하여 이를 기초로 소유권이전등기까지 마친 점, 공동으로 작성한 협의취득서에 이의를 유보한다는 취지의 내용이 없는 점, 양자가 상호 포괄적으로 이익을 절충하여 합의한 결과로 보이는 점 등을 종합하면, 수용재결 무효확인 판결을 받더라도 토지소유권 회복이 불가능하고, 나아가 무효확인으로써 회복할 수 있는 다른 권리나 이익이 남아있다고 볼 수 없다고 판시하였다.

2) 검토

생각건대 협의에 따라 소유권이전등기가 마쳐졌다면 법률행위로 인한 물권변동이 마쳐진 것이므로 법률규정에 의한 물권변동인 재결이 실효되더라도 협의에는 영향을 미치지 않는다. 따라서 판례에 따라 재결이 실효되더라도 이를 통해 소유권 회복은 불가하다고 판단되며, 이는 신의성실의 원칙상에서도 적합한 판단이다.

V. 사안의 해결

〈물음 1〉 공용수용은 재산권에 대한 강제적 취득절차로서 사업시행자에게는 손실보상과 위험부담 의무를, 피수용자에게는 수용목적물 인도·이전의무, 환매권을 발생시킨다.

〈물음 2〉 협의는 법률행위에 의한 물권변동으로 소유권을 승계취득하며, 재결은 법률규정에 의한 물권변동으로 소유권을 원시취득한다.

〈물음 3〉 재결 이후이더라도 당사자 간의 협의가 가능하며, 이때 보상금 미지급·미공탁을 사유로 재결 무효확인을 받더라도, 피수용자의 소유권 회복은 불가능하다.

Question 02 30점

I. 논점의 정리

〈물음 1〉에서 친분관계가 있는 乙 소유 부동산에 대해 인근 유사토지에 비해 30% 높게 평가한 것과 관련하여 감정평가법 제25조의 성실의무에 근거해서 타당성을 검토한다. 〈물음 2〉에서 갑의 보상평가가 적정성을 갖추지 못한 경우 사업시행자인 한국토지주택공사의 대응방안을 검토하여 사례를 해결한다.

II. 물음 1(갑의 보상평가의 타당성)

1. 친분관계인의 토지평가 가능성

1) 관련 규정의 검토

(1) 감정평가법 제25조 제2항

감정평가법 제25조 제2항에서 감정평가법인등은 자기 또는 친족 소유, 그 밖에 불공정한 감정평가를 할 우려가 있다고 인정되는 토지 등에 대해서는 이를 감정평가하여서는 아니 된다고 규정한다.

(2) 감정평가에 관한 규칙 제3조 제2호

감정평가법인등은 이해관계 등의 이유로 자기가 감정평가하는 것이 타당하지 않다고 인정되는 경우 감정평가를 해서는 안 된다.

2) 사안의 경우

감정평가법인등 갑과 토지소유자 을은 평소 친분관계가 있으므로 감정평가법 제25조 제2항의 그 밖에 불공정한 감정평가를 할 우려가 있다고 인정되는 경우에 해당한다. 또한 이해관계 등의 이유로 자기가 감정평가하는 것이 타당하지 않는 경우인바 감정평가에 관한 규칙 제3조 제2호에도 위반한다. 따라서 갑은 평가의뢰에도 불구하고 이를 반려했어야 하며, 을의 토지를 평가한 것은 타당하지 않다.

2. 인근 대비 30% 높은 평가의 타당성

1) 판례의 태도

판례는 적정가격과의 현저한 차이 여부와 관련하여 1.3배의 격차율이 유일한 판단 기준이 될 수 없고, 고의·과실의 경우를 가리지 아니하고 획일적으로 감정평가액과 적정가격 사이에 일정한 비율 이상의 격차가 날 때에만 '현저한 차이'가 있다고 본다면 오히려 정의의 관념에 반할 수 있으므로, '현저한 차이'의 여부는 부당감정에 이르게 된 감정평가법인등의 귀책사유가 무엇인가 하는 점을 고려하여 사회통념에 따라 탄력적으로 판단해야 한다고 판시하였다.

2) 사안의 경우

사안의 경우 판례의 태도에 비추어 30% 이상 차이가 난다는 사실만으로 타당하지 않다고 할 수 없다. 단, 인근 유사토지 가격과의 괴리, 다른 평가사와의 평가결과와 괴리, 친분관계 있는 자라는 이유로 30% 높게 평가한 점 등을 고려해 볼 때 사회통념상 부당한 감정에 이르게 된 귀책사유가 있다고 보이므로, 타당성이 없다고 판단된다.

Ⅲ. 물음 2(한국토지주택공사가 취해야 할 조치)

1. 재평가

1) 관련 규정의 검토(토지보상법 시행규칙 제17조 제2항)

대상물건의 평가액 중 최고평가액이 최저평가액의 110퍼센트를 초과하는 경우, 다른 감정평가법인등에게 대상 물건의 평가를 다시 의뢰하여야 한다.

2) 사안의 경우

사안의 경우 최저평가액과 최고평가액의 차이가 110%를 초과하므로 다른 감정평가법인등에게 재평가를 의뢰하여야 한다. 즉, 위법 판단의 결과에 따라 해당 또는 다른 감정평가법인등에게 재평가를 의뢰하여야 한다.

2. 재평가 불가 시(수용재결의 신청)

재평가하여야 하는 乙이 소유한 이외의 다른 물건의 평가는 적정하다고 인정되는 경우, 한국토지주택공사는 협의 불능에 의한 수용재결을 신청하여 주위 토지를 취득할 수 있다.

3. 국토교통부장관에게 통지

토지보상법 시행규칙 제17조 제5항에 의해 사업시행자 재평가 사유가 최저평가액과 최고평가액 차이가 110%를 초과한 것인 경우, 평가내역 및 당해 감정평가법인등을 국토교통부장관에게 통지하여야 한다.

4. 감정평가사 갑에 대한 징계요청

한국토지주택공사는 토지소유자 을과의 관계에 의한 갑의 감정평가가 불공정하다고 인정되는 경우, 국토교통부장관에게 사실조사를 청구하여 갑의 징계 조치를 요구할 수 있다.

IV. 사안의 해결

1. 〈물음 1〉에서 갑의 을 토지 보상평가는 단순히 30% 고가평가라는 사유가 아니라 친분관계 있는 자의 토지를 부당하게 평가한 사유로서 타당하지 않다.

2. 〈물음 2〉에서 토지보상법 시행규칙 제17조에 의해 재평가를 의뢰하여야 하며, 재평가 불가 시 재결로 주변 토지를 수용할 수 있다.

Question 03 35점

I. 논점의 정리

사안은 서울특별시의 도시계획시설사업의 피수용자들이 해당 토지보상 기준과 관련하여 헌법 제23조 제3항의 정당보상원칙에 반한다는 이유로 손실보상을 청구한 경우이다.

〈물음 1〉에서는 토지보상법 제70조상 일반적인 토지보상 기준과 토지보상법 제67조 제2항에서 규정하고 있는 개발이익배제기준에 대해 설명한다.

〈물음 2〉에서는 공법상 제한받는 토지 및 무허가·불법형질변경 토지의 보상 평가기준에 대해 설명한다.

〈물음 3〉에서는 특별한 희생에 대한 판단기준과 보상규정 흠결 시 권리구제 가능성에 대해 검토한다.

Ⅱ. 물음 1(토지보상 기준과 개발이익 배제 기준)

1. 토지보상 평가기준

1) 공시지가 기준보상(토지보상법 제70조)

협의 또는 재결에 의하여 취득하는 토지에 대하여는 공시지가를 기준으로 보상하여야 한다고 규정한다. 이때 사업인정 전이라면 해당 토지의 가격시점 당시 공시된 공시지가 중 가격시점과 가장 가까운 시점에 공시된 공시지가를 채택한다. 사업인정 후의 경우 사업인정고시일 전의 시점을 공시기준일로 하는 공시지가로서 사업인정고시일과 가장 가까운 시점에 공시된 공시지가를 채택한다.

2) 시점수정(동법 시행령 제37조)

시점수정은 공시기준일과 평가대상 토지의 가격시점 간의 시간적 불일치로 인한 가격수준의 변동을 정상화하는 작업이다. 토지보상법 제70조 제1항에서는 해당 사업으로 인한 자기의 영향을 받지 아니하는 지역의 지가변동률이나 생산자물가상승률을 사용하여 시점수정하도록 규정하였다. 동법 시행령 제37조는 이를 더 구체화하여, 표준지가 소재하는 시·군·구 용도지역별 지가변동률을 원칙으로 하되, 해당 공익사업으로 인해 평가대상 토지가 소재하는 시·군·구 지가가 변동된 경우, 그와 관계없는 인근 시·군·구 지가변동률을 적용하도록 규정한다.

3) 그 밖의 요인 보정

토지보상법 제70조 제1항에서는 그 밖에 그 토지의 위치·형상·환경·이용상황 등을 고려하여 평가한 적정가격으로 보상하여야 한다고 규정한다. 이에 대해 긍정설과 부정설이 대립이 있으나 판례는 수용대상 토지의 정당한 보상액을 산정함에 있어, 인근 유사토지의 정상 거래사례가 있고, 그 거래가격이 정상적인 것으로서 적정한 보상액 평가에 영향을 미칠 수 있는 것이 입증된 경우, 이를 참작할 수 있다고 판시하였다.

2. 개발이익 배제기준(토지보상법 제67조 제2항)

1) 의미

개발이익이란 토지소유자 등에게 귀속되는 정상지가 상승분을 초과한 토지가액의 증가분을 말한다. 개발이익 배제란 이같이 토지소유자의 노력과는 무관하게 얻은 초과분을 배제하여 보상하는 것을 말한다. 토지보상법 제67조 제2항은 보상액을 산정할 경우 해당 공익사업으로 인하여 토지 등의 가격이 변동되었을 때에는 이를 고려하지 아니한다고 하여 개발이익 배제의 원칙을 규정하고 있다.

2) 판례의 태도

판례는 수용대상 토지의 보상액을 산정함에 있어 해당 공익사업의 시행을 직접 목적으로 하는 계획의 승인, 고시로 인한 가격의 변동은 고려함이 없이 재결 당시 가격을 기준으로 하여 적정가격을 정해야 하나, 해당 공익사업과 관계없는 다른 사업으로 인한 개발이익은 이를 포함한 가격으로 평가하여야 한다고 판시하여, 해당 공익사업으로 인한 개발이익 배제를 인정하였다.

3) 검토

개발이익배제가 정당보상에 해당하는지 견해의 대립이 있으나, 판례는 수용사업으로 인한 개발이익은 해당 사업의 시행으로 인해 발생하는 것이므로, 수용대상 토지가 가지는 객관적 가치에 포함될 수 없는 것이므로 이를 배제하고 손실보상한다 해도 정당보상의 원리에 위배되지 않는다고 판시하였다. 그러나 인근 토지소유자와의 형평성 문제가 우려되므로, 개발이익 환수 방안에 대해 고려할 필요성이 있다고 판단된다.

Ⅲ. 물음 2(공법상 제한받는 토지, 무허가·불법형질변경 토지의 평가)

1. 공법상 제한을 받는 토지의 평가기준

1) 공법상 제한의 의미

공법상 제한받는 토지란 「국토의 계획 및 이용에 관한 법률」과 같은 관계법령에 의하여 토지의 각종 이용제한 및 규제 등을 받는 토지를 말한다.

2) 관련 규정의 검토(토지보상법 시행규칙 제23조)

공법상 제한을 받는 토지는 제한받는 상태대로 평가한다. 다만, 그 공법상 제한이 해당 공익사업의 시행을 직접 목적으로 하여 가하여진 경우에는 제한이 없는 상태를 상정하여 평가한다. 해당 공익사업 시행을 목적으로 용도지역·지구 등이 변경된 토지의 경우 변경되기 전 용도지역·지구를 기준으로 평가한다.

3) 판례의 태도

판례는 공법상 제한을 받는 토지의 보상금액을 산정함에 있어서, 그 공법상 제한이 해당 공익사업의 시행을 직접 목적으로 하여 가하여진 경우에는 그 제한을 받지 아니하는 상태대로 평가하여야 하고, 해당 공공사업의 시행 이전에 이미 해당 공공사업과 관계없이 일반적 계획제한이 가하여진 경우에는 그러한 제한을 받는 상태로 평가하여야 한다고 판시하였다.

2. 무허가건축물 등 부지의 평가기준

1) 무허가건축물 등 부지의 의미(토지보상법 시행규칙 제24조)

무허가건축물 등 부지란 건축법 등 관계 법령에 의하여 허가를 받거나 신고를 하고 용도변경을 하여야 하는 건축물을 허가를 받지 않거나 신고를 하지 않고 건축 또는 용도변경한 건축물의 부지를 말한다.

2) 평가방법

불법행위가 행해질 당시의 이용상황으로 평가하되, 시행규칙 부칙에 의해 1989.1.24. 이전에 건축된 무허가건축물의 경우에는 적법한 건축물로 간주하여 현재의 이용상황대로 평가한다. 이때 무허가건축물의 바닥면적만을 대지로 인정하는 것을 원칙으로 하나, 건축물 부지가 객관적으로 인정되고 사업시행자가 확인한 경우 확인된 만큼 대지로 평가·보상한다.

3. 불법형질변경토지의 평가기준

1) 의미(토지보상법 시행규칙 제24조)

불법형질변경토지란 관계 법령에 의하여 허가를 받거나 신고를 하고 형질변경을 하여야 하는 토지를 허가를 받지 아니하거나 신고를 하지 아니하고 형질변경한 토지를 말한다.

2) 평가방법

위법행위의 합법화 방지를 위해 불법으로 형질 변경될 당시의 이용상황을 상정하여 평가한다. 단, 시행규칙 부칙에 의하여 1995.1.7. 당시 공익사업시행지구에 편입된 토지는 불법형질변경 여부와 무관하게 현실적인 이용상황을 기준으로 평가한다.

4. 사안의 경우

토지보상법 시행규칙 제23조와 제24조는 관련 규정과 판례에 따라 현황평가의 예외에 해당하는 경우이므로, 제23조 및 제24조가 헌법상 정당보상의 원칙에 반한다는 피수용자의 주장은 타당하지 않다.

Ⅳ. 물음 3(특별한 희생의 판단 및 보상규정 흠결 시 권리구제수단)

1. 손실보상의 의의

'행정상 손실보상'이란 공공필요에 의한 적법한 행정상의 공권력 행사에 의하여 개인의 재산권에 가해진 특별한 희생에 대하여 전체적 평등부담의 견지에서 행정주체가 행하는 조절적 전보제도를 말하며, 피해자 구제에 취지가 있다.

2. 손실보상의 요건

손실보상이란 적법한 공권력 행사에 의해 국민에게 가해진 특별한 손실을 공평부담의 견지에서 보상하는 것을 말한다. 판례는 최근 하천법과 관련된 판결, 세입자 주거이전비, 농업손실보상청구권에서 이들을 공법상 권리라 하였다. 요건으로 ① 공공필요, ② 재산권의 공용침해, ③ 재산권 침해의 적법성, ④ 특별한 희생, ⑤ 보상규정의 존재가 있다.

3. 특별한 희생의 판단

1) 의의

특별한 희생이란 타인과 비교하여 불균형하게 가하여진 권익의 박탈로서, 사회적 제약을 넘어서는 손실을 의미한다. 특별한 희생은 보상대상이나, 사회적 제약은 공공복리를 위한 수인 의무로서 보상대상이 되지 않으므로 특별한 희생에 대한 판단기준이 필요하다.

2) 판단기준

형식설 기준설, 실질적 기준설, 절충설이 대립한다. 판례는 개발제한구역 내 토지에 대한 공용 제한에 대하여 개발제한구역 안에 있는 토지소유자의 불이익은 명백하나, 공공복리를 위해 감수하지 않으면 안 될 정도의 것이라 하여, 특별한 희생이 아니라 판시하였다.

3) 검토

생각건대, 인적 범위를 판단하는 형식적 기준설과 침해의 성질과 정도를 판단하는 실질설

기준설 모두 일면 타당성을 지니므로, 양자를 종합하여 각 사안에 대해 개별적·구체적으로 판단하여 손실보상을 해야 한다.

4. 보상규정 흠결 시 권리구제

1) 학설
① 헌법 제23조 제3항의 규범적 효력을 부인하는 방침규정설, ② 헌법 제23조 제3항을 직접 근거로 하는 직접효력설, ③ 헌법 제23조 제3항 및 관계 법령을 유추적용하는 유추적용설, ④ 보상규정이 없는 것은 위헌·무효라고 보는 위헌무효설, ⑤ 보상규정의 입법부작위가 위헌이라는 보상입법부작위위헌설이 있다.

2) 판례
판례는 시대에 따라 직접효력설, 위헌무효설, 유추적용설 등 다른 입장을 판시해왔으며, 헌법재판소는 보상규정을 두지 않은 경우 손실보상을 직접 청구할 수 없다고 보고 입법권자로 하여금 보상입법을 마련하여 법률에서 정한 바에 따라 손실보상을 행해야 한다고 판시하였다.

3) 검토
생각건대, 비록 유추적용설이 구체적으로 무엇을 어떻게 유추적용할 것인지 분명하지 않다는 비판이 있으나 같은 성격의 침해에 대해 보상 시 공평의 원칙에 반하지 않는 점, 최근 판례가 공공사업의 기업지 밖에서 발생한 간접손실에 대해 그에 대한 보상규정 결여 시 관계 법령의 유추적용이 가능하다고 판시한 점을 미루어 보아 제도적·이론적 보완이 이루어질 때까지 보상수요를 감당하기 위해 관계 법령의 유추적용을 통한 권익구제가 이루어져야 한다고 판단된다.

V. 사안의 해결

〈물음 1〉에서 일반적인 토지 보상은 토지보상법 제70조에 의거하여 공시지가를 기준으로 보상하며, 동법 제67조 제2항에 따라 개발이익배제를 원칙으로 한다.

〈물음 2〉에서 공법상 제한받는 토지 및 무허가·불법형질변경토지는 현황평가의 예외로서 불법행위 당시의 이용상황을 기준으로 평가한다.

〈물음 3〉에서 특별한 희생에 대한 판단은 인적 특정 범위의 형식과 침해의 실질·정도를 모두 고려한다. 보상규정 흠결 시 헌법 제23조 제3항 및 관련 규정을 유추적용하여 권리구제받을 수 있다.

제15회 감정평가 및 보상법규 종합문제

Question 01

B시에 거주하는 甲은 2019년 5월 자신의 토지 위에 주거용 건축물을 신축하였다. 그런데 甲은 건축허가 요건을 충족하지 못하여 행정기관의 허가 없이 건축하였다. 甲은 위 건축물에 입주하지 않았으나, 친척인 乙이 자신에게 임대해 달라고 요청하여 이를 허락하였다. 乙은 필요시 언제든 건물을 비워주겠으며, 공익사업시행으로 보상의 문제가 발생할 때에는 어떠한 보상도 받지 않겠다는 내용의 각서를 작성하여 임대차계약서에 첨부하였다. 乙은 2020년 2월 위 건축물에 입주하였는데, 당시부터 건축물의 일부를 임의로 용도변경하여 일반음식점으로 사용하여 왔다. 甲의 위 토지와 건축물은 2019년 5월 14일 국토교통부장관이 한 사업인정고시에 따라서 공익사업시행지구에 편입되었다. 甲은 이 사실을 알고 동년 6월에 위 건축물을 증축하여 방의 개수를 2개 더 늘려 자신의 가족과 함께 입주하였다. 한편 丙은 주거용 건축물 신축 당시부터 1층 단칸방에서 세입자로 계속 살아왔고, 주거용인 줄 알고 들어와 전입신고도 마치고 주거이전비 대상자가 되는 자로 사업시행자는 판단하고 있다. 다음 물음에 답하시오. 40점

(1) 위 甲의 건축물은 「공익사업을 위한 토지 등의 취득 및 보상에 관한 법률」(이하 '토지보상법')에 따른 손실보상의 대상이 되는지, 만일 된다면 어느 범위에서 보상이 이루어져야 하는지에 대하여 구체적으로 검토하시오. 10점

(2) 甲과 乙은 주거이전비 지급 대상자에 포함되는지 여부를 지급 요건에 따라서 각각 검토하시오. 15점

(3) 사업시행자는 丙에게 임시수용시설을 줄테니 주거이전비 포기각서를 쓰고 주거이전비는 받지 말고, 임시수용시설에서 편안히 지내면 된다고 설득하고 임시수용시설만 주고 주거이전비는 주지 않았다. 그런데 감정평가사를 공부하는 조카 홍길동에게 이야기를 들어보니 토지보상법 시행규칙에서는 주거이전비를 반드시 받도록 규정하고 있으니까 삼촌에게 다시 사업시행자에게 주거이전비 청구를 하도록 조언하였다. 이에 丙은 사업시행자를 찾아가 주거이전비 지급을 청구하였으나 사업시행자는 포기각서를 내밀며 당신은 포기한 사람이니까 안 된다며 주거이전비 지급을 거부하였다. 토지보상법령 규정과 대법원 판례를 통해 해당 사안에서 丙은 주거이전비를 받을 수 있는지 검토하시오. 15점

Question 02

과수원을 운영하여 생활해오던 甲은 공부상 지목이 과수원(果)으로 되어 있는 토지상에 식재되어 있던 사과나무가 이미 폐목이 되어 과수농사를 할 수 없는 상태가 되자, 사과나무를 베어내고 인삼밭(田)으로 사용하여 왔다. 또한 甲은 과수원 옆의 지목 대(垈)인 토지에 2층짜리 주택을 허가를 받아 건축하여 살고 있었으나, 인삼농사로 업종을 바꾸면서 2013년 4월 1일부터 1층에 임의로 인삼판매장 시설을 하고 인삼을 판매하기 시작한 동시에, 시설비를 보전하기 위해 허가 없이 3층을 증축하여 乙에게 사무실로 임대하였다(임차인 乙은 2013년 5월 1일에 사업자등록을 하고 사무실을 운영 중이다). 다음 물음에 답하시오. 40점

(1) 2016년 5월 1일 甲의 토지를 대상으로 하는 공익사업이 인정되어 사업시행자가 甲에게 토지 및 건축물의 협의매수를 요청하였지만 甲은 인삼판매장에 대한 영업손실보상을 추가로 요구하면서 이를 거부하고 있으며, 임차인 乙 또한 사무실에 대한 영업손실보상을 요구하고 있다. 甲과 乙의 주장이 타당한지에 대하여 논하시오. 20점

(2) 위 토지 및 건축물에 대한 보상평가 시 고려하여야 할 사항(지목, 이용상황, 보상범위 등)에 대하여 설명하시오. 20점

Question 01 [40점]

Ⅰ. 논점의 정리

〈물음 1〉에서 사업인정고시일 이전에 신축된 무허가건축물 및 사업인정고시일 이후에 증축된 부분에 대한 보상 여부를 알아본다.

〈물음 2〉에서 갑과 을이 주거이전비 지급대상에 포함되는지 토지보상법 시행규칙 제54조와 판례에 따라 검토한다.

〈물음 3〉에서 세입자 병은 주거이전비 포기각서에도 불구하고 주거이전비를 청구할 수 있는지 검토한다.

Ⅱ. 물음 1(무허가건축물 보상 여부)

1. 무허가건축물 등의 의의(토지보상법 시행규칙 제24조)

관계 법령에 의해 허가를 받거나 신고를 하고 건축 또는 용도변경해야 하는 건축물을 허가를 받지 아니하거나 신고를 하지 아니하고 건축 또는 용도변경한 건축물을 말한다.

2. 무허가건축물 등의 손실보상 여부

1) 관련 규정의 검토

(1) 토지보상법 제25조

사업인정고시 이후 고시된 토지에 건축물의 건축·대수선 등의 행위를 할 수 없으며, 건축, 대수선 등의 행위를 하기 위해서는 시·군·구청장의 허가를 받아야 한다. 이를 위반한 경우, 해당 건축물 등을 원상으로 회복하여야 하며, 이에 관한 손실의 보상을 청구할 수 없다.

(2) 토지보상법 시행규칙 제24조

무허가건축물 등은 건축 또는 용도변경될 당시의 이용상황을 상정하여 평가한다. 다만 시행규칙 부칙에 의해 토지보상법 1989.1.24. 이전에 건축된 무허가건축물 등은 적법한 것으로 본다.

2) 관련 판례의 태도

사업인정 전 무허가건축물 보상에 대해 토지보상법상 근거가 존재하지 않아, 긍정설과 부정설이 대립한다. 판례는 토지보상법에서 건축허가 유무에 따라 보상대상 여부를 구분하고 있지 않은 점 등을 종합적으로 고려하여, 사업인정고시 전 건축된 무허가건축물 등이라면 허가의 유무에 관계없이 손실보상의 대상이 된다고 판시하였다.

3) 사안의 경우

갑의 건축물은 사업인정고시일 이전에 건축된 것으로서, 손실보상의 대상이 된다. 다만 사업인정고시 후 증축된 부분에 대해서는 토지보상법 제25조에 의해 손실보상의 대상에서 제외된다.

3. 무허가건축물 등의 보상범위에 대한 판단

1) 소유자 갑의 경우

1989.1.24. 이전의 무허가건축물 등은 모두 적법한 건축물로 보아 보상대상으로 하나, 1989.1.24. 이후의 무허가건축물은 사업인정고시일 전에 건축된 자체만 보상대상이 된다. 이때 토지보상법 시행규칙 제33조 제2항의 비준가격 및 동칙 제55조 제2항의 이사비는 적용될 것으로 보이나, 원칙적으로 주거이전비, 주거용 건축물 최저보상특례, 재편입가산금은 적용되기 어려울 것으로 판단된다.

2) 임차인 을의 영업보상 여부

(1) 관련 규정의 검토(토지보상법 시행규칙 제45조)

사업인정고시일 등 전부터 적법한 장소에서 인적·물적 시설을 갖추고 계속적으로 행하고 있으며, 관계법령에 의한 허가 등이 필요한 경우 사업인정고시일 등 전에 허가 등을 받아 그 내용대로 행하고 있는 영업을 영업보상 대상으로 한다. 다만 무허가건축물 등에서 임차인이 영업하는 경우 그 임차인이 사업인정고시일 등 1년 이전부터 「부가가치세법」 제8조에 따른 사업자등록을 하고 행하고 있는 영업인 경우 포함한다.

(2) 검토

임차인 을은 2020년 2월에 입주하여 건축물을 임의로 용도변경하여 일반음식점으로 사용하였으며 사업자등록 여부는 설문에 없다. 토지보상법 시행규칙 제54조에서는 적법한 장소를 전제하나, 임차인의 경우 적법한 장소에 대한 규정의 예외로서 무허가건축물 등에서 영업하는 소상공인 약자를 보호하기 위한 규정이 존재한다. 사안에서 을은 무허가건축물 등에서 영업하였으며, 사안의 사업인정고시일 2019년 5월 14일 1년 전부터 영업을 행했다고 볼 수 없으므로 영업손실보상대상이 되지 않는다.

Ⅲ. 물음 2(갑과 을의 주거이전비 지급대상자 여부)

1. 주거이전비 개관

1) 의의(토지보상법 시행규칙 제54조)

공익사업으로 인해 주거용 건축물을 제공함에 따라 거주지를 이전하게 되는 자에게 발생하는 손실을 보전하여 주는 것을 말한다. 조기 이주를 장려하여 공익사업을 원활히 수행하려는 정책적 목적과 주거 이전으로 인해 어려움을 겪게 될 자에게 사회보장적 차원에서 지급하는 금원의 성격을 가지는 생활보상의 일환으로, 공법상 권리에 해당한다.

2) 요건(토지보상법 시행규칙 제54조)

(1) 소유자(동조 제1항)

공익사업 시행지구 내 주거용 건축물 소유자에게는 2개월분의 주거이전비를 보상한다. 다만, 건축물의 소유자가 공익사업 시행지구 내에 실제로 거주하고 있지 않거나 해당 건축물이 무허가건축물 등인 경우에는 제외한다.

(2) 세입자(동조 제2항)

공익사업 시행으로 인하여 이주하게 되는 주거용 건축물의 세입자로서 사업인정고시일 등 당시 또는 관계 법령에 의한 고시 등이 있은 당시, 해당 공익사업지구 내에서 3개월 이상 거주한 자에게 4개월분의 주거이전비를 보상한다. 다만 무허가건축물 등에 입주한 세입자는 고시일 등 당시 1년 이상 거주한 자여야 한다.

3) 주거용 건축물의 판단 기준

판례는 실제 그 건축물의 공부상 용도와 관계없이 실제 주거용으로 사용되는지 여부에 따라 결정하여야 하고, 그 사용목적, 건물의 구조와 형태 및 이용관계 그리고 그곳에서 일상생활을 영위하는지 여부 등을 아울러 고려하여 합목적적으로 결정하여야 한다고 판시하였다.

2. 주거이전비 지급대상자 포함 여부

1) 소유자 갑의 경우

갑은 주거용 건축물 소유자이나 사업시행지구 내의 거주 사실이 불분명하며, 갑이 신축한 건물은 무허가건축물 등에 해당하므로 주거이전비 대상에서 제외될 것이다.

2) 세입자 을의 경우

(1) 관련 판례의 태도

대법원은 세입자가 일부를 임의로 용도변경하여 일반 음식점으로 사용해온 경우라도, 건물이 외관상 주택의 형태로 건축되어 있고 그 내부에 주거시설이 되어 있는 점, 세입자가 위 건물에 전입신고를 마치고 실제로 거주하여 온 점 등에 비추어, 위 건물이 주거이전비 등의 지급대상이 되는 주거용 건축물에 해당한다고 판시하였다.

(2) 검토

을은 건축물의 일부를 용도변경했으나 나머지 부분은 주거용으로 사용하며, 실제 거주하고 전입신고도 마친 점을 고려할 때, 사용목적, 건물의 구조, 일상생활 영위 여부 등을 미루어 보아 해당 건물은 주거용 건축물에 해당한다. 다만 을은 무허가건축물 등의 세입자이므로 사업인정고시일 1년 이전부터 거주해온 자여야 하나 을은 고시일 이후부터 입주하였으므로 주거이전비 대상에서 제외될 것이다.

Ⅳ. 물음 3(병의 주거이전비 청구가능성)

1. 병이 주거이전비 지급대상자 인지

1) 관련 판례

대법원은 토지보상법 시행규칙 제54조 제2항에서 규정하는 세입자에 대한 주거이전비는 당사자 간의 합의나 사업시행자의 재량으로 적용을 배제할 수 없는 강행규정이라 판시하였다.

2) 병의 주거이전비 지급요건 해당 여부

토지보상법 시행규칙 제54조 제2항에 따라 병은 사업인정고시일 1년 이전부터 무허가인 주거용 건축물에 입주한 세입자에 해당한다. 따라서 주거이전비 지급 요건을 충족한다.

3) 포기각서의 효력

대법원은 주거이전비를 포기한다는 내용의 포기각서를 제출하였다 하더라도 포기각서의 내용은 강행규정에 의해 무효라고 판시하였다.

4) 검토

세입자 주거이전비 지급에 대한 규정은 강행규정으로 주거이전비를 포기한다는 내용의 포기각서의 효력은 무효이다. 따라서 토지보상법 시행규칙 제54조 제2항의 지급 요건에 해당하는 세입자 병은 주거이전비 지급 대상자가 된다.

2. 주거이전비 지급거부에 대한 권리구제방법

주거이전비는 그 요건을 충족하는 경우 당연히 발생하는 것으로서, 이에 대한 불복은 행정소송법 제3조 제2호의 당사자소송에 의해야 한다. 그러나 재결이 이루어진 다음 보상금의 증감 부분을 다투는 경우에는 토지보상법 제85조 제2항의 보상금증감청구소송을 제기할 수 있으며, 보상금 증감 이외의 부분을 다투는 경우에는 동조 제1항의 취소소송을 제기할 수 있다.

3. 사안의 경우

세입자 병은 시행규칙 제54조 제2항의 주거이전비 지급요건을 충족하고, 포기각서의 효력은 강행규정인 주거이전비의 법적 성질에 반하여 무효이므로, 주거이전비 지급대상자에 해당한다. 따라서 사업시행자가 주거이전비 지급을 거부하는 경우 재결 이전에는 공법상 당사자소송을, 재결 이후에는 취소소송 및 보상금증감청구소송을 제기하여 권리구제를 도모할 수 있다.

V. 사안의 해결

〈물음 1〉에서 사업인정고시일 이전에 신축된 무허가건축물은 손실보상의 대상에 해당되나, 사업인정고시일 이후에 증축된 부분은 보상대상에서 제외될 것이다. 또한 임차인에 대한 영업손실보상은 토지보상법 시행규칙 제45조에 따라 고시일 등 1년 이전부터 사업자등록을 하고 행하는 영업에 한하여 가능하다. 사안의 을은 1년 이전부터 영업한 것이 아니므로 불가할 것으로 판단된다.

〈물음 2〉에서 갑은 무허가건축물의 소유자이므로 주거이전비 지급대상자가 아니며, 을 역시 거주 기간 요건을 미충족하여 지급대상자가 아니다.

〈물음 3〉에서 생활보상의 취지상 주거이전비 지급규정은 강행규정이다. 따라서 병의 포기 각서는 무효가 되므로 병은 주거이전비 지급요건을 충족하여 주거이전비 지급대상자가 된다. 이때 사업시행자가 지급을 거부하는 경우, 재결 이전이라면 공법상 당사자소송을, 재결 이후라면 취소소송 또는 보상금증감청구소송을 통해 권리구제가 가능하다.

Question 02 (40점)

I. 논점의 정리

사안은 과수업을 운영하던 갑이 인삼밭을 경작하게 됨에 따라 과수원 옆 주택에 인삼판매장을 운영하고 불법 증축하여 을에게 사무실로 임대한 경우이다. 〈물음 1〉에서 무허가건축물에서 영업손실이 인정되는지 소유자 갑의 경우와 임차인 을의 경우로 나누어 판단한다. 〈물음 2〉에서 지목 과수원인 토지의 이용상황을 전으로 보고 평가 가능한지, 지목 대인 토지의 이용상황이 주거용인지 주상용인지, 건물의 경우 3층 불법증축부분까지 보상해야 하는지 검토한다.

II. 물음 1(갑과 을의 영업손실보상 요구의 타당성)

1. 영업손실 보상의 의의

수용의 대상이 될 토지, 건물 등을 이용하여 영업을 하다가 토지·건물 등이 수용의 대상이 된 경우, 영업을 할 수 없게 되거나 제한을 받게 됨으로써 생기는 직접적 손실에 대한 보상을 의미한다. 토지보상법 제77조 제1항에 법적 근거를 둔다.

2. 영업손실 보상대상인 영업의 판단요건(토지보상법 시행규칙 제45조)

1) 시간적 요건

사업인정고시일 등 이전부터 영업하여야 한다. 이때 사업인정고시일 등이란 보상계획의 공고 또는 사업인정고시일을 말하며, 개별법이 정한 행위제한일이 그 이전인 경우에는 그 날을 기준으로 한다.

2) 장소적 요건

영업이 보상대상이 되기 위해서는 적법한 장소에서 행하여야 한다. 따라서 무허가건축물 등이나 불법형질변경토지, 그 밖에 다른 법령에서 물건을 쌓아놓는 행위가 금지되는 장소에서 하는 자유영업도 보상대상에서 제외된다.

3) 시설적 · 계속적 요건

일률적인 기준은 없고 사업의 성격 등을 고려하여 객관적으로 결정한다. 판례는 5일 중 3일 정도 영업에 전력을 다하고, 가설건축물이더라도 그 고정성 · 지속성이 충분히 인정된다면 인적 · 물적 시설을 갖추고 계속적으로 영업하였다고 본다고 판시하였다.

4) 허가 등 요건

관계 법령에 의한 허가 등을 필요로 하는 경우에는 사업인정고시일 등 전에 허가 등을 받아 그 내용대로 행하고 있는 영업일 때 영업손실보상이 되며, 허가 등을 받지 않아도 되는 자유업인 경우 허가 등이 없더라도 보상대상이 된다.

3. 갑과 을 주장의 타당성 검토

1) 갑 주장의 타당성

(1) 관련 판례의 태도

무허가건축물을 사업장으로 이용하는 경우 이익을 얻으면서도 영업 관련의 행정규제의 탈피 또는 조세 회피 등 여러 가지 불법행위를 저지를 가능성이 큰 점, 건축법상 허가절차를 밟을 경우 관계 법령에 따라 불허되거나 규모가 축소되었을 건물에서 건축허가를 받지 않은 채 영업을 하여 법적 제한을 넘어선 규모의 영업을 하고도 그로 인한 손실 전부를 영업손실로 보상받는 것은 불합리한 점 등에 비추어보면 '영업'의 개념에 '적법한 장소에서 운영될 것'이라는 요소를 포함하고 있다고 하여 소유자가 무허가건축물 등에서 영업한 경우에는 영업손실보상 대상에서 제외된다고 판시하였다.

(2) 타당성 검토

갑은 사업인정고시일 2016.5.1. 이전인 2013.4.1.부터 영업을 하였고, 인삼판매장 시설이라는 인적 · 물적 시설을 갖추어 계속적으로 영업을 해오고 있었다. 다만 허가를 받지 않고 임의로 인삼판매장 시설을 건축하였는바 적법한 장소가 아닌 불법한 장소에서 행한 영업이므로 판례 및 토지보상법 시행규칙 제45조에 따라 영업손실보상 대상에 해당하지 않는다. 즉 갑 주장은 타당하지 않다.

2) 을 주장의 타당성

사업인정고시일인 2016.5.1. 1년 이전부터 사업자등록을 하고 영업을 행하고 있는 임차인 을은 토지보상법 시행규칙 제45조에서 규정하는 무허가건축물 임차인 특례에 해당하여, 영업손실보상 대상이 된다. 따라서 을 주장은 타당하다.

Ⅲ. 물음 2(토지 및 건물 보상평가 시 고려사항)

1. 토지 및 건축물에 대한 보상평가기준

헌법 제23조 제3항은 정당보상을 천명하고 그의 구체적 입법인 토지보상법은 보상방법, 평가기준 등을 규정하고 있다. 토지 등은 토지보상법 제70조에, 건축물 등은 동법 제75조에 상세히 규정하고 있다.

2. 토지 보상평가 시 고려사항

1) 지목 '과수원' 토지의 경우

(1) 불법형질변경토지(토지보상법 시행규칙 제24조)

「국토의 계획 및 이용에 관한 법률」 등 관계 법령에 의해 허가를 받거나 신고를 하고 형질변경을 하여야 하는 토지를 허가를 받지 아니하거나 신고를 하지 아니하고 형질변경한 토지를 말한다. 이는 현황평가의 예외로서 형질변경될 당시의 이용상황을 상정하여 평가한다.

(2) 검토

현재 '전'으로 이용하고 있는바, 토지보상법 제70조 제2항의 현실적인 이용상황 및 일반적인 이용상황에 의한 객관적 상황을 고려할 때, 현황 '전'인 비교표준지를 선정하여 평가해야 한다. 이때 과수원을 인삼밭으로 경작한 것이 불법형질변경토지인지 문제되나 전, 답, 과수원은 모두 농지법상 농지에 해당하여 서로 전용이 가능하므로, 불법형질변경에 해당하지 않는다.

2) 지목 '대' 토지의 경우

(1) 무허가건축물 등(토지보상법 시행규칙 제24조)

무허가건축물 등이란 「건축법」 등 관계법령에 의하여 허가를 받거나 신고를 하고 건축 또는 용도변경을 하여야 하는 건축물을 허가를 받지 아니하거나 신고를 하지 아니하고 건축 또는 용도변경한 건축물을 말한다. 사안의 경우 주거용에서 상업용으로 건축물을 용도변경한바 무허가건축물 등인지 문제된다.

(2) 검토

기존 '대' 토지의 이용상황은 주거용이었으나, 상업용 건축물을 설치하여 주상용 토지로 보아야 하는지 문제된다. 이때 상업용 건축물은 허가 없이 건축한 무허가건축물로서 불법건축물이므로, 평가 시 이를 고려하지 않는다. 따라서 기존 이용상황인 주거용으로서 평가하여야 하는바, 이용상황이 주거용인 비교표준지를 산정하여 평가해야 할 것이다.

3. 건물 보상평가 시 고려사항

1) 토지보상법 제75조 및 동법 시행규칙 제33조

① 건축물 등은 이전비 보상이 원칙이나, 이전이 어려운 경우 등에 갈음하여 물건의 가격으로 보상할 수 있다. ② 토지보상법 제25조에 따라 사업인정 이전에 건축한 건축물만을 그 보상대상으로 한다. ③ 주거용 건축물인 경우, 토지보상법 시행규칙 제33조에 따라 원가법으로 평가하되, 거래사례비교법으로 평가한 금액이 더 큰 경우에는 그 금액으로 결정한다. ④ 동법 시행규칙 제58조에 따라 600만원을 최저한도로 해서 보상한다.

2) 사안의 경우

(1) 1・2층 주택부분

원가법 및 거래사례비교법으로 평가하여 비준가액이 더 큰 경우 비준가액으로 결정한다. 이때 600만원을 최저한도로 한다.

(2) 1층 인삼판매시설 및 3층 사무실

토지보상법상 무허가건축물 등에 해당하나, 토지보상법에서는 허가 유무에 대한 규정 없이 사업인정고시일 전후 여부만을 규정(토지보상법 제25조)하고 있는바 사안의 1층 인삼판매시설 및 3층 사무실은 사업인정고시일 이전에 증축한 경우에 해당하므로 보상대상이 된다. 이때 주거용 건축물이 아니므로 주거용 건축물 특례는 적용되지 않으며, 이전이 가능한 부분은 이전비로, 이전이 불가하거나 이전비가 과다한 경우에는 원가법으로 산정된 가격으로 보상받을 수 있다.

IV. 사안의 해결

〈물음 1〉에서 갑은 무허가건축물의 소유자로서 판례 및 규정에 따라 영업손실보상 대상자가 아니다. 을은 토지보상법 시행규칙 제45조에 따라 보상대상이며, 이때 보상금은 동칙 제47조 제6항에 따라 이전비 등 제외 금액은 상한 일천만원으로 하며, 이전비 등은 별도로 보상받는다.

〈물음 2〉에서 지목 과수원인 토지는 현재 적법한 이용으로서 '전'으로 평가한다. 지목 '대'인 토지는 지상 주상용 이용이 불법이므로 '주거용'으로 평가한다. 건축물의 경우 1・2층 주택뿐만 아니라 1층 인삼판매장 및 3층 증축 부분 모두 보상대상이 된다.

제16회 감정평가 및 보상법규 종합문제

Question 01

(1) 甲과 乙은 부부로서 고양시 고양동 위치한 토지 20,782㎡에서 미나리를 경작하면서 생계를 유지하고 있었다. 그런데 한석봉 민간건설사는 제2서울외곽고속도로 사업시행자로 지정받고 공익사업을 위한 토지 등의 취득 및 보상에 관한 법률에 따라 피수용자와 협의하고 협의가 성립되지 않아 2025년 3월 3일 농업손실에 대한 수용재결을 하였다. 甲과 乙은 수용재결 전에 이루어진 공사 착수로 인하여 영농을 할 수 없게 된 손실도 보상받아야 한다고 주장하나 사업시행자는 이미 2년분의 영농손실보상금이 지급된 이상 더 이상의 손해배상을 청구할 수 없다고 주장한다. 위의 사실관계를 토대로 농업손실보상의 법적 성질 및 구체적 보상방법에 대하여 설명하고 사업시행자와 피수용자 양 당사자 각 주장의 타당성을 설명하시오. 10점

(2) 다음은 농업손실보상에 대한 소급입법 쟁점에 대한 문제이다. 다음 물음에 답하시오. 10점

(물음1) 사업시행자 한국수자원공사는 부산 강서 공원 사업을 위하여 공익사업을 위한 토지 등의 취득 및 보상에 관한 법률(이하 '토지보상법')상 국토교통부장관에게 사업인정을 신청하였고, 2013년 4월 1일 사업인정고시가 되었다. 그런데 농업손실보상과 관련하여 보상투기가 만연함으로 국토교통부장관은 농업손실보상에 대하여 평균생산량의 2배를 한도로 하는 토지보상법 시행규칙 제48조 제2항 단서 제1호를 개정하여 실제소득 적용 영농보상금 상한을 설정하여 동법 시행규칙을 개정하였다. 이미 사업인정고시가 된 상태인데 개정 토지보상법 시행규칙 제48조 제2항 단서 제1호가 헌법상 정당보상원칙과 비례의 원칙에 위반되거나 위임입법의 한계를 일탈한 것인지 설명하시오. 5점

(물음2) 2013.4.25. 국토교통부령 제5호로 개정된 토지보상법 시행규칙 시행일 전에 사업인정고시가 이루어졌으나 위 시행규칙 시행 후 보상계획의 공고·통지가 이루어진 공익사업에 대해서도 영농보상금액의 구체적인 산정방법·기준에 관한 위 시행규칙 제48조 제2항 단서 제1호를 적용하도록 규정한 위 시행규칙 부칙(2013.4.25.) 제4조 제1항이 진정소급입법에 해당하는지 여부를 설명하시오. 5점

(3) 5일장 영업을 하면서 지내는 장돌뱅이 병의 사례이다. 다음 물음에 답하시오.
丙은 1990년경부터 양평중터에서 토지를 임차하여 앵글과 천막 구조의 가설물을 축조(적법하게 신고하였음)하고 그 내부에 냉장고, 주방용품, 가스통, 탁자, 의자 등을 구비한 후, 영업신고를 하지 않은 채 양평장날인 매달 3일, 8일, 13일, 18일, 23일, 28일(5일장)에 정기적으로 국수와 순댓국, 생고기, 생선회 등을 판매하는 음식점 영업을 해왔고 영업종료 후 가설물과 냉장고 등 주방용품을 철거하거나 이동하지 아니한 채 그곳에 계속 고정하여 사용·관리하여 왔다. 갑은 장날의 전날에는 음식을 준비하고 장날 당일에는 종일 장사를 하며 그 다음날에는 뒷정리를 하는 등 5일 중 3일 정도는 영업에 전력을

다하였다. 2006.6.26.자에 공익사업을 위한 토지 등의 취득 및 보상에 관한 법률상 대상 토지를 포함한 일대가 공익사업을 위해 편입되는 사업인정고시가 있었다. 이에 사업시행자는 丁은 허가 등 영업손실보상의 제 요건, 특히 물적 시설 및 영업의 계속성을 갖추지 못하였으므로 보상대상에서 제외되어야 한다고 주장한다. 설령 보상대상에 해당된다고 실제 영업일수는 5일 중 하루이므로 보상금액도 1/5만 지급되어야 한다고 주장한다. 丙은 영업손실보상금을 수령할 수 있는지 법적 쟁점을 검토하시오. 10점

Question 02

다음은 피수용자(원고)와 사업시행자(피고)의 농업손실보상에 대한 주장이다.

1. 원고인 피수용자의 주장

원고는, 다음의 사정을 들어 피고는 원고에게 영농손실보상금을 지급할 의무가 있다고 주장한다.

① 원고는 (지번 2 생략) 토지 중 658.4㎡, (지번 3 생략) 토지 중 2,880㎡ 합계 3,538.4㎡(이하 '이 사건 토지'라 한다) 지상에 비닐하우스를 설치하고 유기농 채소를 재배하여 영농손실보상 요건을 갖추었음에도 피고는 영업손실보상금 11,072,100원 이외에 영농손실보상금 720,821,617원을 지급하지 아니하였다. 따라서 피고는 원고에게 위 720,821,617원에서 기지급한 영업손실보상금 11,072,100원을 제외한 709,449,517원 및 이에 대한 지연손해금을 지급할 의무가 있다.

② 설령, 원고가 무순과 새싹을 재배하는 (지번 2 생략) 토지 중 361.4㎡(이하 '무순 등 재배 토지'라 한다) 부분이 영농손실보상 대상이 아니더라도, 이 사건 토지 중 나머지 토지에 관하여 원고가 지급받을 수 있는 영농손실보상금은 647,199,378원이므로, 피고는 원고에게 기지급한 영업손실보상금 11,072,100원을 제외한 636,127,278원 및 이에 대한 지연손해금을 지급할 의무가 있다.

③ 이 사건 사업의 사업인정고시일은 2012.12.14.이므로, 구 공익사업을 위한 토지 등의 취득 및 보상에 관한 법률 시행규칙 제48조(2013.4.25. 국토교통부령 제5호로 개정되기 전의 것, 이하 '구 시행규칙'이라 한다) 및 구 농작물실제소득인정기준 제5조(2013.7.5. 국토교통부 고시 제2013-401호로 개정되기 전의 것, 이하 '구 소득기준'이라 한다)가 적용되어야 한다.

④ 설령, 이와 달리 공익사업을 위한 토지 등의 취득 및 보상에 관한 법률 시행규칙 제48조(2013.4.25. 국토교통부령 제5호로 개정된 것, 이하 '신 시행규칙'이라 한다) 및 농작물실제소득기준(2013.7.5. 국토해양부고시 제2013-401호로 개정된 것, 이하 '신 소득기준'이라 한다)이 적용된다고 하더라도, 소득률은 경상남도 '시설채소' 평균소득률인 52.2%를 적용하여야 한다.

2. 피고인 사업시행자의 주장
이에 대하여 피고는, 다음과 같은 이유로 원고 주장은 부당하다고 다툰다.

① 원고는 △△△△이라는 상호로 특작물 도·소매업을 행하였던 자이고, 수용재결 과정에서도 영업손실보상 대상자임을 전제로 감정이 이루어졌으므로, 영농손실보상 대상자가 아니라 영업손실보상 대상자에 불과하다.

② 설령, 원고가 영농손실보상 대상자에 해당한다고 하더라도, 아래와 같이 영농손실보상 금액이 잘못 산정되었다.

㉮ 신 시행규칙 및 신 소득기준(이하 '신 시행규칙 등'이라 한다)의 각 부칙에 따르면, 신 시행규칙 등 시행 이후 보상계획 공고가 이루어진 이 사건에는 신 시행규칙 등에 따라 영농손실보상금을 산정하여야 한다.

㉯ 신 소득기준이 적용될 경우 소득률은 경상남도 '특용약용작물' 평균소득률인 47.1%를 적용해야 한다.

㉰ 원고 주장의 소득은 원고 소유가 아니지만 원고가 경작한 (지번 6 생략) 등 토지의 매출액도 포함되어 있어 부당하게 산정되었을 수 있다.

③ 실제소득금액 산정특례규정(신 소득기준 제6조)을 적용하면 원고의 영농손실보상금액은 27,604,050원(2012년 경상남도 특용약용작물 평균소득의 2배)이 되어야 한다(위 사례는 대판 2020.4.29, 2019두32696 판결 사실관계임).

3. 다음 물음에 답하시오. 35점

(1) 위 사례를 통해 헌법상 정당보상 원칙에 대해 설명하고, 해당 사례가 헌법상 정당보상 원칙에 위배되는지, 비례의 원칙에 위반되는지, 위임입법의 한계를 일탈한 것인지에 대하여 설명하시오. 15점

(2) 위 사례에서 농업손실보상의 법적 성질과 권리구제방법론에 대하여 설명하시오. 10점

(3) 2013.4.25. 국토교통부령 제5호로 개정된 공익사업을 위한 토지 등의 취득 및 보상에 관한 법률 시행규칙 시행일 전에 사업인정고시가 이루어졌으나 위 시행규칙 시행 후 보상계획의 공고·통지가 이루어진 공익사업에 대해서도 영농보상금액의 구체적인 산정방법·기준에 관한 위 시행규칙 제48조 제2항 단서 제1호를 적용하도록 규정한 위 시행규칙 부칙(2013.4.25.) 제4조 제1항이 진정소급입법에 해당하는지 여부에 대하여 설명하시오. 10점

Question 01 [30점]

<물음 1>

Ⅰ. 논점의 정리

농업손실보상의 법적 성질과 보상방법을 살펴보고, 토지보상법 제62조에서 규정하는 사전보상 원칙을 기준으로 사안을 해결한다.

Ⅱ. 농업손실의 개관

1. 의의 및 근거

공익사업시행지구에 토지가 편입되어 영농을 할 수 없게 된 경우, 농민에게 영농손실액을 지급하는 것을 말한다. 이는 전업에 소요되는 기간을 고려한 합리적 기대이익 상실에 대한 보상으로, 일실 손실의 보상이며 생활보상의 성격을 갖는다. 토지보상법 제77조 제2항에 법적 근거가 있으며, 동법 시행규칙 제48조에 구체적 방법을 규정하고 있다.

2. 법적 성질

공권설과 사권설이 대립한다. 판례는 공익사업 시행에 따른 적법한 공권력 행사에 의한 재산상의 특별한 희생에 대하여 공평부담의 견지에서 그 손해를 보상해주는 손실보상의 일종으로 공법상 권리라고 판시하였다. 생각건대, 공법상 원인에 의해 발생한 손실이므로 공권으로 봄이 타당하다.

3. 보상방법

토지보상법 시행규칙 제48조에 규정된 바에 따라, 공익사업 시행지구에 편입되는 농지에 대해 '해당 도별 연간 농가 평균 단위 경작면적당 농작물 총수입' 2년분을 영농손실액으로 보상한다. 다만 국토교통부장관이 고시한 농작물로서 실제 소득을 증명한 경우 실제 소득으로 보상한다. 또한 경작지 3분의 2 이상이 공익사업시행지구에 편입되어 영농을 계속할 수 없게 된 경우, 농기구에 대해서는 매각손실액을 평가하여 보상한다.

Ⅲ. 양 당사자 주장의 타당성 검토

1. 사전보상의 원칙(토지보상법 제62조)
사업시행자가 해당 공익사업을 위한 공사에 착수하기 이전에 토지소유자 및 관계인에 대하여 보상액 전액을 지급하는 것을 말한다.

2. 농업손실보상의 범위
영농손실보상금은 수용재결에 따라 수용의 개시일 이후 영농을 할 수 없게 됨에 따른 손실을 보상하는 것이다. 그러나 사전 공사 착수로 인해 수용의 개시일까지의 기간 내 미나리를 재배하지 못하여 손해를 입게 되었다면, 이는 수용재결의 대상 기간과 사유를 달리하는 것으로, 영농손실보상금과 별개로 공사착수로 인한 손해배상도 이루어져야 할 것이다.

3. 관련 판례의 태도
판례는 농업손실보상금은 농지의 수용으로 인해 장래에 영농을 계속하지 못하게 되어 발생하는 이익 상실에 대한 보상을 하기 위한 것으로서 손실보상금을 지급하거나 피수용자의 승낙을 받지 않고 미리 공사를 착공함으로 인해 영농을 계속할 수 없게 되었다면, 이는 토지보상법 제62조 사전보상의 원칙에 위배되는 것으로 위법하다고 판시하였다.

4. 사안의 경우
사안의 경우 사업시행자가 보상금 지급 또는 피수용자의 승낙 없이 공익사업에 착수한 것은 사전보상의 원칙에 위배되어 위법하므로, 영농손실보상금과 별개로 영농을 할 수 없게 된 때로부터 수용의 개시일까지 갑과 을이 입게 된 손해에 대해 배상할 책임이 있다고 판단된다. 따라서 사업시행자의 주장은 타당하지 않으며, 피수용자 주장이 타당하다.

Ⅳ. 사안의 해결
사업시행자는 수용대상인 농지에 대한 2년분의 영농손실 보상금 이외에 그 농지의 수용으로 인해 장래에 영농을 계속하지 못하게 되어 생기는 이익 상실 등에 대해서도 피수용자인 갑과 을에게 배상할 책임이 있다.

<물음 2>

I. 소물음 1

1. 관련 원칙의 의의

1) 정당보상의 원칙(헌법 제23조)

정당보상이란 적법한 공권력 행사로 인해 침해당한 피수용자의 재산권에 대하여 객관적 가치를 완전하게 보상하는 것을 말하며, 판례는 정당보상은 어떠한 제한도 없는 완전한 보상이라고 판시하였다.

2) 비례의 원칙의 의의(행정기본법 제10조)

비례의 원칙이란 행정 목적과 수단 사이에 적절한 비례관계가 있어야 한다는 원칙을 말하며, 적합성의 원칙, 필요성의 원칙, 상당성의 원칙의 단계적 심사구조를 거친다.

3) 위임입법의 의의

위임입법이란 법치주의에 따라 국회만이 입법권을 갖는 것이 원칙이나, 법률의 위임에 의하여 입법부 이외의 국가기관이 법률을 제정하는 것을 말한다.

2. 관련 판례의 태도

대법원은 토지보상법 제77조 제4항의 위임에 따른 동법 시행규칙 제48조 제2항 단서 제1호의 상한 규정에 대해 영농보상이 장래의 불확정적인 일실 소득을 보상하는 것이자 농민의 생존배려를 위한 보상인 점, 실제 소득 산정의 어려움 등을 고려하여 농민이 대체 생활을 준비하는 기간의 생계를 보장할 수 있는 범위 내에서 실제 소득 적용 영농보상금의 '상한'을 설정함으로써 나름대로 합리적인 보상액 산정방법을 마련한 것이므로, 헌법상 정당보상의 원칙 또는 비례의 원칙에 위반되거나 위임입법의 한계를 일탈한 것으로 볼 수 없다고 판시하였다.

3. 검토

정당보상이란 피수용자의 객관적 가치를 완전하게 보상하는 것을 의미하므로, 작목별 평균소득의 2배를 초과하는 금액은 이에 해당한다고 보기 어렵다. 따라서 이러한 상한을 설정하더라도 농민이 대체 생활을 준비하는 기간에 생계를 보장할 수 있는 충분한 범위라고 보이므로, 헌법상 정당보상의 원칙, 비례의 원칙에 위배되거나 위임입법의 한계를 일탈한 것이라 볼 수 없다.

Ⅱ. 소물음 2

1. 진정소급입법의 의미

진정소급입법이란 이미 과거에 종료된 사실 또는 법률관계에 대하여 사후에 그 전과 다른 법적 효과를 발생시키게 만드는 입법을 의미하며 원칙적으로 금지된다.

2. 관련 판례의 태도

판례는 사업인정고시일부터 수용개시일 전날까지는 농업을 계속할 수 있으나 그 사이에 공익사업과 무관한 사유로 경작을 중단한 경우 손실보상의 대상에서 제외될 수 있으며, 사업인정고시만으로 구체적인 영농보상금 청구권을 확정적으로 취득했다고 볼 수 없고, 시행규칙 제48조에 따른 영농보상은 장래의 일실 소득을 예측하여 보상하는 것으로서 아직 발생하지 않은 장래의 손실을 보상하는 것이므로, 영농보상금액의 구체적인 산정방법 및 기준에 관한 개정 시행규칙 시행일 전에 사업인정고시가 이루어졌으나, 개정 시행규칙 시행 후 보상계획공고가 이루어진 공익사업에 대해서도 적용하도록 규정한 것은 진정소급입법에 해당하지 않는다고 판시하였다.

3. 검토

영농손실보상금은 수용재결 당시에 아직 발생하지 않은 장래의 손실을 보상하는 것이다. 따라서 개정 시행규칙이 이미 시행된 이후에 보상계획 공고가 이루어진 공익사업에 적용하도록 규정한 것은 진정소급입법에 해당하지 않는다.

<물음 3>

Ⅰ. 논점의 정리

사업시행자는 병이 토지보상법에 따라 영업보상의 요건을 갖추지 못해 영업손실보상 대상자가 아니며, 보상하더라도 보상금을 1/5만 지급해야 한다고 주장하는바, 이하 요건 규정을 검토하여 주장의 타당성을 검토한다.

Ⅱ. 영업손실보상의 개관

1. 의의(토지보상법 제77조 제1항)

공익사업시행에 따라 영업을 행하던 토지나 건축물이 취득됨으로 인하여 영업에 제한을 받게 되거나 더 이상 영업을 할 수 없게 됨으로써 발생한 손실을 보상하여 주는 것을 말한다. 합리적 기대이익의 상실을 보상해주는 일실보상의 성격을 갖는다.

2. 요건(동법 시행규칙 제45조)

사업인정고시일 등 전부터(시간적) 적법한 장소에서(장소적) 인적·물적 시설(시설적)을 갖추고 계속적(계속적)으로 행하고 있는 영업이어야 하며, 허가업인 경우 사업인정고시일 등 전에 허가 등을(허가 등) 받아 그 내용대로 행하고 있는 영업이어야 한다. 단 무허가건축물 등에서 임차인이 영업하는 경우 사업인정고시일등 1년 전부터 사업자등록을 하고 행하는 영업일 것을 요한다. 허가 등을 받지 아니하고 행한 영업에 대해서는 동칙 제52조 특례가 적용된다.

Ⅲ. 병의 영업손실보상 여부

1. 관련 판례의 태도

판례는 병이 정기적으로 각 해당 점포를 운영해왔고, 영업종료 후 가설물과 냉장고 등 주방용품을 철거하거나 이동하지 아니한 채 그곳에 계속 고정하여 사용·관리하여 왔던 점, 원고들이 5일 중 3일 정도는 이 사건 영업에 전력을 다하였다고 보이는 점 등에 비추어 볼 때, 비록 원고들이 영업을 5일에 한 번씩 하였고 그 장소도 철거가 용이한 가설물이었다고 하더라도 원고들의 상행위의 지속성, 시설물 등의 고정성을 충분히 인정할 수 있으므로, 원고들은 인적·물적 시설을 갖추고 계속적으로 영리를 목적으로 영업을 하였다고 봄이 상당하다고 판단된다고 판시하였다.

2. 사안의 경우

병은 1990년부터 적법하게 신고한 가설물에서 영업하였는바 시간적·장소적 요건은 충족한다. 또한 그 내부에 주방용품을 계속 고정하여 사용 및 관리하여 온 점에서 인적·물적 요건 즉 시설적 요건이 충족된다. 또한 매달 3일, 8일, 13일, 23일, 28일에 정기적으로 음식점 영업을 해왔고, 장날 전후 1일을 비롯하여 5일 중 3일 정도는 영업에 전력을 다하여 온 점, 5일장의 특성 등을 종합하여 볼 때 계속적 요건이 충족된다. 단 음식점을 영업신고 없이 행하였는바 시행규칙 제45조 요건에 충족되지 않으나, 사업인정고시일 등 이전부터 영업해왔으므로 시행규칙 제52조 특례가 적용된다.

Ⅳ. 보상금을 1/5만 지급해도 되는지

1. 관련 판례의 태도

원고들이 5일 중 1일만 영업하였으므로 그 보상금 액수도 법령에서 정한 금액의 5분의 1이 되어야 한다는 피고의 주장에 대해 그와 같이 감액할 수 있는 법령상 근거가 없다는 이유로 부정하였다.

2. 사안의 경우

피수용자의 재산권 침해에 따른 손실보상의 금액을 법령상 근거 없이 감액하는 것은 토지보상법 입법취지인 정당보상 및 법률유보의 원칙에도 부합하지 않는바 감액할 수 없다는 판례의 입장이 타당하다.

V. 사안의 해결

피수용자는 판례에 따라 허가 등 외의 요건은 모두 충족되므로, 토지보상법 시행규칙 제52조에 따라 도시근로자 3인 가구 3개월분 가계지출비 및 이전비 등을 보상받을 수 있다. 이때 보상금의 1/5만큼이 아닌 전액을 보상받을 수 있으며, 보상을 위해 영업이익을 스스로 입증할 필요 또한 없다.

Question 02 35점

I. 논점의 정리

〈물음 1〉에서 헌법상 정당보상의 원칙을 설명하고 사안의 손실보상이 헌법상 정당보상이나 비례의 원칙에 위반되는지, 위임입법의 한계를 일탈한 것인지 검토한다.

〈물음 2〉에서 토지보상법상 규정된 농업손실보상의 법적 성질과 권리구제방법에 대해 설명한다.

〈물음 3〉에서 토지보상법 시행규칙 시행 전에 사업인정이 이루어진 사안에 대해서도 해당 시행규칙을 적용하도록 하는 것이 진정소급입법에 해당하는지 여부를 검토한다.

II. 물음 1(정당보상 여부 등)

1. 헌법상 정당보상 원칙

1) 문제의 소재

헌법 제23조 제3항에서 규정하고 있는 정당보상의 의미에 대한 해석이 모호하여 견해의 대립이 존재한다.

2) 학설

피침해재산이 가지는 완전한 가치를 보상해야 한다는 완전보상설, 재산권의 사회적 구속성과 침해행위의 공공성에 비추어 사회국가원리에 바탕을 둔 기준에 따른 정당한 보상이면 족하다는 상당보상설, 완전보상과 상당보상을 나누는 절충설이 있다.

3) 판례 및 검토

판례는 정당보상이란 원칙적으로 피수용자의 객관적 가치를 완전하게 보상하는 완전보상을 의미한다고 판시하였다. 생각건대, 정당보상이란 평등의 원칙 및 국민의 법감정을 고려할 때 완전보상을 의미하는 것으로 판단되며, 정당보상의 범위는 재산권의 객관적 가치보장 및 부대적 손실보상, 생활보상이라 할 수 있다.

2. 토지보상법 시행규칙 제48조의 위법성 여부

1) 정당보상의 원칙 위배 여부

농업손실보상과 관련된 토지보상법 시행규칙 제48조는 장래의 영농손실에 대한 구체적 보상액 산정을 위한 실제 소득 인정 기준 등 구체적인 방법을 규정하고 있다. 이는 피수용자의 객관적 가치를 완전하게 보상하기 위한 적정기준이라 할 수 있으므로, 헌법 제23조 제3항에서 규정하고 있는 정당보상의 원칙에 위배되지 않는다고 판단된다.

2) 비례의 원칙 위반 여부

(1) 비례의 원칙 의의(행정기본법 제10조)

행정작용에 있어 행정목적과 행정수단 사이에 합리적인 비례관계가 있어야 한다는 원칙이다. 적합성, 필요성, 상당성의 원칙의 단계적 심사구조를 이룬다. 헌법 제37조 제2항과 행정기본법 제10조에 근거한다.

(2) 위반 여부

개정 토지보상법 시행규칙 제48조 제2항 단서 제1호는 영농보상이 장래의 불확정적인 일실 소득을 보상하는 것이자 농민의 생존 배려를 위한 보상인 점, 실제 소득 산정의 어려움 등을 고려하여 농민이 대체 생활을 준비하는 기간의 생계를 보장할 수 있는 범위 내에서 실제 소득 적용 영농보상금의 '상한'을 설정함으로써 나름대로 합리적인 적정한 보상액 산정방법을 마련했다고 볼 수 있으므로, 비례의 원칙을 위반했다고 볼 수 없다.

3) 위임입법의 한계 일탈 여부

토지보상법 시행규칙 제48조는 영농손실보상액을 산정하기 위해 실제 소득 산정기준을 직접 규정하고, 경제 상황 등에 대응하기 위해 보상액 산정 및 평가방법의 구체적이고 기술적인 부분을 국토교통부령에 위임하고 있으며, 법률에서 규정한 내용 이외에 추가적으로 고려해야 할 세부적인 기준이나 요소에 대한 내용만을 하위법령에 위임하여 예측이 가능하다는 점에서 포괄위임입법금지 원칙에 위배되지 않는다고 판단된다.

Ⅲ. 물음 2(농업손실보상의 법적 성질과 권리구제방법론)

1. 농업손실보상의 의의(토지보상법 제77조 제2항)

공익사업시행지구에 토지가 편입되어 영농을 할 수 없게 된 경우, 농민에게 영농손실액을 지급하는 것을 말한다. 전업에 소요되는 기간을 고려한 합리적 기대이익 상실에 대한 보상으로, 일실 손실의 보상이며 생활보상의 성격을 갖는다.

2. 법적 성질

1) 학설

손실보상청구권은 원인이 되는 공용침해 행위와는 별개의 권리로서 사법상의 금전지급청구권으로 보는 사권설, 손실보상청구권은 공권력 행사인 공용침해로 인해 발생하는 권리로서 공권이라 보는 공권설이 대립한다.

2) 판례

판례는 토지보상법상 농업손실보상청구권은 공익사업의 시행 등 적법한 공권력 행사에 의한 재산상의 특별한 희생에 대하여 전체적인 공용부담의 견지에서 공익사업의 주체가 그 손해를 보상하여 주는 손실보상의 일종으로 공법상 권리임이 분명하다고 판시하였다.

3) 검토

생각건대 손실보상은 공법상 원인을 이유로 이루어지고, 개정안에서는 손실보상에 관한 소송을 당사자소송으로 하도록 규정하고 있는 점에 비추어 공권으로 봄이 타당하다고 판단된다.

3. 권리구제방법

1) 관련 판례의 태도

농업손실보상청구권은 공익사업의 시행 등 적법한 공권력의 행사에 의한 재산상의 특별한 희생에 대하여 전체적인 공평부담의 견지에서 공익사업의 주체가 그 손해를 보상하여 주는 손실보상의 일종으로 공법상의 권리임이 분명하므로 그에 관한 쟁송은 민사소송이 아닌 행정소송절차에 의하여야 할 것이라 판시하였다.

2) 검토

생각건대 농업손실보상청구권은 공법상 권리이므로 이에 대한 쟁송절차 역시 사권 분쟁을 다루는 민사소송이 아니라 공권 분쟁을 다루는 행정소송에 의하여야 한다. 따라서 판례의 태도가 타당하다.

Ⅳ. 물음 3(진정소급입법 여부)

1. 진정소급입법

진정소급입법이란 과거에 이미 종료된 사실 또는 법률관계에 대하여 사후에 그 전과 다른 법적 효과를 발생시키는 입법을 말한다. 원칙적으로 금지되나, 예외적으로 가능하다.

2. 부진정소급입법

과거의 일정 시점에 개시되었지만 완결되지 않고 진행과정에 있는 상태의 사실 또는 법률관계와 그 법률적 효과에 장래적으로 개입하는 입법을 의미한다. 원칙적으로 허용된다.

3. 시행규칙 제48조가 진정소급입법에 해당하는지

1) 관련 판례의 태도

판례는 사업인정고시일부터 수용개시일 전날까지는 농업을 계속할 수 있으나, 그 사이에 공익사업과 무관한 사유로 경작을 중단한 경우, 손실보상의 대상에서 제외될 수 있으며, 사업인정고시만으로 구체적인 영농보상금 청구권을 확정적으로 취득했다고 볼 수 없고, 시행규칙 제48조에 따른 영농보상은 장래의 일실 소득을 예측하여 보상하는 것으로서 아직 발생하지 않은 장래의 손실을 보상하는 것이므로 영농보상금의 구체적인 산정방법 및 기준에 관한 개정 시행규칙 시행일 전에 사업인정고시가 이루어졌으나 개정 시행규칙 시행 후 보상계획공고가 이루어진 공익사업에 대해서도 적용하도록 규정하는 것은 진정소급입법에 해당하지 않는다고 판시하였다.

2) 검토

생각건대 토지보상법 시행규칙 제48조의 영농보상은 수용개시일 이후 편입농지에서 더 이상 영농을 계속 할 수 없게 됨에 따라 발생하는 손실에 대하여 장래의 2년간 일실소득을 예측하여 보상하는 것이므로, 수용재결 당시를 기준으로도 영농보상은 아직 발생하지 않은 장래의 손실이라는 점에서도 진정소급입법에 해당하지 않는다고 보는 판례의 입장이 타당하다.

V. 사안의 해결

〈물음 1〉에서 농업손실의 구체적인 보상액 산정방법을 규정하는 토지보상법 시행규칙 제48조는 헌법 제23조 제3항의 정당보상의 원칙과 비례의 원칙에 위배되지 않으며, 위임입법 한계를 일탈하지 않는다.

〈물음 2〉에서 농업손실보상청구권은 토지보상법 제77조 제2항과 시행규칙 제48조에 법적 근거가 있으며, 공법상 권리이다.

〈물음 3〉에서 시행규칙 제48조는 장래 발생할 손실에 대한 보상이므로 진정소급입법에 해당하지 않는다.

제17회 감정평가 및 보상법규 종합문제

Question 01

국토교통부장관은 전국을 철도로 90분 이내에 연결하기 위한 기본계획을 수립하였다. 이 계획에 기초하여 C공단 C이사장은 A지역과 B지역을 연결하는 철도건설사업에 대하여 「공익사업을 위한 토지 등의 취득 및 보상에 관한 법률」(이하 '토지보상법') 제20조에 따른 국토교통부장관의 사업인정을 받았다. P는 B-3공구 지역에 임야 3,000제곱미터를 소유하고 장뇌삼을 경작하고 있으며, 터널은 P소유 임야의 한 가운데를 통과한다. C공단의 C이사장은 국토교통부장관이 제정한 K지침에 따라 P에 대하여 "구분지상권"에 해당하는 보상으로 900만원(제곱미터당 3,000원 기준)의 보상금을 책정하고 협의를 요구하였다. P는 장뇌삼 경작 임야에 터널이 건설되고 기차가 지나다닐 경우 농사가 불가능하다고 판단하여 C이사장의 협의를 거부하였다. 40점

(1) P는 본인 소유 토지의 전체를 C이사장이 수용하여야 한다고 주장한다. 보상에 관한 C이사장의 결정과 P의 주장 내용의 정당성을 판단하시오. 20점

(2) 토지보상법상 P가 주장할 수 있는 권리와 이를 관철시키기 위한 토지보상법상의 권리구제수단에 관하여 논술하시오. 20점

Question 02

농업협동조합 甲은 국토교통부장관으로부터 면허를 받아 육지에서 섬까지 사람을 운송하는 도선사업을 운영하고 있었으나, 최근 연륙교 건설사업에 따라 육지와 섬을 연결하는 연륙교가 개통됨에 따라 대부분 연륙교를 통하여 이동하게 되자 영업상황이 악화되어 도선사업을 폐업해야 할 상황에 처하게 되었다. 이에 甲은 이러한 막대한 영업상의 손실에 대하여, 「공익사업을 위한 토지 등의 취득 및 보상에 관한 법률」(이하 '토지보상법') 제79조 제2항 및 제4항을 근거로 손실보상을 하여줄 것을 청구하였다. 이하 물음에 답하시오(해당 문제는 대법원 2013.6.14, 2010다9658 판결로 연륙교 건설사건을 기초로 함).

(1) 공익사업시행지구 밖 간접손실보상에 대해 설명하시오. 10점

(2) 토지보상법상 손실보상의 요건을 설명하고, 토지보상법 제79조 제2항 및 제4항을 甲의 영업상 손실의 보상에 대한 일반적 근거규정으로 본다면, 甲은 손실보상을 받을 수 있는지, 받을 수 있다면 어떠한 절차에 의하는지 설명하시오. 20점

(3) 토지보상법 제79조 제2항 및 제4항을 甲의 영업상 손실의 보상에 대한 일반적 근거규정으로 보지 않는다면, 甲은 손실보상을 받을 수 있는지 설명하시오. 20점

Question 01　40점

I. 논점의 정리

사안은 공익사업으로 인한 수용목적물의 범위와 사업인정 후 협의 불성립 시 피수용자의 권리구제수단이 문제된다. 〈물음 1〉에서는 수용목적물의 제한과 그에 대한 예외로서 간접손실보상 여부를 검토한다. 〈물음 2〉에서는 손실보상청구권과 재결신청권이 가능한지 검토한다.

II. 물음 1(각 주장의 정당성 판단)

1. C 이사장 결정의 정당성

1) 국토교통부 K지침이 재량준칙인지

행정규칙이란 행정조직 내부의 사구처리 기준으로 제정된 일반적·추상적 규범을 의미하며, 재량준칙은 재량권 행사의 기준을 정하는 행정규칙이다. 사안의 국토교통부 K지침은 보상에 대한 행정청의 내부기준을 정한 것으로서 재량준칙에 해당한다.

2) 재량준칙의 대외적 구속력 여부

(1) 학설 및 판례

대외적 구속력의 인정여부에 대해 법규설, 비법규설, 준법규설이 존재한다. 판례는 원칙적으로 행정규칙에 대한 법규성을 인정하지 않으나 재량준칙을 따르지 않은 처분에 대해 재량권을 남용한 위법한 처분으로 본다.

(2) 검토

생각건대 행정규칙의 법규성을 인정하는 것은 법률의 법규창조력에 반하는 것이므로 행정규칙 자체에는 법규성이 없다고 보는 것이 타당하다.

3) C 이사장 결정의 정당성

사안의 국토교통부 K지침은 재량준칙으로써 대외적 구속력이 인정되지 않는다. 따라서 이를 기초로 하여 보상금을 결정한 C 이사장의 결정은 정당하지 않다.

2. P 주장의 정당성

1) 간접손실보상의 개관

(1) 관련 규정의 검토(토지보상법 제79조 제2항)

공익사업이 시행되는 지역 밖에 있는 토지 등이 공익사업의 시행으로 인하여 본래의 기능을 다할 수 없게 되는 경우에는 국토교통부령으로 정하는 바에 따라 그 손실을 보상하여야 한다. 이때 P가 간접손실보상 대상이 되는지 검토한다.

(2) 의의 및 근거

간접손실이란 적법한 공익사업의 시행으로 인해 사업시행지 밖에서 필연적으로 발생하는 손실을 말하며, 사업시행지 내 토지소유자가 입는 부대적 손실과 구별된다. 간접손실보상이란 이러한 간접손실을 보상하여 주는 것을 말한다. 토지보상법 제74조 및 제79조, 동법 시행규칙 제59조 내지 제65조, 헌법 제23조 제3항에 근거한다.

(3) 요건

① 사업시행지 밖에서 제3자에게 예견가능하고 구체적으로 특정가능한 손실이 발생할 것, ② 사회적 제약을 넘는 특별한 희생이 존재할 것, ③ 보상규정이 존재할 것을 요한다.

2) 사안의 경우

(1) 보상의 대상이 되는 간접손실의 여부

사안의 경우 사업시행지 밖인 B-3 공구 지역 임야로서 특정 가능하며, 터널 완공으로 인해 농사가 불가능하다는 예견 가능한 손실이 존재한다.

(2) 특별한 희생 존부

특별한 희생이란 재산권의 사회적 제약을 넘는 손해로서 판례에 따라 형식적·실질적 기준을 종합하여 판단한다. 사안의 경우 P는 터널 통과로 인해 장뇌삼 경작임야를 농사라는 종래의 목적대로 사용할 수 없는 막대한 재산권의 침해가 예상되므로 특별한 희생에 해당된다고 판단된다.

(3) 보상규정 존부

① 토지보상법 시행규칙 제59조

공익사업시행지구 밖의 대지·건축물·분묘·농지가 공익사업의 시행으로 인해 교통이 두절되거나 경작이 불가능하게 될 것을 요한다. 사안의 경우 경작이 불가능하게 된 것은 맞으나 임야에 해당하므로 해당 규정을 적용하기 어렵다.

② 토지보상법 제79조 제4항

토지보상법 제79조 제4항을 일반근거조항으로 보는 견해가 있으나 일반근거조항으로 본다면 동 규정의 입법 취지가 지나치게 확장된다는 점과 포괄위임금지의 관점에서도 타당하지 않다. 따라서 개괄수권조항으로 보아 보상규정이 흠결된 경우로 본다.

(4) 보상규정 흠결 시 간접손실보상 가능성

① 학설 및 판례 : 보상부정설, 유추적용설, 직접적용설, 손해배상설 등이 대립한다. 판례는 최근 공공기업지 밖에서 발생한 간접손실에 대해 관련 법령을 유추적용하여 손실보상을 할 수 있다고 판시한 바 있다.

② 검토 : 간접손실도 적법한 공용침해로 인해 예견된 손실이라는 점, 국민의 권리구제의 실효성 등을 고려할 때 헌법 제23조 제3항 및 관련 규정을 유추적용하여 보상을 청구할 수 있다고 보는 것이 타당하다.

③ 사안의 경우 : P의 장뇌삼 농사 불가는 터널사업으로 인해 예견가능하며 특정가능한 손실에 해당하므로 권리구제 측면에서 판례에 따라 헌법 제23조 제3항 및 관련 규정을

유추적용하여 손실보상을 받을 수 있다.

3) P 주장의 정당성

P는 간접손실보상에 대한 요건을 모두 충족한다. 따라서 P는 본인 소유 토지 전체에 대해 간접손실보상을 청구할 수 있으므로 P 주장은 타당하다.

Ⅲ. 물음 2(주장가능 권리와 권리구제수단)

1. 토지보상법상 P가 주장할 수 있는 권리

1) 손실보상청구권

토지보상법 제79조 제2항을 일반근거조항으로 보아 손실보상을 인정할 경우, P는 이 규정에 근거한 손실보상청구권이 발생하게 된다. 이때 손실보상청구권은 공권력 행사의 결과에 의한 것으로 공권에 해당한다.

2) 재결신청권

토지보상법 제80조는 제79조 제1항과 제2항에 따른 보상은 사업시행자와 손실을 입은 자가 협의하여 결정하되, 협의 불성립 시 관할 토지수용위원회에 재결을 신청하도록 한다. 따라서 사안의 P는 본인 토지 전체의 수용을 사업시행자에게 청구할 수 있다. 이때 협의 불성립 시 토지수용위원회에 재결을 신청할 수 있다.

2. 권리구제수단

1) 토지보상법 제83조 이의신청

토지보상법 제80조에 따라 재결을 신청하였으나 기각·각하 등의 결정이 내려진 경우, 위법·부당한 재결에 대해 처분청을 경유하여 중앙토지수용위원회에 이의신청을 제기할 수 있다.

2) 토지보상법 제85조 행정소송

위법한 재결에 대하여 재결 자체를 다툴 경우에는 제1항에 따라 취소소송을, 재결에 따른 보상금을 다툴 경우에는 제2항에 따라 보상금증감청구소송을 제기할 수 있다. 이때 행정소송의 경우 중앙토지수용위원회를, 제2항의 경우 사업시행자를 상대로 한다.

IV. 사안의 해결

<물음 1>에서 C 이사장은 대외적 구속력이 없는 행정규칙에 따라 보상금을 결정한바 주장의 정당성이 없다. P 주장의 경우 간접손실보상 요건이 충족되므로 정당성이 인정된다.

<물음 2>에서 P는 간접손실보상청구권, 재결신청권 행사가 가능하다. 이를 관철하기 위해 제83조 이의신청 및 제85조의 행정소송이 가능하다.

Question 02 50점

<물음 1>

1. 논점의 정리

토지보상법 제79조에서는 공익사업 시행에 따라 사업시행지구 밖의 재산권자가 입은 손실에 대해 보상하도록 규정하는바 이하 사안의 검토 이전에 간접손실보상을 설명한다.

2. 의의(토지보상법 제79조)

간접손실이란 적법한 공익사업의 시행으로 인해 사업시행지 밖에서 필연적으로 발생하는 손실을 말하며, 사업시행지 내 토지소유자가 입는 부대적 손실과 구별된다. 간접손실보상이란 이러한 간접손실을 보상하여 주는 것을 말한다.

3. 근거

1) 헌법 제23조 제3항

간접손실보상이 헌법 제23조 제3항의 손실보상에 포함되는지에 대해 긍정설, 부정설의 견해 대립이 있으나, 판례는 헌법 제23조 제3항을 손실보상에 관한 일반적 규정으로 보면, 간접손실보상 또한 헌법 제23조 제3항의 정당보상에 포함된다고 본다. 생각건대, 간접손실도 적법한 공용침해로 인한 예견된 손실인 점에서 헌법 제23조 제3항의 손실보상에 포함함이 타당하다.

2) 토지보상법

토지보상법 제79조 및 동법 시행규칙 제59조에서 제65조에 규정되어 있다.

4. 법적 성질

① 간접보상은 손실이 있은 후에 행하는 사후보상의 성격을 갖는다. ② 원인행위가 간접적이라는 점을 제외하고는 일반 손실보상과 동일하므로 재산권보상으로 볼 수 있으며, ③ 침해가 있기 전 생활상태의 회복을 위한 것이라는 점에서 생활보상의 성격도 갖는다. ④ 또, 손실보상청구권에 대한 판례의 태도에 따라 공법상 권리에 해당한다.

〈물음 2〉

I. 논점의 정리

토지보상법상 간접손실보상 요건을 설명하고, 토지보상법 제79조 제2항 및 제4항을 보상에 대한 일반적 근거규정으로 보는 경우 보상 가능 여부 및 절차를 논한다.

II. 토지보상법상 간접손실보상 요건

1. 요건

① 사업시행지 밖에서 제3자에게 예견가능하고 구체적으로 특정가능한 손실이 발생할 것,

② 사회적 제약을 넘는 특별한 희생이 존재할 것, ③ 보상규정이 존재할 것을 요한다.

2. 사안의 경우

① 연륙교 건설사업지 밖에서 제3자인 갑의 도선사업장으로 손실 범위가 특정 가능하며 영업상황 악화로 손실이 예견 가능하다. 그리고 ② 갑은 막대한 영업상 손실을 받아 폐업이 불가피하므로 사회적 제약을 넘는 특별한 희생이 존재한다. 이때 ③ 토지보상법 제79조 제2항 및 제4항을 일반적 근거규정으로 볼 경우 보상규정이 존재한다. 따라서 간접손실보상의 요건을 모두 충족한다.

III. 제79조 제2항 및 제4항

1. 관련 규정의 검토

토지보상법 제79조 제2항은 공익사업지역 밖에 있는 토지 등이 공익사업의 시행으로 인하여 본래의 기능을 다할 수 없게 되는 경우 그 손실을 보상하여야 한다고 규정한다. 동조 제4항은 제1항부터 제3항까지 규정한 사항 이외에 공익사업의 시행으로 인하여 발생하는 손실의 보상 등은 국토교통부령으로 정하는 기준에 의한다고 규정한다.

2. 일반적 근거규정인지

긍정설은 동 규정이 보상하여야 하지만 법률에 규정되지 못한 경우를 대비한 규정으로서 일반근거조항으로 보아야 하며, 이 경우 국토교통부령에 규정되어 있지 않은 경우에도 토지보상법상의 보상절차 및 불복절차를 통하여 보상을 받을 수 있다고 한다. 반면 부정설은 동 규정이 개괄수권조항에 불과하다, 국토교통부령에 규정되지 않은 손실은 보상규정 없는 경우의 손실로 보아야 한다고 한다. 생각건대 일반적 근거규정으로 본다면 동 규정의 입법취지가 지나치게 확장된다는 점과 포괄위임금지의 관점에서도 타당하지 않다. 단 문제에서 일반적 근거규정으로 봄을 가정하는바 이하 이를 가정하여 논한다.

3. 손실보상 여부

토지보상법 제79조 제2항 및 제4항을 간접손실보상에 대한 일반적 규정으로 본다면 사안의 갑은 간접손실을 입은 자로서 동 조항을 근거로 손실보상을 청구할 수 있다. 이 경우 손실보상 절차에 대해 토지보상법 제79조에서 제2항과 제4항을 근거로 하는 경우로 나누어 살펴본다.

4. 절차

1) 제79조 제2항의 경우

토지보상법 제80조는 제79조 제1항과 제2항의 비용, 손실 또는 토지취득에 대한 보상은 사업시행자와 손실을 입은 자가 협의하여 결정하고, 협의 불성립 시에는 관할 토지수용위원회에 재결을 신청하도록 하고 있다. 이때 제80조 재결은 공익사업시행지구 밖의 토지 등을 해당 사업구역에 포함된 것으로 보아 손실보상하는 경우의 재결이므로, 일반적인 수용재결과 같은 성격을 가진다고 할 수 있다. 따라서 재결에 대한 불복은 동법 제83조 내지 제85조에 의거 이의신청 및 행정소송에 의하여야 할 것으로 판단된다.

2) 제79조 제4항의 경우

제79조 제4항의 경우에는 토지보상법상 별도의 손실보상절차가 규정되어 있지 않은바, 손실보상청구권의 법적 성질에 따라 공법상 당사자소송 또는 민사소송으로 손실보상을 청구할 수 있다. 다만 판례 및 다수설은 손실보상청구권을 공권으로 보는바, 공법상 당사자소송에 의해야 한다.

IV. 사안의 해결

간접손실보상 요건으로 ① 사업시행지 밖에서 제3자에게 예견가능하고 구체적으로 특정가능한 손실이 발생할 것, ② 사회적 제약을 넘는 특별한 희생이 존재할 것, ③ 보상규정이 존재할 것을 요한다.

토지보상법 제79조 제2항 및 제4항을 간접손실보상의 일반적 근거규정으로 본다면 갑은 손실보상을 받을 수 있다. 이때 동조 제2항에 따라 협의하되 협의 불성립 시 재결신청이 가능하다. 동조 제4항에 따르는 경우에는 손실보상청구권이 공권인바 공법상 당사자소송이 가능하다.

<물음 3>
I. 논점의 정리
토지보상법 제79조 제2항 및 제4항을 일반적 근거규정으로 보지 않는 경우 동법 시행규칙 제64조를 보상규정으로 볼 수 있는지, 보상규정 흠결 시 간접손실보상이 가능한지 검토한다.

II. 보상규정 존재 여부
1. 토지보상법 시행규칙 제64조
공익사업의 시행으로 인하여 배후지의 2/3 이상이 상실되어 영업이 곤란한 경우, 진출입로의 단절, 그 밖의 부득이한 사유로 휴업이 불가피한 경우에 영업자의 청구에 의해 당해 공익사업에 편입되는 것으로 보아 보상하여야 한다고 규정한다.

2. 관련 판례의 태도
판례는 영업의 고객이 소재하는 지역이 그대로 존재하는 상태에서 단지 고객의 해당 영업에 대한 이용 가능성이 없어졌다는 등의 사회적 내지 경제적 의미에서 영업의 인적 기반을 잃게 된 것만으로는 배후지의 상실로 볼 수 없다고 판시하였다.

3. 사안의 경우
연륙교 건설사업에 의해 배후지 상실, 진출입로의 단절 등이 발생하지 않았으므로, 토지보상법 시행규칙 제64조를 보상규정으로 보기 어렵다. 따라서 이하 보상규정 흠결 시 손실보상 가능성을 검토한다.

Ⅲ. 보상규정 흠결 시 간접손실보상 가능성

1. 학설의 대립

① 〈보상부정설〉 간접보상규정에 규정하지 않은 간접손실은 보상의 대상이 되지 않는다는 견해

② 〈유추적용설〉 간접손실보상에 관한 규정을 유추적용하여 손실보상을 청구가 가능하다는 견해

③ 〈직접적용설〉 헌법 제23조 제3항에 근거하여 보상청구권이 인정된다는 견해

④ 〈평등원칙 및 재산권보장규정근거설〉 헌법상의 평등원칙 및 재산권 보장규정이 손실보상의 직접적 근거가 될 수 있다면 이에 근거하여 보상해 주어야 한다는 견해

⑤ 〈수용적 침해이론〉 간접손실도 수용적 침해로 보면서 수용적 침해이론을 긍정하여 구제하여야 한다는 견해

⑥ 〈손해배상설〉 보상규정이 없는 경우 손해배상을 청구하여야 한다는 견해

2. 판례

판례는 손실이 발생하리라는 것을 쉽게 예견할 수 있고 그 손실의 범위도 구체적으로 이를 특정할 수 있는 경우라면 그 손실의 보상에 관하여 특례법 시행규칙의 관련 규정 등을 유추적용할 수 있다고 해석함이 상당하다고 판시한 바 있다.

3. 검토

생각건대 간접손실도 손실보상에 포함되는 점, 최근 공공기업지 밖의 간접손실에 대해 관계 법령을 유추적용을 할 수 있다고 대법원이 판시한 점 등을 고려하여 판례에 따라 갑은 관계 법령인 공공용지의 취득 및 손실보상에 관한 특례법 시행규칙을 유추적용하여 손실보상을 받을 수 있다.

Ⅳ. 사안의 해결(갑의 손실보상 여부)

사안의 경우 토지보상법 제79조 제2항 및 제4항은 간접손실보상의 일반적 근거규정이 아니며 동법 시행규칙 제64조의 적용도 어려운바, 보상규정이 흠결된 것으로 판단된다. 이때 판례에 따라 헌법 제23조 제3항 및 관련 규정을 유추적용하여 손실보상을 받을 수 있다.

제18회 감정평가 및 보상법규 종합문제

Question 01

A군에 사는 甲은 국토의 계획 및 이용에 관한 법률에 따라 지정된 개발제한구역 내에 과수원을 경영하고 있다. 甲은 영농의 편의를 위해 동 과수원 토지 내에 작은 소로(小路)를 개설하고, 종종 이웃 주민의 통행에도 제공해 왔다. A군은 甲의 과수원 부지가 속한 일단의 토지에 폐기물처리장을 건설하고자 하는 乙을 폐기물관리법에 따라 폐기물처리장 건설사업자로 지정하면서 동 처리장건설사업실시계획을 승인하였다. 甲과 乙 간에 甲 토지에 대한 협의매수가 성립되지 않아 乙은 甲 토지에 대한 수용재결을 신청하고, 관할 지방토지수용위원회의 수용재결을 받았다. 동 수용재결에서는 "사실상의 사도(私道)의 부지는 인근 토지에 대한 평가액의 3분의 1 이내로 평가한다."고 규정하고 있는 공익사업을 위한 토지 등의 취득 및 보상에 관한 법률 시행규칙(이하 "토지보상법 시행규칙") 제26조 제1항 제2호의 규정에 따라, 甲의 토지를 인근 토지가에 비하여 3분의 1의 가격으로 평가하였다. 이 수용재결에 대하여 이의가 있는 甲은 적절한 권리구제수단을 강구하고자 한다. 다음의 물음에 답하시오. 50점

(1) 토지보상액에 불복하고자 하는 甲의 행정쟁송상 권리구제수단을 설명하시오. 20점

(2) 甲이 제기한 쟁송에서 피고 측은 甲의 토지에 대한 보상액이 낮게 평가된 것은 토지보상법 시행규칙 제26조 제1항 제2호의 규정에 의한 것으로서 적법하다고 주장한다. 피고의 주장에 대해 법적으로 판단하시오. 15점

(3) 甲은 토지보상법 시행규칙 제26조 제1항 제2호의 규정은 헌법 제23조상의 재산권 보장 및 정당보상원칙을 위배하여 위헌적인 것이라고 주장한다. 甲의 주장을 관철할 수 있는 법적 수단을 설명하시오. 15점

Question 02

다음 사례의 물음에 답하시오. 40점

(1) 공익사업을 위한 토지 등의 취득 및 보상에 관한 법률에 따라 골프연습장을 하기 위하여 사업시행자 甲은 많은 악조건에서도 사업인정을 받아 공익사업을 추진코자 하였다. 그러나 위 사실관계를 볼 때 사업시행자 甲이 임대차로 확보한 토지에 대하여 학교법인 乙이 해당 사건 토지 인도 및 그 지상건물 철거소송을 제기하였고, 이에 대하여 甲은 이 사건 토지에 대한 협의매수를 시도하다가 여의치 않자 2004.11.26. 중앙토지수용위원회에 대하여 이 사건 토지에 대한 수용재결을 신청하여 중앙토지수용위원회의 재결까지 받았다. 사업인정기관이 공익사업을 위한 토지 등의 취득 및 보상에 관한 법률상의 사업인정을 하기 위한 요건이 무엇이며, 사업시행자가 사업인정을 받은 후 그 사업이 공용수용을 할 만한 공익성을 상실하거나 사업인정에 관련된 자들의 이익이 현저히 비례의 원칙에 어긋나게 된 경우 또는 사업시행자가 해당 공익사업을 수행할 의사나 능력을 상실한 경우, 그 사업인정에 터 잡아 수용권을 행사할 수 있는지 여부에 대하여 설명하시오. 20점
(해당 문제는 대법원 2011.1.27. 선고 2009두1051 판결을 기초로 함)

(2) 해당 사업의 토지를 소유하고 있는 학교법인 乙은 억울한 나머지 중앙토지수용위원회의 수용재결에 대하여 이의신청을 하였고, 그 이의신청의 결과인 이의재결을 받았다. 현실적으로 해당 토지소유자인 학교법인 乙은 해당 수용사건 토지가 지적불부합지로서 토지 자체의 특정이 어려워 토지수용 자체가 불가능하다는 이유로 이 사건 토지를 수용한 중앙토지수용위원회의 수용재결과 이의재결의 취소를 모두 구하고자 한다. 학교법인 乙 등 토지소유자가 수용재결에 불복하여 이의신청을 거친 후 취소소송을 제기하는 경우 피고적격 및 소송대상은 무엇인지 설명하시오. 20점

Question 01 [50점]

Ⅰ. 논점의 정리

〈물음 1〉에서 토지보상법에서 토지보상액에 대한 불복수단으로서 제83조의 이의신청, 제85조 제2항의 보상금증감청구소송을 규정하고 있는바 이하 설명한다.

〈물음 2〉에서 토지보상법 시행규칙 제26조가 법규성이 있는지 검토한 후 낮게 평가된 보상액이 적법한 것인지 판단한다.

〈물음 3〉에서 토지보상법 시행규칙 제26조의 정당보상원칙 위배 여부를 살펴보고, 갑 주장을 관철시킬 법적수단을 설명한다.

Ⅱ. 물음 1(보상금에 불복 시 갑의 행정쟁송상 권리구제수단)

1. 관련 행정작용(수용재결)

사업인정 후 협의 불능·불성립의 경우 사업시행자의 신청으로 관할 토지수용위원회가 행하는 공용수용의 종국적 절차이다. 사업시행자가 피수용자에게 보상금을 지급할 것을 조건으로 토지 등에 대한 권리를 취득하는 형성적 행정행위로서 처분이다.

2. 이의신청(토지보상법 제83조)

1) 의의 및 성격

위법·부당한 재결에 불복이 있는 때에 중앙토지수용위원회에 이의를 신청하는 것이다. 특별법상 행정심판에 해당하여 행정심판법보다 토지보상법이 먼저 적용된다. 동법 제83조에서 '할 수 있다'라고 규정하여 임의주의적 성격을 갖는다.

2) 요건 및 효과

① 재결서 정본을 받은 날부터 30일 이내에 처분청을 경유하여 중앙토지수용위원회에 이의신청한다. 판례는 사업의 시급성·전문성을 고려하여 제소기간의 단축은 위헌이 아니라 판시하였다. ② 이의신청은 사업의 진행 및 토지의 사용·수용을 정지시키지 아니하는

집행부정지 원칙이다(토지보상법 제88조).

3) 이의재결의 효력
① 보상금 변경 시 사업시행자는 재결서 정본을 받은 날부터 30일 이내에 증액된 보상금을 지급해야 한다. 판례는 이의재결로 결정된 보상금을 지급하지 않았다고 하여 이의재결이 실효되는 것은 아니라 판시하였다. ② 이의재결 확정 시 민사소송법상 확정판결이 있는 것으로 보고 재결서 정본은 집행력 있는 판결의 정본과 동일한 효력을 갖는다(토지보상법 제86조).

3. 보상금증감청구소송(토지보상법 제85조 제2항)

1) 의의 및 취지
수용재결 중 보상금에 대해 불복이 있는 때 제기하는 소송으로, 보상금에 대한 이해당사자인 사업시행자와 토지소유자 및 관계인이 보상금 증감을 직접 다툴 수 있도록 하는 당사자소송이다. 이는 우회적 권리구제를 통해 분쟁의 일회적 해결 도모에 그 취지가 있다.

2) 소송의 성질
① 형성소송인지 확인급부소송인지 견해의 대립은 있으나 판례는 재결의 취소 없이 손실보상금의 증감 및 지급을 다투는 것으로서 확인급부소송으로 본다. ② 현행 토지보상법 제85조는 재결청을 공동피고에서 제외하여, 법률관계의 일반 당사자를 피고로 제기하면서도 처분청의 행정행위인 손실보상금에 대해 다투므로 형식적 당사자소송이다.

3) 피고
토지보상법 제85조 제2항에서는 소송을 제기하는 자가 토지소유자 또는 관계인일 때에는 사업시행자를, 사업시행자일 때에는 토지소유자 또는 관계인을 각각 피고로 한다고 규정한다.

4) 제소기간

당사자소송은 원칙적으로 제소기간의 제한이 없으나, 토지보상법 제85조 제1항 취소소송의 제소기간을 적용하여 재결서를 받은 날부터 90일 이내에, 이의신청을 거친 때에는 이의신청에 대한 재결서를 받은 날부터 60일 이내로 하고 있다.

5) 심리 범위

보상금 증감뿐만 아니라 보상방법, 보상액 범위, 보상 유무, 손실보상 방법, 잔여지수용, 이전수용 등 다양한 보상분쟁을 심리한다. 이는 분쟁의 일회적 해결 취지에 있으며 최근 그 심리범위는 더 확대되고 있다.

6) 행정심판 전치 여부

형식적 당사자소송은 행정심판을 전치절차로 두지 않으나, 보상금증감청구소송은 예외적으로 토지보상법 제83조의 이의신청을 임의적 전치절차로 규정하고 있다.

Ⅲ. 물음 2(피고 주장에 대한 법적 판단)

1. 토지보상법 시행규칙 제26조의 법령보충적 행정규칙 여부

법령보충적 행정규칙이란 상위 법령의 위임에 의해 법령을 보충하는 법규사항을 정하는 행정규칙을 말한다. 판례에 따르면 토지보상법 제68조 제3항은 보상액 산정의 구체적 기준을 시행규칙에 위임하고 있고, 동법 시행규칙 제22조를 토지보상법과 결합하여 대외적 구속력을 갖는 법령보충적 행정규칙이라 판시하였다. 따라서 동칙 제22조와 같은 반열의 동칙 제26조 또한 법령보충적 행정규칙이라 봄이 타당하다.

2. 법령보충적 행정규칙의 법적 성질

1) 학설

① 형식을 중시하여 행정규칙이라 보는 형식설, ② 실질을 중시하여 법규명령으로 보는

실질설, ③ 상위규범을 구체화하는 행정규칙으로 법규성을 인정하는 규범구체화 행정규칙설, ④ 상위법령과 결합하여 법규성을 인정하는 법규명령 성질을 갖는 행정규칙설, ⑤ 헌법에 규정이 없음을 근거로 위헌이라는 위헌무효설이 있다.

2) 판례

대법원은 재산세 사무처리 규정 등 판례에서 위임법령의 위임한계를 벗어나지 않는 한 상위법령과 결합하여 대외적 구속력을 갖는 법규명령으로서의 효력을 갖는다고 판시하였다.

3) 검토

최근 판례에 의하면 토지보상법 시행규칙 제22조의 법규성을 인정한 점, 행정 현실상 필요한 점 등을 고려할 때 판례에 따라 상위 법령 위임 한계 내에서 법령보충적 행정규칙의 법규성을 인정함이 타당하다.

3. 사안의 경우

토지보상법 시행규칙 제26조는 법령보충적 행정규칙으로, 상위법령과 결합하여 법규성이 인정된다. 따라서 해당 사안에서 토지소유자 갑 토지가 사실상 사도에 해당한다면 을이 동 규정에 의해 갑 토지를 인근 토지 평가액의 1/3 이내로 평가한 것은 적법하다. 따라서 피고인 을의 주장이 타당하다.

IV. 물음 3(갑 주장을 관철할 수 있는 법적 수단)

1. 헌법 제23조상의 재산권 보장

헌법 제23조에서는 "① 모든 국민의 재산권은 보장된다. 그 내용과 한계는 법률로 정한다. ② 재산권의 행사는 공공복리에 적합하도록 하여야 한다. ③ 공공필요에 의한 재산권의 수용·사용 또는 제한 및 그에 대한 보상은 법률로써 하되, 정당한 보상을 지급하여야 한다."라고 규정한다.

2. 정당보상원칙의 의의

① 대법원은 정당보상이란 완전보상을 뜻하는 것으로 보상의 시기나 방법 등에 어떠한 제한이 없어야 한다고 판시하였다. ② 헌법재판소는 정당보상이란 피수용 재산의 객관적 가치를 완전하게 보상하는 것을 의미한다고 판시하였다. ③ 따라서 정당보상원칙이란 보상의 시기, 방법 제한이 없으며 피수용자의 객관적 재산가치를 완전히 보상하는 정당보상을 보상원칙으로 삼는 것을 의미한다.

3. 갑 주장을 관철할 수 있는 법적 수단

1) 문제의 소재

동 규정이 헌법 제23조 재산권 보장 및 정당보상원칙에 위배되어 위헌이라고 주장하는 갑 주장을 관철시킬 수 있는 수단을 이하 살펴본다.

2) 이의신청 시 위헌주장

행정심판법 제59조에서는 중앙행정심판위원회가 심판청구를 심리·재결할 때 처분의 근거가 되는 명령이 법적 근거가 없거나 상위 법령에 위배되거나 국민에게 과도한 부담을 주는 등 불합리하다고 인정되는 경우, 관계 행정기관에 요청하여 그 명령 등의 개정·폐지 등의 시정조치를 할 수 있다고 규정한다. 사안에서 수용재결에 대한 이의신청은 특별법상 행정심판이므로 갑은 이의신청 시 법규명령의 위헌성을 주장하여 심리·재결 시 반영되도록 할 수 있다.

3) 행정소송(구체적 규범통제)

헌법 제107조 제2항에서는 명령, 규칙 또는 처분이 헌법이나 법률에 위반되는지 여부가 재판의 전제가 된 경우에는 대법원이 이를 최종적으로 심사할 권한을 가진다고 규정한다. 사안에서 갑은 수용재결을 행정소송으로 다투면서 그 위법 사유로 근거 법령인 법규명령의 위헌성을 들어 자신의 주장을 관철시킬 수 있다.

4) 법규명령에 대한 헌법소원

헌법 제107조 제2항에서 법규명령에 대한 통제를 대법원에서 하도록 규정하고 있어, 이와 관련하여 별도의 헌법소원이 가능한지 긍정설과 부정설의 견해가 대립한다. 생각건대 헌법소원이 기본권 보장제도로서의 기능을 한다는 점을 고려할 때 법규명령에 대한 헌법소원도 인정함이 타당하다. 따라서 헌법소원을 통해 갑은 자신의 주장을 관철시킬 수 있다.

V. 사안의 해결

〈물음 1〉에서 토지보상금에 대한 불복은 토지보상법 제83조의 이의신청, 동법 제85조 제2항의 보상금증감청구소송에 의한다.

〈물음 2〉에서 토지보상법 제68조 제3항의 위임 한계를 벗어나지 않는 한 동법 시행규칙 제26조는 법규성을 가지므로 갑의 토지를 사실상 사도로 보아 낮게 평가한 것은 타당하다.

〈물음 3〉에서 토지보상법 시행규칙 자체의 위헌성을 주장하는 경우 〈물음 1〉의 불복수단을 다투면서 법규명령의 위헌을 함께 주장할 수 있다.

Question 02 40점

〈물음 1〉

I. 논점의 정리

사업인정은 공공성을 판단하는 공용수용의 단계로서 그 요건이 갖추어진 경우 인정된다. 이하 사업인정의 요건을 살피고, 사업인정 후 사업인정 요건에 흠이 생긴 경우 그 사업인정에 터 잡아 수용권을 행사할 수 있는지 검토한다.

II. 사업인정(토지보상법 제2조 제7호, 제20조)

1. 의의 및 법적 성질

① 사업인정이란 공익사업을 토지 등을 수용 또는 사용할 사업으로 결정하는 것을 말한다

(토지보상법 제2조 제7호). ② 판례는 일정한 절차를 거칠 것을 조건으로 수용권을 설정하는 형성행위라 하여 처분성을 인정하였다. ③ 이해관계인의 청취 및 관련 이익 형량을 거치는바 재량행위이다. ④ 사업시행자에게는 수익적 효과를, 피수용자에게는 침익적 효과를 발생시키는 제3자효 행정행위이다.

2. 사업인정 요건(판례)

① 토지보상법 제4조 각 호에 규정된 공익사업일 것, ② 공공필요가 있을 것, ③ 공공필요가 비례의 원칙에 적합할 것, ④ 사업시행자의 사업수행능력과 의사가 있을 것을 요한다.

Ⅲ. 수용재결(토지보상법 제34조, 제50조)

1. 의의 및 법적 성질

① 수용재결이란 사업인정 후 협의 불능·불성립의 경우 관할 토지수용위원회가 수용권의 구체적 내용을 결정하고 그 실행을 완성시키는 공용수용의 종국적 절차이다. ② 수용권의 구체적 내용과 권리 취득·상실을 결정하는 형성적 행정행위로서 처분이다. ③ 재결 자체는 기속행위이나 그 내용에 재량성이 존재한다. ④ 사업시행자에게는 수익적 효과를, 피수용자에게는 침익적 효과를 발생시키는 제3자효 행정행위이다.

2. 수용재결의 요건

① 주체상 요건으로 재결기관이 지방·중앙토지수용위원회일 것, ② 절차상 요건으로 신청(토지보상법 제28조), 공고, 열람, 의견청취, 심리, 재결, 화해 등이 있다(동법 제31조 내지 제34조). ③ 형식상 요건으로 서면에 의하여야 한다(동법 제34조). ④ 내용상 요건으로 동법 제50조의 토지수용위원회의 재결사항이 있다. 이때 사업인정 요건이 수용재결의 내용상 요건에 해당하는지 문제된다.

3. 사업인정 요건이 수용재결의 내용상 요건인지

1) 판례

판례는 사업인정을 받은 후 그 사업이 공용수용을 할 만한 공익성을 상실하거나 사업인정에 관련된 자들의 이익이 현저히 비례의 원칙에 어긋나게 된 경우 또는 사업시행자가 해당 공익사업을 수행할 의사나 능력을 상실하였음에도 여전히 그 사업인정에 기하여 수용권을 행사하는 것은 수용권의 공익목적에 반하는 수용권 남용에 해당되어 허용되지 않는다고 판시하였다.

2) 검토

생각건대 공용수용은 헌법 제23조의 최소침해의 원칙에 비추어 보더라도 판례의 태도가 타당하므로, 해당 내용, 즉 사업인정 요건은 수용재결의 내용상 요건이라 판단된다.

Ⅳ. 사안의 경우(수용권 행사 여부)

사안은 재정상황 악화 등에 비추어 볼 때, 사업인정 요건 중 사업시행자의 사업수행의사·능력의 요건을 충족하지 못하는 경우이다. 따라서 수용재결의 내용상 요건에 하자가 있는 경우이므로 해당 사업인정을 터 잡아 수용권을 행사하는 것은 수용권 남용에 해당한다. 따라서 수용권을 행사할 수 없다.

<물음 2>

Ⅰ. 논점의 정리

토지보상법상 이의신청을 거친 후 취소소송을 제기하는 경우 피고적격 및 소의 대상과 관련하여 원처분주의 및 재결주의를 논하고, 재결 자체의 고유한 위법이 있는지 살펴 사안을 해결한다.

Ⅱ. 토지보상법상 이의신청(토지보상법 제83조)

토지보상법 제34조 재결에 대해 불복이 있을 때 처분청을 경유하여 재결서 정본을 받은 날부터 30일 이내에 중앙토지수용위원회에 이의를 신청하는 것을 말한다. 특별법상 행정심판이며 임의주의적 성격을 갖는다.

Ⅲ. 원처분 중심주의

1. 원처분주의와 재결주의

원처분주의란 재결 자체에 고유한 위법이 없는 한 원처분을 대상으로 소를 제기하는 제도이다. 재결주의란 재결만이 항고소송의 대상이며, 재결소송에서 원처분의 위법까지 주장할 수 있는 제도이다.

2. 행정소송법 및 토지보상법의 태도

행정소송법 제19조에서는 재결취소소송은 재결 자체의 고유한 위법이 있는 경우에 한한다고 규정하여 원처분주의를 취한다. 토지보상법 제85조에서는 동법 제34조에 따른 재결에 불복할 때라고 규정하여 원처분주의를 명문화하였다.

3. 원처분주의 위반의 효과

재결 자체에 고유한 위법이 없음에도 재결에 대해 취소소송을 제기한 경우 각하 판결을 해야 한다는 견해와 기각 판결을 해야 한다는 견해가 대립한다. 판례는 기각 판결을 해야 한다고 판시하였다. 생각건대, 재결의 고유한 위법이 있는지 여부는 본안 판단의 사항이므로, 기각 판결을 해야 한다는 견해가 타당하다고 판단된다.

4. 관련 판례의 태도(2008두1504)

대법원은 수용재결에 대해 불복이 있는 경우에는 이의신청을 거친 경우에도 수용재결을 한 중앙토지수용위원회 또는 지방토지수용위원회를 피고로 하여 수용재결의 취소를 구해야 하나, 이의신청에 대한 재결 자체에 고유한 위법이 있음을 이유로 하는 경우에는 이의재결을 한 중앙토지수용위원회를 피고로 하여 이의재결의 취소를 구해야 한다고 판시하였다.

Ⅳ. 피고적격 및 소의 대상

행정소송법 제19조 및 토지보상법 제85조와 관련 판례에 비추어 현행 법령이 원처분주의를 표방하는 점, 행정 경제 및 능률화 관점에서도 이의재결 자체에 고유한 위법이 있는 경우가 아니라면 원처분인 수용재결을 소의 대상으로 하고, 그 처분청인 지방·중앙 토지수용위원회를 피고로 봄이 타당하다.

Ⅴ. 사안의 해결

원처분주의에 입각하여 재결 자체에 고유한 위법이 있는 경우에는 이의재결을 소의 대상으로 하면서 피고를 그 처분청인 중앙토지수용위원회로 본다. 단 고유한 위법이 없는 경우 원처분인 수용재결을 소의 대상으로 하며, 수용재결을 한 지방·중앙토지수용위원회가 피고가 된다.

제19회 감정평가 및 보상법규 종합문제

01
사업시행자 서울특별시장은 경인고속도로 신월IC 도로 확장 공사를 위하여 신월동 부근 甲 자원산업주식회사의 부지와 진입로인 도로를 수용하게 되었다. 그 진입도로에 대해서 사업시행자는 사실상 사도라고 하면서 보상금액을 인근 토지평가액의 1/3 이내 수준으로 보상하려고 한다. 해당 진입도로는 불특정 다수의 일반 차량이 도로 부분을 통행하거나 甲이 이를 허용하였다고 볼 수 없는 토지이고, 폐기물 운반차량이 통행하기 곤란할 정도로 좁고 통행로로 이용되지 않는 점, 도로 연결지점에 말뚝을 박아 소형 차량조차도 통행할 수 없는 점에서 사실상 사도인지 논란이 되고 있다. 다음 물음에 답하시오. 40점 (해당 문제는 대법원 2013.6.13. 선고 2011두7007 판결에 기초함)

(1) 50억 수용재결에 의한 토지보상액에 대해 불복하고자 하는 甲 자원산업주식회사는 행정쟁송상 권리구제 수단을 설명하시오. 20점

(2) 공익사업을 위한 토지 등의 취득 및 보상에 관한 법률 시행규칙 제26조 제1항 제2호에 의하여 '사실상의 사도'의 부지로 보고 인근 토지평가액의 3분의 1 이내로 보상액을 평가하기 위한 요건에 대해서 설명하시오. 5점

(3) 공익사업을 위한 토지 등의 취득 및 보상에 관한 법률 시행규칙 제26조 제2항 제1호에서 규정한 '도로개설 당시의 토지소유자가 자기 토지의 편익을 위하여 스스로 설치한 도로'에 해당하는지 판단하는 기준에 대하여 설명하시오. 5점

(4) 공익사업을 위한 토지 등의 취득 및 보상에 관한 법률 시행규칙 제26조 제2항 제2호가 규정한 '토지소유자가 그 의사에 의하여 타인의 통행을 제한할 수 없는 도로'의 의미 및 그에 해당하는지 판단하는 기준에 대하여 설명하시오. 5점

(5) 위 지문의 이 사건 도로에 대한 사실관계를 토대로 설문 3과 설문 4에 대하여 '도로개설 당시의 토지소유자가 자기 토지의 편익을 위하여 스스로 설치한 도로'인지, '토지소유자가 그 의사에 의하여 타인의 통행을 제한할 수 없는 도로'인지 구체적으로 설명하시오. 5점

Question 02

성남시는 판교공원 조성사업을 위해 경기도 성남시 분당구 운중동 일대의 토지가 필요하여 토지소유자인 甲과 협의하였으나 협의가 결렬되었다. 이에 성남시는 재결을 신청하였으며 관할 토지수용위원회는 2019년 1월 20일 해당 토지수용에 관한 재결(보상금 : 7억원)을 하였고, 이후 甲이 재결에 대해 이의신청을 하여 관할 토지수용위원회는 2019년 6월 20일 이의재결(보상금 : 8억 5천만원)을 하였다. 40점

(1) 甲이 보상금증액청구소송을 제기하는 경우 동 소송의 성질 및 소송의 대상에 대하여 설명하시오. 15점

(2) 甲은 이의재결에서 보상금액의 산정기준 시점을 이의재결일이 아닌 수용재결일을 기준으로 평가하였고, 또한 보상액산정의 기준이 되는 표준지공시지가에 위법성이 있음을 이유로 이의재결에서 정한 보상금액도 정당보상액에 미달한다고 보아 보상금증액청구소송을 제기하였다. 甲의 주장은 타당한가? 25점

Question 01 40점

Ⅰ. 논점의 정리

〈물음 1〉에서 토지보상금에 대한 불복수단으로써 토지보상법 제83조의 이의신청과 제85조 제2항의 보상금증감청구소송을 검토한다.

〈물음 2〉에서 사실상 사도의 평가 요건을 검토한다.

〈물음 3〉에서 자기 토지의 편익을 위해 스스로 설치한 도로에 대한 판단을 판례를 통해 검토한다.

〈물음 4〉에서 타인의 통행을 제한할 수 없는 도로의 의미 및 판단기준을 판례를 통해 검토한다.

〈물음 5〉에서 사안의 경우 사실상 사도에 해당하는지 검토한다.

Ⅱ. 물음 1(토지보상금에 대한 불복수단)

1. 관련 행정작용(수용재결)

사업인정 후 협의 불능·불성립의 경우 사업시행자의 신청으로 관할 토지수용위원회가 행하는 공용수용의 종국적 절차이다. 사업시행자가 피수용자에게 보상금을 지급할 것을 조건으로 토지 등에 대한 권리를 취득하는 형성적 행정행위로서 처분이다.

2. 이의신청(토지보상법 제83조)

1) 의의 및 성격

위법·부당한 재결에 불복이 있는 때에 중앙 토지수용위원회에 이의를 신청하는 것이다. 특별법상 행정심판에 해당하여 행정심판법보다 토지보상법이 먼저 적용된다. 동법 제83조에서 '할 수 있다'라고 규정하여 임의주의적 성격을 갖는다.

2) 요건 및 효과

① 재결서 정본을 받은 날부터 30일 이내에 처분청을 경유하여 중앙토지수용위원회에 이

의신청한다. 판례는 사업의 시급성·전문성을 고려하여 제소기간의 단축은 위헌이 아니라 판시하였다. ② 이의신청은 사업의 진행 및 토지의 사용·수용을 정지시키지 아니하는 집행부정지 원칙이다(토지보상법 제88조).

3) 이의재결의 효력
① 보상금 변경 시 사업시행자는 재결서 정본을 받은 날부터 30일 이내에 증액된 보상금을 지급해야 한다. 판례는 이의재결로 결정된 보상금을 지급하지 않았다고 하여 이의재결이 실효되는 것은 아니라 판시하였다. ② 이의재결 확정 시 민사소송법상 확정판결이 있는 것으로 보고 재결서 정본은 집행력 있는 판결의 정본과 동일한 효력을 갖는다(토지보상법 제86조).

3. 보상금증감청구소송(토지보상법 제85조 제2항)

1) 의의 및 취지
수용재결 중 보상금에 대해 불복이 있는 때 제기하는 소송으로, 보상금에 대한 이해당사자인 사업시행자와 토지소유자 및 관계인이 보상금 증감을 직접 다툴 수 있도록 하는 당사자소송이다. 이는 우회적 권리구제를 통해 분쟁의 일회적 해결 도모에 그 취지가 있다.

2) 소송의 성질
① 형성소송인지 확인급부소송인지 견해의 대립은 있으나 판례는 재결의 취소 없이 손실보상금의 증감 및 지급을 다투는 것으로서 확인급부소송으로 본다. ② 현행 토지보상법 제85조는 재결청을 공동피고에서 제외하여, 법률관계의 일반 당사자를 피고로 제기하면서도 처분청의 행정행위인 손실보상금에 대해 다투므로 형식적 당사자소송이다.

3) 피고
토지보상법 제85조 제2항에서는 소송을 제기하는 자가 토지소유자 또는 관계인일 때에는 사업시행자를, 사업시행자일 때에는 토지소유자 또는 관계인을 각각 피고로 한다고 규정한다.

4) 심리 범위

보상금 증감뿐만 아니라 보상방법, 보상액 범위, 보상 유무, 손실보상 방법, 잔여지수용, 이전수용 등 다양한 보상분쟁을 심리한다. 이는 분쟁의 일회적 해결 취지에 있으며 최근 그 심리범위는 더 확대되고 있다.

5) 행정심판 전치 여부

형식적 당사자소송은 행정심판을 전치절차로 두지 않으나, 보상금증감청구소송은 예외적으로 토지보상법 제83조의 이의신청을 임의적 전치절차로 규정하고 있다.

Ⅲ. 물음 2(사실상 사도로 보기 위한 요건)

1. 사실상 사도의 의의(토지보상법 시행규칙 제26조 제2항)

사실상의 사도란 사도법에 의한 사도 외의 도로로서 관할 시장 또는 군수의 허가를 받지 않고 개설하거나 형성된 사도를 말한다.

2. 토지보상법 시행규칙 제26조

① 도로개설 당시 토지소유자가 자기 토지의 편익을 위해 스스로 설치한 도로, ② 토지소유자가 그 의사에 의해 타인의 통행을 제한할 수 없는 도로, ③ 건축법 제45조에 따라 건축허가권자가 그 위치를 지정·공고한 도로, ④ 도로개설 당시 토지소유자가 대지, 공장용지 등의 조성을 위해 설치한 도로 중 하나일 것을 요한다.

3. 관련 판례의 태도

판례는 사실상 사도의 부지로 보고 인근 토지평가액의 3분의 1 이내로 보상액을 평가하려면, 도로법에 의한 일반 도로 등에 연결되어 일반인의 통행에 제공되는 등 사도법에 의한 사도에 준하는 실질을 갖추고 있어야 하고, 나아가 토지보상법 시행규칙 제26조 제2항 제1호 내지 제4호 중 어느 하나에 해당해야 할 것이라고 판시하였다.

Ⅳ. 물음 3(자기 토지의 편익을 위해 스스로 설치한 도로에 대한 판단 기준)

1. 관련 판례의 태도

판례는 도로부지로 제공된 부분으로 인하여 나머지 부분 토지의 편익이 증진되는 등 도로부지로 제공된 부분의 가치를 낮게 보상하더라도 전체적으로 정당보상의 원칙에 어긋나지 않는다고 볼 만한 객관적 사유가 인정되어야 하며, 이는 도로의 개설경위, 목적, 소유관계, 이용상태, 주위환경, 인접 토지의 획지 면적 등 제반 사정에 비추어 판단해야 한다고 판시하였다.

2. 검토

생각건대 자기 토지의 편익을 위해 스스로 설치한 도로라는 점에서 나머지 토지의 가치 증가로 인해 도로부지 부분을 낮게 평가하여 보상하더라도 정당보상에 반하지 않는 점 등을 고려할 때 판례의 태도가 타당하다.

Ⅴ. 물음 4(타인의 통행을 제한할 수 없는 도로의 의미 및 판단기준)

1. 관련 판례의 태도

1) 의미

사유지가 종전부터 자연발생적으로 또는 도로예정지로 편입되어 있는 등 일반 공중의 교통에 공용되고 있고 그 이용상황이 고착되어 있어, 도로부지로 이용되지 아니하였을 경우에 예상되는 표준적인 이용상태로 원상회복하는 것이 법률상 허용되지 아니하거나 사실상 현저히 곤란한 정도에 이른 경우를 의미한다고 판시하였다.

2) 판단기준

판례는 어느 토지가 불특정 다수인의 통행에 장기간 제공되어 왔고 이를 소유자가 용인하여 왔다는 사정만으로 언제나 도로로서의 이용상황이 고착되었다고 볼 것은 아니고, 이는 해당 토지가 도로로 이용되게 된 경위, 일반의 통행에 제공된 기간, 도로로 이용되고 있는 토지의 면적, 그 도로가 주위 토지로 통하는 유일한 통로인지 여부 등을 종합하여 원래 지목에 따른 표준적 이용상태로의 회복 용이 여부를 가려 판단해야 한다고 판시하였다.

2. 검토

생각건대 단순히 타인의 통행을 제한할 수 없다는 기준으로 사실상 사도를 판단할 경우 정당보상이 되지 못하는바, 이용 경위, 기간, 면적 등을 고려하여 판단해야 한다는 판례의 태도가 타당하다.

VI. 물음 5(사안의 경우)

1. 물음 3에 대한 판단

갑 자원산업주식회사가 관할 관청의 지시에 따라 설치한 도로인 점 등에서 해당 도로 부지의 가치가 인근 토지의 가치에 화체되었다고는 볼 수 없으므로 자기 토지의 편익을 위해 스스로 설치하였다고 볼 수 없다.

2. 물음 4에 대한 판단

불특정 다수의 일반 차량이 도로 부분을 통행하거나 갑이 이를 허용하였다고 볼 수 없는 점, 폐기물 운반 차량이 통행하기 곤란할 정도로 폭이 좁고 통행로로 이용되지도 않는 점, 도로 연결 지점에 말뚝을 박아 소형 차량조차도 통행할 수 없었던 점 등에서 일반인의 통행에 제공되어 타인의 통행을 제한할 수 없는 도로에 해당한다고 볼 수 없다.

3. 사안의 경우

이 사건 토지는 자기 토지의 편익에 제공되었다고 볼 수 없으며, 타인의 통행에 제공되었다고도 볼 수 없다. 또한 건축허가권자가 지정·공고한 도로도 아니며, 토지소유자가 대지·공장용지 조성을 위해 설치한 도로도 아니므로 사실상 사도가 아니라고 판단된다.

Ⅶ. 사안의 해결

사안의 토지는 사실상 사도가 아님에도 불구하고 사실상 사도라 판단하여 보상금이 낮게 평가된 경우이다. 따라서 이에 불복하고자 하는 경우 토지보상법 제83조의 이의신청 및 제85조 제2항의 보상금증감청구소송이 가능하다.

Question 02 40점

Ⅰ. 논점의 정리

〈물음 1〉에서 보상금증액청구소송, 즉 보상금증감청구소송의 성질 및 대상에 대해 설명한다.
〈물음 2〉에서 이의재결 시 보상금 산정기준 시점 및 보상금증감청구소송에서 표준지공시지가 결정의 위법성을 주장할 수 있는지 하자의 승계 논리를 통해 갑 주장의 타당성을 검토한다.

Ⅱ. 물음 1

1. 보상금증감청구소송(토지보상법 제85조 제2항)

1) 의의 및 취지

수용재결 중 보상금에 대해 불복이 있는 때 제기하는 소송으로, 보상금에 대한 이해당사자인 사업시행자와 토지소유자 및 관계인이 보상금 증감을 직접 다툴 수 있도록 하는 당사자소송이다. 이는 우회적 권리구제를 통해 분쟁의 일회적 해결 도모에 그 취지가 있다.

2) 소송의 성질

(1) 확인급부소송

손실보상에 대한 수용재결을 취소하고 구체적인 손실보상청구권을 행사하는 형성소송이라 보는 견해, 수용재결의 취소가 아니라 당사자 사이에 정당보상액을 확인하거나 부족액을 급부하게 하는 것으로 확인·급부소송이라 보는 견해가 대립한다. 판례는 이의재결에서 정한 보상금이 증액·변경될 것을 전제로 하여 기업자를 상대로 보상금의 지급을 구하는 확인·급부소송이라 판시하였다. 생각건대 분쟁의 일회적 해결이라는 소송의 취지상 확인급부소송으로 봄이 타당하다.

(2) 형식적 당사자소송

형식적 당사자소송이란 행정청의 처분 등을 원인을 하는 법률관계에 관한 소송으로 실질적으로는 처분 등의 효력을 다투면서 처분청을 피고로 하지 않고 법률관계의 일반 당사자를 피고로 하여 제기하는 소송이다. 현행 토지보상법 제85조에서 재결청을 공동피고에서 제외하여, 보상금증감청구소송은 법률관계의 일반 당사자를 피고로 제기하면서도 처분청의 행정행위인 손실보상금에 대해 다투므로 형식적 당사자소송의 성질을 가진다. 이때 형식적 당사자소송은 행정심판을 전치절차로 두지 않으나, 보상금증감청구소송은 예외적으로 제83조의 이의신청을 임의적 전치절차로 규정하고 있다.

3) 피고

토지보상법 제85조 제2항에서는 소송을 제기하는 자가 토지소유자 또는 관계인일 때에는 사업시행자를, 사업시행자일 때에는 토지소유자 또는 관계인을 각각 피고로 한다고 규정한다.

2. 소송의 대상

1) 원처분주의와 재결주의

(1) 의의

원처분주의란 재결 자체에 고유한 위법이 없는 한 원처분을 대상으로 소를 제기하는 제도이다. 재결주의란 재결만이 항고소송의 대상이며, 재결소송에서 원처분의 위법까지 주장할 수 있는 제도이다.

(2) 행정소송법 및 토지보상법의 태도

행정소송법 제19조에서는 재결취소소송은 재결 자체의 고유한 위법이 있는 경우에 한한다고 규정하여 원처분주의를 취한다. 토지보상법 제85조에서는 동법 제34조에 따른 재결에 불복할 때라고 규정하여 원처분주의를 명문화하였다.

2) 보상금증감청구소송의 경우

이의재결을 거친 경우 수용재결에서 정한 보상금을 소송대상으로 보는 수용재결 대상설, 해당 소송은 당사자소송이므로 법률관계 그 자체가 소송대상이 된다는 법률관계설이 있다.

〈생각건대〉 보상금증감청구소송은 보상금 증감을 대상을 다투는 소송인바 원처분주의나 재결주의를 취할 것은 아니고, 재결에서 형성된 보상금을 다투어야 한다.

Ⅲ. 물음 2(갑 주장의 타당성 검토)

1. 이의재결 시 보상금 산정기준 시점

1) 관련 규정의 검토(토지보상법 제67조 제1항)

보상액 산정은 협의에 의한 경우에는 협의 성립 당시의 가격을, 재결에 의한 경우에는 수용 또는 사용의 재결 당시의 가격을 기준으로 한다고 규정한다.

2) 관련 판례의 태도

대법원은 토지 등을 수용함으로 인해 소유자에게 보상해야 할 보상금액은 수용재결 당시의 가격을 기준으로 하여 산정해야 할 것이고, 이와 달리 이의재결일을 그 평가기준일로 하여 보상액을 산정하여야 한다는 상고이유는 받아들일 수 없다고 판시하였다.

3) 검토 및 사안의 경우(갑 주장의 타당성 검토)

관련 규정 및 판례에 따라 이의재결에서 보상금 산정의 기준이 되는 가격시점은 수용재결일로 보는 것이 타당하다. 따라서 사안의 경우 수용재결일을 기준으로 평가한 것에 위법성이 없으므로 갑 주장은 타당하지 않다.

2. 하자의 승계 개관

1) 의의 및 취지

행정이 여러 단계의 행정행위를 거쳐 행해지는 경우 선행 행정행위의 위법을 이유로 적법한 후행 행정행위의 위법을 주장할 수 있는 것을 말한다. 법적 안정성을 위해 부정함이 원칙이나 국민의 재판받을 권리를 보장하기 위해 필요성이 인정된다.

2) 전제요건

(1) 요건 검토

① 선·후행행위 모두 처분일 것, ② 선행행위에는 취소사유의 하자가 존재하며, ③ 불가쟁력이 발생할 것, ④ 후행행위는 고유한 하자가 없을 것을 요한다.

(2) 사안의 적용

사안의 경우 선·후행행위 모두 처분이고 다른 요건 또한 별다른 문제가 없다고 보여지는 바, 요건을 충족한다고 보고 이하에서 설명한다.

3) 전제논의

(1) 학설

선·후행행위가 동일한 법률효과를 목적으로 하는 경우 인정할 수 있다는 전통적 하자승계론과 후행행위에 대한 선행행위의 구속력에 대해 예측가능성 및 수인가능성도 고려하는 구속력이론이 있다.

(2) 판례

판례는 기본적으로 전통적 승계론의 입장이지만, 별개의 법률효과를 목적으로 하는 경우에도 예측가능성과 수인가능성을 검토하여 개별 사안의 구체적 타당성을 고려하여야 한다고 보았다.

(3) 검토

국민의 권리구제 측면에서 보충적으로 〈예측가능성, 수인가능성〉을 고려해 구체적 타당성을 기해야 하는 것이 타당하다고 판단된다.

4) 판례의 유형별 검토

① 긍정하는 경우로는 개별통지를 받지 못한 개별공시지가와 과세처분, 계고처분, 표준지공시지가와 수용재결 판례가 있고, ② 부정하는 판례로는 사업인정과 수용재결, 표준지공시지가와 개별공시지가, 중개사무소 판례가 있다.

3. 하자의 승계 인정 여부

사안의 경우 표준지공시지가와 수용재결은 별개의 법률효과를 목적으로 하나, 판례의 태도에 따라 예측가능성과 수인가능성을 고려하면 하자의 승계를 인정하는 것이 타당하다고 판단된다. 따라서 甲주장은 타당하다고 판단된다.

IV. 사안의 해결

〈물음 1〉에서 보상금증액청구소송은 형식적 당사자소송 및 확인·급부소송의 성질을 가지며, 대상은 원처분주의나 재결주의에 의할 것이 아니라 보상금 자체이다.

〈물음 2〉에서 이의재결 보상금 산정 시 수용재결일을 기준으로 한 것에 위법이 없으므로 갑 주장은 타당하지 않다. 다만, 표준지공시지가 결정의 위법성을 보상금증액청구소송에서 가능하다는 갑 주장은 하자승계의 전제요건을 충족하는 한 타당하다.

제20회 감정평가 및 보상법규 종합문제

Question 01

한국도로공사(甲)는 서울 – 경기도 외곽 제3순환(국책사업) 고속도로확장 공사를 진행하면서 건물의 소유자인 乙과 「공익사업을 위한 토지 등의 취득 및 보상에 관한 법률」상 협의를 진행하였으나, 乙은 보상협의를 거부하였고, 이에 한국도로공사 甲은 사업인정을 받은 이후 중앙토지수용위원회에 재결을 신청하였다. 이에 따라 중앙토지수용위원회는 해당 건물이 이전이 곤란하거나 이전으로 인하여 종래의 목적대로 사용할 수 없는 경우에 해당한다는 이유로 손실보상금을 해당 물건의 가격으로 결정하면서, 그 인도이전의 기한을 2020.3.10.으로 정하였다. 그런데 한국도로공사 甲은 경기도지사에게 대집행을 신청하였고, 경기도지사는 서울 – 경기도 외곽 제3순환 고속도로공사 일정이 촉박하다는 이유로 「공익사업을 위한 토지 등의 취득 및 보상에 관한 법률」 제89조상 "기간 내에 완료하기 어려운 경우"임을 내세워 乙에게 2020.2.2. 대집행 계고서를 발송하여 2020.2.8.까지 해당 건물을 자진 철거할 것을 요구하고, 2020.2.8. 현재 대집행 영장(일시 2020.2.10. 15:30 물건 반출 및 건물철거를 내용으로 함)을 첨부하여 대집행 통지를 하였다. 다음 물음에 답하시오. 40점

(1) 이러한 대집행 사건에 대하여 건물소유자의 철거의무가 토지보상법상 반드시 철거해야 하는 의무인지, 기한 내 완료하기 어려운 상황인지 여부를 검토하고, 행정청인 경기도지사의 건물소유자 乙에 대한 계고처분을 취소소송으로 다투려고 하는바, 그 인용가능성을 검토하시오. 10점

(2) 행정청 경기도지사의 대집행 영장에 의거 그 실행이 2020.2.10. 예정되어 있는바, ① 대집행 실행 전, ② 대집행 실행 당시, ③ 대집행 실행 후에 있어서 건물소유자 乙의 권리구제를 검토하시오. 20점

(3) 만약 행정청인 경기도지사의 대집행이 실행되자 건물소유자 乙이 철거현장을 막고 방해하는 경우 실력으로 한국도로공사 甲은 그 저항을 배제할 수 있는지를 검토하시오. 10점

Question 02

서울시는 관악구 일대의 부지에 대해 서울시청 청사를 건립하기로 하고, 사업구역 내의 甲 소유 토지 및 위 지상에 건물을 소유하고 있는 지상권자 乙의 건물을 사업인정을 받은 후 수용재결에 의하여 2008년 3월 1일자로 취득하였다. 서울시는 취득한 토지 및 건물의 전부를 이용하지 않고 있다가 청사 건축에 대한 여론이 좋지 않자 2014년 5월 1일자로 이를 백지화하였고, 해당 날짜에 공익사업에 대한 폐지고시를 하였다. 동 부지는 SH공사의 주택건설사업부지로 변환되었다(주택건설사업은 「공익사업을 위한 토지 등의 취득 및 보상에 관한 법률」 제4조 제5호에 해당하는 사업이다). 다음 물음에 답하시오. 40점 (다만 2021.8.10. 개정 시행되는 토지보상법 제91조 제1항 적용을 전제하여 문제를 풀 것)

(1) 2014년 5월 1일자로 서울시청사 해당 공익사업 폐지 고시하였다면 甲과 乙은 2016년 8월 31일 현재 원래 자신의 소유였던 토지 및 건물을 되찾을 수 있는가?

(2) 만약 서울시가 해당 토지 및 건물을 취득한 시점이 2008년 3월 1일이 아니라 2006년 5월 1일이라고 할 경우에도 2014년 5월 1일자 폐지 고시하였는데 서울시장이 환매권의 통지를 결했다면 2016년 8월 31일 현재 기존 토지소유자 甲은 서울시에 대하여 불법행위를 이유로 손해배상을 청구할 수 있는가?

Question 01 (40점)

Ⅰ. 논점의 정리

사안은 고속도로확장사업의 사업인정 이후 협의 불성립으로 수용재결이 이루어져 2020.3.10.까지 인도이전의무가 내려졌다. 그러나 사업시행자 갑이 토지보상법 제89조상 기간 내에 완료하기 어려운 경우임을 내세워 을에게 인도이전 기한 이전인 2020.2.8.까지 자진 철거할 것을 요구하고 대집행을 신청한 경우이다.

〈물음 1〉에서 건물소유자의 철거의무가 토지보상법상 의무인지, 사안이 기한 내 완료하기 어려운 상황인지 검토하고 을의 계고처분에 대한 취소소송의 인용가능성을 검토한다.

〈물음 2〉에서 대집행 실행 전의 예방적 금지소송, 대집행 실행 중의 항고쟁송 및 집행정지, 대집행 실행 후의 국가배상청구권을 을의 권리구제수단으로서 검토한다.

〈물음 3〉에서 을이 대집행 실행을 방해하는 경우 실력행사가 가능한지 검토한다.

Ⅱ. 물음 1(계고처분 취소소송의 인용가능성)

1. 대집행

1) 의의(행정기본법 제30조 제1항 제1호)

의무자가 행정상 의무로서 타인이 대신하여 행할 수 있는 의무를 이행하지 아니하는 경우 법률로 정하는 다른 수단으로는 그 이행을 확보하기 곤란하고 그 불이행을 방치하면 공익을 크게 해칠 것으로 인정될 때에 행정청이 의무자가 하여야 할 행위를 스스로 하거나 제3자에게 하게 하고 그 비용을 의무자로부터 징수하는 것을 말한다.

2) 요건(토지보상법 제89조 및 행정대집행법 제2조)

① 토지보상법상 요건으로 토지보상법에 의한 의무를 이행하여야 할 자가 정해진 기간 내에 그 의무를 이행하지 아니하거나 완료하기 어려운 경우 또는 그로 하여금 의무를 이행하게 하는 것이 현저히 공익을 해친다고 인정되는 경우를 요한다. ② 행정대집행법상 요건으로 공법상 대체적 작위의무로서 다른 수단으로는 그 이행의 확보가 곤란하고 의무의

불이행의 방치가 심히 공익을 해하는 경우를 요한다.

2. 철거의무가 토지보상법상 의무인지

판례는 사업시행자가 지장물에 관해 이전비에 못 미치는 가격으로 보상한 경우 지장물의 소유권을 취득하거나 지장물의 소유자에게 철거 및 토지 인도를 요구할 수 없고 자기의 비용으로 이를 제거할 수 있는 권한과 부담을 갖으며 지장물의 소유자는 사업시행자의 지장물 제거를 수인할 지위에 있다고 판시하였다. 생각건대 토지보상법 시행규칙 제33조는 가격으로 보상한 건축물의 철거비용은 사업시행자가 부담한다고 규정하며, 건물의 철거의무는 토지보상법에 따른 의무에 해당하지 않으므로 대집행의 대상이 아니다. 따라서 건물소유자 乙은 건물의 철거의무를 부담하지 않는다.

3. 사안이 기한 내 완료하기 어려운 경우인지

토지보상법 제89조상 기한 내 완료하기 어려운 경우란, 그 의무의 내용과 이미 이루어진 이행의 정도 및 이행 의사 등에 비추어 해당 의무자가 그 기한 내에 의무 이행을 완료하지 못하는 경우를 말한다. 사안의 경우 乙은 수용재결에서 정한 2021.3.10.까지 건물을 인도 이전하면 되므로 단순히 고속도로공사 일정이 촉박하다는 이유는 토지보상법 제89조에 따른 '기한 내 완료하기 어려운 경우'라고 볼 수 없다.

4. 계고처분 취소소송의 인용가능성

1) 취소소송의 적법성

계고처분은 항고소송의 대상이 되는 〈처분〉에 해당하고 乙에게 본안판결을 받을 〈법률상 이익〉이 존재하므로 제소기간 등 다른 소송요건을 충족한다고 보아 해당 취소소송은 적법하다.

2) 취소소송의 인용가능성

사안의 경우 乙의 건축물 철거의무는 토지보상법 제89조에 따른 대집행 대상이 아니므로 대집행의 요건을 충족하지 못한다. 계고처분의 대집행의 일련의 절차인바 대집행의 요건을 갖추지 못한 계고처분의 위법성이 있다. 이때 통설 및 판례인 중대명백설에 따라 내용상 중대하나 일반인의 견지에서 명백하지 않아 취소사유를 구성한다. 따라서 해당 취소소송에서 〈인용판결〉을 받을 것이다.

Ⅲ. 물음 2(대집행 실행에 대한 권리구제)

1. 대집행 실행 전

1) 예방적 금지소송 가능성

장래 예정된 처분으로 인하여 권익을 침해당할 것이 임박한 경우에 그 처분을 금지하는 소송이다. 인정 여부에 있어 학설의 대립이 있으나 명문 규정이 존재하지 않고 판례도 준공처분의 부작위를 구하는 청구를 허용하지 않아 부정하는 입장이다. 대집행의 경우 취소소송 및 집행정지로 권리구제가 가능하므로 예방적 금지소송은 인정되기 어렵다고 판단된다. 따라서 예방적 금지소송의 가구제인 가처분도 인정되지 않을 것이다.

2) 가처분 인정 여부

가처분이란 다툼 있는 법률관계에 관하여 잠정적으로 임시지위를 보전하는 가구제제도이다. 인정 여부에 있어 견해의 대립이 있으나 본안판결의 범위를 넘을 수 없고, 해당 사안에서는 예방적 금지소송이 인정되지 않으므로 가처분을 통한 권리구제는 부정된다.

2. 대집행 실행 당시

1) 항고쟁송의 가능성

대집행은 행정청의 권력적 사실행위로서 처분성이 인정되므로 행정심판법의 취소심판, 무효확인심판 및 행정소송법의 취소소송, 무효확인소송으로 권리구제가 가능하다. 다만, 대집행은 단기간에 효력이 완성되므로 대집행 실행이 종결되면 소의 이익이 없어 각하판결을 받을 수 있다.

2) 집행정지 가능성(행정소송법 제23조)

대집행은 단기간에 그 효력이 완성되는 행위로서 인용판결의 실효성을 확보하기 위하여 집행정지를 신청할 필요가 있다. 사안의 경우 취소소송의 적법성, 집행정지의 대상인 대집행의 존재, 회복하기 어려운 손해의 존재, 긴급한 필요, 집행정지가 공공복리에 중대한 영향을 미칠 우려가 없다고 판단되고 乙의 청구가 이유 없음이 명백하지 아니하므로 집행정지 신청이 인용될 것이다.

3. 대집행 실행 후

1) 국가배상청구(국가배상법 제2조)

대집행의 실행이 위법하고 행정청의 지위를 갖는 사업시행자의 고의 또는 과실이 인정되므로 대집행으로 발생한 乙의 손해에 대하여 국가배상청구소송을 제기할 수 있다.

2) 결과제거청구권의 행사가능성

대집행이 완료되면 건물은 이미 철거된바 원상회복이 불가능하므로 결과제거청구권은 인정되기 어려울 것으로 판단된다.

IV. 물음 3(대집행 방해 시 실력행사 가능성)

1. 실력행사가 대집행의 일부인지

1) 문제의 소재

건물소유자 乙이 철거현장을 막고 방해하는 경우 이를 배제하기 위해서는 실력행사가 필요한데, 이때 실력행사를 대집행의 일부로서 가능한지 문제된다.

2) 학설

① 대집행 실행을 위해 필요한 한도 내에서 실력으로 저항을 배제하는 것은 명문 근거가 없는 경우에도 인정해야 한다는 긍정설, ② 신체에 대한 물리력 행사는 대집행에 포함된다고 볼 수 없어 별도의 법률상 근거가 필요하다고 보는 부정설이 대립한다.

3) 검토

신체에 대한 물리력 행사는 대집행이라 볼 수 없고 직접강제의 대상인바, 별도로 명문의 규정이 있어야 한다고 본다. 다만 실무에서는 저항하는 자를 경찰로 하여금 공무집행방해죄의 현행범으로 체포하게 할 수 있다.

2. 직접강제 도입가능성 (행정기본법 제32조)

직접강제란 의무의 불이행이 있을 때 행정청이 직접 의무자의 신체나 재산에 실력을 가하여 의무자가 직접 의무를 이행한 것과 같은 상태를 실현하는 것을 말한다. 직접강제는 국민의 권익에 직접적이고 중대한 침해를 수반하는 점, 토지보상법 제89조 제3항에서 〈인권침해 방지규정〉을 두는 점을 고려하여 개별법상 구체적 근거 없이는 원칙적으로 부정함이 타당하다.

3. 사안의 경우

사안에서 을이 대집행 실행에 저항하는 경우, 실력행사로 이를 배제하는 것은 비대체적 작위의무에 해당하므로 현행 토지보상법상 근거가 없어 실력행사가 불가하다.

V. 사안의 해결

〈물음 1〉에서 건물소유자 을에게 물건의 가격으로 손실보상을 해주었는바, 을에게는 철거의무가 없으므로 대집행 요건을 불충족한 계고처분은 위법하다. 따라서 을의 취소소송은 인용 가능하다.

〈물음 2〉에서 대집행 실행 전에는 예방적 금지소송이나 가처분이 인정되기 어려우므로, 대집행 실행에 대한 집행정지, 취소소송이 가능하다. 대집행 후에는 손해배상이 가능하다.

〈물음 3〉에서 을의 저항에 대한 실력행사는 직접강제로서 인정되기 어렵다.

Question 02 40점

I. 논점의 정리

사안은 갑과 을 소유의 토지 및 건물을 청사 건립 목적으로 수용 취득한 서울시가 해당 사업을 백지화하고 주택건설사업으로 변환한 경우이다.

〈물음 1〉에서 갑과 을의 환매권 행사 가능성을 검토한다.

〈물음 2〉에서 서울시의 환매권 미통지로 손해배상 청구가 가능한지 검토한다.

II. 물음 1

1. 환매권의 의의 및 취지(토지보상법 제91조)

환매권이란 공익사업을 위해 취득한 토지가 필요 없게 되거나 이용되지 않는 경우, 원래의 토지소유자가 일정한 대가를 지급하고 원래의 토지소유권을 취득하는 것을 말한다. 토지소유자의 감정존중, 형평의 원리, 존속보장 등을 근거로 인정된다.

2. 환매권의 행사요건

1) 관련 규정의 검토

환매권은 수용 시점에 발생한다고 보고, 해당 요건을 행사요건으로 보는 것이 일반적인 견해이다. 사안의 경우 토지보상법 제91조 제2항의 적용 여지가 없으므로, 동조 제1항 규정을 검토한다.

2) 토지보상법 제91조 제1항의 요건

토지보상법 제91조 제1항은 공익사업의 폐지·변경 또는 그 밖의 사유로 취득한 토지의 전부 또는 일부가 필요 없게 된 경우 토지의 협의취득일 또는 수용개시일 당시의 토지소유자 또는 그 포괄승계인은 사업의 폐지·변경 고시일 또는 사업완료일로부터 10년 이내에 그 토지에 대해 받은 보상금에 상당하는 금액을 사업시행자에게 지급하고 그 토지를 환매할 수 있다.

3) 해당 사업의 폐지·변경 또는 그 밖의 사유로 필요 없게 된 경우의 의미(판례)

〈해당 사업〉은 사업인정 시 구체적으로 특정된 공익사업을 의미한다고 보았다. 〈폐지·변경〉이란 공익사업을 그만두거나 다른 사업으로 바꾸는 것을 말하며, 〈그 밖의 사유〉란 사업의 폐지·변경은 없었으나 더 이상 목적 사업에 제공할 필요가 없게 된 객관적인 사유를 뜻한다. 〈필요 없게 된 때〉란 사업의 목적, 내용 등 제반 사정에 비추어 합리적으로 판단된다.

4) 환매목적물의 요건

환매목적물은 토지소유권에 한한다. 이에 대하여 헌법재판소는 위헌이 아니라고 보고 있으며, 토지보상법 제91조 제3항에 따라 잔여지의 경우에는 접속된 부분이 필요 없게 된 경우가 아니면 환매는 불가하다.

5) 사안의 경우

갑과 을의 토지 등은 당초 공익사업에 필요 없게 되었으며, 필요 없게 된 때인 2014.5.1.로부터 10년 이내이므로, 토지보상법 제91조 제1항의 환매권 행사요건을 충족한다. 다만 환매의 목적물은 토지소유권이므로, 을은 환매권자에 해당하지 않고, 갑만이 환매권 행사 가능하다. 이때 당초의 공익사업이 토지보상법 제4조 제5호의 사업인 주택건설사업으로 변경된바, 환매권 행사제한으로서 공익사업 변환의 인정여부를 검토한다.

3. 공익사업변환 인정 여부

1) 의의(토지보상법 제91조 제6항)

공익사업이 다른 공익사업으로 변경된 경우, 별도의 협의취득 또는 수용 없이 해당 토지를 변경된 다른 공익사업에 이용하도록 하는 제도를 말하며, 무용한 절차 반복을 방지하여 공익사업의 원활한 진행을 도모함에 그 취지가 있다.

2) 요건

(1) 토지보상법상 요건

사업시행자가 국가, 지방자치단체, 공공기관이어야 한다. 변경된 공익사업은 토지보상법 제4조 제1호 내지 제5호의 공익사업에 해당하여야 한다.

(2) 관련 판례의 태도

판례는 변경된 사업시행자가 국가, 지방자치단체, 공공기관일 필요까지는 없으며, 공익사업 변환은 공익사업의 성질에 따라 판단하는 것이므로 사업시행자가 동일할 필요는 없다고 판시하였다. 또한 변경 후 공익사업은 사업인정을 받거나 사업인정 의제되어야 한다고 판시하였다.

3) 사안의 경우

당초의 공익사업이 토지보상법 제4조 제5호의 주택건설사업으로 변경되었으므로 공익사업변환 요건에 해당하며, 사업시행자가 서울시에서 한국토지주택공사로 변경되었으나 판례에 따라 사업시행자가 동일할 필요는 없으므로 공익사업의 변환이 인정된다. 따라서 갑 토지는 환매권 행사가 불가능하다고 판단된다.

Ⅲ. 물음 2

1. 환매권 통지의 의의 및 취지(토지보상법 제92조)

사업시행자는 동법 제91조 제1항 및 제2항에 따라 환매할 토지가 생겼을 때에는 지체 없이 그 사실을 환매권자에게 통지하여야 한다. 다만, 사업시행자가 과실 없이 환매권자를 알 수 없을 때에는 공고하여야 한다. 판례는 환매권 통지규정이 단순히 선언적인 것이 아니라 사업시행자의 법적인 의무라고 하였는바, 이는 헌법상 재산권 존속보장에 이론적 근거를 둔 환매권의 취지에 비추어 타당하다.

2. 미통지의 불법행위 성립 여부

1) 판례 및 비판견해

판례는 사업시행자가 통지하지 아니하여 제척기간이 경과한 것이므로 불법행위를 구성한다고 본다. 반면, 통지가 환매의 요건이 아님에도 모든 책임을 사업시행자에게 부담시키는 것은 부당하다고 보는 견해도 있다.

2) 검토 및 사안의 경우

생각건대 환매권의 통지가 사업시행자의 법적인 의무라고 보는 한, 이를 위반한 것은 법률의 위반으로서 불법행위로 보아야 한다. 또한 토지소유자의 입장에서는 환매권 통지가 없으면 그 행사의 가능성을 알기 어려운바 불법행위를 인정함이 타당하다. 따라서 사안의 경우 서울시의 환매권 미통지에 대해 갑은 손해배상을 청구할 수 있다.

3. 불법행위로 인한 손해배상액(판례)

환매권 상실 당시의 토지의 시가에서 환매권자가 환매권 행사 시 지급해야 할 금액을 공제한 금액이라 판시하였다. 사안의 경우 서울시가 갑에게 상기에 해당하는 금액을 손해배상액으로 지급해야 한다.

Ⅳ. 사안의 해결

〈물음 1〉에서 토지소유자인 갑만 환매권자이며, 갑은 환매권 행사요건은 충족하나 공익사업의 변환이 인정되어 행사가 제한된다.

〈물음 2〉에서 서울시의 환매권 미통지에 대한 불법행위가 인정되므로, 갑은 손해배상을 청구할 수 있다.

제21회 감정평가 및 보상법규 종합문제

Question 01

국방부장관은 최근 북한의 핵폭탄 사건으로 국가안보의 중요성을 인식하고 서해 5도에 군부대 사격장 시설의 확장 설치를 위하여, 서해 5도 중 연평도의 甲소유의 토지에 대하여는 사업인정고시 전인(사업인정고시일 2013.10.4.) 2013.3.4.에 협의취득의 형식으로 乙소유의 토지에 대하여는 사업인정고시 후인 2013.12.4.에 수용재결을 통하여 이를 취득하여 사격장을 설치·운영하여 오다가, 2020.4.5. 이를 다른 지역으로 이전하고 위 토지를 아무런 사용계획 없이 방치하고 있다. 2021.4.30. 현재 사업시행자는 필요 없게 되어 해당 공익사업 폐지고시를 하게 되었다. 다음 물음에 답하시오. 40점 (다만 2021.8.10. 개정 시행되는 토지보상법 제91조 제1항 적용을 전제하여 문제를 풀 것)

(1) 甲, 乙은 각각 과거 자신의 소유였던 토지를 되찾을 수 있는지, 가능하다면 그 요건과 절차 등을 설명하시오. 10점

(2) 2020.11.26. 2019헌바131 결정에서 토지보상법 제91조 제1항 10년 적용부분에서 헌법불합치 결정이 되었다. 10년 부분에 대한 헌법불합치 결정에 대하여 논평하시오. 15점

(3) 만약, 이 토지들에 대하여 A시장이 공영주차장 설치장소로 도시관리계획 변경결정을 한 실태라면 甲과 乙이 이 토지를 되찾을 수 있는지를 논하시오. 15점 (도시관리계획 변경결정으로 「국토의 계획 및 이용에 관한 법률」상 실시계획고시가 있어 사업인정이 의제된 것으로 본다.)

Question 02

최근 공익사업을 위한 토지 등의 취득 및 보상에 관한 법률(이하 '토지보상법')상 환매권에 대한 대법원 판결 2010.9.30, 2010다30782에 기초하여 다음 물음에 답하시오. 40점

(1) 토지보상법 제91조에서 '해당 사업'의 의미 및 협의취득 또는 수용된 토지가 필요 없게 되었는지 여부의 판단기준을 설명하시오.

(2) 토지보상법 제91조 제1항에 정한 환매권 행사기간의 의미를 설명하시오.

(3) 토지보상법 제91조 제6항에 정한 공익사업의 변환이 인정되는 경우, 환매권 행사가 제한되는지 여부를 설명하시오.

(4) 공익사업의 변환은 새로운 공익사업에 관해서도 사업인정을 받거나 위 규정에 따른 사업인정을 받은 것으로 의제되는 경우에만 인정되는지에 대해 논하시오.

(5) 공익사업의 변경된 사업의 사업시행자 아닌 제3자에게 처분된 경우에도 '공익사업의 변환'을 인정할 수 있는지 여부를 논하시오.

Question 01 40점

Ⅰ. 논점의 정리

〈물음 1〉에서 갑과 을이 환매권을 행사할 수 있는지 여부와 환매권의 요건 및 절차 등을 설명한다.

〈물음 2〉에서 토지보상법 제91조 제1항의 헌법불합치 결정에 대해 논한다.

〈물음 3〉에서 사업시행자인 A시장의 도시관리계획 변경 결정이 이루어진 경우 갑과 을이 환매권을 행사할 수 있는지를 검토하기 위해 공익사업 변환이 인정되는지 검토한다.

Ⅱ. 물음 1(환매권 행사 요건, 절차 등)

1. 의의 및 취지[토지보상법 제91조]

공익사업의 시행을 위하여 취득한 토지가 필요 없게 되거나 이용되지 않는 경우 원래의 토지소유자가 일정한 대가를 지급하고 토지를 취득하는 것을 말한다. 피수용자의 감정존중 및 헌법상 재산권 존속보장 도모에 취지가 있다.

2. 법적 성질

① 환매권은 요건 충족 시 환매권자의 의사표시에 의해 환매가 성립하는 〈형성권〉의 성질을 갖는다. ② 환매권이 공권인지 사권인지 견해대립이 있으나 판례는 민사소송을 통해 다투어야 한다고 판시하여 〈사권〉으로 보고 있다.

3. 요건 및 절차

1) 당사자 및 목적물

환매권자는 토지소유자 또는 그 포괄승계인이며 상대방은 사업시행자 또는 현재의 소유자이다. 환매 목적물은 토지에 한하며 토지 일부에 대한 환매는 불가하다.

2) 행사요건

① 사업의 폐지·변경 또는 그 밖의 사유로 취득한 토지의 전부 또는 일부가 필요 없게 된 경우(토지보상법 제91조 제1항), ② 취득일로부터 5년 이내에 취득한 토지 전부를 해당 사업에 이용하지 아니한 경우(동법 제91조 제2항) 환매권이 발생한다.

3) 행사기간

① 사업의 폐지·변경 또는 그 밖의 사유로 인한 경우 그 고시일 또는 사업완료일로부터 10년 이내, ② 취득한 토지 전부를 사용하지 않은 경우 취득일로부터 6년 이내에 환매권을 행사할 수 있다. 판례에 따라 토지소유자는 ①·② 요건 중 유리한 기간을 선택할 수 있다. 해당 기간은 〈제척기간〉에 해당한다.

4) 행사절차(토지보상법 제92조, 영 제49조)

사업시행자는 환매하는 토지가 생겼을 때 그 사실을 지체 없이 환매권자에게 통지하여야 한다. 환매권자는 통지받은 날 또는 공고한 날로부터 6개월이 지난 후에는 환매권을 행사할 수 없다. 환매권자는 환매의사 표시와 함께 받은 환매금을 선지급함으로써 환매권을 행사한다.

4. 사안의 경우

甲과 乙은 사업인정 전 협의취득 및 수용된 토지의 원소유자로서 해당 사업의 폐지가 고시되었으므로 해당 사업에 필요 없게 되었다고 봄이 타당하다. 따라서 甲과 乙은 토지보상법상 절차에 따라 환매권을 행사함으로써 사안의 토지를 되찾을 수 있다고 판단된다.

Ⅲ. 물음 2(헌법불합치 결정에 대한 검토)

1. 관련 규정의 검토

1) 헌법 제23조 제3항 포함 여부

헌법 제23조는 재산권의 보장, 행사의 제한, 공공필요에 의한 예외 규정을 두고 있다. 따라서 토지 수용 등의 절차를 종료했다고 하더라도 헌법 제23조 제3항에 따른 공공필요가 소멸한 것이라면, 환매권은 헌법 제23조가 보장하는 재산권의 내용에 포함된다고 판단된다.

2. 과잉금지의 원칙 위반 여부

1) 의의 및 근거

과잉금지의 원칙이란 헌법 제37조 제2항에 따라 국민의 기본권을 제한하는 입법은 반드시 법률의 형식으로 정해야 하며 법률로 국민의 기본권을 제한하더라도 국가가 반드시 준수해야 할 한계를 말한다. 과잉금지의 원칙은 〈입법 목적의 정당성〉, 〈방법의 적절성〉, 〈제한의 최소성〉, 〈법익의 균형성〉을 내용으로 한다.

2) 관련 판례의 태도

헌법재판소는 환매권의 발생기간을 제한한 토지보상법 제91조 제1항 중 '토지의 협의취득일 또는 수용의 개시일부터 10년 이내에' 부분이 헌법에 합치되지 아니한다고 판시하였다.

3) 제한의 최소성

공익사업의 폐지 등으로 공공필요가 소멸하였음에도 단지 10년이 경과하였다는 사정만으로 환매권이 배제되는 결과가 초래되는바, 다른 나라의 입법례를 비추어 보아도 사안의 환매권 제한 규정은 침해의 최소성을 충족하지 못한다.

4) 법익의 균형성

토지보상법은 환매대금증감소송을 인정하여 해당 공익사업에 따른 개발이익이 원소유자에게 귀속되는 것을 차단한다. 따라서 환매권 발생의 제한을 통한 공익은 토지소유자의 재산권 상실에 따른 사익 침해를 정당화할 정도로 크다고 보기 어려운바 법익의 균형성을 충족하지 못한다.

3. 소결

상기 검토한 바에 따라 환매권은 헌법 제23조에서 보장하는 재산권의 내용에 포함되며 환매권 제한기간인 "10년"은 헌법 제37조 제2항에 따른 과잉금지원칙에 위배되므로 최근 헌법 불합치판결은 타당하다고 판단된다.

Ⅳ. 물음 3(공익사업의 변환이 인정되는지)

1. 의의 및 취지(토지보상법 제91조 제6항)

공익사업을 위하여 토지를 협의취득 또는 수용한 후 공익사업이 다른 공익사업으로 변경된 경우 별도의 협의취득, 수용 없이 해당 토지를 변경된 다른 공익사업에 이용하도록 하는 제도이다. 환매와 재취득이라는 불필요한 절차의 반복을 방지함에 취지가 있다.

2. 요건

1) 사업시행자 요건

변경된 사업의 사업시행자가 국가, 지방자치단체 또는 공공기관이어야 하는지에 대해 판례는 공익사업변환 특례의 취지를 고려하여 국가 등 외에도 가능하다고 보았다.

2) 공익사업 요건

사업인정을 받은 공익사업이 토지보상법 제4조 제1호 내지 제5호에 해당하는 공익사업으로 변경된 경우여야 한다. 판례는 종전사업과 변경된 사업 모두 '사업인정을 받아야 한다'고 판시하였다.

3) 수용대상토지 소유 요건

대법원은 공익사업을 위해 취득된 토지가 변경된 사업의 사업시행자가 아닌 제3자에게 처분된 경우에는 그 토지는 해당 공익사업에 필요 없게 된 것이라고 보아야 하므로 공익사업의 변환을 인정할 여지가 없다고 판시하였다.

3. 사업인정 전 협의취득 시 공익사업변환 적용 여부

토지보상법 제91조 제6항에서 '사업인정을 받아 협의취득 또는 수용'한 토지에 한하여 공익사업변환을 규정하고 있으므로 사업인정 전에 협의취득한 토지는 공익사업변환 규정이 적용되지 않는다고 판단함이 타당하다.

4. 사안의 해결

사안의 변경된 공익사업은 토지보상법 제4조 제2호에 해당하는 공영주차장 공익사업으로서 사업인정을 받았으므로 비록 사업주체가 변경되었더라도 판례에 따라 변환이 인정된다. 다만 갑의 경우 사업인정 전에 협의취득한 경우이므로 변환 규정이 적용되지 않아 환매권 행사가 가능하다. 을의 경우 공익사업의 변환이 인정되어 환매권 행사가 제한된다.

V. 사안의 해결

〈물음 1〉에서 갑과 을은 환매권 행사요건을 충족하므로, 절차에 따라 행사가 가능하다.

〈물음 2〉에서 토지보상법 제91조 제1항의 환매권 행사기간 규정은 헌법 제23조 및 제37조 위반으로 위헌이다.

〈물음 3〉에서 을은 공익사업의 변환이 인정되어 환매권 행사가 제한되나, 갑은 사업인정 전 협의취득인바 공익사업 변환이 인정되지 않아 환매권이 행사 가능하다.

Question 02 [40점]

I. 물음 1(토지보상법 제91조의 '해당 사업'의 의미 및 협의취득 또는 수용된 토지가 필요 없게 되었는지 여부의 판단기준)

대법원 2010.9.30. 2010다30782 판례의 태도에 비추어 본다면, '해당 사업'이란 사업인정 시 구체적으로 특정된 공익사업을 의미한다. 폐지·변경이란 공익사업을 그만두거나 다른 사업으로 바꾸는 것을 말한다. 그 밖의 사유란 사업의 폐지·변경은 없었으나 더 이상 목적 사업에 제공할 필요가 없게 된 객관적인 사유를 의미한다. 필요 없게 된 때는 사업의 목적, 내용 등 제반 사정에 비추어 객관적이고 공정한 시각에서 판단해야 한다. 판례는 공익사업을 위해 협의취득·수용한 토지가 제3자에게 처분된 경우에는 특별한 사정이 없는 한 그 토지는 해당 공익사업에는 필요 없게 된 것이라고 보아야 한다고 판시하였다.

Ⅱ. 물음 2(토지보상법 제91조 제1항에서 정한 환매권 행사기간의 의미)

공익사업의 폐지·변경 또는 그 밖의 사유로 취득한 토지의 전부 또는 일부가 필요 없게 된 경우 토지의 협의취득일 또는 수용개시일 당시의 토지소유자 또는 그 포괄승계인은 폐지·변경 고시일 또는 사업완료일로부터 10년 이내에 그 토지에 대해 받은 보상금에 상당하는 금액을 사업시행자에게 지급하고 환매권을 행사할 수 있다.

Ⅲ. 물음 3(공익사업변환 인정 시 환매권 행사 제한 여부)

공익사업의 변환이란 국가, 공공기관이 사업인정을 받아 토지를 취득·수용한 후 해당 사업이 토지보상법 제4조 제1호 내지 제5호의 다른 사업으로 변경된 경우, 변경고시일로 환매권 기산일을 새로 하는 것을 의미한다. 토지보상법 제91조 제6항에 법적 근거가 있으며, 공익사업의 원활한 진행을 위한 무용한 절차 방지에 그 취지가 있다. 이러한 공익사업의 변환은 토지 원소유자 또는 그 포괄승계인에게 환매권이 발생하지 않는다는 규정인바, 변환이 인정되는 경우 환매권 행사는 불가능할 것이다.

Ⅳ. 물음 4(공익사업의 변환 시 새로운 공익사업의 사업인정 요건)

대법원은 토지보상법 제91조 제6항에서 정한 공익사업의 변환은 사업인정을 받은 공익사업이 일정한 범위 내의 공익성 높은 다른 사업으로 변경된 경우에 한하여 환매권의 행사를 제한하는 것이므로, 적어도 새로운 공익사업에 관해서도 사업인정 또는 사업인정을 받은 것으로 의제되는 경우에만 환매권 행사 제한을 인정할 수 있다고 판시하였다.

Ⅴ. 물음 5(제3자에게 처분 시 공익사업변환 인정 여부)

공익사업의 원활한 시행을 위한 무익한 절차의 반복 방지라는 공익사업의 변환 입법취지에 비추어 볼 때, 만약 사업시행자가 협의취득·수용한 토지를 제3자에게 처분해버린 경우에는 어차피 변경된 사업시행자는 그 사업의 시행을 위해 제3자로부터 토지를 재취득해야 하는 절차를 새로 거쳐야 하므로, 공익사업의 변환은 인정할 필요성이 없다고 판시하였다. 또한 제3자에게 처분된 경우에는 특별한 사정이 없는 한 그 토지는 해당 공익사업에는 필요 없게 된 것이라고 보아야 하고, 변경된 공익사업에 관해서도 마찬가지이므로, 제3자에게 처분된 경우에는 공익사업의 변환을 인정할 여지가 없다고 판시하였다.

제22회 감정평가 및 보상법규 종합문제

Question 01

문화재청장은 태안군 소재 80필지를 문화재 보호구역으로 지정하고, 사업시행자로 태안군수를 지정하였으며, 공익사업을 위한 토지 등의 취득 및 보상에 관한 법률에 따라 사업시행자는 문화재 보전을 위한 사업정을 받고 80필지 토지소유자 甲과 협의를 진행하였으나 협의에 응하지 않고 있다. 이에 토지소유자 甲은 사업시행자가 토지조서 및 물건 조서의 작성이나 복수평가에 의한 보상액을 책정하지 아니하고 무조건 협의에만 응해달라고 하면서 수용절차를 진행하지 않자 사업시행자에게 재결신청청구를 하였으나 사업시행자는 거부회신을 하였다. 다음 물음에 답하시오. **40점** (해당 문제는 대법원 2014.7.10. 선고 2012두22966 판결)

(1) 문화재보호구역 내 토지소유자 甲(원고)은 문화재보호구역의 지정으로 인하여 토지가치가 하락하는 등 재산상의 손실이 발생했다고 주장한다. 만약 甲(원고)의 주장이 타당하다면 공용제한에 대한 손실보상의 기준에 대하여 설명하시오. **10점**

(2) 「문화재보호법」제83조는 문화재청장이 문화재의 보존·관리를 위하여 필요하면 지정문화재나 그 보호구역에 있는 토지 등을 「공익사업을 위한 토지 등의 취득 및 보상에 관한 법률」(이하 '토지보상법')에 따라 수용·사용할 수 있다고 규정하고 있고, 이때 문화재보호구역의 지정이 있는 때에는 토지보상법상의 사업인정 및 그 고시가 있는 것으로 보며, 이 경우 토지보상법 제23조의 사업인정 효력기간은 적용하지 않는다고 규정하고 있다. 이에 따라 토지소유자(피수용자) 乙(원고)은 문화재보호구역 지정 후 상당기간이 경과하였음에도 문화재청장이 토지·물건의 조서를 작성하는 등의 수용절차를 전혀 진행하지 않자 토지보상법 제30조 제1항에 따라 재결신청을 청구하였다. 이러한 재결신청청구에 대해 문화재청장이 거부회신을 하자 토지소유자(피수용자) 乙(원고)은 그 거부에 대해 취소소송으로 다투고자 한다. 그 취소 소송의 적법성을 설명하시오. 다만 최근에 나온 수용재결신청청구거부(2018두57865)에 대한 대법원 판례와 비교하여 어떤 차이점이 있는지에 대해서도 설명하시오. **15점**

(3) 문화재보호구역 지정 전부터 해당 지역 일대에 택지개발사업계획의 승인고시가 되어 택지개발사업이 시행되고 있었다면, 택지개발사업구역 내 토지의 보상평가시 그 후에 해당 토지에 지정된 문화재보호구역으로 인한 제한을 반영하여야 하는지를 설명하시오. **15점**

Question 02

경기도 화성 향남 택지개발에 관한토지수용위원회인 경기도토지수용위원회 위원 공무원 甲은 토지수용에 대한 재결이 신청되자 이를 심리하는 과정에서 수용대상 토지에 자신의 친척소유 토지가 있음을 확인하고, 사업시행자 乙이 수용재결 신청한 보상금보다 30% 높은 금액으로 손실보상금 증액을 하도록 문서를 조작하여 위원회에서 수용재결이 되도록 하였다. 이에 대해 사업시행자 乙은 보상금액이 너무 높아서 사업을 진행할 수 없으며 이는 친척관계에 있는 경기도지방토지수용위원회 위원인 甲(공무원)이 경기도지방토지수용위원회 위원으로 있고 문서를 조작하였기 때문이라고 주장했다(실제 조사결과 해당 토지수용위원회 위원이 친척관계였고, 관할 토지수용위원회 수용재결 심의·의결 시 서류를 조작하여 잘못된 수용재결을 하도록 함이 밝혀졌고, 사업시행자의 원래 공익사업 예산이 300억원이었는데, 30%인 90억원이 손실보상 증액되어 사업을 진행할 수 없는 극한 상황에 이르러 사업시행자는 사업을 포기하여 직원들을 정리해고하고 사무실은 월세나 이자 등을 내지 못해 큰 손해가 발생하였다). 다음 물음에 답하시오. 20점

(1) 만약 사업시행자 乙이 수용재결을 취소소송으로 다투지 않고, 사업을 진행하지 못하여 발생한 손해를 이유로 국가배상청구소송을 제기한다면 인용될 수 있는지 검토하시오. 5점

(2) 사업시행자 乙은 국가 또는 공무원 甲에게 선택적으로 국가배상을 청구할 수 있는지를 검토하시오. 15점

Question 03

공시지가제도의 문제점 및 개선방안을 기술하시오. 20점

Question 04

공익사업이 예상되는 지역의 표준지 소유자인 甲 마을이장은 고민에 빠져 있다. 토지 보유에 대한 세금을 고려하는 경우 공시지가가 낮은 것이 좋으나, 이번에 합격한 수습평가사 처조카인 乙의 얘기를 들어보니 토지보상은 공시지가에 의한다는데, 공익사업이 진행되어 보상금을 받자니 높은 공시지가를 내달라고 해야 하는지 딜레마가 아닐 수 없다. 표준지가 수용목적물인 경우 표준지공시지가와 보상평가 간의 불일치에 대한 문제를 법적 측면에서 검토하시오. 20점

Question 01 40점

I. 논점의 정리

사안의 토지소유자 乙은 자신의 토지가 문화재보호법에 의거 문화재로 지정되면서, 토지보상법에 따라 수용 또는 사용을 할 수 있는 상황이다. 이에 〈물음 1〉에서는 乙이 문화재보호구역 지정으로 인해 재산상의 손실발생을 주장하고 있는바, 공용제한에 따른 손실보상의 가능성을 논하고자 한다. 〈물음 2〉에서는 乙소유 토지에 대해 토지보상법상 사용 또는 수용이 가능함에도 수용절차를 진행하지 않자, 乙이 문화재청장에게 재결신청청구를 했으나 거부당한 사안에서 해당 거부가 처분이 될 수 있는지를 논하고, 최근 재결신청청구에 관한 판례와 비교한다. 〈물음 3〉에서는 택지개발사업 시 문화재보호구역으로 지정된 토지에 대해 공법상 제한을 반영해 평가해야 하는지를 검토한다.

II. 물음 1

1. 문화재보호구역지정의 법적 성질

공용제한이란 공공의 필요를 위해 개인의 재산권에 가해지는 공법상 제한을 의미한다. 헌법 제23조 제3항에서는 재산권의 손실에 대해 보상을 받으려면, 특별한 희생에 해당되어야 한다고 규정하고 있다. 〈사안의 경우〉 문화재보호구역으로 인해 사용·수익이 제한되어 수인 한도를 넘는 손실을 발생시키므로 공용제한에 해당된다고 볼 수 있다.

2. 공용제한에 대한 손실보상의 기준

(1) 문제점

공용제한은 일반 손실보상과는 달리 법령에 규정되지 않은바 손실보상의 근거규정이 문제된다.

(2) 학설

① 해당 토지의 이용제한과 상당인과관계가 인정되는 모든 손실에 대해 보상해야 한다는

〈상당인과관계설〉, ② 토지이용가치의 객관적 하락을 보상해야 한다는 〈지가저락설〉, ③ 토지이용제한을 공적 지역권 설정으로 보아 그에 대한 대가를 보상해야 한다는 〈지대설〉, ④ 토지이용제한으로 인한 적극적·현실적 비용만을 보상해야 한다는 〈실손보전설〉이 있다.

(3) 판례

판례는 준용하천의 제외지로 편입됨에 따른 손실보상은 원칙적으로 공용제한에 의하여 토지소유자로서 사용·수익이 제한되는 데 따른 손실보상으로서 제외지 편입 당시의 현황에 따른 지료상당액을 기준으로 함이 상당하다고 판시하였다.

(4) 검토

상당인과관계설은 보상의 기준이 주관적일 수 있는 점, 실손보전설은 보상 범위를 축소하는 점, 지대설은 공용제한의 성격과는 차이가 있다. 따라서 토지의 객관적 가치 하락설인 〈지가저락설〉이 가장 현실적인 보상방법의 근거라 생각한다.

3. 소결

문화재보호구역지정으로 인해 특별한 희생이 발생되고, 이로 인해 사용·수익의 제한으로 지가가 하락되는바 공용제한에 대해 〈지가저락설〉을 근거로 가치 하락분을 보상해줌이 타당하다 생각한다.

Ⅲ. 물음 2

1. 취소소송의 적법성

(1) 재결신청청구의 의의 및 요건

재결신청청구란 토지보상법 제30조 규정을 근거로, 협의가 불성립할 경우 토지소유자 및 관계인이 사업시행자에게 재결신청을 하도록 청구하는 권리를 말한다. 사업인정고시가 된 후 협의가 성립되지 않거나 협의 불성립이 명백한 경우 보상대상에서 제외한 경우를 청구

요건으로 한다.

(2) 재결신청의 거부가 처분인지의 판단

1) 거부가 처분이 되기 위한 요건
거부가 처분이 되기 위한 요건으로는 ① 공권력 행사로서의 거부일 것, ② 권리와 의무에 직접적 영향을 미칠 것, ③ 법규상·조리상 신청권이 있을 것을 요건으로 한다. 신청권에 대해 원고적격으로 볼 것인지 대상적격으로 볼 것인지 논의가 있으나 심리의 편의를 위해 대상적격으로 봄이 타당하다.

2) 사안의 경우
사안의 문화재청장의 거부는 공권력 행사로서의 거부이나, 현재 토지보상법상 사용·수용이 가능함에도 사업인정을 받거나 수용의 절차를 개시한 바 없는 점, 재결신청청구권은 사업인정 이후 협의 불성립 시에 청구가능한 권리인 점을 들어 乙에게는 법규상 신청권이 없으므로 처분으로 보기 어렵다.

(3) 관련 판례
재결신청청구와 관련한 판례에서는 문화재청장이 토지조서 및 물건조서를 작성하는 등 토지에 대해 다른 수용절차를 개시하지 않았으므로, 피수용자에게 문화재청장으로 하여금 토지수용위원회에 재결을 신청할 권리가 인정되지 않아, 재결신청에 대한 거부회신은 거부처분이 아니라고 판시한 바 있다.

(4) 원고적격 및 그 밖의 소송요건
원고적격이란 본안판결을 받을 '법률상 이익이 있는 자'를 의미하는데 이때 법률상 이익은 개별적, 직접적, 구체적 이익인 경우를 말한다. 乙은 해당 사업지구 내 토지소유자이므로 법률상 이익이 있어 원고적격을 만족한다. 그 밖의 제소기간 및 관할 법원 등 요건은 논의의 계속상 만족한 것으로 본다.

(5) 소결
소유자 乙은 문화재청장의 거부 회신에 대해 취소소송을 제기하였으나 재결신청청구권이 없는바, 거부를 처분이라 보기 어려워 대상적격을 만족하지 못한다. 따라서 소송요건 불비로 해당 취소소송은 적법하지 않다 생각한다.

2. 최근 판례(대판 2019.8.29, 2018두57865)와의 차이

(1) 대판 2019.8.29, 2018두57865 검토
상기 판례에서는 농업손실보상에 더한 재결신청청구 시 권리구제수단으로 거부처분 취소소송이나 부작위위법확인소송으로 다툴 수 있다 판시하고 있다. 즉 토지보상법에 따르면 지장물이나 영업・농업손실보상에 대해 사업시행자만이 재결을 신청할 수 있고, 토지소유자 및 관계인에게는 재결신청을 청구하도록 규정되어 있으므로, 피수용자의 재결신청청구에도 사업시행자가 재결신청하지 않는다면 거부처분 취소소송 또는 부작위위법확인소송으로 다툴 수 있다고 판시하였다.

(2) 양자의 차이
문화재청장의 거부에 대해서는 거부처분 취소소송으로 다툴 수 없다 판시하였는데, 그 이유는 수용의 절차를 개시한 바 없기 때문이다. 반면, 최근 판례에서는 수용의 절차를 개시한 상태에서 사업시행자가 재결신청청구에 대해 거부를 한 것인바 양자는 차이가 있다. 또한 최근 판례는 거부에 대해 권리 구제 수단을 구체적으로 제시함으로서 피수용자의 권리보호를 한층 강화했다는 점에서 그 취지가 인정된다.

Ⅳ. 물음 3

1. 보상법률주의

헌법 제23조 제3항에서는 공공의 필요에 의해 개인의 재산권에 특별한 희생이 발생한 경우에는 그 손실에 대한 보상을 법률로서 하도록 규정하고 있다. 손실보상은 법규성이 있는 규정에 근거해야 하므로 훈령이나 고시, 규칙에 의한 보상은 위법한 것이 된다. 〈사안의 경우〉 토지보상법 시행규칙 제23조에 의한 보상이므로 법규성이 문제된다.

2. 법정보상평가주의

상기 법률유보의 원칙에 의해 토지보상법에서 손실보상을 규정하고 있으며, 토지보상법의 대표적 조항인 제68조 및 제70조에서는 구체적 보상기준을 국토교통부령과 행정규칙에 위임하고 있고, 토지는 공시지가를 기준으로 보상하도록 규정하고 있다.

3. 공법상 제한받는 토지의 평가

(1) 토지보상법 시행규칙 제23조 제1항

토지보상법 시행규칙 제23조 제1항에서는 해당 공익사업을 직접목적으로 가해지는 제한은 그 공법상 제한을 받지 않은 상태대로 평가하되, 공익사업과 상관없이 가해진 일반적 제한은 반영해서 평가하도록 규정하고 있다. 일반적 제한의 대표적인 예로는 군사시설보호구역 또는 개발제한구역 등이 있다.

(2) 토지보상법 시행규칙 제23조 제2항

토지보상법 시행규칙 제23조 제2항에서는 해당 공익사업으로 인해 용도지역·지구 등이 변경된 경우 변경 이전의 용도지역을 기준으로 평가하도록 하고 있다.

(3) 사안의 경우

택지개발사업과는 상관없이 해당 토지에는 문화재보호구역이 지정되어 있었던 점, 문화재

보호구역 지정은 해당 제한만으로도 목적을 완성하는 일반적 제한인 점, 동법 시행규칙 제23조 제1항에서는 해당 사업과 관계없는 일반적 제한은 반영하도록 한 점을 들어 문화재보호구역 제한을 반영해 평가함이 타당하다.

4. 토지보상법 시행규칙 제23조의 법규성

토지보상법 시행규칙 제23조는 토지보상법 제70조의 위임을 받아 제정된 것으로서 법령보충적 행정규칙인바 법규성이 문제된다. 최근 대법원 판례는 토지보상법 시행규칙 제22조에 대하여 상위법령과 결합하여 대의적인 구속력이 인정된다고 보면서 법규성을 긍정하고 있는바, 판례의 태도를 근거로 토지보상법 시행규칙 제23조 또한 법규성을 인정함이 타당하다.

V. 사례의 해결

〈물음 1〉에서 문화재보호구역지정은 공용제한으로서 지가저락설을 근거로 사용가치의 하락을 손실보상해 주는 것이 타당하다고 생각된다.

〈물음 2〉에서는 수용의 절차를 개시한 바 없으므로 문화재청장의 거부는 처분이 아니어서 취소소송은 적법하지 않다. 그리고 최근 대법원 판결 2019.8.29, 2018두57865에서는 상당한 수용절차가 진행된 사항으로 재결신청청구 거부에 대해서는 거부처분취소소송으로 다툴 수 있다고 봄이 타당하다고 판단된다.

〈물음 3〉에서는 토지보상법 시행규칙 제23조에 의거 일반제한에 해당되어 공법상 제한을 받는 상태로 평가함이 타당하다고 보여진다.

Question 02 20점

I. 논점의 정리

〈물음 1〉에서 재결 절차에 있어 공무원인 갑 토지수용위원의 위법행위가 있는지 판단하여 을의 국가배상청구소송의 인용가능성을 검토한다.

〈물음 2〉에서 을이 공무원 갑을 상대로 국가배상을 선택적으로 청구할 수 있는지 검토한다.

Ⅱ. 물음 1(국가배상청구소송의 인용가능성)

1. 국가배상책임의 요건(국가배상법 제2조)

국가배상책임이란 공무원의 과실 있는 위법행위로 인해 발생한 손해에 대한 배상책임을 말한다. 국가배상책임이 성립하기 위해서는 ① 공무원이 직무를 집행하면서 ② 고의 또는 과실로 법령에 위반하여 행해졌을 것, ③ 타인에게 손해가 발생하였고, ④ 공무원의 불법행위와 손해 사이에 상당인과관계가 있을 것이 요구된다.

2. 사안의 경우

공무원 갑은 수용재결의 직무를 집행하면서 고의로 손실보상액 30%를 증액하도록 문서를 조작한 과실이 존재한다. 또한 친족 토지의 보상금을 재결한 것은 토지보상법 제57조 제1항 제2호에 위배되며, 이로 인해 을에게 사업포기 등의 손해가 발생하였는바 양자는 상당인과관계가 있다. 따라서 국가배상책임의 요건이 충족되므로 사업시행자 을의 국가배상청구소송은 인용가능하다.

Ⅲ. 물음 2(국가배상의 선택적 청구 가능성)

1. 국가배상 청구소송의 법적 성질

1) 관련 판례의 태도

판례는 ① 경과실의 경우 공무원은 국가 등 기관으로서 그 책임은 전적으로 국가 등에만 귀속되고 공무원 개인에게는 대내적・대외적 책임을 부담하지 않는다고 판시하였다. ② 고의・중과실의 경우 공무원 개인과 국가 등이 중첩적으로 대외적 책임을 부담하고 궁극적으로 공무원 개인이 대내적 책임도 부담한다고 본다.

2) 검토

생각건대 고의·중과실인 경우에도 직무상 외형을 갖춘 경우 국가 기관의 행위로 인정될 수 있으므로, 판례의 입장이 타당하다고 본다.

2. 선택적 청구 행사 가능 여부

1) 관련 판례의 태도

판례는 ① 종래 공무원 개인도 배상책임을 진다고 하여 선택적 청구를 부인한 경우가 있었으나, ② 최근 공무원에게 고의·중과실이 있는 경우 공무원 개인의 손해배상책임이 인정되며, ③ 경과실인 경우 손해배상책임을 부담하지 아니한다고 판시한 바 있다.

2) 검토

생각건대 국가는 공무원을 통해 행위를 하는 것이므로, 공무원의 고의 또는 중과실로 인한 행위가 직무와 관련이 있는 경우에는 국가와 공무원에게 선택적으로 손해배상을 청구하며, 경과실의 경우에는 개인의 책임을 부담시키지 않는 판례의 입장이 타당하다고 본다.

3. 사안의 경우

사안에서 공무원 갑은 자신의 친족 토지가 포함된 것을 알고 재결문서를 조작하였고, 이는 고의·중과실 행위에 속한다. 따라서 사업시행자 을은 갑 또는 국가에게 선택적으로 국가배상청구를 할 수 있다.

IV. 사안의 해결

〈물음 1〉에서 공무원 갑에 대한 사업시행자 을의 국가배상청구소송은 요건이 충족되어 인용가능하다.

〈물음 2〉에서 공무원 갑의 고의·중과실이 인정되며, 직무상 외형이 갖추어져 있으므로 을은 갑 또는 국가를 상대로 선택적으로 국가배상청구소송이 가능하다.

Question 03 [20점]

I. 논점의 정리

공시지가는 각종 조세, 부담금 및 행정목적 지가산정의 기준이 되어 국민의 재산권 행사에 직·간접적으로 관련되는바, 적정성과 신뢰성 확보가 매우 중요하다. 다만 제도운영상 문제점이 존재하는바 이하 이를 검토하고 개선방안에 대해 기술한다.

II. 공시지가제도 개관

1. 공시지가제도 의의

정부가 정한 객관적 기준에 의하여 조사·평가된 토지의 적정가격을 공시하고 공시된 지가를 일반국민의 토지거래 및 행정기관의 지가산정에 활용될 수 있도록 하는 공적지가제도이다. 모든 토지가격의 산정 기준이 되며, 국토의 효율적 이용 등에 취지가 있다.

2. 표준지공시지가(부동산공시법 제3조)

국토교통부장관이 조사·평가하여 공시한 공시기준일 현재 표준지의 단위면적당 적정가격을 말한다. 표준지 선정, 표준지 가격의 조사·평가, 중앙부동산가격공시위원회의 심의, 지가공시·열람의 절차에 따라 이루어지며, 일반적 토지거래의 지표, 개별토지의 평가기준 등으로 활용된다.

3. 개별공시지가(부동산공시법 제10조)

시·군·구청장이 과세기준 또는 기타 행정목적에 활용하기 위해 공시지가를 기준으로 일정한 절차에 따라 결정·공시한 개별토지의 단위면적당 가격을 말한다. 개별공시지가 산정, 감정평가법인등의 검증, 토지소유자 등의 의견청취, 시·군·구부동산가격공시위원회 심의, 결정·공시 등의 절차에 따라 이루어진다.

Ⅲ. 공시지가제도의 문제점 및 개선방안

1. 발생원인

① 지가조사의 근본적 어려움, ② 제도 시행상의 미비점, ③ 이해관계에 따른 인식 상이, ④ 현실가치와의 필연적 괴리 등을 들 수 있다.

2. 체감지가 미반영

공시지가는 시가와의 괴리로 인해 체감지가를 제대로 반영하지 못하는 문제점이 발생한다. 이를 개선하기 위해 공시지가의 평가에 수익방식, 비교방식 등 수익성·시장성 원리의 평가방법을 적용할 수 있다.

3. 개별공시지가의 신뢰도

개별공시지가는 비전문가인 공무원이 비교표준지를 선정하여 개별 토지가격을 결정한 것으로 그 신뢰도에 문제가 있다. 이를 개선하기 위해 공무원에 대한 전문교육을 강화할 필요가 있다.

4. 공시지가의 가격불균형 및 표준지 대표성

공시지가 결정 시 인근 표준지와의 균형과 선정된 비교표준지의 대표성에 대한 문제점이 존재한다. 이의 개선방안으로 가격균형협의제 활용 및 표준지선정기준의 엄정한 준수를 들 수 있다.

Ⅳ. 사안의 해결

공시지가제도는 국민의 재산권과 직접적으로 연관성을 갖고 있기에 이에 따른 적정성이 뒷받침되어야 한다. 따라서 제도상 문제점을 인식하여 개선방안 마련이 시급하다고 판단된다.

Question 04 (20점)

I. 논점의 정리

부동산공시법에 의한 표준지공시지가는 과세의 지표, 보상액 산정의 기준이 되는 등 다양한 기능을 한다. 이때 납세 유인을 위해 공시지가는 일반 시가보다 낮게 산정되는데, 그러한 공시지가를 기준으로 보상액을 산정하는 경우 표준지공시지가와 보상평가 간에 불일치 문제가 존재한다. 이하에서는 이를 법적 측면에서 검토하고자 한다.

II. 공시지가 개관

1. 공시지가 제도

정부가 정한 객관적 기준에 의하여 조사·평가된 토지의 적정가격을 공시하고 공시된 지가를 일반국민의 토지거래 및 행정기관의 지가산정에 활용될 수 있도록 하는 공적지가 제도이다. 모든 토지가격의 산정 기준이 되며, 국토의 효율적 이용 등에 취지가 있다.

2. 공시지가 성격

(1) 학설

적정한 가격형성 도모 및 투기억제 등 정책적 목적으로 하는 당위가격이라는 정책가격설, 세금, 부담금 등의 산정기준이 되는 현실시장 가격이라는 시가설이 대립한다.

(2) 판례

개별토지가격의 적정성 여부는 규정된 절차와 방법에 의거하여 이루어진 것인지에 따라 결정되는 것이지, 해당 토지의 시가와 직접적 관련이 있는 것은 아니므로 단지 개별지가가 시가를 초과한다는 사유만으로 그 가격 결정이 위법하다고 단정할 것은 아니라고 하여 정책가격설의 입장이다.

(3) 검토

생각건대 부동산공시법 제1조에서 적정한 가격형성 도모를 입법목적으로 규정하고 있는 점, 실무적으로 정부에서 정책적으로 가격을 조절하는 점, 현실문제로 시가 수준에 부합시키기 어려운 점 등을 고려할 때 정책가격이라 보는 판례의 입장이 타당하다.

3. 공시지가 기준보상평가의 정당성 여부

(1) 공시지가 기준보상(토지보상법 제70조 제1항)

협의 또는 재결에 의하여 토지를 취득하는 경우 부동산공시법상 공시지가를 기준으로 보상액을 산정하는 것을 말한다. 개발이익 배제에 그 취지가 있다.

(2) 공시지가 기준보상의 정당성 여부

1) 판례

① 판례는 개발이익을 배제하고 있는 것이므로 공시지가를 기준으로 보상액을 산정하는 것은 완전보상의 원리에 위배되는 것이라고 할 수 없다고 보았으며, ② 헌법재판소는 공시지가가 공시기준일 당시 표준지의 객관적 가치를 정당하게 반영하는 것이고, 공시기준일 이후 수용 시까지의 시가변동을 산출하는 시점보정의 방법이 적정한 것으로 보이므로, 헌법 제23조 제3항이 규정한 정당보상원칙에 위배되지 아니한다고 판시한 바 있다.

2) 검토

공시지가를 기준으로 한 보상이 시가에 미달한다 하여 정당한 보상이 아니라고 단정적으로 말할 수는 없고, 공시지가를 기준으로 함으로써 보상의 객관화 보장 및 개발이익의 배제의 기능을 수행하는 점을 인정할 때 공시지가 기준보상은 정당보상에 위배되지 아니한다고 보는 것이 타당하다.

Ⅲ. 표준지공시지가와 보상가격과의 괴리 발생 이유

1. 정당보상 측면

헌법 제23조 제3항의 정당보상을 위해 보상가격은 피수용자 재산의 객관적 가치 외에도 부대손실, 간접손실 등도 포함되므로 공시지가 적정가격과 괴리가 존재한다.

2. 평가방법 측면

① 표준지공시지가는 공법상 제한을 받는 상태를 기준으로 평가하며, 현실화·구체화된 개발이익 존재 시 이를 반영하여 평가한다. ② 보상가격은 해당 사업으로 인한 공법상 제한을 반영하지 않으며, 개발이익 배제를 위해 사업인정고시일 등 이전 공시지가를 선정한다. 따라서 표준지공시지가와 보상가격은 차이가 존재한다.

Ⅳ. 불일치 해소 방안(그 밖의 요인 보정)

1. 그 밖의 요인 보정 의의 및 법적 근거

그 밖의 요인 보정이란 지역·개별요인 비교 이외에 지가 변동에 영향을 미치는 요인이 있는 경우 이를 보정하는 것을 말한다. 토지보상법 제70조 제1항에서는 그 밖에 그 토지의 위치, 형상, 환경, 이용상황 등을 고려하여야 한다고 하여, 견해의 대립은 있으나 이를 그 밖의 요인의 법적 근거로 본다.

2. 판례 및 검토

판례는 기타사항으로 인근 유사토지의 정상거래가격, 보상선례, 호가 및 자연적인 지가상승분 등이 보상액 산정에 영향을 미친다고 입증된 경우 이를 참작할 수 있다는 입장으로 긍정한다. 생각건대 정당보상의 관점에서도 보상액에 영향을 미치는 요인이 있다면 이를 반영해야 하는바 판례의 입장이 타당하다. 따라서 그 밖의 요인의 적극 반영을 통해 완전보상이 실현되도록 노력해야 한다.

V. 사안의 해결

이해관계 상충, 정당보상 등에 의해 표준지공시지가와 보상가격은 괴리가 발생하나, 그 밖의 요인 보정을 통해 불일치 해소 및 정당보상을 도모하고 있는바 이를 적극적으로 활용할 수 있다.

제23회 감정평가 및 보상법규 종합문제

Question 01 부동산 가격공시에 관한 법률(이하 '부동산공시법')은 "제10조(개별공시지가의 결정·공시 등) ① 시장·군수 또는 구청장은 국세·지방세 등 각종 세금의 부과, 그 밖의 다른 법령에서 정하는 목적을 위한 지가산정에 사용되도록 하기 위하여 제25조에 따른 시·군·구부동산가격공시위원회의 심의를 거쳐 매년 공시지가의 공시기준일 현재 관할 구역 안의 개별토지의 단위면적당 가격(이하 '개별공시지가'라 한다)을 결정·공시하고, 이를 관계 행정기관 등에 제공하여야 한다."라고 규정하고 있는바, 개별공시지가의 적정성 및 공정성을 담보하기 위한 현행 부동산공시법상의 제도를 설명하시오. 30점

Question 02 개별공시지가는 장래 세금 및 부담금 산정의 기준이 되므로 적정가격으로 평가함이 상당히 요구된다. 이에 따라 「부동산공시법」에서는 시·군·구 공무원이 토지가격비준표를 적용하여 산정한 개별 토지의 가격의 적정성을 담보하기 위해 검증제도를 규정하고 있다. 검증제도에 대해 설명하시오. 30점

Question 03 공공재개발이 발표되어 서울특별시 마포구 아현1구역 지역 인근에 토지를 소유한 甲은 자신의 토지에 대하여 전년도 대비 현저히 상승한 2021년도 개별공시지가를 확인하고 향후 부과될 관련 세금의 상승 등을 우려하여 「부동산 가격공시 및 감정평가에 관한 법률」(이하 '부동산공시법') 제22조에 따른 마포구청장에게 이의신청을 하였으나 기각되었다. 이에 토지소유자는 甲은 확정된 개별공시지가에 대하여 다시 행정심판을 제기하였으나 행정심판위원회는 그 청구를 받아들이지 않았는데, 그 후 토지소유자 甲은 자신이 소유한 토지에 대하여 전년도보다 30% 높은 재산세를 부과 받게 되었다. 다음 물음에 대하여 답하시오. 30점

(1) 토지소유자 甲이 부동산공시법상 개별공시지가의 이의신청과 개별공시지가에 대한 행정심판을 모두 제기한 것이 타당한 것인지에 대하여 검토하시오. 10점

(2) 토지소유자 甲의 토지는 전년대비 높은 개별공시지가가 확정되었고, 이 개별공시지가에는 단순 취소사유가 있었는데 일정기간이 지나게 되어 불가쟁력이 발생하였다. 이 개별공시지가를 기초로 부과된 재산세에 대한 취소청구소송을 제기할 수 있는지 여부에 대하여 하자의 승계 관점에서 검토하시오. 20점

Question 04 부동산 가격공시에 관한 법률상 제3장 주택가격의 공시와 제4장 비주거용 부동산가격의 공시에 대하여 설명하시오. 10점

Question 01 (30점)

Ⅰ. 논점의 정리

부동산공시법의 제1조는 부동산의 적정한 가격형성과 각종 조세·부담금 등의 형평성을 도모하고 국민경제의 발전에 이바지함을 입법목적이라 규정한다. 이를 위해 동법 제10조에서는 개별공시지가제도를 규정하는바, 부동산 입법목적에 부응하는 개별공시지가의 적정성 및 공정성 담보를 위해 부동산공시법상 어떠한 제도가 있는지 이하 설명하고자 한다.

Ⅱ. 개별공시지가 의의 및 법적 성질

1. 의의(부동산공시법 제10조 제1항)

개별공시지가란 표준지의 공시지가를 기준으로 산정한 개별토지의 단위면적당 가격을 말한다. 각종 세금의 부과, 그 밖의 다른 법령에서 정한 목적을 위한 지가산정에 사용된다.

2. 법적 성질

행정행위설, 행정규칙설, 행정계획설, 사실행위설 등의 견해가 대립은 있으나 판례는 개별토지가격 결정은 과세의 기준이 되는 등 국민의 권리·의무에 직접적으로 관계되는 것으로서 항고소송의 대상이 되는 처분에 해당한다고 하였다. 생각건대 개별공시지가는 이후 개발부담금 및 각종 조세의 기준이 되어 국민의 권리·의무에 직접 영향을 미치므로 처분으로 보는 판례의 입장이 타당하다.

Ⅲ. 개별공시지가 적정성·공정성을 위한 제도

1. 검증제도(부동산공시법 제10조 제5항)

검증을 의뢰받은 감정평가법인등이 공무원이 산정한 개별공시지가에 대해 토지특성조사, 비교표준지 선정, 토지가격비준표 적용 등을 종합 검토하여 산정지가의 적정성을 판별한다. 지가열람 전 실시하는 산정지가 검증, 토지소유자 등의 의견제출에 대한 검증, 이의신청에 대한 검증이 있다. 검증절차는 필수적 절차로서 이를 거치지 않은 개별공시지가 결정·공시는 위법하다.

2. 결정·공시절차

검증 이후 토지소유자 및 그 밖의 이해관계인의 의견을 듣고, 시·군·구 부동산가격공시위원회의 심의를 거치는 결정·공시절차를 통해 개별공시지가의 적정성 및 공정성을 담보한다.

3. 감정평가법인등의 의무강화 제도

부동산공시법에 따라 감정평가법인등이 업무를 수행하는 경우, 부동산공시법 제8조 제2호에 따른 목적을 위해 감정평가하는 경우 감정평가법 제48조에 따라 공무원으로 의제되어 형법 제129조부터 제132조가 적용된다.

4. 불복제도

부동산공시법 제11조에 따라 개별공시지가에 이의가 있는 자는 공시일로부터 30일 이내에 이의신청이 가능하다. 이는 판례에 따라 강학상 이의신청이므로, 행정기본법 제36조 제3항 및 제4항에 따라 이의신청을 결과를 받은 후 행정심판과 행정소송 제기가 가능하다. 또는 곧바로 행정쟁송을 제기할 수 있다.

5. 정정제도(부동산공시법 제12조)

시·군·구청장은 개별공시지가에 틀린 계산, 오기, 표준지 선정의 착오, 그 밖의 대통령령으로 정하는 명백한 오류가 있는 경우 이를 정정함으로써 그 적정성과 공정성을 담보한다. 판례는 개별공시지가 정정신청이 거부된 사안에서 그 신청이 행정청에 대하여 직권발동을 촉구하는 의미밖에 없으므로, 정정불가 결정 통지는 관념의 통지에 불과할 뿐 항고소송의 대상이 되는 처분이 아니라 판시하였다.

Ⅳ. 사안의 해결(정정 신청 거부에 대한 처분성 논의)

개별공시지가는 각종 조세 및 부담금의 기준이 되므로 적정성 및 공정성이 담보되어야 하기에 다양한 제도가 존재한다. 이때 정정신청의 거부에 있어 판례는 처분이 아니라 보았으나, 행정절차법 제25조에서는 처분에 오기·틀린 계산 등 명백한 잘못이 있을 때 직권 또는 〈신청에 따라〉 지체 없이 정정하고 그 사실을 당사자에게 통지하여야 한다고 규정하고 있어 판례는 타당하지 않다고 판단되는바, 부동산공시법 제12조 정정제도에 있어 정정신청 가능성에 대한 논의가 필요하다고 본다.

Question 02 [30점]

I. 논점의 정리

개별공시지가는 시·군·구청장이 표준지공시지가를 기준으로 산정한 개별토지의 단위면적당 가격을 말한다. 이는 국민의 권리·의무에 영향을 미치는 처분으로서 적정성 담보를 위해 부동산공시법상 검증제도가 규정되어 있는바 이하 설명한다.

II. 개별공시지가 검증제도

1. 의의 및 취지(부동산공시법 제10조 제5항)

비전문가인 공무원이 산정한 개별공시지가에 대해 감정평가법인등이 토지특성조사, 비교표준지선정, 토지가격비준표의 적용 등을 종합적으로 검토하여 지가의 적정성을 판단하는 것을 말한다. 개별공시지가 전문성 및 적정성 담보에 그 취지가 있다.

2. 법적 성질

감정 자체는 사실행위로서 항고쟁송의 대상이 아니며, 감정평가법인등이 국가의 지도·감독을 수탁하여 행하는 행정지도적 성질을 가진다. 검증절차는 개별공시지가 결정·공시의 필수적 절차로서, 검증을 거치지 않은 개별공시지가 결정행위는 하자 있는 행정처분이 된다.

3. 종류 및 생략사유

① 지가열람 전에 실시하는 산정지가 검증, ② 토지소유자 등의 의견제출에 대한 검증, ③ 이의신청에 따른 검증이 있다. ④ 개별토지의 지가변동률과 국토교통부장관이 조사·공표하는 읍·면·동의 연평균 지가변동률 간의 차이가 작은 순으로 대상 토지를 선정하여 검증을 생략한다(부동산공시법 시행령 제18조 제3항).

4. 주체 및 책임

검증의 주체는 감정평가법인등이며, 시·군·구청장은 해당 지역의 표준지공시지가를 조사·평가한 감정평가법인등 또는 감정평가실적이 우수한 감정평가법인등에게 검증을 의뢰하여야 한다. 감정평가법인등은 형법 제129조부터 제132조 적용(뇌물수뢰죄 등)에 있어 공무원으로 본다.

Ⅲ. 사안의 해결(검증제도의 문제점)

현행 검증제도는 시간 부족 및 관련 당사자 협조 부족 문제, 예산 부족 등의 문제로 인해 적정한 제도 운행이 어려운 실정이다. 따라서 헌법 제23조의 재산권 보호를 위해서라도 검증제도 의무화 등 개선방안 검토가 필요하다고 판단된다.

Question 03 [30점]

<물음 1>

Ⅰ. 논점의 정리

행정심판 재청구금지 원칙 위배 여부와 관련하여 부동산공시법상 개별공시지가의 이의신청이 강학상 이의신청인지 여부를 검토한다.

Ⅱ. 개별공시지가의 이의신청(부동산공시법 제11조)

개별공시지가에 대해 이의 있는 자가 개별공시지가의 결정·공시일로부터 30일 이내에 서면으로 시·군·구청장에게 이의를 제기할 수 있는 것을 말한다. 이는 과세 및 부담금 산정의 기초가 되어 국민의 권리·의무에 영향을 미치는 개별공시지가에 대해 객관성을 확보하기 위한 취지에서 인정된다.

Ⅲ. 개별공시지가의 이의신청의 법적 성질

1. 문제의 소재

행정심판법 제51조에서는 행정심판 재청구 금지를 규정하고 있으므로, 개별공시지가의 이의신청이 행정심판인지 여부가 문제가 된다.

2. 구별 기준

헌법 제107조 제3항에서는 '행정심판의 절차는 법률로 정하되, 사법절차가 준용되어야 한다'라고 규정하였다. 따라서 개별 법률에서 정하는 이의신청 등이 사법절차가 준용되는 경우에는 행정심판이 된다.

3. 관련 규정(행정기본법 제36조 제4항)

해당 규정에서는 이의신청에 대한 결과를 통지받은 후 행정심판 또는 행정소송을 제기하려는 자는 그 결과를 통지받은 날부터 90일 이내에 행정쟁송을 제기할 수 있다고 규정하고 있다.

4. 관련 판례(2008두19987)

판례는 ① 부동산공시법에 행정심판의 제기를 배제하는 명시적인 규정이 없는 점, ② 이의신청과 행정심판은 절차 및 담당 기관에 차이가 있는 점을 종합하여 강학상 이의신청으로 보았다. 따라서 개별공시지가에 대해 이의가 있는 자는 곧바로 행정소송을 제기하거나,

개별공시지가의 이의신청과 행정심판청구 중 어느 하나만을 거쳐 행정소송을 제기할 수 있고, 이의신청을 하여 결과를 통지받은 후 다시 행정심판을 거쳐 행정소송을 제기할 수도 있다고 판시하였다.

5. 검토

부동산공시법에 사법절차 준용 규정이 없는 점, 행정심판을 제기하는 명시적 규정이 없는 점을 미루어 보아 개별공시지가의 이의신청을 강학상 이의신청이라 보는 판례의 입장이 타당하다.

Ⅳ. 사안의 해결(타당성 검토)

최근 신설된 행정기본법 제36조 제3항은 이의신청을 한 경우에도 행정심판과 행정소송이 가능하다고 규정한다. 따라서 규정 및 판례에 따라 개별공시지가의 이의신청과 행정심판을 모두 제기하는 것은 위법이 없어 타당하다.

<물음 2>

Ⅰ. 논점의 정리

개별공시지가의 위법이 재산세부과처분에 승계될 수 있는지가 문제가 된다.

Ⅱ. 관련 행정작용의 법적 성질

1. 개별공시지가(부동산공시법 제10조)

개별공시지가의 법적 성질에 대해서 행정행위설, 입법행위설, 사실행위설 등의 견해가 대립하고 있지만, 판례는 항고소송의 대상인 처분이라고 판시하였다. 생각건대, 과세 및 부담금 산정의 기준이 되어 국민의 권리·의무에 직접 영향을 미치므로 행정행위설이 타당하다고 판단된다. 따라서 행정행위로서 처분성을 갖는다.

2. 재산세부과처분

재산세부과는 상대방에게 세금납부의 의무를 부과하는 급부하명에 해당한다. 따라서 국민의 권리·의무에 직접 영향을 미치는 처분에 해당한다고 판단된다.

Ⅲ. 하자의 승계 여부

1. 하자의 승계의 의의 및 필요성

하자의 승계란 둘 이상의 행정행위가 연속해서 이루어지는 경우 선행 행정행위에 위법이 있지만 불가쟁력이 발생하여 다툴 수 없을 때 선행 행정행위의 위법을 이유로 후행 행정행위의 위법을 주장할 수 있는 것을 말한다. 이는 국민의 재판청구권 보호와 법적 안정성의 조화를 위해 인정될 필요성이 있다.

2. 하자의 승계 인정 여부

(1) 하자의 승계요건

선행행위와 후행행위가 모두 처분일 것, 선행행위의 위법이 취소사유일 것, 선행행위에 불가쟁력이 발생했을 것, 후행행위에는 고유한 하자가 없이 적법할 것을 요건으로 한다.

(2) 사안의 경우

개별공시지가와 재산세부과처분은 모두 항고소송의 대상인 처분이며, 선행행위인 개별공시지가의 하자는 단순 취소사유에 해당하며, 불가쟁력이 발생하였다. 재산세부과처분에는 별다른 하자가 없으므로, 하자의 승계요건을 충족한다고 판단된다.

3. 하자의 승계 인정 범위

(1) 학설

선행행위와 후행행위가 하나의 법률효과를 목적으로 하는 경우에 하자의 승계가 인정된다고 하는 전통적 하자의 승계론과 선행행위가 후행행위에 구속력을 미치는 범위 내에서는 하자의 승계가 인정되지 않는다고 하는 구속력이론이 대립하고 있다.

(2) 판례

① 대법원은 전통적 하자의 승계론의 입장에서 판단하며, 선행행위와 후행행위가 별개의 법률효과를 발생시키는 경우에도 그 결과가 당사자에게 예측가능한 것이 아니며, 수인한도를 넘는 경우에는 하자의 승계를 인정할 수 있다고 판시하였다.

② 개별공시지가와 과세처분과 관련한 판례는 당사자에게 통지가 없었던 경우에 한하여 하자의 승계를 긍정하였고, 조정결정을 통지받고도 더 이상 다투지 아니한 경우에는 하자의 승계를 부정하였다.

(3) 검토

선·후행 행정행위가 별개의 법률효과를 목적으로 하는 경우 하자의 승계를 부정함이 타당하나, 예외적으로 해당 손실에 대한 예측가능성 및 수인가능성이 없는 경우에 한하여 국민의 권리구제 측면에서 긍정함이 타당하다.

IV. 사안의 해결

사안의 토지소유자 甲은 행정심판 후 행정소송을 제기하지 않아 불가쟁력이 발생하였다고 판단되므로 예측가능성 및 수인가능성을 부정할 수 없다고 판단된다. 따라서 하자의 승계는 부정되며 甲은 개별공시지가의 위법을 재산세부과처분의 취소소송에서 주장할 수 없다.

Question 04 10점

I. 논점의 정리

부동산가격공시제도는 조세 형평주의의 일환으로 종합동산세를 부과하기 위한 기준을 마련하기 위해 도입된 제도이다. 최근, 주택과 비주거용 부동산에 대한 공시가격의 필요성이 나타남에 따라 새롭게 입법이 된바, 부동산공시법 제3장 주택가격의 공시와 제4장 비주거용 부동산가격의 공시에 대해 알아보고자 한다.

Ⅱ. 주택가격 공시제도(부동산공시법 제3장)

1. 표준주택 공시가격(동법 제16조)

국토교통부장관은 전국의 주택 중 표준주택을 선정하고, 감정평가법인등이 토지와 건물을 일체로 거래할 수 있는 적정가격을 평가하여 고시한다. 표준주택 공시가격은 국민의 권리·의무에 직접 영향을 미치므로 처분성이 있다. 표준지공시지가의 이의신청 과정을 준용하여 이의신청이 가능하며, 처분성이 인정되므로 행정쟁송을 제기할 수 있다.

2. 개별주택 공시가격(동법 제17조)

지방자치단체의 장이 표준주택 중 비교표준주택을 선정하고 비준율을 곱하여 산정한 개별주택의 가격이다. 개별주택의 가격은 종합부동산세의 과세 표준이 되며, 국민의 권리·의무에 직접 영향을 미치므로 처분성이 있다고 본다. 개별공시지가의 이의신청을 준용하여 이의신청이 가능하고, 개별주택 공시가격의 처분성이 인정되므로 행정쟁송을 제기할 수 있다.

3. 공동주택 공시가격(동법 제18조)

국토교통부장관은 공동주택에 대한 부동산세 부과를 위해 공동주택의 적정가격을 조사한다. 이는 국민의 권리·의무에 직접 영향을 미치므로 처분성이 있다고 판단된다. 표준지공시지가 이의신청 과정을 준용하여 이의신청이 가능하고, 처분성이 인정되므로 행정쟁송을 제기할 수 있다.

Ⅲ. 비주거용 부동산가격공시제도(부동산공시법 제4장)

1. 비주거용 표준부동산 가격(동법 제20조)

국토교통부장관은 용도지역, 이용상황, 건물구조 등이 일반적으로 유사하다고 인정되는 일단의 비주거용 일반부동산 중에서 선정한 비주거용 표준부동산에 대해 적정가격을 조사 및 산정하고 중앙부동산가격공시위원회의 심의를 거쳐 이를 공시한다. 이는 국민의 권리·의무에 직접 영향을 미치므로 처분성이 있다고 판단된다. 표준지공시지가의 이의신청 절차를 준용하여 이의신청할 수 있으며, 처분성이 인정되므로 행정쟁송을 제기하여 다툴 수 있다.

2. 비주거용 개별부동산 가격(동법 제21조)

지방자치단체의 장은 비주거용 표준부동산 중 비교표준부동산을 선정하고 비준율을 곱하여 비주거용 개별부동산의 가격을 산정한다. 이는 국민의 권리·의무에 직접 영향을 미치므로 처분성이 있다고 판단된다. 개별공시지가의 이의신청절차를 준용하여 이의신청이 가능하며, 비주거용 개별부동산 가격의 처분성이 인정되므로 행정쟁송을 제기하여 다툴 수 있다.

3. 비주거용 집합부동산 가격(동법 제22조)

국토교통부장관은 비주거용 집합부동산에 대한 부동산세 부과를 위하여 공동주택의 적정가격을 조사한다. 비주거용 집합부동산 가격은 과세의 기준이 되므로, 국민의 권리·의무에 직접 영향을 주므로 처분성이 있다고 판단된다. 표준지공시지가 이의신청을 준용하여 이의신청할 수 있으며, 처분성이 인정되므로 행정쟁송을 제기할 수 있다.

Ⅳ. 결

종전 부동산공시법에는 표준지공시지가와 개별공시지가에 관한 내용만 있었는데, 주택과 비주거용 부동산에 대한 공시가격의 필요성이 증대됨에 따라 주택가격과 비주거용 부동산의 가격에 관한 내용도 포함되게 되었다. 비주거용 부동산의 경우, 법적 근거는 마련되어 있지만 실질적으로 시행이 되지 않으므로, 조세 형평을 위해 구체적인 방안을 수립하여 조속히 시행할 수 있도록 노력해야 할 것이다.

제24회 감정평가 및 보상법규 종합문제

Question 01

국토교통부장관은 서울시 구로구 신도림동에 소재한 丙 소유의 상업용 나지의 2025년 표준지공시지가를 공시하기 위해서 감정평가법인등 甲과 乙에게 표준지 조사, 평가를 의뢰하였다. 甲과 乙은 구로구 신도림동에 소재한 상업용 나지의 표준지공시지가를 평가하기 위해서 관련된 사례자료를 수집하기 시작하였다. 국토교통부장관은 "표준지공시지가는 해당 토지뿐 아니라 인근 유사토지의 가격을 결정하는 데에 전체적, 표준적 기능을 수행하는 것이어서 특히 그 가격의 적정성을 구체적으로 설명해 달라"고 요청하였다.

국토교통부장관의 요청에도 불구하고 甲은 개인사정으로 거래사례나 평가선례를 수집하지 못해서 거래사례비교법, 원가법 및 수익환원법 등을 구체적으로 적용하지 못했다. 결국, 甲은 전년도 공시지가를 기준으로 2025년 공시지가를 평가하였다. 한편, 乙은 열심히 사례자료를 수집하고 감정평가3방식을 적용하여 표준지공시지가를 평가하였으나 평가보고서에는 평가원인을 구체적으로 특정하지 않았고, 아울러 각 요인별 참작 내용과 정도가 객관적으로 납득이 갈 수 있을 정도로 설명하지도 않았다. 국토교통부장관은 甲과 乙의 보고서를 제출받고, 산술평균하고 2025년 2월 28일에 공시지가를 공시하였다. 그 후, 3월 15일 丙소유의 토지가 재래시장의 활성을 목적으로 한 공익사업의 대상이 되었다. 丙은 자신의 보상금이 얼마나 나올지가 궁금하여 표준지공시지가를 열람하였다. 그런데 표준지공시지가는 인근 토지의 1/5 수준밖에 되지 않아서 상기의 표준지공시지가를 기준으로 보상금을 산정하면, 보상금이 시가의 1/5 이하에도 못 미칠 것이고 이는 헌법상 정당한 보상이 아니라고 생각한다. 평소에 적극적인 성향을 가진 丙은 이러한 이유를 알고 싶어서 표준지공시지가의 산출근거를 열람하였는데 거래사례비교법, 원가법 및 수익환원법 등의 가격란은 공란으로 되어 있으며 전년도의 공시지가와 세평가격만이 참고가격으로 적시되었고, 별다른 요인별 참작 내용은 없는 것을 보았다. 40점

(1) 표준지공시지가의 평가절차와 효력 및 적용대상을 설명하시오.

(2) 丙의 주장대로 표준지공시지가의 결정은 취소되어야 하는지의 타당성을 설명하시오.

Question 02

대법원 판례는 "표준지공시지가 결정은 이를 기초로 한 수용재결 등과는 별개의 독립된 처분으로서 서로 독립하여 별개의 법률효과를 목적으로 하지만, 표준지공시지가는 이를 인근 토지의 소유자나 기타 이해관계인에게 개별적으로 고지하도록 되어 있는 것이 아니어서 인근 토지의 소유자 등이 표준지공시지가 결정 내용을 알고 있었다고 전제하기가 곤란할 뿐만 아니라, 결정된 표준지공시지가가 공시될 당시 보상금 산정의 기준이 되는 표준지의 인근 토지를 함께 공시하는 것이 아니어서 인근 토지소유자는 보상금 산정의 기준이 되는 표준지가 어느 토지인지를 알 수 없으므로, 인근 토지소유자가 표준지공시지가가 확정되기 전에 이를 다투는 것은 불가능하다. 더욱이 장차 어떠한 수용재결 등 구체적인 불이익이 현실적으로 나타나게 되었을 경우에 비로소 권리구제의 길을 찾는 것이 우리 국민의 권리의식임을 감안하여 볼 때, 인근 토지소유자 등으로 하여금 결정된 표준지공시지가를 기초로 하여 장차 토지보상 등이 이루어질 것에 대비하여 항상 토지의 가격을 주시하고 표준지공시지가 결정이 잘못된 경우 정해진 시정절차를 통하여 이를 시정하도록 요구하는 것은 부당하게 높은 주의의무를 지우는 것이고, 위법한 표준지공시지가 결정에 대하여 그 정해진 시정절차를 통하여 시정하도록 요구하지 않았다는 이유로 위법한 표준지공시지가를 기초로 한 수용재결 등 후행 행정처분에서 표준지공시지가 결정의 위법을 주장할 수 없도록 하는 것은 수인 한도를 넘는 불이익을 강요하는 것으로서 국민의 재산권과 재판받을 권리를 보장한 헌법의 이념에도 부합하는 것이 아니다. 따라서 표준지공시지가 결정이 위법한 경우에는 그 자체를 행정소송의 대상이 되는 행정처분으로 보아 그 위법 여부를 다툴 수 있음은 물론, 수용보상금의 증액을 구하는 소송에서도 선행처분으로서 그 수용대상 토지 가격 산정의 기초가 된 비교표준지공시지가 결정의 위법을 독립한 사유로 주장할 수 있다."(대판 2008.8.21, 2007두13845[토지보상금])라고 판시하고 있다. 감정평가사 2차 시험 감정평가 및 보상법규 과목을 공부하던 甲과 乙은 위 대법원 2007두13845 판결을 잘 알고 있었다. 한참 감정평가사 2차 시험을 공부하던 도중에 서울특별시(사업시행자)는 甲과 乙이 소유하고 있는 토지가 속한 서울특별시 영등포구 일대에 공원을 조성하기 위하여 甲과 乙의 토지를 수용하려고 한다. 한편 乙의 토지가 표준지로 선정되어 표준지공시지가로 결정·공시되었는데, 乙의 토지 인근에 토지를 보유하고 있는 甲은 乙의 토지의 표준지공시지가 산정이 국토교통부 훈령인 "표준지공시지가 조사·평가기준"에 위배되었다는 것을 알게 되었다. 부동산 가격공시에 관한 법률상 표준지공시지가는 공익사업을 위한 토지 등의 취득 및 보상에 관한 법률 제70조 제1항에서 토지보상평가기준이 된다고 규정하고 있다. 공익사업이 예정된 상황에서 甲은 억울한 상황에 놓이게 되었다. 국토교통부 훈령인 "표준지공시지가 조사·평가기준"에 위배되었다는 이유로 甲은 어떠한 법리로 다툴 수 있는지에 대하여 설명하시오. 20점

Question 03 표준지공시지가 및 개별공시지가와 관련하여 다음 물음에 답하시오. 40점

(1) 국토교통부장관 甲은 X광역시 Y구 내 표준지에 대하여 「부동산 가격공시에 관한 법률」에 의거 2019.1.1. 기준 표준지공시지가를 2019.2.28.에 결정·공시하였다. 그러나 Y구 내 표준지 소유자 乙은 이에 대해 불복하여 5.1. 취소소송을 제기하면서, "해당 감정평가법인등이 작성한 표준지조사평가보고서상에 거래사례나 평가선례, 3방식 산출방법 등을 모두 공란으로 둔 채, 단지 해당 토지의 전년도 공시지가와 세평가격 및 인근 표준지의 감정가격만을 참고로 삼으면서 평가액 산출과정에 대한 별다른 설명 없이 추상적으로만 평가의견을 기재하였으므로, 평가액 산정의 적정성을 담보할 수 없는바 위법하다."고 주장하였다. 그러나 이에 대해 피고인 국토교통부장관 甲은 "담당 감정평가사가 단지 조사평가보고서상에 기재하지 않았을 뿐 해당 표준지공시지가는 인근 거래사례를 선정하여 거래사례비교법으로 산출된 것으로서 그 가격 자체는 적정한 가격이며, 소송 중에 그 구체적 산출근거를 제시하였으므로 적법하다."고 주장하고 있다. 이에 대해 법원은 어떠한 판결을 내려야 하는지 설명하시오. 25점

(2) X광역시 Y구의 구청장 丙은 국토교통부장관이 결정·공시한 표준지공시지가를 기준으로 개별공시지가를 산정하여 2019.5.31. 결정·공시하면서, 토지소유자 丁에게 이를 통지하였다. 그러나 Y구 담당 공무원이 뒤늦게 丁소유 토지의 개별공시지가의 산정과정에서 토지가격비준표 적용상 오류가 있었음을 발견하고, 이를 정정하여 8.14. 구청장 丙이 정정된 개별공시지가를 결정·공시하였다. 그러나 丁은 개별공시지가가 너무 높다고 주장하면서 9.4. 개별공시지가 결정에 대하여 취소소송을 제기하였다. 이에 대해 소송의 적법성과 관련하여 법원은 어떠한 판결을 내려야 하는지 설명하시오. 15점

Question 01 40점

Ⅰ. 논점의 정리

〈물음 1〉에서 표준지공시지가의 평가절차와 효력, 적용대상을 설명한다.

〈물음 2〉에서 해당 사안의 평가가 적정한 정도인지 판단하여 표준지공시지가 결정이 취소되어야 하는지 타당성을 검토한다.

Ⅱ. 물음 1(표준지공시지가 개관)

1. 의의(부동산공시법 제3조 제1항)

국토교통부장관이 조사·평가하여 공시한 표준지의 단위면적당 적정가격을 말한다. 부동산의 적정한 가격형성 도모 및 국민경제발전 이바지에 그 취지가 있다.

2. 법적 성질

(1) 학설 및 판례

법규명령 성질을 갖는 고시설, 행정규칙설, 행정계획설, 행정행위설 등의 견해가 있다. 판례는 공시지가에 불복하기 위해서는 처분청을 상대로 그 공시지가 결정의 취소를 구하는 행정소송을 제기하여야 한다고 판시하여 처분성을 긍정하였다.

(2) 검토

생각건대 표준지공시지가는 부동산공시법 제9조에 규정된 일반적인 토지거래 지표, 개별토지 평가 시 기준이 되는 등의 효력을 미루어 보아 국민의 권익에 영향을 미친다고 판단된다. 따라서 처분성을 긍정하는 판례의 입장이 타당하다.

3. 평가절차

(1) 표준지의 선정(부동산공시법 제3조 제1항)

토지이용상황이나 주변 환경, 자연적·사회적 조건이 유사한 일단의 지역 내에서 표준지

선정관리지침상 ① 지가의 대표성, ② 특성의 중용성, ③ 토지용도의 안정성, ④ 토지구별의 확실성을 충족하는 표준지를 선정한다.

(2) 표준지공시지가의 조사·평가(동법 제3조 제4항, 제5항)
① 국토교통부장관이 표준지의 적정가격을 조사·평가하는 경우에는 인근 유사토지의 거래가격·임대료 및 해당 토지와 유사한 이용가치를 지닌다고 인정되는 토지의 조성에 필요한 비용추정액, 인근 지역 및 다른 지역과의 형평성·특수성, 표준지공시지가 변동의 예측가능성 등 제반사항을 종합적으로 참작하여야 하며, ② 둘 이상의 감정평가법인등에게 이를 의뢰하여야 한다.

(3) 재조사 및 평가(부동산공시법 시행령 제8조)
① 국토교통부장관은 감정평가법인등이 제출한 보고서의 조사·평가가 관계법령에 위반하여 수행되었다고 인정되는 경우에는 해당 감정평가법인등에게 사유를 통보하고, 〈다른〉 감정평가법인등 2인에게 다시 조사·평가를 의뢰해야 하며,
② 조사·평가보고서 검토 결과 부적정하다고 판단되거나 조사·평가액 중 최고평가액이 최저평가액의 1.3배를 초과하는 경우에는 〈해당〉 감정평가법인등에게 보고서를 수정하여 다시 제출하게 할 수 있다.
③ 표준지의 적정가격은 다시 조사·평가한 가액의 산술평균치를 기준으로 한다.

(4) 중앙부동산가격공시위원회 심의(동법 제3조 제1항)
일련의 절차를 거쳐 조사·평가된 표준지의 가격을 공시지가의 공신력 제고와 공시지가의 적정성 확보 및 지역 간 균형 확보를 위해 중앙부동산가격공시위원회의 심의를 거쳐야 한다.

(5) 표준지공시지가의 공시 및 열람(동법 제6조)

① 국토교통부장관은 중앙부동산가격공시위원회의 심의를 거쳐 표준지의 지번, 표준지의 단위면적당 가격, 이의신청에 관한 사항 등을 공시하며, ② 내용을 특별시장·광역시장 또는 도지사를 거쳐 시장 등에게 송부하여 일반으로 하여금 열람하게 하고, 이를 도서·도표 등으로 작성하여 관계 행정기관 등에 공급하여야 한다.

4. 효력(부동산공시법 제9조)

표준지공시지가는 토지시장에 지가정보를 제공하고, 일반적인 토지거래의 지표가 된다. 또한 국가, 지방자치단체가 그 업무와 관련하여 지가를 산정하거나 감정평가법인등이 개별적으로 토지를 감정평가하는 경우, 그 기준으로 사용된다.

5. 적용대상(부동산공시법 제8조)

토지가격비준표를 사용하여 지가를 직접 산정하거나 감정평가법인등에게 감정평가를 의뢰하여 산정할 수 있다. 다만 필요하다고 인정할 때에는 산정된 지가를 공공용지 매수 및 토지의 수용·사용에 대한 보상, 국·공유지 취득·처분, 그 밖의 대통령령으로 정하는 지가의 산정의 목적에 따라 가감조정하여 적용할 수 있다.

Ⅲ. 물음 2(병 주장의 타당성 검토)

1. 적정가격의 의의(부동산공시법 제2조)

적정가격이란 토지, 주택 및 비주거용 부동산에 대하여 통상적인 시장에서 정상적인 거래가 이루어지는 경우 성립될 가능성이 가장 높다고 인정되는 가격을 말한다.

2. 관련 규정

(1) 부동산공시법 제3조 제4항

표준지공시지가를 조사·평가하는 경우에는 인근 유사토지의 거래사격·임대료 및 해당 토지와 유사한 이용가치를 지닌다고 인정되는 토지의 조성에 필요한 비용추정액, 인근지역 및 다른 지역과의 형평성·특수성 표준지공시지가 변동의 예측가능성 등을 종합적으로 참작해야 한다.

(2) 감정평가에 관한 규칙 제13조
감정평가법인등은 부동산공시법 제6조에 따른 감정평가서를 의뢰인과 이해관계자가 이해할 수 있도록 명확하고 일관성 있게 작성해야 한다고 규정하고 있다. 동조 제2항, 제3항에서는 기재사항을 구체적으로 규정한다.

3. 관련 판례

감정평가서에는 평가원인을 구체적으로 특정하여 명시함과 아울러 각 요인별 참작내용과 정도가 객관적으로 납득이 갈 수 있을 정도로 설명으로써 그 평가액이 해당 토지의 적정가격으로 평가한 것임을 인정할 수 있어야 한다.

4. 사안의 해결

(1) 평가원인의 구체적 특정성 여부
甲의 표준지공시지가의 감정평가서는 거래선례나 평가선례를 고려하지 아니하였고, 거래사례비교법, 원가법 및 수익환원법 등을 구체적으로 적용하지 못하였다. 따라서 평가원인을 구체적으로 특정하지 못하였다고 판단된다.

(2) 요인별 참작내용과 정도가 객관적으로 설명되는지 여부
해당 표준지공시지가는 전년도의 공시지가와 세평가격만이 참고가격으로 적시되어 있고 그러한 참고가격이 평가액 산정에 어떻게 참작되었는지에 관한 별다른 설명이 없으므로 요인별 참작내용과 정도가 객관적으로 설명되었다고 보기 어렵다.

(3) 병 주장의 타당성 검토

사안의 표준지공시지가 감정평가서는 평가원인의 구체적 특정 및 요인별 참작내용과 정도를 객관적으로 설명하지 못하고 있으므로 해당 평가액이 적정가격임을 입증할 수 없다고 판단된다. 따라서 이러한 감정평가서에 근거한 표준지공시지가 결정은 위법하다고 판단되므로 토지소유자 주장의 타당성이 인정된다.

IV. 사안의 해결

〈물음 1〉에서 표준지공시지가는 부동산공시법 제3조상 평가절차를 거쳐 토지평가 등의 기준이 되는 등 중요한 효력을 가진다.

〈물음 2〉에서 표준지 평가원인에 대해 구체적으로 특정되고 요인별 참작내용에 대해 객관적 설명이 필요한바 해당 사안은 이러한 구체적·객관적 설명의 결여로 표준지공시지가의 적정성이 인정되지 않아 취소되어야 한다는 병 주장은 타당하다.

Question 02 20점

I. 논점의 정리

사안은 표준지공시지가 조사·평가기준을 위법한 표준지공시지가 산정을 인근 주민인 갑이 수용재결에서 다툴 수 있는지가 문제된다. 따라서 표준지공시지가 조사·평가기준의 법규성, 인근 주민 갑의 원고적격 여부, 수용재결의 하자승계 여부를 이하 검토한다.

II. 관련 행정작용의 개관

1. 표준지공시지가 의의 및 법적 성질(부동산공시법 제3조)

표준지공시지가의 결정이란 부동산공시법이 정한 절차에 따라 국토교통부장관이 조사·평가하여 표준지의 단위면적당 가격을 공시하는 것을 말한다. 판례는 표준지공시지가 결정이 위법한 경우에는 그 자체를 행정소송의 대상이 되는 〈처분〉이라고 판시하였다.

2. 수용재결 의의 및 법적 성질(토지보상법 제34조, 제50조)

수용재결이란 사업시행자에게 부여된 수용권의 구체적인 내용과 범위를 정하고 그 실행을 완성시키는 행정행위이다. 판례는 일정한 법률효과의 발생을 목적으로 하는 점에서 일반의 행정처분과 다를 바 없다고 판시하여 〈처분성〉을 긍정하였다.

Ⅲ. 인근 주민 갑의 원고적격

1. 인근 토지소유자의 원고적격(행정소송법 제12조 제1문)

원고적격이란 소송을 제기할 수 있는 자격을 말한다. 판례는 환경영향평가대상지역 밖의 주민들에게 전과 비교하여 수인 한도를 넘는 환경침해가 있고, 그러한 침해를 입증할 수 있는 경우 인근 주민의 법률상 이익을 긍정할 수 있다고 판시하였다.

2. 사안의 경우

인근 토지소유자 甲에게 원고적격이 있는지는 甲에게 표준지공시지가 결정의 위법으로 인하여 수인 한도를 넘는 침해가 있으며 그러한 침해를 입증할 수 있는 경우 행정소송법 제12조에 따른 법률상 이익이 있다고 할 수 있다.

Ⅳ. 표준지공시지가 결정의 위법성

1. 표준지공시지가 조사·평가기준의 법적 성질(판례)

표준지조사·평가기준은 부동산공시법 시행령 제6조 제3항의 위임에 따라 표준지공시지가의 조사·평가에 필요한 세부기준을 규정한 것으로, 법규명령이나 형식은 훈령인바 법령보충적 행정규칙으로 법규성이 문제된다. 판례는 표준지공시지가 결정이 위법한 경우에는 그 자체를 행정소송의 대상이 되는 〈처분〉으로 보아 그 위법 여부를 다툴 수 있다고 판시하였다. 생각건대 상위법령의 내용을 보충하여 대외적 효력이 인정되는 이상, 위임한계 내에서 법규성이 인정되어야 하는바 판례의 입장이 타당하다.

2. 위법성 여부 및 정도 검토

사안의 경우 표준지공시지가 조사·평가 시 상위법령의 위임한계 내에서 법규성이 인정되므로, 이를 위배한 것은 위법하다고 판단된다. 이때 통설 및 판례인 중대명백설에 따라 법률 위반으로 내용상 중대하나 일반인의 견지에서 명백하지 않아 취소사유에 해당한다.

V. 수용재결의 하자승계 여부

1. 하자승계의 의의 및 취지

하자승계란 동일한 법률효과를 목적으로 하는 둘 이상의 행정행위가 연속적으로 행해지는 경우, 선행행위의 하자를 이유로 후행행위를 다툴 수 있는 것을 의미한다. 이는 법적 안정성과 국민의 권리구제의 조화에서 그 취지가 있다.

2. 전제요건

① 선·후행행정행위가 처분일 것, ② 선행행위에 취소사유가 존재할 것, ③ 선행행위에 불가쟁력이 발생할 것, ④ 후행행위는 적법할 것을 전제로 한다. 사안의 경우 표준지공시지가 결정 및 수용재결 모두 처분이며, 표준지공시지가 결정에 취소사유의 하자가 있다. 불가쟁력 발생 및 수용재결에 고유한 하자가 없음을 가정하고 이하 판단한다.

3. 인정 여부

선·후행 행정행위가 동일한 법률효과를 목적으로 하는 경우에 한하여 하자승계를 인정하는 〈전통적 하자승계론〉, 선행행위의 구속력이 후행행위에 미치는 경우 후행행위를 다툴 수 없다는 〈구속력이론〉이 있다. 판례는 표준지공시지가 결정은 인근 토지소유자에게 개별적으로 고지하지 않는바 인근 토지소유자는 보상금 산정의 기준이 되는 표준지가 어느 토지인지 알 수 없는 점 등을 고려하여 예측가능성과 수인가능성을 넘는 손실이 있다고 보아 수용재결에서 표준지공시지가의 위법을 주장할 수 있다고 판시하였다.

4. 판례의 유형별 검토

① 긍정하는 경우로는 개별통지를 받지 못한 개별공시지가와 과세처분, 계고처분, 표준지공시지가와 수용재결 판례가 있고, ② 부정하는 판례로는 사업인정과 수용재결, 표준지공시지가와 개별공시지가, 중개사무소 판례가 있다.

5. 사안의 경우

표준지공시지가 결정은 지가정보 제공 및 일반적인 토지거래의 지표 등을, 수용재결은 공용수용의 완성을 목적으로 하므로 양자는 별개의 법률효과를 목적으로 하는 행정행위이다. 다만 표준지공시지가 결정은 인근토지소유자에게 개별통지를 하지 않으므로 예측가능성 및 수인가능성을 넘는 손실이 있다고 판단되는바, 판례에 따라 수용재결의 하자의 승계를 인정함이 타당하다.

VI. 사안의 해결

표준지 조사·평가기준의 법규성 및 인근 주민 갑의 원고적격, 수용재결의 하자승계가 인정되므로 갑은 수용재결에서 표준지공시지가 결정의 위법을 다툴 수 있다. 이때 서울특별시를 피고로 하는 토지보상법 제85조 제2항의 보상금증감청구소송을 하는 것이 갑의 실질적 권리구제 및 분쟁의 일회적 해결을 위해 타당하다고 사료된다.

Question 03 40점

<물음 1>

I. 논점의 정리

설문에서 을이 표준지공시지가 결정을 대상으로 제기한 취소소송에서 법원의 판결을 묻고 있으므로 취소소송의 요건이 충족되었는지 여부를 검토하여 각하 판결 여부를 판단하고, 요건이 충족된 경우 본안의 위법성을 판단한다.

Ⅱ. 소송 요건의 충족 여부

1. 소송 요건
행정소송법상 취소소송의 요건은 대상적격, 원고적격, 전치주의, 제소기간, 관련 규정의 존재, 피고적격 등이 있다. 요건이 충족되는 경우, 해당 처분의 취소를 구할 법률상 이익이 있는 자가 처분의 상대방을 피고로 하여 취소소송을 제기해야 한다. 제소기간의 경우 표준지공시지가 공시일을 처분이 있음을 안 날로 보아 공시일로부터 90일 내에 소송을 제기해야 한다.

2. 사안의 경우
사안의 경우 을은 표준지 소유자이므로, 공시지가 결정을 취소하여 구할 법률상 이익이 있다고 판단되므로 원고적격이 인정되고, 국토교통부장관이 결정·공시하므로 피고적격이 인정된다. 표준지공시지가는 판례에 따라 항고쟁송의 대상이 되는 처분이므로 대상적격이 인정되며, 현시점 2019.5.1.은 표준지공시지가의 공시일인 2019.2.28.로부터 90일 이내이므로 제소기간의 요건 또한 충족한다. 따라서 소송의 요건이 모두 충족되므로 법원은 각하판결을 할 수 없으며, 본안에서 해당 사안의 위법성을 판단해야 한다.

Ⅲ. 사안의 위법성 판단

1. 이유제시 및 하자의 유무

1) 이유제시의 의의 및 기능
이유제시란 행정처분 등에 있어서 그 처분의 근거가 된 법령상, 사실상의 이유를 명시하는 것을 말하는 것으로, 이는 상대방을 설득하여 자의를 억제하고 쟁송의 편의를 제공하며 행정의 투명성을 보장하는 기능을 한다.

2) 이유제시의 생략이 가능한 경우 및 이유제시의 정도
행정절차법 제23조에는 신청 내용을 모두 인정하는 경우, 단순·반복 또는 경미한 처분인 경우, 긴급을 요하는 경우에는 이유제시를 생략할 수 있다고 규정하고 있다. 판례는 이유제시 시 그 처분의 근거조항, 구체적 사실관계 및 결정이유 등을 적시해야 한다고 판시하였다.

3) 사안의 경우
사안의 경우 표준지 조사평가보고서에 거래사례비교법, 원가법, 수익환원법의 3방식 산출방법 등을 공란으로 두고, 그 산출과정을 적시하지 않은 채 추상적으로 평가의견을 기술하였으므로 이는 충분한 처분의 이유를 제시한 것으로 볼 수 없으며, 이유제시의 생략이 가능한 경우에 해당하지도 않으므로, 절차의 하자가 인정된다.

2. 절차의 하자의 독자적 위법성 인정 여부
견해의 대립은 있으나 판례는 표준지공시지가 결정에 대한 감정평가서에 3방식 등의 기재 없이 추가적으로 평가의견을 기술한 것은 충분하고 객관적인 설명이 있는 것으로 보기 어려우므로 이를 근거로 한 표준지공시지가는 위법하다고 판시하여, 절차상 하자의 독자적 위법성을 인정하였다.

3. 위법성의 정도
표준지공시지가 산정절차상의 하자는 중대명백설에 따르면 내용상 중대하지만, 외관상 명백하지는 않으므로 취소사유의 하자에 해당한다.

4. 하자의 치유
(1) 의의 및 인정시기
하자의 치유란 행정행위 당시 존재하던 하자를 사후 보완하여 해당 행위를 적법한 행위로 취급하는 것을 말한다. 인정시기에 대해 학설은 〈쟁송제기 전〉, 〈소송제기 전〉, 〈판결 시〉 견해가 대립하나, 판례는 처분에 대한 불복 여부의 결정 및 불복신청에 편의를 줄 수 있는 상당한 기간 내라고 판시하였으므로 쟁송제기 전의 입장이다. 국민의 권리구제의 측면에서 판례의 태도가 타당하다.

(2) 인정범위

판례는 하자치유의 인정 범위에 대해 행정행위의 위법이 취소사유 또는 절차상, 형식상 하자에 해당하는 경우 하자의 치유가 가능하다고 보았다. 다만 위법이 무효사유이거나 내용상 하자에 해당하는 경우 하자치유가 불가능하다고 판시하였다.

(3) 사안의 경우

사안의 경우, 갑이 절차상 하자에 대해 사후에 구체적 산출 근거를 제시하여 하자의 치유를 주장하고 있다. 이는 취소사유로서 치유 논의가 가능하나, 이미 소송이 제기된 이후이므로 하자의 치유는 인정하기 어렵다고 판단된다.

Ⅳ. 결(사안의 해결)

사안에서 표준지 소유자 을이 제기한 취소소송은 소송요건을 충족하므로, 각하판결을 할 수 없으며, 구체적 처분의 이유가 제시되지 않았다는 점에서 위법성이 인정되며, 그 정도가 취소사유에 해당하므로, 취소소송의 제기가 적법하므로, 법원은 인용판결을 내려야 할 것이다.

<물음 2>

Ⅰ. 논점의 정리

사안에서 법원의 판결을 검토하기 위해 우선 취소소송의 요건을 충족하는지 살펴보고, 소송요건 중 제소기간과 관련하여 개별공시지가 정정으로 인해 정정고시일로부터 새롭게 처분의 효과가 발생하는지를 검토한다.

Ⅱ. 개별공시지가 정정의 요건 및 효과

1. 개별공시지가 정정의 의의(부동산공시법 제12조)

개별공시지가 직권정정제도란 개별공시지가에 틀린 계산, 오기 등 명백한 오류가 있는 경우 이를 직권으로 정정할 수 있는 제도로, 부동산공시법 제12조에 근거하며, 개별공시지가의 적정성을 담보하기 위함에 그 취지가 있다.

2. 개별공시지가의 정정요건

틀린 계산, 오기, 표준지 선정의 착오 및 대통령령으로 정하는 명백한 오류가 발생한 경우 개별공시지가를 직권으로 정정할 수 있다. 이때 대통령령으로 정하는 명백한 오류란 토지소유자의 의견청취 절차를 거치지 않는 경우, 용도지역 등 토지가격에 영향을 미치는 주요요인의 조사를 잘못한 경우, 토지가격비준표 적용에 오류가 있는 경우 등이 있다.

3. 정정의 효과

개별공시지가가 정정된 경우, 새로이 개별공시지가가 결정·공시된 것으로 본다. 그 효력 발생시기에 대해서 판례는 당초 결정·공고된 개별토지가격은 그 효력을 상실하고, 정정결정된 새로운 토지가격이 공시기준일에 소급하여 효력을 발생한다고 본다.

4. 사안의 경우

사안의 경우 토지가격비준표 적용상 오류가 있었으므로, 이는 정정사유에 해당하여 구청장 병이 개별공시지가를 직권으로 정정할 수 있다. 따라서 정정된 공시지가가 원래의 결정·공시일인 2019.5.31.로 소급하여 효력이 발생한다.

Ⅲ. 소송요건 충족 여부

소송요건에는 대상적격, 원고적격, 피고적격, 제소기간 등이 있다. 사안에서 개별공시지가는 처분이므로 대상적격이 인정되고, 토지소유자 정은 개별공시지가의 취소를 다툴 법률상 이익이 있으므로, 원고적격이 인정된다. 제소기간의 경우, 개별공시지가의 결정·공시일이 2019.5.31.이므로, 비록 2019.8.14.에 정정 공시가 있었다고 하더라도, 2019.5.31.로 소급하여 효력이 발생되므로, 개별공시지가의 처분이 있음을 안 날인 개별공시지가의 결정·공시일인 2019.5.31.로부터 90일이 경과한 현시점인 2019.9.4.는 제소기간이 경과하여 불가쟁력이 발생하였으므로 소를 제기하여 다툴 수 없다.

Ⅳ. 결(사안의 해결)

정이 제기한 취소소송은 제소기간의 경과로 인해 불가쟁력이 발생하였으므로, 소송의 요건을 충족한다고 볼 수 없어 법원은 이에 대해 각하판결을 내릴 것이다. 다만 향후 위법한 개별공시지가 결정을 기준으로 재산세 등이 부과된 경우 그 위법을 주장하며 하자승계를 논할 수 있을 것이다.

제25회 감정평가 및 보상법규 종합문제

Question 01 경기도 A시에 거주하는 甲은 정년퇴임 당시 수령한 퇴직금의 투자처를 찾아보던 와중 전통적인 투자 상품이 아닌 대체투자안 중 하나인 부동산에 투자하기로 결정하였다. 이에 따라 甲은 토지를 취득하였다가 양도하였는데 A시장은 이 토지의 양도 당시 기준시가를 이 토지의 개별공시지가로 결정하여 공고하였다. 그런데 A시장이 이 토지에 대한 개별공시지가를 결정함에 있어서 공부상 지목이 전(田)인 토지 중 일부에 주택이 건립되어 있으나 나머지 부분은 사실상 전(田)으로 이용되고 있는 부분에 대하여도 지목이 대지인 표준지를 선정하여 개별공시지가를 결정하였다. 그러나 甲은 이 개별공시지가 결정에 대하여「부동산 가격공시에 관한 법률」상 소정의 불복절차를 밟지 않았고, 행정쟁송 제기기간은 경과하였다. 이후 A시장은 이 토지에 대한 개별공시지가를 기초로 소득세법에 의거 甲에 대해 양도소득세 부과처분을 하였다. 이에 甲은 개별공시지가 결정에 하자가 있다는 이유로 양도소득세 부과처분이 위법하다고 주장하면서 양도소득세 부과처분 취소소송을 제기하였다. 甲의 청구는 인용될 수 있는지를 논술하시오. 단, 甲이 개별공시지가에 대해 개별통지를 받지 못한 경우와 받은 경우를 각각 검토해 보시오. 40점

Question 02 관할 A시장은「부동산 가격공시에 관한 법률」에 따라 甲 소유의 토지에 대해 공시기준일을 2018.1.1.로 한 개별공시지가를 2018.6.28. 결정·공시하고('당초 공시지가') 甲에게 개별 통지하였으나, 이는 토지가격비준표의 적용에 오류가 있는 것이었다. 이후 甲 소유의 토지를 포함한 지역 일대에 개발 사업이 시행되면서 관련법에 의한 부담금 부과의 대상이 된 甲의 토지에 대해 A시장은 2018.8.3. 당초 공시지가에 근거하여 甲에게 부담금을 부과하였다. 한편 甲소유 토지에 대한 당초 공시 지가에 이의가 있는 인근 주민 乙은 이의신청기간이 경과한 2018.8.10. A시장에게 이의를 신청하였고, A시장은 甲 소유 토지에 대한 당초 공시지가를 결정할 때 토지가격비준표의 적용에 오류가 있었음을 이유로「부동산 가격공시에 관한 법률」제12조 및 같은 법 시행령 제23조 제1항에 따라 개별공시지가를 감액하는 정정을 하였고, 정정된 공시지가는 2018.9.7. 甲에게 통지되었다. 다음 물음에 답하시오(아래 설문은 각각 별개의 독립된 상황임). 30점

(1) 甲은 정정된 공시지가에 대해 2018.10.22. 취소소송을 제기하였다. 甲의 소송은 적법한지를 검토하시오. 10점

(2) 甲은 이의신청기간이 경과한 후에 이루어진 A시장의 개별공시지가 정정처분은 위법하다고 주장한다. 甲의 주장은 타당한지를 검토하시오. 10점

(3) 만약, A시장이 당초 공시지가에 근거하여 甲에게 부담금을 부과한 것이 위법한 것이더라도, 이후 A시장이 토지가격비준표를 제대로 적용하여 정정한 개별공시지가가 당초 공시지가와 동일하게 산정되었다면, 甲에 대한 부담금 부과의 하자는 치유되는지를 검토하시오. 10점

Question 03 「감정평가 및 감정평가에 관한 법률」상 감정평가 기준에 대하여 설명하시오. 20점

Question 04 최근의 감정평가의 사회적 위상이 강화되는 시점에서 감정평가법인등의 법적 지위를 구체적으로 논하시오. 10점

Question 01 [40점]

I. 논점의 정리

개별공시지가 결정의 하자를 이유로 양도소득세 부과처분의 위법을 주장할 수 있는지와 관련하여 소 제기가 적법한지 여부와 개별공시지가와 양도소득세 부과처분의 위법성을 검토한다. 나아가 개별공시지가에 대한 개별통지를 받은 경우와 받지 못한 경우에 대해 개별공시지가와 양도소득세 처분 간의 하자의 승계가 인정되는지 여부를 각각 검토하여 갑의 취소소송 인용 여부를 확인한다.

II. 개별공시지가의 개관

1. 개별공시지가의 의의(부동산공시법 제10조)

시·군·구청장이 표준지공시지가를 기준으로 산정한 개별 토지의 단위면적당 가격을 말한다. 이는 조세 및 부담금 산정의 기준이 되어 행정의 효율성 제고에 취지가 있다. 이는 부동산공시법 제10조에 법적 근거가 있다.

2. 개별공시지가의 처분성

행정규칙설, 행정행위설, 사실행위설의 견해가 대립하고 있으나 판례는 개별공시지가의 결정은 과세의 기준이 되는 등 국민의 권리·의무 내지 법률상 이익에 직접적으로 관계되는 것이므로 항고소송의 대상이 되는 처분에 해당한다고 보았다.

3. 검토

개별공시지가는 과세 산정에 직접 구속력을 갖는다는 점에서 행정행위성이 인정된다. 따라서 처분성을 갖는다고 보는 것이 타당하다고 판단된다.

III. 양도소득세 부과처분에 대한 소 제기의 적법성 검토

양도소득세 부과는 국민의 권리와 의무에 직접 영향을 미치는 처분이므로, 대상적격이 충족된다. 기타 취소소송의 제기요건은 충족되는 것으로 보이므로, 소 제기의 적법성이 인정된다.

IV. 양 행정행위의 위법 여부 및 위법의 정도

1. 개별공시지가 결정의 위법 여부 및 그 정도

1) 관련 규정의 검토(부동산공시법 제10조 제4항)

표준지공시지가를 기준으로 토지가격비준표를 사용하여 지가를 산정하되, 해당 토지의 가격과 표준지공시지가가 균형을 유지하도록 해야 한다고 규정하고 있다.

2) 판례

개별공시지가는 지가 형성 요인이 가장 유사한 표준지를 선택하여야 보다 합리적이고 객관적으로 산정할 수 있으므로, 그 비교표준지는 대상 토지와 용도지역, 이용상황 등 토지의 특성이 같거나 가장 유사한 표준지 중에서 선택해야 할 것이라고 판시하였다.

3) 위법성 여부

공부상 지목이 전인 토지의 일부분에만 주택이 건립되어 있으나, 사실상 전으로 이용되고 있는 나머지 부분에 대해 지목이 대지인 표준지를 선정한 것은 대상 토지와 유사성이 없는 표준지를 선정한 것으로, 판례의 태도에 비추어 볼 때, 그 위법성이 인정된다고 볼 수 있다.

4) 위법성의 정도

통설과 판례의 중대명백설에 따르면, 개별공시지가 결정의 하자는 내용상 중대하지만, 일반인의 관점에서 외관상 명백하다고 볼 수 없으므로 취소사유의 위법에 해당한다.

2. 양도소득세 부과처분의 위법성 여부

개별공시지가 결정이 위법하다 하더라도 그 정도가 취소사유에 해당하여 공정력으로 인해 유효하므로, 이에 근거한 양도소득세 부과처분도 유효하다. 또한, 주체, 형식, 절차, 내용상의 독자적 위법사유가 보이지 않으므로, 양도소득세 부과처분은 적법한 행정행위이다.

V. 하자의 승계 인정 가능성

1. 하자의 승계

1) 하자의 승계 의의 및 인정 필요성

하자의 승계란, 둘 이상의 행정행위가 연속적으로 행해지는 경우, 선행 행정행위에 위법이 발생하였지만, 불가쟁력으로 인해 다툴 수 없는 경우, 선행 행정행위의 위법을 이유로 후행 행정행위의 위법을 주장할 수 있는 것을 말한다. 이는 국민의 재판청구권과 법적 안정성의 조화를 위해 인정할 필요성이 있다.

2) 전제요건

선행행위와 후행행위 모두 처분일 것, 선행행위에 취소사유의 위법성이 있으며, 불가쟁력이 발생했을 것, 후행행위에 고유한 하자가 없을 것을 요건으로 한다.

3) 하자의 승계 인정 범위

일련의 절차를 거쳐 동일한 법률효과를 목적으로 하는 경우 인정된다는 전통적 하자의 승계론과 선행행위의 구속력이 후행행위에 미치는 경우 인정되지 않는다는 구속력이론이 대립한다. 판례는 일반적으로 전통적 하자의 승계론의 입장이지만, 예외적으로 별개의 법률효과를 목적으로 하는 경우에도 예측가능성이 없고, 수인 한도를 넘는다고 판단되면, 하자의 승계를 인정할 수 있다고 판시하였다.

2. 판례의 유형별 검토

① 긍정하는 경우로는 개별통지를 받지 못한 개별공시지가와 과세처분, 계고처분, 표준지공시지가와 수용재결 판례가 있고, ② 부정하는 판례로는 사업인정과 수용재결, 표준지공

시지가와 개별공시지가, 중개사무소 판례가 있다.

3. 사안의 경우

사안의 개별공시지가 결정과 양도소득세 부과처분은 모두 처분이며, 개별공시지가 결정에 취소사유의 위법이 있지만, 불가쟁력이 발생하였고, 후행행위에는 고유한 하자가 없으므로 하자의 승계 전제요건을 충족한다. 이때 개별공시지가 결정과 양도소득세 부과처분은 별개의 법률효과를 목적으로 하지만, 판례의 태도에 비추어 볼 때, 수인가능성과 예측가능성이 없다고 보이므로, 하자의 승계가 인정될 수 있을 것이다.

4. 구체적 적용

1) 개별적으로 통지를 받은 경우

(1) 판례

개별공시지가 결정에 대하여 한 재조사 청구에 따른 조정 결정을 통지받은 경우, 수인가능성과 예측가능성이 있으므로 하자의 승계는 인정되지 않는다.

(2) 사안의 경우

개별공시지가와 과세처분은 별개의 법률효과를 목적으로 하는 점, 갑이 개별공시지가 결정에 대해 통지를 받았다면, 수인가능성과 예측가능성이 있다고 볼 수 있다는 판례의 태도에 비추어 볼 때, 하자의 승계가 인정되기 어렵다고 판단된다.

2) 개별적으로 통지를 받지 않은 경우

(1) 판례

개별공시지가 결정과 이를 기초로 한 과세처분은 별개의 법률효과를 목적으로 하지만, 이를 사전에 알고 그에 대해 취소소송을 제기해야 한다고 하는 것은 부당하게 높은 주의의무를 지우는 것이며, 수인 한도를 넘는 불이익을 강요하는 것이므로 하자의 승계를 인정해야 한다고 판시하였다.

(2) 사안의 경우
개별공시지가 결정과 과세 처분은 별개의 법률효과를 목적으로 한다. 다만, 갑이 개별통지를 받지 못한 경우에는 판례의 태도에 비추어 볼 때, 수인가능성과 예측가능성이 없다고 보여지므로, 하자의 승계를 주장할 수 있을 것이라고 판단된다.

VI. 결

1. 개별공시지가 결정과 양도소득세 부과처분은 처분성이 있다고 판단되며, 개별공시지가 결정은 대상 토지와 가격형성 요인 등이 유사한 공시지가를 기준으로 해야 하므로, 해당 사안의 개별공시지가 결정은 위법하며, 취소사유에 해당한다.
2. 양도소득세 부과처분의 경우, 독자적 위법성이 없으므로, 하자의 승계의 요건을 충족한다.
3. 개별적 통지가 없는 경우 예측가능성과 수인가능성이 없다고 판단되므로, 하자의 승계를 인정하는 것이 타당하다.
4. 개별적 통지가 있는 경우 예측가능성과 수인가능성이 있으므로, 하자의 승계를 인정하지 않는 것이 타당하다.

Question 02 30점

I. 논점의 정리

〈물음 1〉에서는 부동산공시법상 조정된 개별공시지가에 대해 제기한 취소소송의 적법성에 대해 검토한다.

〈물음 2〉에서는 이의신청기간이 경과한 후에 한 A시장의 개별공시지가 정정처분은 위법한 것인지에 대한 갑의 주장의 타당성을 검토한다.

〈물음 3〉에서는 적법한 절차를 거쳐 공시된 개별공시지가 결정이 종전의 위법한 공시지가 결정과 동일하다는 사정만으로, 위법한 개별공시지가 결정에 기초한 개발부담금 부과처분이 적법하게 된다고 볼 수 있는지 하자의 치유와 관련해서 검토하고자 한다.

Ⅱ. 물음 1의 검토(개별공시지가에 대해 제기한 취소소송의 적법성)

1. 개별공시지가의 의의 및 법적 성질(부동산공시법 제10조)

개별공시지가란 시·군·구청장이 세금 및 부담금의 부과 등 일정한 행정 목적에 활용하기 위해 공시기준일 현재 개별 토지의 단위면적당 적정가격을 공시한 것으로, 과세부담의 효율성과 적정성을 도모하고자 함에 그 취지가 있다. 법적 성질에 대해 행정행위설, 행정규칙설, 사실행위설 등의 견해가 대립하지만 판례는 국민의 권리·의무에 직접 영향을 주므로 행정소송법상 처분이라고 판시하였다. 생각건대, 과세, 부담금의 근거가 되어 국민의 권리·의무에 영향을 미치므로 행정소송을 통해 권리구제가 가능한 처분으로 보는 것이 타당하다.

2. 취소소송의 적법성 판단

1) 대상적격(행정소송법 제19조)

개별공시지가는 국민의 권리, 의무에 직접 영향을 미치기 때문에 처분성이 인정된다. 따라서 사안의 개별공시지가는 처분성이 인정되므로, 취소소송의 대상적격이 인정된다.

2) 원고적격

행정소송법 제12조에 따르면, 취소소송은 처분 등의 취소를 구할 법률상 이익이 있는 자가 제기해야 한다고 한다. 사안의 갑은 위법한 개별공시지가에 대해 다툼으로써 재산권을 보호할 수 있으므로, 개별공시지가를 다툴 법률상 이익이 있다고 볼 수 있다. 따라서 갑의 원고적격이 인정된다.

3) 제소기간

(1) 개별공시지가 직권 정정의 의의

개별공시지가 직권정정제도는 개별공시지가에 틀린 계산, 오기 등의 명백한 오류가 있는 경우 이를 직권으로 정정할 수 있는 제도로 부동산공시법 제12조에 법적 근거를 둔다.

(2) 정정 효과

개별공시지가가 정정된 경우, 새로이 개별공시지가가 결정·공시된 것으로 보아 공시기준일에 소급하여 그 효력이 발생한다.

(3) 사안의 경우

사안의 경우, 취소소송은 처분이 있음을 안 날로부터 90일, 있은 날로부터 1년 이내에 제기하도록 제소기간을 규정하고 있는데, 정정된 공시지가의 경우 기존 개별공시지가의 공시기준일인 2018.6.28.에 소급하여 효력을 발생하므로, 제소기간 또한 최초 공시일인 2018.6.28.을 기준으로 산정하며, 공시일을 안 날로 보아 90일 이내에 취소소송을 제기해야 한다. 그러나 취소소송을 제기한 시점인 2018.10.22.는 90일이 지난 시점으로, 제소기간이 경과하였고, 해당 취소소송은 제소기간 요건의 불충족으로 각하될 것으로 판단된다.

Ⅲ. 물음 2의 검토(이의신청기간 경과 후에 한 개별공시지가 정정 처분의 위법성)

1. 개별공시지가의 이의신청

개별공시지가에 이의가 있을 경우, 개별공시지가의 결정·공시일로부터 30일 이내에 이의를 신청할 것을 규정하고 있는 것으로 부동산공시법 제11조에 법적 근거가 있다. 이는 국민의 권리·의무에 영향을 미치는 개별공시지가의 타당성과 적정성을 담보하기 위한 취지에서 인정된다.

2. 개별공시지가의 정정사유

개별공시지가의 정정사유에는 틀린 계산, 오기, 명백한 오류가 있으며, 명백한 오류란 개별공시지가 공시절차의 미이행, 토지가격에 영향을 미치는 주요 요인을 잘못 조사한 경우, 토지가격비준표 적용에 오류가 있는 경우 등이 있다.

3. 사안의 경우

1) 이의신청 기간 및 정정 사유 충족 여부

부동산공시법 제11조에 따르면, 이의신청은 개별공시지가의 결정·공시일로부터 30일 이내에 할 수 있는 것으로, 사안의 경우 인근 주민 을은 개별공시지가의 결정·공시일로부터 30일이 경과한 2018.8.10.에 이의신청하였으므로, 이는 규정에 위반되는 것으로 판단된다. 개별공시지가의 정정사유에 대해 사안의 경우 토지가격비준표의 적용에 오류가 있고, 이는 명백한 오류라 볼 수 있으므로, 정정사유에 해당한다고 판단된다.

2) 갑 주장의 타당성

사안의 경우 사안의 이의신청기간이 경과하였으나 개별공시지가 결정에 명백한 오류가 있는 경우로서 개별공시지가의 정정사유를 충족하므로, 이의신청과 별개로 개별공시지가 정정이 가능하다고 판단된다. 따라서 갑 주장은 타당성이 결여된다.

IV. 물음 3의 검토(하자의 치유 가능성)

1. 하자의 치유 개관

1) 하자의 치유의 의의

하자의 치유란 성립 당시 하자를 사후에 보완하여 행정 행위의 효력을 유지하는 것을 말하는 것으로, 이는 행정행위의 반복을 방지하여 행정의 능률성을 달성하기 위한 취지에서 인정된다.

2) 하자의 치유 인정가능성

하자의 치유 인정 여부에 대해서는 긍정설, 부정설, 제한적 긍정설의 견해가 대립한다. 판례는 제한적 긍정설의 입장을 취하여 국민의 공격 방어권을 침해하지 않는 범위 내에서 하자의 치유를 제한적으로 인정할 수 있다고 판시하였다.

3) 하자의 치유 인정 범위 및 시기

판례는 하자의 치유 인정 범위에 대해 행정행위의 위법이 취소사유이고, 절차·형식상 하자에 해당하는 경우 하자의 치유가 가능하다고 보지만, 위법이 무효사유이거나, 내용상 하자에 해당하는 경우 하자의 치유가 가능하지 않다고 판시한다. 하자의 치유 인정시기는 쟁송제기 전, 소송제기 전과 소송종결 시의 견해가 대립하지만, 판례는 쟁송제기 이전까지 하자의 치유가 가능하다고 판시하였다.

2. 사안의 경우

1) 토지가격비준표 적용 오류의 하자의 종류

사안의 경우 개별공시지가 산정 시, 토지가격비준표 적용에 오류가 있었고, 이를 통설 및 판례의 중대명백설에 따라 판단하면, 내용상 중대하지만 외관상 명백한 오류라고 볼 수 없으므로, 취소사유의 위법성에 해당한다. 이때 개별공시지가 산정 시 토지가격비준표 적용에 오류가 있는 것은 내용상 하자에 해당한다고 판시하였다.

2) 사안의 경우

사안에서 A시장이 향후 토지가격비준표를 제대로 적용하여 정정한 개별공시지가가 당초의 공시지가와 동일하게 산정되었다고 하더라도, 해당 개별공시지가는 취소사유의 하자이지만, 내용상 하자가 있는 경우로 하자의 치유가 불가능하다. 따라서 갑에 대한 부담금 부과 하자는 치유가 불가능하여 위법하고, 갑의 부담금 부과처분 자체에 대해 불복하여 권리구제를 받을 수 있을 것이라 판단된다.

V. 결

1. <물음 1>에서 정정된 개별공시지가는 기존 개별공시지가의 결정·공시일인 2018.6.28.로 소급하여 효력을 발생하므로, 2018.10.22.는 4개월이 지난 시점에 해당하여 해당 취소소송은 제소기간 불충족으로 각하될 것이다.

2. <물음 2>에서 개별공시지가에 명백한 오류가 있음을 발견한 때에는 이의신청과 별도로 개별공시지가의 정정이 가능하므로, 사안의 갑 주장은 타당성이 결여된다.

3. <물음 3>에서 이미 부과된 부담금은 위법한 개별공시지가에 기초하여 산출되었고, 하자의 치유가 불가능하므로, 부담금 부과처분은 위법성이 인정되고, 행정쟁송 제기를 통해 권리구제를 다툴 수 있을 것이다.

Question 03 20점

I. 서

감정평가법에는 감정평가를 통해 대상 물건의 경제적 가치를 판정하기 위한 기준을 마련하고 있는바, 감정평가법 규칙의 규정을 통해 감정평가 기준에 대해 설명하고자 한다.

II. 감정평가의 의의 및 취지

감정평가란 토지 등의 경제적 가치를 판정하여 그 결과를 가액으로 표시하는 것을 말하는 것으로, 물건의 경제적 가치를 정확하게 판정하여 국민의 재산권을 보호하고, 국가 경제 발전에 기여하는 것을 목적으로 한다.

III. 감정평가의 기준

1. 토지평가(표준지공시지가 기준 감정평가 원칙)

감정평가법 제3조 제1항에서는 감정평가법인등이 토지를 감정평가하는 경우, 그 토지와 이용가치가 비슷하다고 인정되는 표준지공시지가를 기준으로 하여야 한다고 규정하고 있다. 다만 적정한 실거래가가 있는 경우 이를 기준으로 할 수 있다.

2. 임대료 및 조성비용 고려

감정평가법 제3조 제1항에도 불구하고, 감정평가법인등이 재무제표 작성에 필요한 감정평가와 담보권 설정, 경매 등 대통령령으로 정하는 감정평가를 할 때에는 해당 토지의 임대료, 조성비용 등을 고려하여 감정평가할 수 있다.

3. 감정평가에 관한 규칙 기준

감정평가의 공정성과 합리성을 보장하기 위하여 감정평가법인등이 준수해야 할 원칙과 기준은 국토교통부령으로 정한다고 규정하고 있다.

4. 기준제정기관

국토교통부장관은 감정평가법인등이 감정평가를 할 때 필요한 세부적인 기준의 제정 등에 관한 업무를 수행하기 위해 대통령령으로 정하는 바에 따라 전문성을 갖춘 기준제정기관을 지정할 수 있으며, 감정평가 관리·징계 위원회의 심의를 거쳐 기준 제정기관에 실무기준의 내용을 변경하도록 요구할 수 있다.

Ⅳ. 결

감정평가법 및 감정평가에 관한 규칙에는 감정평가의 공정성을 확보하기 위해 감정평가의 기준을 명확히 규정하고 있으며, 감정평가사는 감정평가 시 해당 기준에 따라 대상 물건의 정확한 경제적 가치를 판정하기 위해 노력해야 한다. 최근 개정 감정평가법 제4조 제2항에서는 감정평가사는 공공성을 지닌 가치평가 전문직으로서 공정하고 객관적으로 그 직무를 수행하도록 하는 상징적인 규정을 두어 공정성을 더욱 강조하고 있다.

Question 04 (10점)

I. 서

법적 지위는 법률관계에서 주체 또는 객체로서의 지위를 말하는 것으로, 이는 권리와 의무로 나타난다. 감정평가법인등은 부동산 감정평가와 관련하여, 권리, 의무, 책임의 주체 또는 객체가 된다. 부동산 감정평가는 사회성, 공공성이 크므로, 감정평가사에게는 공익성이 요구되며 그에 따른 일정한 책임과 의무가 감정평가법에 규정되어 있다.

II. 감정평가법인등의 의의(감정평가법 제2조)

감정평가법인등이란 제21조에 따라 사무소를 개설한 감정평가사와 제29조에 따라 인가를 받은 감정평가법인을 말한다.

III. 감정평가법인등의 권리

1. 감정평가권

감정평가는 전문적 지식을 요하는 일이므로, 감정평가법은 일정 요건을 갖추어 자격 등록하고, 설립인가 및 사무소 개설을 한 감정평가법인등에게만 토지 등의 평가권을 부여하고 있다.

2. 명칭사용권(감정평가법 제22조)

감정평가법인등은 사무소 개설권, 인가신청권, 사무소 명칭, 명함 등에 감정평가사, 감정평가사 사무소, 감정평가법인이라는 명칭을 사용할 수 있다.

3. 보수청구권(동법 제23조)

감정평가법인등은 근로의 대가로 보수를 청구할 수 있으며, 보수는 업무수행에 따른 수수료와 그에 필요한 실비가 해당된다. 수수료의 요율 및 실비의 범위는 국토교통부장관이 감정평가관리·징계위원회의 심의를 거쳐 결정한다.

4. 청문권(동법 제45조)

국토교통부장관은 감정평가사의 자격취소 및 감정평가법인등의 설립인가 취소처분 등을 하고자 하는 경우 청문을 실시하여야 한다. 따라서 감정평가법인등은 청문을 할 수 있도록 요청할 수 있는 권리를 가진다.

5. 쟁송제기권

실체적 권리구제수단으로서 위법한 등록, 설립인가 취소에 대해서는 항고쟁송을 제기할 수 있고, 위법한 등록, 설립인가 취소로 인해 손해가 발생한 경우, 손해배상을 청구할 수 있다.

Ⅳ. 감정평가법인등의 의무

1. 공정한 감정평가 의무(감정평가법 제1조)

국민의 재산권 보호와 국가 경제 발전을 위해서 공정한 감정평가가 이루어져야 한다. 따라서 감정평가법인등은 토지 등의 평가권을 가짐과 동시에 토지 등에 대해서 공정하게 평가업무를 수행할 의무를 부담한다.

2. 감정평가서 교부 및 보존의무(동법 제6조)

감정평가법인등은 감정평가를 의뢰받은 때에는 지체 없이 감정평가를 실시한 후 감정평가서를 발급해야 하며, 그 원본은 발급일로부터 5년, 관련 서류는 발급일로부터 2년 이상 보존해야 한다.

3. 감정평가사 자격등록 및 갱신등록 의무(동법 제17조)

감정평가사 자격이 있는 자는 감정평가업을 영위하기 위해서 국토교통부장관에게 등록을 해야 하며, 일정기간(5년)마다 갱신등록을 하여야 평가업을 영위할 수 있다.

4. 성실의무 등(동법 제25조)

감정평가법인등은 감정평가 업무를 행함에 있어 품위를 유지하여야 하고, 신의와 성실로써 공정하게 해야 하며, 고의 또는 중대한 과실로 업무를 잘못하여서는 안 되는 의무를 부담한다.

5. 비밀엄수 의무(동법 제26조)

감정평가법인등이나 그 사무직원 또는 감정평가법인등이었거나 사무직원이었던 사람은 업무상 알게 된 비밀을 누설하여서는 안 된다.

6. 국토교통부장관의 지도·감독에 따를 의무(동법 제47조)

국토교통부장관은 감정평가법인등 및 협회에 대하여 감독상 필요할 때에는 그 업무에 관한 보고 또는 자료의 제출, 그 밖에 필요한 명령을 할 수 있으며, 소속 공무원으로 하여금 그 사무소에 출입하여 장부, 서류 등을 검사하게 할 수 있다.

V. 감정평가법인등의 책임

1. 민사상 책임[감정평가법 제28조(손해배상 책임)]

감정평가법은 성실한 평가를 유도하고, 불법 행위로 인한 평가 의뢰인 및 선의의 제3자를 보호하기 위하여 감정평가법인등의 손해배상책임을 인정한다.

2. 행정상 책임(동법 제52조)

감정평가법인등이 각종 의무규정을 위반하였을 경우 제재수단으로서 설립인가 취소 또는 업무 정지 등과 행정질서벌로서 500만원 이하의 과태료 등이 부과될 수 있다. 또한, 과징금 제도를 통하여 행정상 책임을 강화하고 있다.

3. 형사상 책임(동법 제49조, 제50조)

형법이 적용되는 책임으로서 행정형벌에 해당하며, 감정평가법인등은 공무원으로 의제되어 가중처벌을 받도록 규정하고 있다.

4. 몰수 및 추징(동법 제50조의2)

업무와 관련된 대가를 받거나 감정평가 수주의 대가로 금품 또는 재산상의 이익을 제공하거나 제공하기로 약속한 자와 감정평가사의 자격증, 등록증 등을 양도 또는 대여한 자와 이를 양수 또는 대여받은 자에 더해 금품이나 그 밖의 이익을 몰수한다.

VI. 결

감정평가법인등에게는 일정한 권리와 의무, 책임 등이 부여된다. 이는 감정평가의 사회성, 공공성으로 인하여 사회 일반에 미치는 영향이 크기 때문이며 감정평가법인등은 의무를 이행하지 않는 경우 그에 따른 책임을 지거나 처벌을 받아야 한다.

제26회 감정평가 및 보상법규 종합문제

Question 01 「감정평가 및 감정평가에 관한 법률」상 감정평가 타당성 조사에 대하여 설명하시오. 10점

Question 02 「감정평가 및 감정평가에 관한 법률」상 감정평가법인등의 업무와 감정평가사가 될 수 없는 결격사유에 대하여 설명하시오. 20점

Question 03 감정평가법인에 소속된 감정평가사 甲은 계속적으로 감정평가 업무를 수행하다가 고의·과실로 잘못된 평가를 하여 「감정평가 및 감정평가사에 관한 법률」(이하 '감정평가법') 제39조에 따라 업무가 정지되었다. 이후 감정평가법 제17조에 의거 등록갱신기간이 다가옴에 따라 감정평가사 甲은 등록의 갱신을 신청하였으나 국토교통부장관은 이를 거부하였다. 이에 감정평가사 甲은 취소소송을 제기함과 동시에 집행정지신청을 하고자 한다. 이때 감정평가사 甲의 청구에 대해 법원은 어떠한 판단을 하여야 하는지를 검토하시오. 다만 甲의 업무정지기간은 경과하였으며, 집행정지의 적극적 요건과 소극적 요건을 나누어 논하시오. 30점

Question 04 감정평가법인의 구성원인 감정평가사 甲은 감정평가업무를 수행하기 위하여 개정된 「감정평가 및 감정평가사에 관한 법률」에 의한 등록을 적법한 요건을 갖추어 국토교통부장관에게 신청하였다. 그러나 국토교통부장관 乙은 종전 甲이 업무수행 중 수수료 및 실비 외의 뇌물을 수뢰한 전력이 있어 평가업무를 수행하기 곤란하다는 이유를 들어 등록을 거부하였다. 40점

(1) 甲은 이 처분으로 인한 재산상의 손해를 서울지방민사법원에 청구하고자 한다. 甲의 소송에 대해 민사법원은 등록거부처분의 위법성을 심사할 수 있는가?

(2) 甲은 이때에 먼저 행정쟁송의 제기방법을 택하여 취소심판을 거쳐, 서울행정법원에 해당 처분의 취소소송을 제기하였다. 그러나 청구가 기각되자 항소를 포기하고, 바로 서울지방민사법원에 손해배상청구소송을 제기하였다. 이 경우 서울행정법원의 판결은 서울지방민사법원의 판결에 영향을 미치는가?

Question 01 10점

Ⅰ. 서(타당성 조사의 의의 및 취지)

타당성 조사란 국토교통부장관이 감정평가서가 발급된 후 해당 감정평가가 감정평가법 또는 다른 법률에서 정하는 절차와 방법 등에 따라 타당하게 이루어졌는지를 직권 또는 관계 기관 등의 요청에 따라 조사하는 것을 말한다(감정평가법 제8조). 감정평가의 공정성을 확보하여 국민의 재산권을 보호하고 국가 경제 발전에 기여하고자 함을 취지로 하며, 이하 그 요건 및 절차에 대해 설명한다.

Ⅱ. 타당성 조사의 요건

1. 실시 요건

국토교통부장관은 감정평가법 제47조에 따른 지도 및 감독을 위한 감정평가법인등의 사무소 출입, 검사 또는 제49조에 따른 표본 조사의 결과 그 밖의 사유에 따라 조사가 필요하다고 인정하는 경우와 관계 기관 또는 이해관계인이 조사를 요청하는 경우에는 타당성 조사를 할 수 있다.

2. 생략 요건

① 법원의 판결에 따라 확정된 경우, 재판에 계류 중이거나 수사 기관에서 수사 중인 경우, 토지보상법에 감정평가와 관련하여 권리구제 절차가 규정되어 있는 경우로서 권리구제 절차가 진행 중이거나 권리구제 절차를 이행할 수 있는 경우, ② 징계처분, 제재처분, 형사처벌 등을 할 수 없어 타당성 조사의 실익이 없는 경우에는 타당성 조사를 하지 않거나 중지할 수 있다.

Ⅲ. 타당성 조사의 절차

1. 타당성 조사의 통지(시행령 제8조 제4항)

국토교통부장관은 타당성 조사에 착수한 경우, 착수일로부터 10일 이내에 해당 감정평가업자와 이해관계인에게 타당성 조사의 사유, 타당성 조사에 대해 의견을 제출할 수 있다는 것과 의견을 제출하지 않는 경우의 처리방법, 업무를 수탁한 기관의 명칭 및 주소, 그 밖의 국토교통부장관이 공정하고 효율적인 타당성 조사를 위하여 필요하다고 인정하는 사항에 대해 알려야 한다.

2. 의견제출(시행령 제8조 제5항)

통지를 받은 감정평가법인등과 이해관계인은 통지를 받은 날부터 10일 이내에 국토교통부장관에게 의견을 제출할 수 있다.

3. 타당성 조사의 완료(시행령 제8조 제6항)

국토교통부장관은 감정평가법 제8조 제1항에 따른 타당성 조사를 완료한 경우에는 해당 감정평가법인등, 이해관계인 및 타당성 조사를 요청한 관계 기관에 지체 없이 그 결과를 통지해야 한다.

Ⅳ. 결

타당성 조사는 감정평가의 객관성과 공정성을 확보하기 위해 실시하는 제도로, 이러한 제도의 활용을 통해 국민의 재산권을 보호하기 위해 노력해야 할 것이다.

Question 02 20점

Ⅰ. 서

감정평가법에서는 감정평가법인등의 권리와 의무 및 업무와 감정평가사가 될 수 없는 결격사유에 대해 규정하고 있다. 이하에서는 규정을 통해 이를 검토하고자 한다.

Ⅱ. 감정평가법인등의 업무

1. 관련 규정의 검토(감정평가법 제10조)

부동산공시법에 따른 감정평가법인등이 수행하는 업무, 부동산공시법 제8조 제2호에 따른 목적을 위한 토지 등의 감정평가, 자산재평가법에 따른 토지 등의 감정평가, 법원에 계속 중인 소송 또는 경매를 위한 토지 등의 감정평가, 금융기관, 보험회사, 신탁회사 등 타인의 의뢰에 따른 토지 등의 감정평가, 감정평가와 관련된 상담 및 자문, 토지 등의 이용 및 개발 등에 대한 조언이나 정보 등의 제공, 다른 법령에 따라 감정평가법인등이 할 수 있는 토지 등의 감정평가 등을 업무로 규정하고 있다.

2. 관련 판례의 태도

감정평가업 등이 아닌 공인회계사가 타인의 의뢰에 의하여 일정한 보수를 받고 부동산공시법이 정한 토지에 대한 감정평가를 업으로 행하는 것은 회계 서류에 대한 전문적 지식이나 경험과는 관계가 없어 회계에 관한 감정 또는 그에 부대되는 업무에 해당한다고 볼 수 없다고 판시하여 감정평가법인등의 업무에 해당한다고 보았다.

Ⅲ. 감정평가사의 결격 사유

1. 관련 규정의 검토(감정평가법 제12조)

파산선고를 받은 사람으로서 복권되지 않은 사람, 금고 이상의 실형을 선고받고 그 집행이 종료되거나 면제된 날부터 3년이 지나지 않은 사람, 금고 이상의 형의 집행유예를 받고 그 유예기간이 만료된 날부터 1년이 지나지 않은 사람, 금고 이상의 형의 선고유예를 받고 그 선고유예 기간 중에 있는 사람, 감정평가사 자격이 취소된 후 3년이 지나지 않은 사람, 감정평가사 자격이 취소된 후 5년이 지나지 않은 사람은 감정평가사 결격사유에 해당한다.

2. 감정평가사 자격 취득 전에 결격사유가 있는 경우

결격사유에 해당하는 자가 감정평가사 자격시험에 합격한 경우 그 합격 처분은 무효사유가 된다. 따라서 국토교통부장관이 사후에 이러한 사정을 발견하고 합격을 취소한 경우, 이는 관념의 통지에 불과하므로, 이에 대해 행정소송을 제기할 수 없다.

3. 감정평가사 자격 취득 후에 결격사유가 있는 경우
감정평가사 자격 취득 후에 결격사유에 해당하게 된 경우에는 자격등록 및 갱신등록의 거부 및 자격등록의 취소처분을 받게 된다.

Ⅳ. 결
감정평가법인등은 구체적인 감정평가 업무를 수행하며, 이는 국민의 권리 관계에 영향을 미치는 중요성을 가진다. 따라서 감정평가법인등은 정확한 평가방법의 적용을 통해 경제적 가치를 산정하여 국민의 재산권을 보호하고자 노력해야 한다. 또한, 결격사유에 해당하는 경우 감정평가사 자격을 취득이 법 규정에 의해 제한된다.

Question 03 30점

Ⅰ. 논점의 정리
사안에서 감정평가사 갑은 자격등록의 갱신신청 거부에 대해 취소소송을 제기함과 동시에 집행정지 신청을 하고자 한다. 이하에서는 갑의 취소소송의 인용 여부를 판단하기 위해 사안의 거부행위가 처분인지 판단하고, 처분에 해당한다면 집행정지가 허용될 수 있는지를 검토한다.

Ⅱ. 감정평가 등록갱신

1. 의의 및 취지(감정평가법 제17조 제2항)
등록갱신이란 등록에 기한이 설정된 경우, 종전의 등록의 법적 효과를 유지시키는 행정행위이다. 감정평가법은 5년마다 등록을 갱신하도록 규정하고 있다. 이는 감정평가업무를 수행할 수 있는 적정성을 주기적으로 확인하여 감정평가제도의 신뢰성을 제고함에 취지가 있다.

2. 처분인지

거부행위가 처분이 되기 위해서는 공권력행사에 대한 거부일 것, 국민의 권리·의무에 영향을 미칠 것, 법규상·조리상 신청권이 존재할 것이 요구된다. 사안의 경우 등록이라는 행정행위에 대한 거부이며 갑의 권리·의무에 영향을 미치며, 관련 법령상 신청권이 인정된다. 따라서 등록거부는 처분으로서 대상적격이 충족된다.

Ⅲ. 집행정지 인용가능성

1. 집행부정지의 원칙

행정소송법 제23조 제1항은 취소소송의 제기는 처분 등의 효력이나 그 집행 또는 절차의 속행에 영향을 주지 아니한다고 규정하고 있다.

2. 집행정지의 의의 및 취지

취소소송이 제기된 경우 절차속행으로 회복하기 어려운 손해의 예방을 위해 긴급한 필요가 있는 경우 집행 또는 집행의 속행을 정지하는 것을 말한다. 본안판결의 실효성을 확보하여 당사자의 권익을 보호하는데 취지가 있다.

3. 집행정지의 요건

(1) 적극적 요건

① 본안소송이 적법하게 계속 중일 것, ② 정지대상인 처분이 존재할 것, ③ 회복하기 어려운 손해가 존재할 것, ④ 긴급한 필요가 있을 것을 요건으로 한다.

(2) 소극적 요건

① 집행정지가 공공복리에 중대한 영향이 없을 것, ② 본안청구가 이유 없음이 명백하지

않을 것을 요건으로 한다.

4. 거부처분에서의 집행정지의 인용결정 여부
학설은 집행정지는 거부하기 전의 상태로 돌아가는 것이라는 것을 근거로 부정하는 견해와 법적 이익이 인정되는 경우 제한적으로 긍정하는 견해가 있다. 판례는 거부처분에 대한 집행정지를 부정하는 입장이다.

Ⅳ. 사안의 해결
甲의 취소소송 제기는 등록신청의 거부행위가 처분이기에 대상적격 및 원고적격, 제소기간 등 소송요건을 충족하고 있으며, 취소소송제기와 동시에 집행정지 신청을 한바, 이는 거부처분에 있어서 예외적으로 인정될 실익이 있다고 보이며, 명예상 회복하기 어려운 손실발생의 우려가 있고 이는 긴급한 필요가 존재하며, 사실관계상 공공복리에 중대한 영향 및 본안청구가 이유 없음이 명백하지 않은바, 집행정지는 인용될 것으로 보인다.

Question 04 40점

Ⅰ. 논점의 정리
〈물음 1〉에 대해 등록거부의 법적 성질을 살핀 후 위법 여부와 그 정도를 판단하여, 공정력에도 불구하고 민사법원이 그 위법 여부 또는 효력을 판단할 수 있는지 검토한다.
〈물음 2〉에 대해 행정법원의 기각판결의 기판력이 후행하는 민사소송에 미치는지 여부를 판단한다.

Ⅱ. 등록거부의 위법성 검토
1. 감정평가법상 등록의 의의(감정평가법 제17조)
감정평가법상 등록이란 감정평가사 자격이 있는 자가 업무를 하기 위해 국토교통부장관에 등록 신청을 하고 국토교통부장관이 이를 유효한 것으로 받아들이는 것을 말한다. 일정한 요건을 갖춘 신청에 대해 반드시 등록을 해야 하므로, 기속행위에 해당한다.

2. 등록거부가 처분인지

거부행위가 처분이 되기 위해서는 공권력행사에 대한 거부일 것, 국민의 권리·의무에 영향을 미칠 것, 법규상·조리상 신청권이 존재할 것이 요구된다. 사안의 경우 등록이라는 수리행위에 대한 거부이며 갑의 권리·의무에 영향을 미치며, 감정평가법 제17조에 의해 신청권이 인정된다. 따라서 사안의 등록거부는 처분으로 판단된다.

3. 등록거부의 위법성 여부

국토교통부장관 갑이 감정평가법 제18조 결격사유에 해당하는 경우 등록을 거부해야 한다. 사안에서 갑은 결격사유가 없으므로 이는 법에 위반된 처분으로서 위법하다고 판단된다. 이때 통설 및 판례인 중대명백설에 따라 내용상 법률 위반으로 중대하나 일반인의 견지에서 명백하지 않아 취소사유를 구성한다.

Ⅲ. 물음 1

1. 구성요건적 효력

구성요건적 효력이란 하자 있는 행정행위라도 무효가 아닌 한 제3의 국가기관은 그 행정행위의 존재 및 내용을 존중하여 판단 기초로 삼아야 한다는 구속력이다.

2. 선결문제의 의의

행정행위의 위법 여부 또는 효력 유무를 다른 특정 사건의 재판에 있어서 먼저 해결해야 하는 경우를 말한다. 행정소송법 제11조 제1항에 근거 규정을 두며, 규정 외의 부분은 학설 및 판례로서 해결하여야 한다.

3. 국가배상소송에서의 선결문제

(1) 문제점

사안은 국토교통부장관의 등록거부처분에 대하여 취소소송을 거치지 않고 민법상 국가배상소송을 제기한 경우 해당 처분의 위법성 판단이 문제된다.

(2) 학설 및 판례

학설은 구성요건적 효력은 적법성 추정 효력이며 행정소송법 제11조를 제한적으로 해석하는 〈부정설〉, 구성요건적 효력을 잠정적 유효성의 힘이고 동조를 예시적으로 해석하는 〈긍정설〉이 있다. 판례는 계고처분의 위법을 이유로 손해배상을 청구한 사안에서 미리 행정처분의 취소판결이 있어야만 손해배상을 청구할 수 있는 것은 아니라고 보아 〈긍정설〉의 입장이다.

(3) 검토

위법성의 판단은 행정행위의 효력을 부인하는 것이 아니라, 단순한 위법성 심사에 그치는 것이므로 구성요건적 효력에 반하지 않는다고 보아 〈긍정설〉이 타당하다. 따라서 민사법원은 해당 등록거부처분의 위법성을 심사할 수 있다고 봄이 타당하다.

4. 사안의 해결

사안의 경우 등록거부 처분의 취소사유가 존재하며, 국가배상소송에서 국토교통부장관의 등록거부처분의 위법성을 판단하는 것은 구성요건적 효력에 위반하지 않는다고 판단된다. 따라서 민사법원은 등록거부처분의 위법성을 심사할 수 있다고 판단된다.

IV. 물음 2

1. 기판력의 의의 및 취지

판결이 확정된 후 소송당사자는 전소에 반하는 주장을 할 수 없고 후소법원도 전소에 반하는 판결을 할 수 없는 효력을 말한다. 소송절차의 무용한 반복을 방지하고 법적 안정성을 도모하는데 취지가 있다.

2. 기판력의 효력

기판력이 발생하면 동일 소송물에 대해 다시 소를 제기할 수 없다는 〈반복금지효〉, 후소에서 당사자는 '전소의 확정판결'에 반하는 주장을 할 수 없고 후소법원 또한 이에 반하는 판단을 할 수 없다는 〈모순금지효〉가 발생한다.

3. 기판력의 범위

① 주관적 범위는 소송당사자 및 ㅇ와 동일시할 수 있는 승계인이다. 판례는 보조참가인에게도 미친다고 보았다. ② 객관적 범위는 동일한 소송물로서 판결의 주문에 포함된 것에 한하며, ③ 시간적 범위는 사실심 변론종결 시까지이다.

4. 취소소송의 기판력이 국가배상소송에 미치는지

(1) 문제의 소재

국가배상법상 위법개념과 항고소송의 위법개념이 동일한지에 대하여 견해가 대립한다. 따라서 처분의 취소를 구하는 취소소송의 판결 확정 후 국가배상청구소송이 제기된 경우 취소소송 판결의 기판력이 후소인 국가배상청구소송에 미치는지가 문제된다.

(2) 학설

취소소송의 위법과 국가배상의 법령위반이 동일하므로 기판력이 미친다는 〈긍정설〉, 국가배상법상 위법은 '침해의 불법'이고 항고소송에서의 위법은 '행위규범위반'이므로 기판력이 미치지 않는다는 〈부정설〉, 항고소송의 인용판결 시 기판력이 미치고 기각판결 시 기판력이 미치지 않는다는 〈제한적 긍정설〉이 있다.

(3) 판례

판례는 어떠한 행정처분이 항고소송에서 취소되었다고 할지라도 그 기판력에 의하여 해당 행정처분이 곧바로 공무원의 고의 또는 과실로 인한 것이어서 불법행위를 구성한다고 단정할 수는 없는 것이라고 판시하여 〈부정설〉의 입장으로 판단된다.

(4) 검토

생각건대 행정소송법과 국가배상소송법의 취지를 고려할 때 그 위법개념이 다르다고 판단된다. 또한 처분의 위법이 곧바로 공무원의 고의 또는 과실을 구성한다고 볼 수 없으므로 취소소송의 기판력이 국가배상소송에 미치지 않는다는 판례의 입장은 타당하다.

5. 사안의 해결

사안의 경우 등록거부처분의 취소소송이 인용되었는지 기각되었는지 여부와 관계없이 서울행정법원의 판결이 서울지방민사법원의 판결에 영향을 미치지 않는다고 판단된다. 따라서 갑의 국가배상청구소송은 소송요건이 충족된다면 인용될 것이다.

제27회 감정평가 및 보상법규 종합문제

Question 01
「감정평가 및 감정평가사에 관한 법률」 제25조에 따른 감정평가법인등의 '성실의무 등'의 내용을 서술하시오. 10점

Question 02
감정평가액은 다양한 목적으로 활용된다. 따라서 감정평가사가 고의 또는 과실로 인하여 부당한 감정평가를 하여 손해가 발생한 경우 해당 감정평가사는 이에 대한 손해를 보상할 책임을 갖게 될 것이다. 이하 감정평가 및 감정평가사에 관한 법률상 손해배상책임을 설명하시오. 30점

Question 03
甲은 열심히 공부하여 감정평가사 시험에 합격하고 소정의 실무수습을 받은 후 감정평가사 자격등록 및 감정평가법인등이 되었다. 그러나 보상법규 공부는 소홀히 하던 터라 관련 규정을 실무에서도 등한시하다가 甲은 토지 등의 매매업을 직접 영위한 사실이 적발되어, 국토교통부장관인 乙로부터 「감정평가 및 감정평가사에 관한 법률(이하 '감정평가법')」 제32조 및 동법 시행령 제29조에 의거 1년의 업무정지처분을 받았다. 이에 甲은 그러한 위반사실은 인정하지만, 구체적으로 5년간 성실하게 아무런 위반사실 없이 감정평가업을 수행하여 오고 있었음에도 이러한 사실을 고려하지 않은 1년의 업무정지처분은 위법하다고 주장하며 취소소송을 제기하였다. 甲의 주장이 인용가능한지를 논하시오. 40점

Question 04
감정평가는 국민의 재산권 및 국가 경제에 큰 영향을 끼치므로 감정평가의 주체인 감정평가사의 윤리성이 크게 요구된다. 이에 따라 「감정평가 및 감정평가사에 관한 법률」에서는 법령을 위반한 감정평가사에 대하여 징계를 규정하여, 공정한 감정평가를 도모하고 있다. 이하 감정평가사에 대한 징계제도에 대하여 설명하시오. 20점

Question 01 10점

I. 논점의 정리

감정평가법에서 감정평가법인등은 토지 등의 평가권을 가짐과 동시에 토지 등에 대하여 공정하게 평가 업무를 수행하여야 할 의무를 부담한다. 이하에서는 이와 관련하여 감정평가법인등의 성실의무 등에 대해 설명하고자 한다.

II. 감정평가법 제25조의 구체적 내용

1. 감정평가법인등의 성실의무(감정평가법 제25조)

가. 감정평가법인등은 감정평가 업무를 하는 경우 품위를 유지하여야 하고, 신의와 성실로써 공정하게 감정평가를 하여야 하며, 고의 또는 중대한 과실로 업무를 잘못하여서는 안 된다.

나. 감정평가법인등은 자기 또는 친족 소유, 그 밖에 불공정한 감정평가를 할 우려가 있다고 인정되는 토지 등에 대해서는 이를 감정평가해서는 안 된다.

다. 감정평가법인등은 토지 등의 매매업을 직접 해서는 안 된다.

라. 감정평가법인등이나 그 사무직원은 감정평가법 제23조에 따른 수수료와 실비 외에는 어떠한 명목으로도 그 업무와 관련된 대가를 받아서는 안 되며, 감정평가 수주의 대가로 금품 또는 이익을 제공하거나 제공하기로 약속해서는 안 된다.

마. 감정평가사, 감정평가사가 아닌 사원 또는 이사 및 사무직원은 둘 이상의 감정평가법인등에 소속될 수 없으며, 소속된 감정평가법인 이외의 다른 감정평가법인의 주식을 소유할 수 없다.

바. 감정평가법인등이나 사무직원은 유도나 요구에 따라서는 안 된다.

2. 관련 판례의 태도

감정평가사는 공정하고 합리적인 평가액 산정을 위해 성실하고 공정하게 자료를 검토하고, 가격형성요인 분석을 할 의무가 있고, 그것이 곤란한 경우라면, 감정평가사로서는 자신의 능력에 의한 업무 수행이 불가능하거나 곤란한 경우로 보아 대상 물건에 대한 평가를 하지 말아야 한다고 판시하였다.

Ⅲ. 결

감정평가법인등은 감정평가법 제25조에 규정된 성실의무를 따라야 하는 의무가 있으며, 성실의무의 위반 등이 있는 경우, 행정형벌을 받게 되며, 공적 업무 수행 시 공무원에 의제되어 처벌을 받는다. 감정평가는 국민의 재산권에 미치는 영향이 크므로, 감정평가업무 수행 시 성실의무를 준수하도록 노력해야 한다.

Question 02 30점

Ⅰ. 논점의 정리

감정평가법은 제1조에서 공정한 감정평가를 천명하면서 제28조에서 감정평가법인등을 제재하기 위해 손해배상책임을 규정하고 있다. 이하에서는 감정평가법상 손해배상책임에 대해 설명하고자 한다.

Ⅱ. 손해배상책임의 의의(감정평가법 제28조)

감정평가법인등이 감정평가를 하면서 고의 또는 과실로 감정평가 당시의 적정가격과 현저한 차이가 있게 감정평가를 하거나 감정평가서류에 거짓을 기록하여 감정평가의뢰인 또는 선의의 제3자에게 손해를 발생시킨 경우 그 손해를 배상해야 한다는 것이다.

Ⅲ. 손해배상책임의 범위와 보장

감정평가법인등은 부당한 감정평가와 상당인과관계가 있는 모든 손해를 배상해야 한다. 감정평가법인등은 손해배상책임을 보장하기 위해 보증보험에 가입하거나 협회가 운영하는 공제사업에 가입하여야 하며 보증보험금으로 손해배상을 한 때에는 10일 이내에 보험계약을 다시 체결하여야 한다.

Ⅳ. 민법규정의 특칙인지 여부

1. 문제의 소재

감정평가 의뢰인과 감정평가법인등의 법률관계를 사법상 특수 위임계약으로 볼 때, 감정평가법 제28조의 규정이 민법 제750조의 손해배상책임을 배제하는 특칙인지에 대해 견해가 대립한다.

2. 학설

객관적인 적정가격을 찾아내기가 어렵다는 점을 근거로 감정평가법인등을 보호하기 위한 특칙이라는 견해, 보험이나 공제금의 지급대상이 되는 범위를 한정하는 규정으로 특칙이 아니라는 견해가 있다.

3. 판례

판례는 감정평가법인등의 부실감정으로 인한 손해를 입은 의뢰인이나 선의의 제3자는 감정평가법 규정의 손해배상책임과 민법상 손해배상책임을 함께 물을 수 있다고 판시하여 특칙이 아니라는 입장이다.

4. 검토

감정평가법인등의 주관적 견해에 따라 적정가격을 현실적으로 찾아내기가 어렵고, 특칙이 아니라고 보는 경우 감정평가법 제28조 제1항의 규정은 무의미하게 되므로 판례의 입장에도 불구하고 특칙이라고 봄이 타당하다.

V. 손해배상책임의 요건

1. 감정평가법인등이 감정평가를 할 것

감정평가법인등이 감정평가를 하면서 감정평가로 발생한 손해에 해당하여야 한다. 판례는 임대차관계에 대한 사실조사에 잘못이 있는 경우 사실조사는 감정평가의 내용은 아니지만 감정평가법인등의 손해배상책임을 인정하였다.

2. 고의 또는 과실이 있을 것

고의란 부당한 감정평가임을 안 것을 의미하며, 과실이란 통상 기울여야 할 주의의무를 위반한 것을 말한다. 판례는 감정평가법인등이 감정평가에 관한 규칙의 기준을 무시하고 자의적인 방법에 따라 토지를 감정평가한 것은 고의·중과실에 의한 부당한 감정평가라고 보았다.

3. 부당한 감정평가를 하였을 것

판례는 ① 적정가격과 현저한 차이란 감정평가법 시행규칙상 1.3배가 유일한 판단기준이 될 수 없고, 부당감정에 이르게 된 감정평가법인등의 귀책사유가 무엇인지를 고려하여 사회통념에 따라 탄력적으로 판단해야 한다고 판시하였다. ② 감정평가서류에 거짓을 기록한 경우란 물건의 내용, 산출근거, 평가가액 등 가격에 변화를 일으키는 요인을 고의·과실로 허위로 기재하는 것을 말한다.

4. 의뢰인이나 선의의 제3자에게 손해가 발생할 것

선의의 제3자란 감정내용이 허위 또는 적정가격과 현저한 차이가 있음을 인식하지 못한 것뿐만 아니라 감정평가서 그 자체에 감정의뢰 목적 이외에 사용하거나 감정의뢰인 이외의 타인이 사용할 수 없음이 명시되어 있는 경우 그러한 사실까지 인식하지 못한 제3자를 의미한다. 손해란 재산권적 법익에 관해 받은 불이익을 말한다.

5. 해당 위법행위와 손해 사이에 상당인과관계가 있을 것

인과관계란 선행사실과 후행사실 사이에 전자가 없었더라면 후자도 없으리라는 관계를 말한다. 판례는 감정평가법인등의 부당한 감정과 초과대출로 인한 금융기관의 손해 사이에 상당한 인과관계가 있다고 판시하였다.

6. 위법성 요건의 필요 여부

감정평가법은 손해배상 성립요건에 위법성을 요구하고 있지 않아서 별도의 요건이 필요하다는 견해와 필요하지 않다는 견해가 대립한다. 생각건대 부당한 감정평가 개념 속에 위법성 요건이 포함되어 있다고 봄이 타당하다.

Ⅵ. 손해배상책임과 관련된 판례

1. 긍정한 판례

① 감정대상 주택 소유자의 처로부터 임대차가 없다는 확인만을 받은 사례, ② 전화조사만으로 임대차 확인을 한 사례, ③ 현장조사 당시 감정대상 주택이 공실이라는 사유만으로 탐문조사를 생략한 사례에 대해 해당 감정평가서에 근거한 대출로 발생한 금융기관의 손해를 배상할 책임이 있다고 판시하였다.

2. 부정한 판례

감정평가업자가 금융기관의 신속한 감정평가 요구에 따라 그의 양해 아래 임차인이 아닌 건물 소유자를 통하여 담보물의 임대차관계를 조사하였으나 그것이 허위로 밝혀진 경우, 감정평가업자에게는 과실이 없으므로 손해배상책임이 인정되지 않는다고 판시하였다.

Ⅶ. 사안의 해결

이러한 손해배상청구권은 그 손해를 안 날로부터 3년 이내, 있은 날로부터 10년 이내에 청구 가능하다.

최근 개정된 감정평가법 제28조 제4항에서는 의뢰인이나 선의의 제3자를 보호하기 위해 감정평가법인등이 갖추어야 하는 손해배상능력 등에 대한 기준을 국토교통부령으로 정할 수 있다고 규정하고 있어, 감정평가법인등의 공정한 평가 및 정당한 손해배상을 촉구하고 있다.

Question 03 [40점]

I. 논점의 정리

사례는 감정평가법인등인 甲이 국토교통부장관의 1년의 업무정지처분이 과도하다는 사유로 제기한 취소소송의 인용가능성에 대한 것으로, 갑의 원고적격, 을의 피고적격, 제소기간 등 소송요건은 충족된 것으로 본다.

1. 이때 사안의 해결을 위해 감정평가 및 감정평가사에 관한 법률(이하 '감정평가법') 시행령 제29조 [별표 3]의 법적 성질을 검토하여, 해당 업무정지처분의 법적 성질을 규명한다.

2. 그 위법성의 판단을 위해 해당 별표규정을 행정규칙으로 보는 경우와 법규명령으로 보는 경우로 나누어 인용가능성을 논의한다.

II. 행정작용의 법적 성질

1. 감정평가법 시행령 제29조 [별표 3]의 법적 성질

(1) 문제점(논의의 실익)

감정평가법 시행령 제29조에 근거한 별표규정은, 그 형식은 감정평가법 제32조 위임에 의해 규정된 법규명령의 형식으로 규정되나, 그 실질은 제재처분의 내부적 기준인 재량준칙의 내용인바, 이러한 법규명령 형식의 행정규칙의 법적 성질에 따라 해당 처분의 재량행위성의 판단기준과 위법성의 심사구조 등에 있어 논의의 실익이 있다.

(2) 학설

① 법규명령설(형식설) : 법규명령의 형식으로 규정된 이상 일반국민을 구속하게 되어 법규명령으로 본다.

② 행정규칙설(실질설) : 비록 법규명령의 형식이라 하더라도 행정규칙으로서의 성질이 변하지 않는다는 견해이다.

③ 수권여부기준설 : 내용과 형식에 관계없이 법률의 위임이 있는 경우에는 법규명령이고, 법률의 위임이 없는 경우에는 행정규칙이라고 본다.

(3) 판례의 태도

종전 판례는 대통령령의 형식은 법규명령으로, 부령의 형식으로 정해진 경우에는 행정규칙의 성질을 가진다고 보았으나, 최근 판례는 부령의 형식이라도 법규명령인지 여부와 관계없이 관할 행정청 및 공무원은 이를 준수하여야 하는바 그 상대방인 국민에 대한 대외적 구속력을 인정된다고 판시한 바 있다.

(4) 검토

생각건대, ① 부령과 대통령령은 절차적 정당성이 동일하게 부여된다는 점 등을 볼 때 대통령령과 부령을 구분하는 것은 타당하지 아니하다고 판단되며, ② 법치주의에 근거한 형식의 엄격성, 절차적 정당성, 법규명령에 대한 국민의 예측가능성 등을 볼 때 법규명령으로 보는 것이 타당하다고 여겨진다. 다만 이하에서는 설문 가정상 양측의 입장 모두 검토한다.

2. 업무정지처분의 법적 성질

(1) 침익적 행정행위로서의 하명

업무정지처분은 부작위의무를 부과하는 행정행위로서 강학상 하명에 해당하는바, 해당 처분에 대하여 행정쟁송을 통하여 다툴 수 있다.

(2) 업무정지처분의 재량행위성 여부

① 별표규정을 행정규칙으로 보는 경우 : 처분의 근거법인 감정평가법 제32조 제1항의 문언에서 "할 수 있다"라고 규정하여 재량행위로 볼 수 있다.

② 별표규정을 법규명령으로 보는 경우 : 별표규정의 법규성 인정으로 대외적 구속력이 인정되는바, 처분의 근거는 별표규정이 되어 기속행위로 볼 여지가 있다. 그러나 동법 시행령 제29조 [별표 3]의 가중감경규정으로 보건대 재량행위로 판단된다.

Ⅲ. 업무정지처분의 위법성 판단

1. 문제점

주체·형식·절차의 위법성은 없다고 판단되며, 내용상 하자와 관련하여 법규성 여부에 따른 재판규범으로서 위법성 심사구조를 검토한다.

2. [별표 3]을 행정규칙으로 보는 경우

(1) 위법성 판단기준

재량준칙은 법규성을 부정하는 것이 일반적이며, 해당 업무정지처분은 재량행위이므로 비례원칙 위반 등 재량의 남용 및 일탈이 존재하는지 검토한다.

(2) 비례원칙의 위반 여부

① 비례원칙 의의 및 내용 : 비례원칙이란 행정작용에 있어 그 목적과 수단 사이에 합리적 비례관계가 있어야 한다는 것으로 헌법 제37조 제2항 및 행정기본법 제10조에 근거한다. 이는 적합성, 필요성, 상당성의 원칙을 단계적 심사구조로서 위법성을 판단하게 된다.

② 사안의 적용 : 업무정지처분의 취지는 감정평가법인등의 의무를 담보하는 목적달성에 적합한 수단이지만, 1년의 업무정지는 목적달성의 필요최소한도의 침해수단으로 보기 어렵다. 필요최소한도의 수단이더라도 장기간 성실히 감정평가업을 영위해 온 사정에

비추어 처분으로 달성되는 공익과 처분으로 침해되는 사익 사이에 상당성이 있다고 보기 어려워 비례원칙을 위반한 처분에 해당한다.

(3) 위법정도 및 인용가능성

다수설과 판례에 따라 업무정지처분은 비례원칙의 위반으로 중대하지만 일반인의 관점에서 명백하지 않기 때문에 취소사유에 해당한다. 따라서 甲이 제기한 취소소송은 인용될 것으로 판단된다.

3. [별표 3]을 법규명령으로 보는 경우

(1) 위법성 판단기준

제재적 처분기준인 감정평가법 시행령 제29조 [별표 3]을 법규명령으로 보면 재판규범이 되므로 이를 근거로 업무정지처분의 위법성을 판단한다.

(2) [별표 3]의 위헌·위법 여부

① 구체적 규범통제 가능성 여부 : 명령규칙이 헌법이나 법률에 위반되는지 여부가 재판에서 전제가 된 경우 법원은 이에 대한 심사권을 갖게 된다. 사안에서 [별표 3]은 법규성이 인정되므로 통제의 대상이 되고, [별표 3]의 위헌·위법 여부에 재판의 결론이 달라지므로 재판의 전제성이 인정된다.

② 명령규칙심사청구의 인용 여부 : 위법의 한계로 ㉠ 법률상 수권규정이 있어야 하고, ㉡ 구체적 범위를 정하여 수권하여야 하며, ㉢ 모법을 부당하게 제한하여 모법의 취지에 어긋나지 않아야 한다. 사안에서 2년의 범위 내에서 감정평가법 제32조 제5항에서 시행령에 그 기준을 정하도록 위임하고 있으며, [별표 3]이 모법의 재량권을 과도하게 제한되는지 문제되나 행정청의 의사는 가능한 한 존중되어야 하며 동법 시행령 제29조 [별표 3]에 감경규정을 두고 있는 등 위헌·위법의 여지는 없다고 판단된다.

(3) 재량의 남용으로 비례원칙 위반 여부 혹은 재량불행사 여부

① 비례원칙의 의의 : 비례원칙이란 행정목적을 달성하기 위해 수단을 동원함에 있어 달성하고자 하는 목적과 수단 사이에 합리적 균형관계가 유지되어야 한다는 원칙이다.

② 사안의 적용

㉠ 비록 [별표 3]이 기속적으로 처분기준을 일의적으로 규정하고 있는 듯하나, 감정평가법 시행령 제29조 별표의 감경규정에 따라 "정상참작의 사유 존재" 시 구체적 사안에 따라 재량권을 행사하여야 한다.

㉡ 사안의 경우, 구체적 사정의 고려 없이 [별표 3] 등을 기준으로 일의적 처분이 이루어졌다면 재량의 불행사 또는 비례원칙을 위반한 위법한 처분이라 할 수 있다.

(4) 위법의 정도 및 인용가능성

다수설과 판례에 따라 업무정지처분은 비례원칙 위반으로 중대하지만 일반인의 관점에서 명백하지 않기 때문에 취소사유에 해당한다. 따라서 甲이 제기한 취소소송은 인용될 것으로 판단된다.

Ⅳ. 사례의 해결

1. 업무정지처분은 침익적 처분으로서 하명에 해당하며, 근거규정인 감정평가법 제32조 제1항 및 동법 시행령 제29조 [별표 3]의 감경규정 등으로 미루어 보아 재량행위성이 인정된다.

2. [별표 3]을 행정규칙으로 보는 경우 업무정지처분은 비례의 원칙위반으로 재량의 일탈·남용이 있는바 위법하다. 법규명령으로 보는 경우 정상참작의 사유가 있는지를 판단하여야 할 때 재량의 불행사로 위법성이 인정된다 할 것이다.

3. 따라서 甲은 업무정지처분에 대하여 그 법규성 여부와 관계없이 "비례원칙 위반"을 주장할 때에 위법성이 인정되며 그 정도는 중대명백설에 따를 때 취소사유일 것이므로 인용이 가능하리라 생각된다.

Question 04 20점

Ⅰ. 논점의 정리

감정평가법 제39조에서는 감정평가사에 대한 징계절차를 규정한다. 이는 감정평가법 제1조에서 규정하고 있는 공정한 감정평가를 도모하기 위한 것으로 그 필요성이 인정되므로, 이하에서는 감정평가법상 징계 제도에 대해 검토한다.

Ⅱ. 징계의 개관

1. 징계의 의의(감정평가법 제39조)

감정평가사가 감정평가법상의 의무를 위반한 경우, 국토교통부장관이 감정평가관리·징계위원회의 의결에 따라 행정적 책임을 가하는 것을 말한다.

2. 법적 성질

자격취소, 등록취소는 행정기본법상 직권취소 및 철회로서 처분에 해당한다. 업무정지는 부작위 하명으로서 처분에 해당하며, 견책은 향후 주의의무를 주는 징계벌에 해당한다. 감정평가법 제39조 제1항에서 '할 수 있다.'고 규정하여 재량행위에 해당하며, 징계수단의 선택 또한 재량행위에 해당한다.

Ⅲ. 징계의 유형

1. 등록 취소

등록 후 법 위반 사실을 이유로 등록을 취소하는 것을 말한다. 감정평가법 제39조의 등록취소는 강학상 철회로서 직권취소에 해당하는 동법 제19조의 등록취소와 구별된다.

2. 업무정지

감정평가사의 업무 수행을 금지시키는 부작위 의무를 부과하는 강학상 하명에 해당한다.

3. 자격취소

감정평가사 자격을 박탈하여 감정평가사로서의 지위를 향유할 수 없도록 하는 것을 말한다. 감정평가법 제39조에서는 제11호, 제12호를 위반한 경우, 동법 제27조를 위반한 경우에는 자격취소를 할 수 있다고 규정하고 있다.

4. 견책

감정평가사의 법 위반 사실에 대해 훈계하고 주의의무를 주는 징계벌에 해당한다.

Ⅳ. 징계의 주체 및 절차

1. 징계권자

합의제 행정기관이자 의결기관인 감정평가 관리·징계 위원회가 감정평가사의 징계에 관한 사항을 결정하면, 국토교통부장관이 행정청으로서 징계 내용을 외부에 표시한다.

2. 징계절차

협회는 국토교통부장관에게 감정평가사의 징계를 요청할 수 있으며, 국토교통부장관은 감정평가관리·징계위원회에 징계의결을 요구할 수 있다(시행령 제34조 제1항). 징계대상자는 기일에 출석하여 구술 또는 서면으로 자기에게 유리한 사실을 진술하거나 증거를 제출할 수 있다(시행령 제41조). 감정평가 관리·징계위원회는 요구를 받은 날로부터 60일 이내에 징계에 관한 의결을 해야 한다(시행령 제35조). 국토교통부장관은 징계사실을 관보에 공고하고, 일반인에게 알려야 한다(시행령 제36조).

Ⅴ. 징계의 효과

견책은 단순 주의의무만을 발생시키지만, 등록 및 자격취소는 등록이나 자격의 효력을 상실시키며, 업무정지를 받은 자는 업무정지 기간 동안 감정평가 업무를 수행할 수 없게 된다. 등록취소 또는 업무정지를 받은 자는 국토교통부장관에게 등록증을 반납해야 한다.

VI. 징계에 대한 권리구제

1. 견책

견책은 법적 불이익을 동반하지 않으므로 처분성이 인정되지 않아 행정쟁송 제기를 통해 다툴 수 없지만, 손해가 발생한 경우, 국가배상청구를 통해 권리구제를 받을 수 있다.

2. 등록취소, 자격취소 및 업무정지

당사자의 구체적 권리, 의무에 직접 영향을 미치는 침익적 처분으로서 항고소송의 대상이 된다. 따라서 행정쟁송을 제기하거나 발생한 손해에 대해 국가배상청구를 통해 권리구제를 받을 수 있다.

제28회 감정평가 및 보상법규 종합문제

Question 01
감정평가업계를 지도·감독하고 있는 국토교통부는 '감정평가사징계위원회 운영 및 징계양정에 관한 규정'을 개정해 위반사항을 구체화하고 양정기준을 조정하였다. 감정평가사에 대한 징계는 현재까지 '감정평가 및 감정평가사에 관한 법률' 및 하위법령에서 정하고 있는 의무사항을 위반한 27개 행위에 대해 자격등록취소, 업무정지(2년 이하), 견책 등의 징계를 했다. 그러나 앞으로는 감정평가시장의 공정경쟁 유도 및 금품수수를 근절하고 성실한 감정평가를 위해 위반행위를 42개로 세분화해 위반행위나 비위의 정도 등을 감안, 차등적으로 징계양정을 적용할 수 있도록 했다. 또 감정평가법인 소속 감정평가사가 비위를 저지르거나 부실평가로 징계를 받는 경우 지금까지는 대부분 해당 감정평가사만 징계를 했으나 앞으로는 해당 감정평가사가 소속된 감정평가법인에 대해서도 징계를 할 수 있도록 했다. 이러한 것을 결정하는 곳이 바로 감정평가관리·징계위원회에서 결정한다. 「감정평가 및 감정평가사에 관한 법률」상 감정평가관리·징계위원회에 대하여 설명하시오. 20점

Question 02
감정평가 및 감정평가사에 관한 법률상 과징금제도에 대하여 설명하시오. 30점

Question 03
「감정평가 및 감정평가에 관한 법률」상 벌금, 과징금, 과태료에 대하여 설명하고, 벌금과 과징금의 중복부과 타당성을 논하시오. 10점

Question 04
국토교통부장관은 감정평가사 甲이 부정행위를 통해 자격증을 취득했음을 이유로 「감정평가 및 감정평가사에 관한 법률」(이하 '감정평가법')에 의거 자격을 취소하였다. 이와 관련하여 국토교통부장관이 청문을 실시하고자 甲의 주소지에 몇 회에 걸쳐 청문통지서를 발송하였으나 수취인부재 등의 이유로 계속해서 반송되어 청문통지서를 공시송달하였고 甲이 예정된 청문일에 출석하지 아니하자, 국토교통부장관은 청문을 실시하지 아니하고 甲에 대한 자격을 취소하였다. 이 경우 甲이 동 처분이 실체상 하자는 없으나 청문절차상 하자가 있음을 이유로 취소소송을 제기했을 때, 甲의 청구가 인용될 수 있는지 검토하시오. 40점

Question 01 [20점]

I. 논점의 정리

감정평가법에서는 공정한 감정평가를 도모하기 위해 징계제도를 도입하고 감정평가관리·징계위원회를 두고 있다. 이하에서는 그 성격 및 의결의 하자에 대해 설명한다.

II. 의의 및 성격(감정평가법 제40조)

감정평가사의 징계에 관한 사항을 의결하는 합의제 행정기관으로서 징계를 위해 반드시 설치하여야 하는 〈필수기관〉이다. 이때 징계권자는 국토교통부장관으로, 징계내용에 대한 의결권을 가지므로 〈의결기관〉이다. 이는 감정평가의 공정성 확보에 취지가 있다.

III. 의결 내용

감정평가 관계 법령의 제정·개정, 제3조 제5항에 따른 실무기준의 변경, 제14조에 따른 감정평가사 시험, 제23조에 따른 수수료의 요율 및 실비, 제39조에 따른 징계, 그 밖에 국토교통부장관이 회의에 부치는 사항 등에 대해 의결한다.

IV. 징계의결의 하자

징계위원회의 의결은 국토교통부장관을 구속하기 때문에 ① 징계위원회의 의결에 반하는 처분은 무효가 된다. 또한 ② 의결을 거치지 않은 처분은 권한 없는 징계처분이 되어 무효가 될 수 있다.

V. 구성(감정평가법 시행령 제37조)

국토교통부에 설치하고, 위원장 1명과 부위원장 1명을 포함하여 13명의 위원으로 구성하며, 성별을 고려한다. 위원의 임기는 2년으로 하되, 1차례에 한하여 연임할 수 있다.

VI. 제척 및 기피

1. 제척(감정평가법 시행령 제38조 제1항)

징계위원회의 위원 중 당사자와 친족이거나 당사자와 같은 감정평가법인 또는 감정평가사 사무소에 소속된 감정평가사 또는 그 징계사유와 관계가 있는 자는 그 징계사건의 심의에 관여하지 못한다.

2. 기피(감정평가법 시행령 제38조 제2항)

당사자는 징계위원회의 위원 중 불공정한 의결을 할 염려가 있다고 의심할 만한 상당한 사유가 있는 위원이 있을 때에는 그 사유를 서면으로 소명하고 기피를 신청할 수 있다. 기피신청이 있을 때에는 징계위원회의 의결로 해당 위원의 기피 여부를 결정하며, 기피신청을 받은 위원은 그 의결에 참여하지 못한다.

VII. 사안의 해결

최근 감정평가법 시행령 제40조의2에서 징계의결 요구 내용을 검토하기 위해 소위원회를 둘 수 있다고 규정하고 있어, 이는 감정평가사 징계의 공정성과 신뢰성을 확보하는데 크게 기여할 것이라 판단된다.

Question 02 30점

I. 논점의 정리

과징금이란 행정법규의 위반으로 경제적 이익을 얻게 되는 경우 그 경제적 이익을 박탈하기 위해 행정기관이 과하는 제재금을 말한다. 감정평가법상 과징금은 변형된 과징금으로서, 이하 감정평가법상 과징금 제도에 대해 설명한다.

Ⅱ. 과징금 개관

1. 의의(감정평가법 제41조)

감정평가법상 과징금은 국토교통부장관이 업무정지처분을 하여야 하는 경우 해당 업무정지처분으로 인하여 공적업무의 정상적인 수행에 지장을 초래하는 등 공익을 현저히 해칠 우려가 있는 경우 업무정지처분에 갈음하여 부과하는 것으로 〈변형된 의미의 과징금〉이다.

2. 법적 성질

과징금 부과행위는 과징금 납부의무를 명하는 행위이므로 〈급부하명〉에 해당한다. 감정평가법 제41조는 "과징금을 부과할 수 있다"고 규정하므로 법문언상 〈재량행위〉이다.

Ⅲ. 과징금 변경 시 소의 대상

1. 학설

원처분은 변경처분에 흡수되어 변경처분이 항고소송의 대상이라는 〈흡수설〉, 변경처분은 원처분에 흡수되어 변경된 원처분이 항고소송의 대상이라는 〈역흡수설〉, 양자 모두 독립된 처분으로 항고소송의 대상이라는 〈병존설〉이 있다.

2. 관련 판례의 태도

판례는 감액처분을 항고소송의 대상으로 할 수는 없고, 감액처분으로 취소되지 않고 남은 부분을 항고소송의 대상으로 할 수 있을 뿐이며 제소기간의 준수 여부도 당초 처분을 기준으로 판단한다고 판시하였다.

3. 검토

원처분에 대한 변경행위는 그 부분에만 법적효과를 미치는 것으로 원처분과 별도의 독립한 처분이 아니므로 원처분의 연속성이라는 관점에서 소송의 대상은 변경된 내용의 원처분으로 봄이 타당하다.

Ⅳ. 벌금과 과징금의 중복부과 가능성

1. 관련 판례의 태도

헌법재판소는 과징금은 행정상 제재금으로서 처벌에 해당한다고 할 수 없으므로, 형사 처벌과 과징금을 중복부과하더라도 헌법 제13조의 이중처벌금지원칙에 위반된다고 볼 수 없다고 판시하였다.

2. 검토

헌법재판소의 태도가 타당하지만, 양자는 실질적으로 이중적인 금전부담으로 동일 사안에 대해 벌금과 과징금을 함께 부과하는 것은 이중처벌의 성격을 가진다. 따라서 양자 중 선택 부과하는 것이 타당하다고 판단된다.

Ⅴ. 권리구제

1. 감정평가법상 이의신청(감정평가법 제42조)

국토교통부장관의 과징금 부과에 이의가 있는 경우 이를 통보받은 날부터 30일 이내에 국토교통부장관에게 이의를 신청할 수 있다. 감정평가법 제42조 제3항은 이의신청에 대한 결정에 이의가 있는 자는 행정심판을 제기할 수 있다고 규정하는바 〈강학상 이의신청〉에 해당한다.

2. 행정심판

행정심판법 제27조에 따라 처분이 있음을 안 날로부터 90일, 있은 날로부터 180일 이내에 제기가 가능하다. 단, 이의신청을 거친 경우에는 이의신청에 대한 결과를 통지받은 후 그 결과를 통지받은 날부터 90일 이내에 제기할 수 있다.

3. 행정소송

과징금 부과행위는 처분이므로 항고소송의 대상이 된다. 따라서 비례의 원칙 등을 위반한 경우 위법으로서 소송의 제기가 가능하다. 행정소송법 제20조에 따라 처분이 있음을 안 날로부터 90일 이내, 있은 날로부터 1년 이내에 제기가 가능하나, 이의신청을 거친 경우에는 그 결과를 통지받은 날부터 90일 이내에 제기할 수 있다.

4. 부당이득반환청구소송

잘못 부과된 과징금에 대하여 부당이득반환소송을 제기할 수 있을 것으로 판단되나, 현실적으로는 거의 드물 것으로 판단된다.

VI. 사안의 해결

변형된 과징금으로서 국민의 재산권에 중대한 영향을 미치는 경우 업무정지처분에 갈음하여 부과되는 점에서 국민의 권리보호를 위한 적합한 조치로서 평가된다.

Question 03 10점

I. 서

감정평가법인등은 감정평가법에서 정하는 사항을 위반하는 등의 경우에 제재조치를 받게 된다. 이하에서는 제재수단 중 벌금, 과징금, 과태료에 대해 알아본다.

II. 감정평가법상 벌금, 과징금, 과태료

1. 의의

가. 감정평가법상 과징금은 일반적 과징금과 다른 변형된 과징금으로서 업무정지처분에 갈음하여 부과하는 행정상 제재금을 말한다(감정평가법 제41조).

나. 감정평가법상 벌금이란 행정 목적을 직접적으로 침해하는 행위에 대해 과해지는 행정형벌의 일종을 말한다(동법 제49조 내지 제50조).

다. 감정평가법상 과태료란 행정 목적을 간접적으로 침해하는 행위에 대해 과해지는 행정질서벌을 말한다(동법 제52조).

2. 법적 성질

가. 과징금은 행정의 실효성 확보를 위한 새로운 수단으로 행정상 제재금으로서 과징금 부과는 급부하명에 해당한다

나. 벌금은 행정의 실효성 확보수단으로서의 행정벌 중 행정형벌에 해당한다.

다. 과태료는 행정의 실효성 확보수단으로서 행정질서벌에 해당한다.

3. 불복

과징금은 처분이므로, 감정평가법 제42조 이의신청 및 행정쟁송으로 다툴 수 있다. 벌금은 형사재판에 대한 항소를 통해 불복하며, 과태료는 질서위반행위규제법에 따라 이의신청 및 과태료 재판으로 불복할 수 있다.

Ⅲ. 벌금과 과징금의 중복부과 타당성 여부

1. 판례

헌법재판소는 과징금은 행정상 제재금으로서 처벌에 해당한다고 할 수 없으므로, 형사 처벌과 과징금을 중복부과하더라도 헌법 제13조의 이중처벌금지원칙에 위반된다고 볼 수 없다고 판시하였다.

2. 검토

헌법재판소의 태도가 타당하지만, 양자는 실질적으로 이중적인 금전부담으로 동일 사안에 대해 벌금과 과징금을 함께 부과하는 것은 이중처벌의 성질이 있으므로, 양자 중 택일적으로 부과하도록 하는 것이 타당하다고 판단된다.

Ⅳ. 결

1. 감정평가법상 벌금, 과징금, 과태료는 행정의 실효성 확보수단으로 규정되어 있으며, 이는 국민의 권리·의무에 직접 영향을 미치므로 행정처분에 해당한다.
2. 동일 사안에 대한 벌금과 과징금의 중복부과는 이론상 이중처벌 금지원칙에 반하지 않지만, 실질적으로는 이중적인 금전부담이므로 타당하지 않다고 판단된다.

Question 04 40점

Ⅰ. 논점의 정리

사안은 갑이 부정행위를 통해 자격증을 취득한 것을 이유로 국토교통부장관이 자격취소를 내린 경우이다. 이때 (1) 청문절차를 거치지 않은 자격취소는 절차상 하자를 가지는지 (2) 절차상 하자가 존재한다면 독자적으로 위법성을 가지는지를 검토하여 갑의 취소소송 인용 가능성을 검토한다.

Ⅱ. 자격취소의 법적 성질

직권취소란 행정청이 성립 당시의 하자를 이유로 그 행정행위의 효력을 소멸시키는 행정작용을 말한다. 사안은 갑이 부정행위로 자격증을 취득한 경우로서 감정평가법 제13조 제1항에 근거하여 자격취소가 된 것으로서 〈직권취소〉에 해당한다. 또한, 감정평가법 제13조 제1항에서 '하여야 한다'고 규정하여 기속행위에 해당한다.

Ⅲ. 절차상 하자가 존재하는지

1. 청문이 필수적 절차인지 여부

청문이란 행정청이 어떠한 처분을 하기에 앞서 당사자 등의 의견을 직접 듣고 증거를 조사하는 절차를 말한다. 행정절차법 제22조에서는 법률의 규정이 있거나 행정청의 필요시 청문을 실시하도록 규정하고 있으며, 감정평가법 제45조에서는 자격취소에 대해 청문을 실시하도록 규정하고 있다. 따라서 사안과 같이 자격취소 시 감정평가법 제45조에 의거하여 청문은 필수적 절차라 판단된다.

2. 청문의 생략 가능 여부

(1) 관련 규정의 검토(행정절차법 제21조 제4항 및 제22조 제4항)

① 공공의 안전 또는 복리를 위하여 긴급히 처분을 할 필요가 있는 경우, ② 법령 등에서 요구된 자격이 없거나 없어지게 되면 반드시 일정한 처분을 하여야 하는 경우에 그 자격이 없거나 없어지게 된 사실이 법원의 재판 등에 의해 객관적으로 증명된 경우, ③ 해당 처분의 성질상 의견청취가 현저히 곤란하거나 명백히 불필요하다고 인정할 만한 상당한 이유가 있는 경우, ④ 당사자가 의견진술의 기회를 포기한다는 뜻을 명백하게 표시한 경우에는 청문을 실시하지 않을 수 있다.

(2) 판례의 태도

대법원은 처분의 생략 여부는 해당 행정처분의 성질에 비추어 판단해야 하는 것이지, 청문통지서가 반송되었다거나 행정처분의 상대방이 청문일시에 불출석했다는 이유로 청문을 하지 않고 한 침해적 행정처분은 위법하다고 판시하였다.

3. 사안의 경우

사안의 경우 청문의 생략이 가능한 사유에 해당하지 않으므로, 청문절차를 결여한 사안의 자격취소처분은 절차상 하자가 있는 처분이다.

IV. 절차적 하자의 독자적 위법 여부

1. 문제의 소재

절차적 하자만을 이유로 해당 처분의 위법성이 인정되는지가 문제가 된다. 사안의 자격취소는 기속행위이므로 기속행위에 관련하여 검토한다.

2. 학설 및 판례

학설은 적법한 절차를 거쳐 다시 처분을 하더라도 동일한 처분을 하기 때문에 부정하는 견해와 적법절차를 거쳐 다시 처분을 하는 경우 반드시 동일한 결론에 도달하게 되는 것이 아니라는 점 등을 이유로 긍정하는 견해가 대립하고 있다. 대법원은 기속행위인 과세처분에 있어서도 그 이유제시상의 하자를 이유로 이를 취소한 바가 있기 때문에 절차상 하자의 독자적 위법성을 인정하고 있다.

3. 사안의 경우

행정절차의 중요성 및 기능을 고려할 때 행정절차의 흠결만으로도 독자적 위법성을 갖는다고 봄이 타당하다. 따라서 사안에서 절차상 하자만을 이유로 독자적으로 위법성을 주장할 수 있다.

4. 위법성의 정도

통설과 판례의 중대명백설에 의할 때, 청문절차를 결한 것은 법률 위반으로 내용상 중대나, 외관상 명백한 하자에 해당하지 않으므로, 취소사유에 해당한다.

5. 절차의 하자의 치유가능성 여부

사안에서 국토교통부장관이 청문절차의 하자를 치유할 만한 어떠한 작용도 하고 있지 않으므로, 하자의 치유는 인정되지 않는다.

V. 결

사안의 자격취소처분은 청문절차를 결여한 절차상 하자에 의해 위법하다. 이때 취소사유의 하자에 해당하므로 갑의 취소소송은 다른 사정이 없는 한 인용판결을 받을 수 있다.

제29회 감정평가 및 보상법규 종합문제

Question 01

최근 제2금융권 은행들의 부실감정으로 인한 문제로 감정평가사가 구속되는 등 사회적 파장이 커지자 감사원은 감정평가사들에 대한 대규모 감사를 진행하였다. 이에 감사원은 국토교통부에 적발된 감정평가사에 대한 감사사실을 통보하였다. 감사원의 감사통보를 받은 국토교통부장관은 감정평가사 甲이 둘 이상의 감정평가법인에 소속되었다는 감사사실을 토대로 그 사유를 들어 「감정평가 및 감정평가사에 관한 법률」(이하 '감정평가법') 제39조에 의거 감정평가관리·징계위원회의 의결에 따라 등록을 취소하고, 甲에게 이를 통지하였다. 그러나 甲은 새로운 평가법인으로 소속을 옮기는 과정에서 기존 평가법인 소속직원의 실수로 퇴사처리가 늦어져서 약 한 달간 이중소속이 되었던 것일 뿐, 새로운 평가법인으로 옮긴 뒤에도 기존 평가법인으로부터 보수를 받은 것도 아님에도 불구하고 등록이 취소된 것은 부당하다고 주장하면서, 등록이 취소된 후에도 약 5개월간 계속 평가업무를 수행하였다. 40점

(1) 국토교통부장관은 甲에게 한 등록취소를 다시 취소할 수 있는가? 25점

(2) 甲이 등록이 취소된 후에도 계속 평가업무를 수행한 사실이 적발되어, 감정평가법 제49조 제4호 위반으로 형사기소를 당하였다. 이때 형사법원은 어떠한 판결을 내려야 하는가? (단, 국토교통부장관이 등록취소를 취소한 경우와 취소하지 않은 경우를 각각 나누어서 검토할 것) 15점

Question 02

대법원 2010.7.22, 2010다13527 판결은 "甲이 토지의 이용상황을 실제 이용되고 있는 '자연림'으로 하여 개별공시지가를 산정한 다음 감정평가법인에 검증을 의뢰하였는데, 감정평가법인이 그 토지의 이용상황을 '공업용'으로 잘못 정정하여 검증지가를 산정하고, 시 부동산평가위원회가 검증지가를 심의하면서 그 잘못을 발견하지 못함에 따라, 그 토지의 개별공시지가가 적정가격보다 훨씬 높은 가격으로 결정·공시된 사안에서, 이는 개별공시지가 산정업무 담당 공무원 등이 직무상 의무를 위반한 것으로 불법행위에 해당한다고 한 사례"라고 판시하고 있다. 이러한 위법한 감정평가 관련 판례들을 검토한 감정의뢰인인 甲은 감정평가사인 乙이 고의로 자신의 토지를 잘못 평가하였음을 주장하여 국토교통부장관에게 乙에 대한 제재조치를 요구하였다. 이에 따라 국토교통부장관은 감정평가 및 감정평가사에 관한 법률(이하 '감정평가법')상의 권한을 행사하여 일정한 제재조치를 취하고자 한다. 다음의 물음에 답하시오. 30점

(1) 감정평가사 乙이 감정평가법상 성실의무를 위반하였는지 여부를 검토하시오. 10점

(2) 국토교통부장관이 취할 수 있는 절차에 대하여 「감정평가 및 감정평가사에 관한 법률」상 징계절차 및 「행정절차법」에 침익적 처분절차에 대하여 설명하시오. 10점

(3) 국토교통부장관이 취할 수 있는 구체적인 제재조치의 내용에 대하여 검토하시오. 10점

한석봉 감정평가사 원고는 2004.3.경 감정평가사 자격을 취득한 다음 2007.11.1. 주식회사 KK은행(이하 'KK은행'이라고 한다)에 상근 계약직으로 입사하여 2010.6.30. 퇴사하였는데, 그 기간 중인 2007.3.5.부터 같은 해 12.21.까지 AA감정평가법인(원래 위 법인에 소속되어 있던 도중 KK은행에 입사한 것임)에, 2009.10.1.부터 2010.5.2.까지 AA감정평가법인 동부지사에, 같은 달 3일부터 같은 해 7.22.까지 AA감정평가법인(이하 'AA감정평가법인'이라고 한다)에 각 감정평가사로 적을 두었다. 국토교통부장관은 2011.7.20. '한석봉 감정평가사 원고가 KK은행에서 근무하면서도 위 감정평가법인에 등록하여 소속만 유지할 뿐 실질적으로 감정평가업무에 관여하지 아니하는 방법으로 감정평가사의 자격증을 대여하거나 이를 부당하게 행사하였고, 위 감정평가법인이 원고의 자격증을 부당행사하여 그 법인을 유지하는 데에 방조한 책임이 있다'는 이유로 감정평가 및 감정평가사에 관한 법률(이하 '감정평가법'이라고 한다) 제25조와 동법 제27조(이하 '법'이라고 한다)에 따라 한석봉 감정평가사 원고의 감정평가사 업무를 1년간 정지하는 처분을 하였다(이하 '이 사건 처분'이라고 한다). (출처 : 서울행법 2012.5.3. 2011구합24507[징계처분취소], 대판 2013.10.24. 2013두727[징계처분취소]) 아래의 물음에 답하시오. 30점

(1) 감정평가법 제25조(성실의무 등)와 감정평가법 제27조(명의대여 등의 금지)규정의 입법취지와 내용에 대하여 설명하시오. 10점

(2) 감정평가법에서 정한 '자격증 등을 부당하게 행사'한다는 의미 및 감정평가사가 감정평가법인에 적을 두었으나 해당 법인의 업무를 수행하거나 운영 등에 관여할 의사가 없고 실제 업무 등을 전혀 수행하지 않았다거나 소속 감정평가사로서 업무를 실질적으로 수행한 것으로 평가하기 어려운 경우, 자격증 등의 부당행사에 해당하는지 여부를 해당 판례를 통하여 검토하시오. 20점

Question 01 (40점)

<물음 1>

I. 논점의 정리

국토교통부장관이 갑에게 한 등록취소를 다시 취소할 수 있는지와 관련하여 등록취소가 강학상 철회인지 살펴본다. 해당 철회의 위법성을 검토하고, 등록취소에 취소 정도의 위법이 있는 경우, 다시 취소하는 것이 가능하므로, 이에 대해 학설과 판례를 검토한다.

II. 자격등록 취소가 적법한지

1. 자격등록 및 자격등록 취소의 법적 성질

1) 자격등록의 법적 성질(감정평가법 제17조)

자격등록이란 감정평가사의 자격이 있는 자가 업무를 하기 위해 국토교통부장관에게 등록신청을 하고, 국토교통부장관이 이를 유효한 것으로 받아들이는 것을 말한다. 이는 법률관계의 변동을 가져오므로, 행정소송법상 처분이라 볼 수 있다.

2) 자격등록 취소의 법적 성질

자격등록 이후, 즉 후발적 사유로 인해 장래를 향하여 자격등록의 효력을 소멸시키는 것으로 강학상 철회에 해당하며, 감정평가법 제39조에서 '할 수 있다'라고 규정하여 재량행위에 해당한다.

2. 철회의 위법성 검토

1) 철회의 법적 근거 필요 여부

(1) 관련 규정의 검토

감정평가법 제19조에서는 제17조에 따라 등록한 감정평가사에 대해 철회사유 발생 시 철회가 가능하다고 규정한다. 행정기본법 제19조는 적법한 처분이 철회사유에 해당하는 경우 장래를 향해 철회할 수 있다고 규정한다.

(2) 관련 판례의 태도

판례는 별도의 법적 근거가 없다 하더라도 원래의 처분을 존속시킬 필요가 없게 될 사정변경이 생겼거나 중대한 공익상 필요가 발생한 경우 철회할 수 있다고 하여 불요설의 입장을 취하였다.

(3) 사안의 경우

사안의 경우 감정평가법 제19조에 등록취소를 규정하고 있으므로 법적 근거 요건은 충족하는 것으로 판단되며, 만약 규정이 없더라도 행정기본법에 근거하여 가능하다.

2) 철회 사유의 존부(행정기본법 제19조)

① 법률에서 정한 철회 사유에 해당하게 된 경우, ② 법령 등의 변경이나 사정변경으로 처분을 더 이상 존속시킬 필요가 없게 된 경우, ③ 중대한 공익을 위하여 필요한 경우 가능하다. 이외에도 상대방 동의, 상대방 의무위반, 철회권 유보 등도 철회사유에 해당한다. 〈사안의 경우〉 이중소속이라는 사후 법령위반이 존재하므로 철회사유가 존재한다.

3) 철회권 제한 법리의 위반 여부

철회권 제한 법리란 철회가 통상 행정청의 재량이라 하더라도 법의 일반원칙을 위반할 경우 마음대로 철회할 수 없는 제한을 받는 것을 말한다. 제한법리에는 실권의 법리, 신뢰보호의 원칙, 비례의 원칙, 평등의 원칙 등이 있다.

〈사안의 경우〉 갑이 직원의 실수 등으로 한 달만 이중 소속이 되어 있었던바, 업무정지처분과 같이 등록취소보다 경미한 처분을 할 수 있었음에도 자격등록을 취소하였다는 점에서 비례의 원칙에 반하여 위법하다고 판단된다.

4) 효력 유무

사안의 비례의 원칙 위반은 내용상 중대하나 일반인의 견지에서 명백하다고 보기 어려워 중대명백설에 따라 취소사유에 불가하다고 판단된다. 따라서 공정력 및 구성요건적 효력에 의해 등록취소처분은 유효하므로 갑은 업무능력이 박탈된 상태로 있게 된다.

Ⅲ. 철회의 취소 가능성

1. 문제의 소재

만약 등록취소가 당연무효이면, 갑의 등록은 아무런 영향도 받지 않으나, 취소사유인 경우, 등록의 효력이 소멸된바, 이를 다시 취소하여 그 효력을 회복할 수 있는지가 문제가 된다.

2. 학설 및 판례

긍정설과 부정설, 절충설의 견해가 대립한다. 판례는 원처분이 수익적인 경우는 긍정설, 침익적인 경우에는 부정설을 취하며, 원처분이 수익적이라도 제3자효 행정행위의 경우 부정설을 취한다.

3. 검토

생각건대, 법치행정의 원리에 따라 적법성을 회복하려는 의미를 강조하는 한, 철회를 취소하여 원행정행위의 회복이 가능하다고 보는 긍정설의 입장이 타당하다고 판단된다. 사안의 원행정행위인 등록의 경우, 수익적 행정행위이므로, 철회인 등록취소의 취소가 가능하다고 판단된다.

Ⅳ. 사안의 경우

등록취소는 강학상 철회이며, 사안의 경우 비례의 원칙에 위배되어 취소사유의 위법성이 인정되지만, 구성요건적 효력 및 공정력으로 인해 등록취소처분의 효력은 그대로 유지된다. 따라서 등록취소처분의 효력을 제거하기 위해 수익적 행정행위인 자격등록 취소를 다시 취소하여 효력을 회복할 수 있을 것이다.

<물음 2>

Ⅰ. 논점의 정리

갑이 등록이 취소된 후에도 계속 평가업무를 수행하여 감정평가법 제49조 제4호 위반으로 형사기소를 당한바, 국토교통부장관이 등록취소를 취소한 경우와 취소하지 않은 경우에 형사법원이 어떠한 판결을 내려야 하는지 검토하고자 한다.

Ⅱ. 등록취소가 취소된 경우

등록취소는 침익적 처분으로서, 취소된 경우 소급효를 가져 처음부터 등록취소가 없었던 것이 되어 취소되었던 등록이 원상회복된다. 따라서 갑은 등록 없이 평가업무를 수행한 것이 아니므로, 형사법원은 갑에 대해 무죄판결을 내려야 할 것이다.

Ⅲ. 등록취소가 취소되지 않은 경우

1. 문제의 소재

사안은 갑이 등록취소처분에 의해 업무능력을 박탈당했음에도 불구하고 그 업무를 계속한 경우 감정평가법 위반을 이유로 처벌받는 경우로, 갑의 무죄가 인정되기 위해서는 등록취소처분의 효력이 부인되어야 한다. 따라서 구성요건적 효력에도 불구하고 형사법원이 그 효력을 부인할 수 있는지가 문제가 된다.

2. 형사법원의 효력 부인이 가능한지 여부

(1) 학설

형사법원에도 구성요건적 효력이 미치므로 행정행위의 효력을 부인할 수 없다는 〈부정설〉, 인권보장을 위해 효력을 부인할 수 있다는 〈긍정설〉이 대립한다.

(2) 판례

판례는 미성년자에 대한 운전면허 처분에 대한 무면허운전죄 사건에서 형사법원이 행정행위의 효력을 부인할 수 없다고 하여 〈부정설〉의 입장이다.

(3) 검토

생각건대 판례의 입장은 불법행위의 방조 가능성이 존재한다. 따라서 인권보장을 위해 형사법원이 위법한 행정행위의 효력 유무를 판단할 수 있도록 하여 범죄 성립을 부인할 수 있도록 하는 것이 타당하다고 판단된다.

Ⅳ. 사안의 경우

사안에서 갑의 권리구제 및 위법한 행정행위로 인한 피해 방지를 위해서라도 형사법원은 등록취소의 효력을 부인할 수 있다고 판단되는바, 갑은 무죄판결을 받을 수 있을 것이라 판단된다.

Question 02 30점

Ⅰ. 논점의 정리

사안은 감정평가사가 고의로 잘못된 평가를 하였음을 이유로 국토교통부장관이 취할 수 있는 절차와 구체적인 제재조치에 대해 묻고 있다.

〈물음 1〉에서는 감정평가사 을이 감정평가법상 성실의무를 위반하였는지 여부를 검토한다.

〈물음 2〉에서는 성실의무 위반이 인정되는 경우, 국토교통부장관이 취할 수 있는 조치로서 감정평가법 및 행정절차법의 절차를 설명한다.

〈물음 3〉에서는 국토교통부장관이 취할 수 있는 구체적인 제재조치의 내용에 대해 검토하고자 한다.

Ⅱ. 물음 1의 검토(을이 성실의무 등을 위반하였는지 여부)

1. 관련 규정의 검토(감정평가법 제25조)

감정평가사는 감정평가 업무를 행함에 있어 품위를 유지하여야 하고, 신의와 성실로써 공정하게 감정평가하여야 하며, 고의 또는 중대한 과실로 업무를 잘못하여서는 아니 된다.

2. 사안의 경우

사안에서 을이 갑의 토지를 고의로 잘못 평가하였으므로, 감정평가법 제25조 제1항에 의거 '고의 또는 중과실로 잘못된 평가 금지'를 위반하여, 성실의무 등을 위반한 사실이 인정된다. 따라서 국토교통부장관은 일정한 절차를 거쳐 제재조치를 취할 수 있다.

Ⅲ. 물음 2의 검토(국토교통부장관이 취할 수 있는 징계절차)

1. 감정평가법상 징계절차

(1) 지도 및 감독 등(감정평가법 제47조)

국토교통부장관은 감정평가법인등을 감독하기 위하여 그 업무에 관한 보고 또는 자료의 제출, 그 밖에 필요한 명령을 할 수 있다.

(2) 감정평가에 대한 타당성 조사(감정평가법 제8조)

국토교통부장관은 을의 감정평가가 감정평가법 또는 다른 법률에서 정한 절차와 방법 등에 따라 타당하게 이루어졌는지를 조사할 수 있다. 타당성 조사를 하는 경우, 해당 감정평가법인등 및 이해관계인에게 의견 진술의 기회를 주어야 하며, 타당성 조사의 결과로 고의 또는 중대한 과실이 있는 것이 확인되면, 일정한 제재조치를 취하게 된다.

(3) 징계절차

감정평가사협회는 감정평가사에게 징계사유가 있다고 인정되면, 증거 서류를 갖추어 국토교통부장관에게 징계를 요청할 수 있다(감정평가법 제39조 제3항). 국토교통부장관은 증명서류를 갖추어, 감정평가 관리·징계위원회에 징계의결을 요구해야 한다(동법 시행령 제34조 제1항). 감정평가관리·징계위원회는 징계의결의 요구를 받으면 내용과 기일을 해당 감정평가사에게 통지해야 한다(동조 제2항).

2. 행정절차법상 침익적 처분절차

(1) 처분의 사전통지(행정절차법 제21조)

당사자에게 의무를 가하거나 권익을 제한하는 처분을 하는 경우, 당사자에게 미리 통지하는 것을 말한다.

(2) 의견제출(행정절차법 제22조)

행정청이 처분을 하기에 앞서 청문 또는 공청회를 실시하거나 의견제출의 기회를 주어야 한다.

(3) 이유제시(행정절차법 제23조)

행정청이 처분을 함에 있어 처분의 근거와 이유를 제시하는 절차로서, 일정 경우 생략할 수 있으나 처분 후 당사자가 요청하는 경우 그 근거와 이유를 제시해야 한다.

Ⅳ. 물음 3의 검토(국토교통부장관의 제재조치)

1. 행정상 제재조치

감정평가법 제39조 제1항 제9호에 의거하여 국토교통부장관은 감정평가사 을에 대해 감정평가관리·징계위원회의 의결에 따라 징계할 수 있다. 징계는 자격의 취소, 등록의 취소, 2년 이하의 업무정지, 견책 등을 할 수 있으며, 등록취소나 업무정지를 받은 경우 을은 등록증을 국토교통부장관에게 반납하여야 한다.

2. 형사상 제재조치

① 감정평가사 을의 행위는 감정평가법 제49조 제5호에 해당되는바, 3년 이하의 징역

또는 3천만원 이하의 벌금에 처해질 수 있다.

② 감정평가법 제10조 제1호 및 제2호의 업무(부동산공시법에 따라 감정평가법인등이 수행하는 업무 등)를 수행하는 감정평가라면, 을은 형법 제129조 내지 제132조 적용 시 공무원으로 의제될 것이다.

③ 감정평가법 제49조 적용 시 을 소속의 법인 또는 사무소의 사용자도 형사상 제재조치의 대상이 되지만, 법인 또는 사무소의 사용자가 그 위반 행위를 방지하기 위해 해당 업무에 관하여 상당한 주의와 감독을 게을리하지 않은 경우, 대상에서 제외된다.

V. 결

고의로 잘못된 평가를 한 감정평가사 을은 감정평가법 제25조 제1항에 의거 성실의무 등을 위반한 것이 인정되며, 국토교통부장관은 사실관계를 파악하고, 그 경중에 따라 행정적, 형사적 제재조치를 취할 수 있을 것이다.

Question 03 30점

I. 물음 1

1. 감정평가법 제25조 및 제27조의 입법취지

감정평가법인등에 대하여 성실의무 및 명의대여 등의 금지 의무에 대하여 규정한 것은 감정평가 및 감정평가사에 관한 제도를 확립하여 공정한 감정평가를 도모함으로써 국민의 재산권을 보호하고 국가경제 발전에 기여함을 목적으로 하는 데 취지가 있다.

2. 감정평가법 제25조의 내용

품위유지 및 신의성실로써 공정한 감정평가, 고의 또는 중대한 과실로 업무수행 금지(감정평가법 제25조 제1호), 불공정한 감정평가 금지(동조 제2호), 직접적인 매매업 금지(동조 제3호), 수수료와 실비 외 금품 수수 금지(동조 제4호), 둘 이상의 감정평가법인등 소속

금지동법(동조 제5호), 감정평가법 제28조의2에 따른 감정평가 유도·요구에 따른 감정평가 금지(동조 제6호)를 규정한다.

3. 감정평가법 제27조의 내용

감정평가법인등의 성명·상호·자격증·등록증·인가증(이하 자격증 등)의 양도·대여의 금지, 자격증 등의 부당행사 금지 및 이를 알선하는 행위 금지를 규정한다.

Ⅱ. 물음 2

1. 문제점

감정평가법 제27조는 자격증 명의·대여와 부당행사를 함께 규정하고 있다. 자격증 명의·대여에 따른 위법행위는 동법 제39조에 따른 자격취소의 사유가 되므로 부당행사와 구별 실익이 있다. 이하 관련 판례를 근거로 검토한다.

2. 관련 판례의 태도

(1) 자격증 대여의 의미

자격증 자체를 타인에게 대여하거나 이를 본래의 용도 외에 행사하게 하는 것, 다른 사람이 자격증 등을 이용하여 자격자로 행세하면서 그 업무를 행하려는 것을 알면서도 자격증 등을 빌려주는 것을 의미한다고 판시하였다.

(2) 자격증 부당행사의 의미

가. 감정평가사가 감정평가법인에 적을 두기는 하였으나 해당 법인의 업무를 수행하거나 운영 등에 관여할 의사가 없고 실제로도 업무 등을 전혀 수행하지 않는 등 해당 소속 감정평가사로서 업무를 실질적으로 수행한 것으로 평가하기 어려운 정도인 것이라고 판시하였다.

나. 감정평가사의 인원수만 형식적으로 갖추게 하거나 법원으로부터 감정평가 물량을 추가

로 배정받을 목적으로 등록증을 사용하는 경우를 의미한다고 판시하였다.

다. 감정평가사 자격증 등을 본래의 용도가 아닌 다른 용도로 행사하거나, 본래의 행사목적을 벗어나 감정평가사의 자격이나 업무 범위에 관한 법의 규율을 피할 목적으로 이를 행사하는 경우를 의미한다고 판시하였다.

3. 사안의 경우

(1) 본래의 용도가 아닌 다른 용도로 행사하였는지

한석봉 감정평가사는 KK은행에서 근무하면서도 감정평가법인에 등록하여 소속만 유지할 뿐 실질적으로 감정평가업무에 관여하지 아니하는 방법으로 감정평가사 자격증을 부당하게 행사하였다. 따라서 이는 해당 법인의 업무를 수행하거나 운영 등에 관여할 의사가 없고, 실제 업무 등을 수행했다고도 보기 어려우므로, 자격증을 본래의 용도가 아닌 다른 용도로 행사했다고 볼 수 있다.

(2) 법의 규율을 피할 목적으로 행사하였는지

한석봉 감정평가사는 감정평가법인에 등록하여 법인을 유지하는 데에 방조한 책임이 있다. 감정평가법 제32조에서는 감정평가사의 수가 미달된 경우 인가취소 등에 대해서 규정하고 있고, 사안에서는 이러한 법의 규율을 피할 목적으로 한석봉 감정평가사를 해당 법인에 등록하여 소속을 유지시켰다고 볼 수 있으므로 자격증의 부당행사에 해당한다고 볼 수 있다.

(3) 소결

생각건대, 사안의 한석봉 감정평가사는 타인이 아닌 본인이 자격증을 행사하였으므로, 자격증의 양도·대여에는 해당하지는 않는다. 하지만 자격증을 본래의 용도가 아닌 목적으로 행사하였으며 감정평가법인의 감정평가사 수에 대한 법의 규율을 피할 목적으로 자격증을 행사한 경우에 해당된다고 볼 수 있다. 따라서 감정평가법 제27조에서 규정한 자격증의 부당행사에 해당한다고 판단된다.

제30회 감정평가 및 보상법규 종합문제

Question 01

국토교통부장관으로부터 감정평가사 자격등록을 한 연후에 고향마을에 감정평가법인 지사를 개설한 감정평가법인등 甲 등은 금융기관으로부터 주택에 대한 담보평가를 의뢰받고 A 소유의 101호, B 소유의 102호, C 소유의 103호 세 채 아파트를 평가하기 위하여 현장에 도착하였다. 소유자 A의 처로부터 甲은 임대차가 없다는 확인을 받고 감정평가서에 "임대차 없음"이라 기재하였다. 그러나 사실은 甲이 모르는 임대차관계가 존재하였으며, 이후 소유자 A, B, C 아파트가 경매로 넘어가자 금융기관에서는 감정평가서의 부실기재를 이유로 甲 등에게 손해배상을 청구하였다. 감정평가법인등 甲과 乙, 丙, 丁도 함께 업무를 하고 있었는데 다음의 물음에 답하시오(감정평가법인등은 모두 금융기관의 업무협약에는 임대차사항에 대한 조사약정이 포함되어 있다). 30점

(1) 감정평가법인등의 손해배상책임에 대하여 설명하시오. 10점

(2) 감정평가법인등 甲은 101호 소유자 A의 처로부터 아파트 101호에 대한 임대차 확인을 받고 "임대차 없음"을 기재하고, 감정평가법인등 乙은 B 소유 아파트 102호에 대해 전화조사만으로 임대차 없다는 이야기를 듣고 "임대차 없음"을 기재하였으며, 감정평가법인등 丙은 C 소유 103호 아파트가 공실이라는 이유만으로 "임대차 없음"으로 허위로 감정평가서에 임대차 상황을 기재하였고, 결국 경매가 진행되어 은행에 손해가 발생되었는데 그 손해를 배상할 책임이 있는지 논하시오. 15점

(3) 만약 감정평가법인등 丁은 금융기관의 양해 아래 신속한 감정평가를 위해 아파트 101호 소유자 A(임대인)에게 임대차 상황을 물어보고 "임대차 없음"이라고 표시하였는데, 결국 임대차가 있어서 손해가 발생하였는데 손해배상책임이 있는지 논하시오. 5점

Question 02

감정평가법인 甲은 「감정평가 및 감정평가사에 관한 법률」 제25조의 성실의무 등 위반을 이유로 같은 법 제32조 제1항 제11호에 의하여 2016년 2월 1일 국토교통부장관으로부터 설립인가취소처분을 통보받았다. 이에 甲은 국토교통부와의 관계 등 합리적인 사유로 일정기간 동안 소송을 제기하지 못하다가, 2016년 8월 1일에 이르러서야 국토교통부장관이 인가취소 시 같은 법 제45조에 의한 청문을 실시하지 않았다는 것을 이유로 인가취소처분에 대한 무효등확인소송을 제기하였다. 甲의 소송은 인용될 수 있는가? 40점

Question 01 (30점)

Ⅰ. 논점의 정리

감정평가법 제28조 제1항은 감정평가법인등의 손해배상책임을 규정하면서 성실하고 공정한 감정평가를 유도하여 선의의 의뢰인 및 제3자의 피해 방지를 취지로 한다. 이하에서는 이에 대해 설명하고 각 사안별로 손해배상책임 여부를 판례에 따라 검토한다.

Ⅱ. 물음 1의 검토(감정평가법인등의 손해배상책임)

1. 의의(감정평가법 제28조)

감정평가법인등이 감정평가를 하면서 고의 또는 과실로 감정평가 당시의 적정가격과 현저한 차이가 있게 감정평가를 하거나 감정평가서류에 거짓을 기록함으로써 감정평가 의뢰인이나 선의의 제3자에게 손해를 발생하게 하였을 때는 감정평가법인등은 그 손해를 배상할 책임이 있다는 것이다.

2. 민법 제750조와의 관계

(1) 학설 및 판례

민법 제750조의 특칙이라는 견해와 특칙이 아니라는 견해가 대립하고 있으나, 판례는 감정평가법인등의 부실감정으로 인한 손해를 입은 의뢰인이나 선의의 제3자는 감정평가법 규정의 손해배상책임과 민법상 손해배상책임을 함께 물을 수 있다고 판시하였다.

(2) 검토

감정평가법인등의 주관적 견해에 따라 적정가격을 현실적으로 찾아내기가 어렵고, 특칙이 아니라고 보는 경우 감정평가법 제28조 제1항의 규정은 무의미하게 되므로 특칙이라고 봄이 타당하다.

3. 손해배상책임의 성립요건

① 감정평가법인등이 감정평가를 할 것, ② 고의 또는 과실이 있을 것, ③ 부당한 감정평가를 하였을 것, ④ 감정평가의뢰인 또는 선의의 제3자에게 손해가 발생했을 것, ⑤ 위법행위와 손해 사이에 상당인과관계가 있을 것, ⑥ 위법성 요건이 필요한지 여부 검토가 해당된다.

4. 손해배상책임의 범위와 보장

해당 부당한 감정평가와 상당 관계가 있는 모든 손해를 배상하여야 한다. 이때 손해배상책임을 보장하기 위해 보증보험 가입, 협회 공제사업 가입을 하며, 보증보험으로 손해배상을 한 때에는 10일 이내에 재계약해야 한다.

5. 신설규정의 취지(감정평가법 제28조 제3항, 제4항)

법 제28조 제3항에서는 법원의 확정판결을 통한 손해배상이 결정된 경우에는 국토교통부령으로 정하는 바에 따라 그 사실을 국토교통부장관에게 알려야 한다고 규정하고 있으며, 동조 제4항에서는 국토교통부장관은 감정평가법인등이 갖추어야 하는 손해배상능력 등에 대한 기준을 국토교통부령으로 정할 수 있다고 규정하고 있다. 이는 최근 전세사기 등과 관련하여 국민의 권리구제를 위한 취지가 인정된다고 판단된다.

Ⅲ. 물음 2의 검토(감정평가법인 갑, 을, 병의 손해배상책임 여부)

1. 감정평가법인등 갑의 손해배상책임 여부

(1) 관련 판례(대판 2004.5.27, 2003다24840)

감정평가업자가 현장조사 당시 감정 대상 주택 소유자의 처로부터 임대차가 없다는 확인을 받고 감정평가서에 '임대차 없음'이라고 기재하였으나 이후에 임차인의 존재가 밝혀진 경우, 감정평가업자는 감정평가서를 근거로 부실 대출을 한 금융기관의 손해를 배상할 책임이 있다고 인정하였다.

(2) 사안의 경우

갑은 아파트 소유자의 처로부터 '임대차 없음'이라는 확인을 받았다. 이때 갑은 임대관계 여부를 알지 못했으므로 고의는 없지만, 과실의 인정 여부가 문제되는데, 갑은 행정기관 등에 임대차 여부를 확인하지 않고 단순히 소유자의 처에게만 임대차 여부를 문의하였으므로, 충분한 자료 수집이 미흡한 과실이 있다고 인정된다. 또한, 임대차 사항에 대해 성실히 조사할 것을 기대한 금융기관의 신뢰와 관련하여 손해와 갑의 부실평가 사이의 상당 인과관계가 인정되므로, 갑은 감정평가법 제28조에 의거 손해배상책임을 진다.

2. 감정평가법인등 을의 손해배상 책임 여부

(1) 관련 판례(대판 2007.4.12, 2006다82625)

감정평가업자가 금융기관으로부터 조사를 의뢰받은 담보 물건과 관련된 임대차 관계 등을 조사함에 있어 단순히 다른 조사기관의 전화조사만으로 확인된 실제와는 다른 임대차 관계 내용을 기재한 임대차확인조사서를 제출한 사안에서 감정평가업자에게 감정평가업무협약에 따른 조사의무를 다하지 않은 과실이 있다고 판시하였다.

(2) 사안의 경우

감정평가법인등은 금융기관과의 협약에 따라 적정한 감정평가액을 산정해서 은행이 담보금액을 산정함에 있어 불측의 손해를 입지 않도록 협력해야 할 의무가 있다. 따라서 담보물건의 감정평가에 있어 다양한 사항을 조사해야 하나, 담보금액에 영향을 미치는 임대차 관계 등을 조사함에 있어 단순히 전화 조사만으로 확인한 경우 이러한 의무를 제대로 이행하지 않은 것으로 볼 수 있으므로, 감정평가법인등 을은 감정평가법 제28조에 의거 손해배상책임을 지게 된다.

3. 감정평가법인등 병의 손해배상책임 여부

(1) 관련 판례(대판 1997.12.12, 97다41196)

현장조사를 행할 당시 공실 상태였다는 이유로 실제로는 대항력이 있는 임차인이 있는데도 감정평가서에 '임대차 없음'이라고 단정적으로 기재한 사안에서 감정평가업자는 약정상 임대차조사의무를 제대로 이행하지 못한 위법이 있어, 금융기관이 잘못 대출함으로써 입은 손해에 대해 배상할 책임이 있다고 판시하였다.

(2) 사안의 경우

임대차 사항은 담보물건의 환가성과 관련하여 담보금액 산정에 영향을 미칠 수 있는바, 감정평가법인등은 주택의 현황 조사 및 탐문의 방법을 통해 임대차의 유무 및 그 내용을 확인하여 금융기관에 알릴 의무가 있다. 그러나 단순히 공실이라는 이유만으로 임대차 관계가 없다고 단정한 것은 이러한 의무를 제대로 이행하지 않은 것으로 보이므로, 판례에 따라 감정평가법인등 병에게 감정평가법 제28조에 의해 손해배상책임이 인정된다.

Ⅳ. 물음 3의 검토(감정평가법인등 정의 손해배상책임 여부)

1. 관련 판례(대판 1997.9.12, 97다7400)

감정평가업자가 금융기관의 신속한 감정평가 요구에 따라 그의 양해 아래 임차인이 아닌 건물 소유자를 통해 담보물의 임대차 관계를 조사하였으나, 그것이 허위로 밝혀진 경우, 감정평가업자에게는 과실이 없으므로 손해배상책임이 인정되지 않는다고 판시하였다.

2. 사안의 경우

생각건대 과실이란 일정한 사실을 인식할 수 있음에도 불구하고 부주의로 이를 인식하지 못한 것인 점, 금융기관의 의뢰로 인하여 소유자를 통해 임대차관계를 조사한 점 등을 미루어 보아 감정평가법인등 정의 과실이 인정되지 않는다. 따라서 감정평가법 제28조의 요건을 충족하지 않았으므로, 정은 손해배상책임을 지지 않는다.

V. 결

1. 〈물음 1〉에서 감정평가법 제28조에서 규정하고 있는 감정평가법인등의 손해배상책임은 민법의 특칙에 해당한다.

2. 〈물음 2〉에서 감정평가법인등 갑, 을, 병에 대해 관련 판례 및 감정평가법 제28조에 의거하여 손해배상책임이 인정된다.

3. 〈물음 3〉에서 금융기관의 양해 아래 실시한 임대차 관계에 대한 조사가 허위로 밝혀진 경우, 감정평가법인등에게 과실이 인정되지 않으므로, 감정평가법인등 정에 대해 손해배상책임이 인정되지 않는다.

Question 02 40점

I. 논점의 정리

사안은 감정평가법인 설립인가 취소 시 청문 미실시로 무효등확인소송을 제기하는 경우 인용 가능성이 있는지와 관련한 것이다. 이에 대해, 인가취소의 법적 성질과 무효등확인소송의 소송요건을 검토하고, 청문을 결한 것에 대해 절차의 하자가 인정 여부, 독자적 위법성 여부, 위법성의 정도를 검토한다.

II. 관련 행정 작용의 법적 성질

1. 설립인가의 의의 및 법적 성질

감정평가사는 감정평가법 제10조의 업무를 조직적으로 수행하기 위하여 감정평가법인을 설립할 수 있으며, 일정 요건을 갖추어 인가를 받으면 감정평가업을 행할 수 있다. 감정평가법 제29조 제4항의 인가는 사인의 법률적 행위를 보충하여 법적 효력을 완성시켜주는 행정행위로서 강학상 인가에 해당한다.

2. 법인설립인가 취소의 법적 성질

철회란 하자 없이 유효하게 성립한 행정행위의 효력을 장래에 향하여 상실시키는 행정행위로서, 인가취소는 적법하게 성립한 설립인가의 효력을 성립 후 발생한 사유로 인해 그 효력을 상실시키는 것으로 철회에 해당한다. 또한, 감정평가법 제32조에서 '할 수 있다'라고 규정하여 재량행위에 해당한다.

Ⅲ. 무효등확인소송 제기의 적법성 검토

1. 무효등확인소송의 소송요건

행정소송법 제35조의 무효등확인소송은 대상적격, 원고적격, 피고적격, 소의 이익, 관할 등의 요건을 갖추어야 하며, 행정소송법 제20조가 준용되지 않으므로 제소기간에 구애받지 않고 제기할 수 있다.

2. 사안의 경우

갑은 인가취소로 인해 감정평가업을 영위할 수 있는 법률상 이익을 침해받고 있으므로 원고적격이 인정되고, 인가취소는 국민의 권리·의무에 직접 영향을 주는바, 처분에 해당하므로 대상적격이 인정된다. 다른 소송요건에 대해서는 문제가 없는 것으로 보이며, 제소기간에 대해 제한이 없으므로, 사안에서 처분 후 6개월이 지났어도 소 제기가 가능하다. 따라서 갑의 무효등확인소송 제기는 적법하다고 판단된다.

Ⅳ. 위법 여부 및 위법의 정도 판단

1. 위법 여부

1) 청문 미실시가 절차상 하자인지 여부

(1) 청문의 의의(행정절차법 제22조 제1항)

청문이란 행정청이 처분을 하기에 앞서 당사자의 의견을 듣고 증거를 조사하는 절차를 말하는 것으로, 불이익 처분의 상대방에게 변론의 기회를 줌으로써 이해관계인의 권익을 보호하는 기능을 한다.

(2) 청문의 예외 사유
공공의 안전 또는 복리를 위해 긴급히 처분을 해야 할 필요가 있는 경우, 법령 등에서 일정한 처분을 하여야 하는 사유가 객관적으로 증명된 때, 해당 처분의 성질상 의견청취가 현저히 곤란하거나 명백히 불필요하다고 인정될 만한 상당한 이유가 있는 경우, 당사자가 의견 진술의 기회를 포기한다는 뜻을 명백히 표시한 경우, 청문을 실시하지 않을 수 있다.

(3) 사안의 경우
감정평가법 제45조에서는 자격의 취소, 법인설립인가 취소 시 청문을 하여야 한다고 규정하고 있고, 해당 사안은 행정절차법 제22조의 청문 예외사유에 해당하지 않는다. 따라서 반드시 청문을 거쳐야 함에도 이를 실시하지 않았으므로, 절차의 하자가 존재한다.

2) 절차의 하자의 독자적 위법성
긍정설, 부정설, 절충설의 견해가 대립하고 있다. 대법원은 과세처분에 대해 절차의 하자를 이유로 처분의 위법을 인정한 바 있다. 생각건대, 행정절차법은 강행규정이라는 점과 행정소송법 제30조 제3항에서 절차의 위법을 이유로 취소되는 경우를 규정하고 있다는 점에서 절차의 하자에 대해 독자적 위법성을 인정하는 것이 타당하다고 판단된다.

3) 위법의 정도
통설 및 판례인 중대명백설에 따르면, 청문절차를 결한 것은 내용상 중대한 하자이지만, 일반인의 관점에서 외관상 명백한 것으로 볼 수 없으므로, 취소사유의 위법에 해당한다.

V. 갑 소송의 인용 여부

1. 학설 및 판례

무효등확인소송의 심리결과 위법성이 취소사유에 해당하는 경우 법원의 인용판결 가능성이 문제된다. 학설은 기각해야 한다는 견해, 소 변경 후 인용가능하다는 견해, 법원이 당연히 인용가능하다는 견해가 대립하고 있다. 판례는 무효등확인소송의 심리 결과, 취소 정도의 하자인 경우 무효의 주장에 취소의 주장이 포함된 것으로 보아 취소판결을 내릴 수 있다고 판시하였다.

2. 사안의 경우

사안에서 무효등확인소송의 심리 결과, 하자가 취소 정도인 것으로 판단되므로, 취소소송의 요건을 고려했을 때, 설립인가취소 처분일인 2016.2.1.로부터 90일이 지나 소송을 제기하여 제소기간의 요건을 불충족하였으므로, 갑의 소송이 기각될 것으로 판단된다.

VI. 결

사안에서 갑이 제기한 무효등확인소송은 대상적격, 원고적격 등의 요건을 충족하여 적법하다고 판단되지만, 청문절차를 결한 것은 절차상 하자에 해당하는 것으로 취소사유의 위법성이 인정되어, 제소기간의 경과로 인해 취소소송 요건을 충족하지 못한 것으로 보아, 기각판결을 받을 것으로 예상된다.

제31회 감정평가 및 보상법규 종합문제

Question 01

최근 언론에서 부동산시장과 관련한 다양한 사회적 이슈가 보도됨에 따라 국토부장관은 감정평가업계의 내부감사를 실시하였다. 감사 도중 국토교통부장관 乙은 감정평가법인등 甲이 「감정평가 및 감정평가사에 관한 법률」 제27조 명의대여 등의 금지 위반을 이유로 동법 제32조 제1항 제11호에 근거하여 6개월의 업무정지처분을 내렸다. 국토교통부장관 乙은 동 처분을 하면서 "귀하는 다른 사람에게 자격증을 양도 또는 대여하였으므로, 귀하의 업무를 2019년 5월 1일자로 정지하였기에 통지합니다."라고 기재된 통지서를 발송하였다. 이에 甲은 다른 사람에게 자격증을 양도 또는 대여한 사실이 없음에도 불구하고 업무정지처분이 이루어졌음을 이유로 국토교통부장관 乙의 업무정지처분에 대한 소송을 제기하였다. 40점

(1) 국토교통부장관 乙은 소송 중에 甲이 당초부터 '자기 또는 친족 소유, 그 밖에 불공정한 감정평가를 할 우려가 있다고 인정되는 토지 등에 대해서는 이를 감정평가하여서는 아니 된다는 규정'(감정평가법 제25조 제2항)을 위반하고 있어 그러한 행위를 하지 말 것을 고지하고, 그러한 이유를 내세워 자신의 처분의 적법성을 주장하고 있다. 반면 甲은 국토교통부장관 乙의 주장이 처분의 이유보완의 법리에 어긋남을 이유로 위법하다고 주장하고 있다. 甲, 乙의 주장의 당부에 대하여 검토하시오. 20점

(2) 국토교통부장관 乙은 감정평가사 甲이 제기한 취소소송에서 패소하여 판결이 확정되었다. 이후 국토교통부장관 乙은 재처분을 하면서 '자기 또는 친족 소유, 그 밖에 불공정한 감정평가를 할 우려가 있다고 인정되는 토지 등에 대해서는 이를 감정평가하여서는 아니 된다는 규정'을 위반하였다는 이유에서 다시 업무정지처분을 내렸다. 처분의 적법성을 검토하시오. 20점

Question 02

「감정평가 및 감정평가사에 관한 법률」(이하 '감정평가법')에 따라 감정평가법인등 甲은 乙의 재산에 대한 감정평가를 허위로 하였다는 이유로 국토교통부장관으로부터 2개월의 업무정지처분을 받았다. 甲은 의견제출을 통하여 자기는 위와 같은 감정평가를 허위로 한 사실이 없다고 주장하고 있으나, 국토교통부장관은 乙이 제시한 증거에 의하여 甲의 허위평가사실을 인정하고 甲의 주장을 받아들이지 않았다. 甲은 1개월 후 취소소송을 제기하였으나, 서울행정법원은 심리를 진행하다가 이미 업무정지기간이 만료되었음을 이유로 소를 기각하였다. 40점

(1) 가중처벌의 가능성을 규정한 관련 규정 감정평가법 시행령 제29조 [별표 3]의 법적 성질을 논하시오. 15점

(2) 행정소송법 제12조 제2문의 법률상 이익과 관련하여 협의의 소익이 있는지를 논하시오. 25점 (변경된 전원합의체를 구체적으로 검토하시오.)

Question 01 40점

<물음 1>

Ⅰ. 논점의 정리

업무정지처분 시 을이 소송 중에 감정평가법 제25조 제2항의 위반 사유를 추가하여 처분의 적법성을 주장하는 것과 관련하여 처분사유의 추가·변경이 문제가 된다. 이하에서는 업무정지처분의 법적 성질을 살펴보고, 재량행위에서 처분사유의 추가·변경이 가능한지 검토한다. 나아가, 처분사유의 추가·변경의 허용기준 및 한계를 기준으로 갑, 을의 주장의 타당성을 각각 검토한다.

Ⅱ. 관련 행정작용의 법적 성질

1. 업무정지처분의 의의

업무정지처분이란 감정평가업을 일정기간 행하지 못하게 하는 것으로, 감정평가법 제32조에 그 법적 근거가 있다.

2. 업무정지처분의 법적 성질

기속행위와 재량행위는 법 규정의 문언과 그 법령의 취지, 목적, 행위의 성질 및 헌법상 기본권과의 관계 등을 종합적으로 고려하여 판단해야 한다. 업무정지처분은 감정평가법 제32조에서 '할 수 있다'라고 규정하고 있는 점과 동법 시행령 제29조 [별표 3]에 의거 법규명령으로 본다 해도 감경 규정에 의거 재량권이 부여된 것으로 볼 수 있는 점을 고려하여 재량행위로 볼 수 있다.

Ⅲ. 처분사유의 추가·변경이 가능한지

1. 처분사유의 추가·변경의 의의

처분사유의 추가·변경이란 당초 처분 시에 존재하였으나 처분사유로 제시되지 아니하였던 사실 및 법적 근거를 소송 계속 중에 추가하거나 변경하는 것을 말한다. 이미 처분 시 객관적으로 존재하는 사유를 추가·변경하는 점에서 하자를 사후에 보완하는 하자의 치유와 구별된다.

2. 처분사유의 추가·변경의 허용 여부

(1) 학설 및 판례

원고의 방어권 보장을 위해 부정하는 견해와 행정의 경제성을 고려하여 긍정하는 견해, 기본적 사실관계의 동일성이 인정되는 한도 내에서 제한적으로 긍정하는 견해가 대립한다. 판례는 당초 처분의 근거로 삼은 사유와 기본적 사실관계의 동일성이 인정되는 한도 내에서 처분사유의 추가·변경을 인정하였다.

(2) 검토

실질적 법치주의와 분쟁의 일회적 해결의 필요성과 원고의 방어권 보장과 신뢰보호의 조화라는 관점에서 제한적 긍정설의 입장이 타당하다고 판단된다.

3. 재량행위에서의 인정 여부

학설은 〈긍정설〉, 〈부정설〉이 대립한다. 생각건대, 재량행위이더라도 기본적인 사실관계의 동일성이 인정되어 원고의 방어권 행사에 불이익을 초래하지 않을 때에는 허용된다고 봄이 타당하다.

4. 처분사유의 추가·변경 인정범위

(1) 기본적 사실 관계의 동일성 여부

통설 및 판례에 따라 기본적 사실관계의 동일성을 해하지 않는 범위 내에서만 허용된다. 기본적 사실관계의 동일성이란 법률적 평가 이전의 ① 사회적 사실관계의 동일성, ② 시간적·장소적 근접성, ③ 행위의 태양·결과의 동일성을 의미한다.

(2) 추가·변경사유의 기준시점

처분 시에 설과 판결 시에 설의 견해가 대립하나 판례는 행정처분의 위법 여부는 그 처분 당시의 사유와 사정을 기준으로 하여 판단하여야 하고, 처분청이 처분 이후에 추가한 새로운 사유를 보태어 처분 당초의 흠을 치유할 수 없다고 하여 처분시설의 입장을 취하였다.

5. 사안의 경우

국토교통부장관 을이 추가하고자 하는 처분 사유는 당초 처분 시에 존재하였던 사유이다. 다만 당초 처분사유는 자격증의 명의대여를 문제 삼고 있고, 추가하고자 하는 사유는 불공정한 감정평가 사유를 문제 삼고 있으므로, 사회적 사실관계의 동일성이 없고 시간적·장소적 근접성이 결여될 뿐만 아니라 행위의 태양·결과의 동일성도 없다. 따라서 사안은 당초 사유와 추가 사유 사이에 기본적 사실관계의 동일성이 없어 처분사유의 추가·변경이 인정되지 않는다.

Ⅳ. 결(사안의 경우)

1. 감정평가법인등 갑 주장의 타당성

업무정지처분은 재량행위로서 처분 사유의 추가·변경이 가능하지만, 기본적 사실관계의 동일성이 인정되지 않는다. 따라서 처분의 이유보완의 법리에 어긋나 위법하다는 갑의 주장은 타당하다.

2. 국토교통부장관 을 주장의 타당성

당초 처분사유와 새로운 처분사유 간의 기본적 사실관계의 동일성이 없으므로, 처분사유의 추가·변경이 인정되지 않으므로, 적법성을 주장하는 을의 주장은 타당하지 않다.

<물음 2>

Ⅰ. 논점의 정리

취소소송의 판결이 확정되었음에도 을이 그 처분의 이유만을 변경하여 다시 업무정지처분을 한 것이 기속력에 반하는 것인가에 대해 문제가 되고 있는바, 기속력의 내용 중 반복금지의무와 재처분의무와 관련하여 처분의 적법성을 검토한다.

Ⅱ. 기속력의 의의 및 내용

1. 기속력의 의의(행정소송법 제30조 제1항)

기속력이란 처분 등을 취소하는 확정판결이 그 사건에 관하여 당사자인 행정청과 그 밖의 관계 행정청을 구속하는 효력을 말한다. 기판력과 달리 판결의 실효성 확보에 취지를 둔 실체법상 효력을 말한다.

2. 기속력의 내용

① 반복금지효란 동일한 사실관계 아래서 동일한 이유에 의해 동일한 당사자에게 동일한 내용의 처분을 반복할 수 없게 하는 효력을 말한다. ② 재처분의무란 행정청이 판결의 취지에 따라 다시 처분을 하여야 하는 의무를 말한다. ③ 원상회복의무(결과제거의무)란 행정청이 위법처분으로 인해 야기된 상태를 제거해야 한다는 의무를 말한다. 견해의 대립은 있으나 판례는 이를 긍정하고 있다. ④ 사안의 경우 법원의 취소판결이 있은 후, 국토교통부장관 을이 다시 업무정지처분을 하였는바, 기속력 중 반복금지효에 반하는지가 문제된다.

Ⅲ. 사안의 재처분이 기속력에 반하는지 여부

1. 학설

학설은 새로운 처분이 그 확정판결에 적시된 위법사유를 보완하여 행해진 경우, 확정판결에 의해 취소된 종전 처분과는 별개의 처분으로 반복금지효에 반하지 않는다고 하였다.

2. 판례

판례는 판결의 기속력은 판결에 적시된 개개의 절차나 형식의 위법사유에 미치기 때문에 확정판결 후 행정청이 판결에 적시된 절차나 형식의 위법사유를 보완한 경우 다시 동일한 내용의 처분을 하여도 기속력에 위반하지 않는다고 판시하였다.

3. 검토 및 사안의 경우

생각건대 반복금지효는 판결에 적시된 내용과 동일한 사유로 처분하는 경우에만 해당하는 것이다. 사안의 경우 당초사유와 추가사유의 기본적 사실관계의 동일성이 없다는 이유로 처분사유의 추가·변경이 불가능한 점을 고려할 때, 추가사유로 재처분을 하는 것은 동일한 사유가 아니므로 기속력에 반하지 않는다고 판단된다.

Ⅳ. 사안의 해결

기본적 사실관계에서 동일성이 인정되지 않은 추가사유를 이유로 재처분한 것은 기속력에 반하지 않으므로, 을의 재처분은 적법하다.

Question 02 40점

<물음 1>

Ⅰ. 논점의 정리

감정평가법에서는 업무정지처분에 대해 감정평가법 시행령 제29조 [별표 3]에서 처분의 기준과 가중감경처분의 가능성을 규정하고 있는바, 이하에서 그 법적 성질을 검토한다.

Ⅱ. 감정평가법 시행령 제29조 [별표 3]의 법적 성질

1. 문제의 소재

감정평가법 시행령 제29조는 형식이 법규명령이지만, 그 내용은 행정규칙의 실질을 가지고 있는 법규명령 형식의 행정규칙에 해당하는바, 그 법적 성질이 문제가 된다.

2. 학설

법적 안정성의 견지에서 형식을 중시하는 법규명령설, 행정규칙의 실질을 강조하는 행정규칙설, 상위 법률의 수권 여부를 기준으로 판단해야 한다는 수권여부 기준설의 견해가 대립하고 있다.

3. 관련 판례의 태도

① 종전 판례는 법령의 형식에 따라 대통령령은 법규성을 긍정하고, 부령 및 총리령은 부정하였다.
② 최근 전원합의체에서는 제재적 처분은 법규명령 여부와 무관하게 적용되는바 이를 다툴 법률상 이익을 긍정하였다.

4. 검토

통상적인 경우에 따라 형식에 따라 법규성을 긍정하나, 부령의 경우에도 국민의 권익에 영향을 미치는 경우 법규성을 긍정하는 것이 타당하다고 판단된다. 따라서 감정평가법 시행령 제29조 [별표 3]은 대외적 구속력이 인정된다.

Ⅲ. 사안의 경우

가중감경 가능성을 규정한 감정평가법 시행령 제29조 [별표 3]은 법규명령 형식의 행정규칙으로서 법규명령의 성질을 갖는 것으로 보아, 대외적 구속력을 인정하는 것이 타당하다고 판단된다.

<물음 2>

Ⅰ. 논점의 정리

업무정지기간이 만료되어 처분의 효력이 소멸되었더라도 [별표 3]에 따라 가중처벌을 받을 위험이 있는 경우 협의의 소익이 인정되는지 여부가 문제가 된다. 이하에서는 행정소송법 제12조 제2문의 해석을 검토하여 사안을 해결하고자 한다.

Ⅱ. 협의의 소익 개관

1. 협의의 소익의 의의 및 취지

협의의 소익이란 원고가 본안판결을 구할 현실적 이익 내지 필요성을 말하는 것으로, 이는 남소 방지와 국민의 재판청구권 보장의 조화에 그 취지가 있다.

2. 행정소송법 제12조 제2문의 해석

행정소송법 제12조 제2문에서 원고적격이라는 표제로 하여 법률상 이익이라는 동일한 용어를 사용하고 있다. 이에 대해 제12조 제1문과 동일하게 원고적격을 의미하여 소의 이익이 판례와 학설에 의해 인정되는 것으로 보는 견해와 협의의 소익으로 보는 견해가 대립하고 있다. 다수설과 판례는 행정소송법 제12조 제2문에 대해 협의의 소익으로 보고 있다.

3. 회복되는 법률상 이익의 범위

학설은 법적 보호가치가 인정되는 범위라는 〈소극설〉, 명예·신용 등을 포함한다는 〈적극설〉, 문화적 이익까지 포함한다는 〈정당한 이익설〉이 있다. 판례는 근거 법률에 의한 직접적, 구체적 이익만을 의미한다고 판시하였다. 생각건대 남소 방지 및 권리구제의 조화의 측면에서 개별적, 직접적, 구체적 이익에 한하여 인정하는 판례의 입장이 타당하다.

4. 소의 이익이 없는 경우

① 처분의 효력이 소멸한 경우, ② 처분 후의 사정에 의해 이익침해가 해소된 경우, ③

원상회복이 불가능한 경우, ④ 보다 간이한 방법이 있는 경우 소의 이익이 원칙적으로 부정된다. 사안의 경우 업무정지기간이 만료되었으므로 처분의 효력이 소멸한 경우임에도 처분을 취소할 현실적 이익이 있어 소의 이익이 인정되는지가 문제된다.

5. 가중제재처분의 요건과 협의의 소익 인정

인정 여부에 대해 긍정과 부정의 견해 대립이 있다. 이에 과거 판례에서는 처분의 근거가 되는 법규명령의 법규성이 인정되는 대통령령인 경우에는 협의의 소익을 인정하였고, 법규성이 인정되지 않는 부령의 경우 협의의 소익을 부정하였다. 그러나 최근 판례에서 다수의견은 법규성 여부에 상관없이 행정청의 준수의무가 있고 상대방에게 구체적이고 현실적인 장래의 불이익이 존재하는 경우 회복될 법률상 이익이 있다고 보았다. 다만 별개의견은 부령인 제재적 처분기준의 법규성을 인정하는 이론적 기초 위에 그 법률상 이익을 긍정하는 것이 법리적으로 합당하다고 보았다.

6. 검토

담당공무원은 행정규칙이더라도 이를 준수하여 장래 그 시행규칙이 정한 바에 따라 가중처분을 할 것이 당연히 예견된다는 점에서 그 위험을 제거할 법률상 이익이 있으므로, 소의 이익을 긍정하는 최근 판례의 입장이 타당하다. 따라서 사안의 경우 갑의 소의 이익이 인정된다.

Ⅲ. 결(사안의 해결)

행정소송법 제12조 제2문은 협의의 소익을 인정하는 것으로 보는 것이 타당하다. 또한, 업무정지처분의 효력이 소멸되더라도 [별표 3]에 따라 차후에 가중처벌을 받을 현실적이고 구체적 이익이 존재하므로, 협의의 소익이 인정된다.

제32회 감정평가 및 보상법규 종합문제

Question 01

토지소유자 겸 잠업사를 운영하던 甲은 계속 잠업사를 운영하여 오다가 2025.4.18. 양잠업과 누에업에 대한 사업자등록을 하였다. 양잠업 등을 운영하는 甲은 '호남고속철도의 운행으로 인한 손실보상'의 의미는 단순히 '사업시행자 한국철도시설공단 乙이 호남고속철도를 운행하는 것을 전제로 그 자체로 인해 발생한 손실의 보상'을 구하는 것이 아니라 '이 사건 사업의 시행 후에 예정된 호남고속철도 운행에 따라 발생한 손실의 보상, 즉 이 사건 사업의 시행 결과에 따른 손실보상'을 구하는 것으로 이해해야 한다고 주장하면서 공익사업을 위한 토지 등의 취득 및 보상에 관한 법률 제79조 제2항 및 동법 시행규칙 제59조부터 제65조까지 규정된 간접손실보상을 요구하고 있다. 해당 잠업사는 공익사업지구 내 편입되는 것은 아니고 인근에 위치하고 있다. 해당 호남철도 공사 결과로 인하여 휴업이 불가피한 것으로 甲은 판단하고 있다. 국립농업과학원이 이 사건 잠업사로부터 누에고치 등을 조사한 결과 상당한 누에가 죽어 손실이 발생하였다고 국립농업과학원은 밝히고 있다. 다음 물음에 답하시오. **40점** (각 문제는 별개상황임)

(1) 만약 공익사업을 위한 토지 등의 취득 및 보상에 관한 법률상 수용재결 토지보상금으로 10억원이 나왔다고 할 때 토지소유자 甲이 동법 제85조 제2항에 따라 보상금증액청구소송을 제기하는 과정에서 사업시행자에 대한 손실보상금채권에 관하여 제3자의 압류 및 추심명령이 있게 되었는바, 이에 사업시행자는 토지소유자 甲의 보상금증액청구소송의 당사자적격은 상실되었다고 주장한다. 사업시행자 乙의 주장이 타당한지에 대하여 최근 대법원 전원합의체 판결 2018두67 판례를 토대로 논의하시오. **20점**

(2) 만약 잠업사에 대한 간접손실보상이 확정되지 않자 잠업사 운영자 甲은 간접손실을 주장하고 있다고 하자. 공익사업시행지구 밖 간접손실보상에 대해 설명하고, 호남철도 공사로 공익사업시행지구 밖에 양잠업 등을 운영하는 甲이 공익사업을 위한 토지 등의 취득 및 보상에 관한 법률 시행규칙 제64조 제1항 제2호에서 정한 공익사업시행지구 밖 영업손실보상의 요건인 '공익사업의 시행으로 인한 그 밖의 부득이한 사유로 일정 기간 동안 휴업이 불가피한 경우'에 공익사업의 시행 결과로 휴업이 불가피한 경우가 포함되는지 여부를 검토하시오. **15점**

(3) 만약 실질적으로 같은 내용의 손해에 관하여 공익사업을 위한 토지 등의 취득 및 보상에 관한 법률 제79조 제2항에 따른 손실보상과 환경정책기본법 제44조 제1항에 따른 손해배상청구권이 동시에 성립하는 경우, 영업자가 두 청구권을 동시에 행사할 수 있는지 여부를 검토하고, '해당 사업의 공사완료일로부터 1년'이라는 손실보상청구기간이 지나 손실보상청구권을 행사할 수 없는 경우에도 손해배상청구가 가능한지 여부를 검토하시오. **5점**

■ 참고규정

공익사업을 위한 토지 등의 취득 및 보상에 관한 법률

제79조(그 밖의 토지에 관한 비용보상 등)
① 사업시행자는 공익사업의 시행으로 인하여 취득하거나 사용하는 토지(잔여지를 포함한다) 외의 토지에 통로·도랑·담장 등의 신설이나 그 밖의 공사가 필요할 때에는 그 비용의 전부 또는 일부를 보상하여야 한다. 다만, 그 토지에 대한 공사의 비용이 그 토지의 가격보다 큰 경우에는 사업시행자는 그 토지를 매수할 수 있다.
② 공익사업이 시행되는 지역 밖에 있는 토지 등이 공익사업의 시행으로 인하여 본래의 기능을 다할 수 없게 되는 경우에는 국토교통부령으로 정하는 바에 따라 그 손실을 보상하여야 한다.

공익사업을 위한 토지 등의 취득 및 보상에 관한 법률 시행규칙

제64조(공익사업시행지구 밖의 영업손실에 대한 보상)
① 공익사업시행지구 밖에서 제45조에 따른 영업손실의 보상대상이 되는 영업을 하고 있는 자가 공익사업의 시행으로 인하여 다음 각 호의 어느 하나에 해당하는 경우에는 그 영업자의 청구에 의하여 당해 영업을 공익사업시행지구에 편입되는 것으로 보아 보상하여야 한다.
  1. 배후지의 3분의 2 이상이 상실되어 그 장소에서 영업을 계속할 수 없는 경우
  2. 진출입로의 단절, 그 밖의 부득이한 사유로 인하여 일정한 기간 동안 휴업하는 것이 불가피한 경우
② 생략

Question 02

소유자 甲과 乙은 함께 서울 중구 ○○동 (지번 1 생략) 대 70.1㎡(이하 '이 사건 토지'라 하고, 이하 다른 토지들도 동명과 지번으로 토지를 특정하기로 한다)를 공유하고 있다. 국토교통부장관은 부동산 가격공시에 관한 법률(이하 '부동산공시법'이라 한다)에 의하여 표준지로 선정하고, 2006.2.28. 이 사건 토지의 2006년도 공시지가(공시기준일 2006.1.1.)를 ㎡당 4,950,000원으로 결정·공고하였다(이하 '이 사건 처분'이라 한다). 토지소유자 甲과 乙은 국토교통부장관이 이 사건 표준지공시지가를 평가함에 있어서 표준지 조사·평가기준상의 3가지 평가방식 중 어느 방식도 따르지 아니한 채 이 사건 토지를 평가하였으므로 이 사건 처분은 위법하다고 주장하고 있다. 국토교통부장관은 이 사건 표준지의 2006년도 공시지가를 산정하기 위하여 부동산공시법에 따라 A감정평가법인과 B감정평가법인에게 공시지가 감정을 의뢰하여 아래와 같은 각 평가결과를 얻었다. ① A감정평가법인의 감정결과에서 이 사건 토지는 상업용 토지로서 지리적·사회적 입지조건과 배후지의 질과 양, 유동인구, 접근성, 교통조건과 면적, 형상, 가로조건 등 개별적 제반 특성 등을 고려하고, 세평가격(㎡당 5,500,000원 수준), 인근 유사 표준지의 지가수준(인근 ○○동 (지번 2 생략) 대 105.8㎡) 등을 종합적으로 참작하여 평가하되, 대상 토지가 나지로서 최유효이용이 기대되는 점을 고

려하여 ㎡당 5,000,000원으로 평가하였는데 거래사례비교법, 원가법, 수익환원법의 표준지 평가방식에 해당하는 항목은 공란으로 처리하였다. ② B감정평가법인의 감정결과에서 이 사건 토지는 상업지대 내 나대지로서 상가의 배후지, 업종, 고객의 접근성, 유동인구의 상태, 사회적, 경제적, 지역적 위치 등 입지조건 및 장래성, 효용성 등을 비교 분석하고, 인근지역의 지가수준, 세평가격(㎡당 5,500,000원 수준), 인근 유사표준지와의 균형(인근 ○○동 (지번 2 생략) 대 105.8㎡) 등을 고려하여 ㎡당 4,900,000원으로 평가하였는데 A감정평가법인과 같이 표준지 평가방식에 해당하는 항목은 공란으로 처리하였다. 국토교통부장관은 위와 같은 각 감정평가결과를 토대로 이 사건 토지의 2006년도 공시지가를 ㎡당 4,950,000원으로 결정하여 공고하였다. 토지소유자 갑과 을은 2006.3.30. 위 공시지가 결정에 대하여 이의신청을 하였고, 이에 대하여 국토교통부장관은 C감정평가법인과 D감정평가법인에게 다시 이 사건 토지에 대한 감정을 명하였는데 위 감정평가법인들은 표준지 평가방식에 대한 설명 없이 이 사건 토지의 위치, 주위환경, 이용상황 및 인근 지가수준, 인근 표준지와의 균형과 인근 ○○동 49-3 대 218.9㎡가 2004.2.27. ㎡당 3,570,000원에 담보목적으로 평가된 사례를 참조하여 이 사건 토지의 가격을 산정한 결과 이 사건 처분과 같은 가격이 도출된다고 평가하였다(출처 : 서울행정법원 2006.12.22. 선고 2006구합27687 판결 [공시지가확정처분취소]). 다음 물음에 답하시오. 30점

(1) 표준지공시지가의 결정 절차와 효력에 대하여 설명하시오. 10점

(2) ① 감정평가법인등의 토지 평가액 산정의 적정성을 인정하기 위한 감정평가서의 기재 내용과 정도와 ② 국토교통부장관이 표준지공시지가를 결정·공시하는 절차에서 감정평가서에 토지의 전년도 공시지가와 세평가격 및 인근 표준지의 감정가격만을 참고가격으로 삼고 평가의견을 추상적으로만 기재한 사안에서, 평가요인별 참작 내용과 정도가 평가액 산정의 적정성을 알아볼 수 있을 만큼 객관적으로 설명되어 있다고 보기 어려워, 이를 근거로 한 표준지공시지가 결정은 토지의 적정가격을 반영한 것이라고 인정하기 어려워 위법하다고 토지소유자들은 주장하는데 이 주장이 타당한지 여부를 설명하시오. 20점

■ 참고규정
부동산 가격공시에 관한 법률

제3조(표준지공시지가의 조사·평가 및 공시 등)
① 국토교통부장관은 토지이용상황이나 주변 환경, 그 밖의 자연적·사회적 조건이 일반적으로 유사하다고 인정되는 일단의 토지 중에서 선정한 표준지에 대하여 매년 공시기준일 현재의 단위면적당 적정가격(이하 "표준지공시지가"라 한다)을 조사·평가하고, 제24조에 따른 중앙부동산가격공시위원회의 심의를 거쳐 이를 공시하여야 한다.
② 국토교통부장관은 표준지공시지가를 공시하기 위하여 표준지의 가격을 조사·평가할 때에는 대통령령으로 정하는 바에 따라 해당 토지 소유자의 의견을 들어야 한다.
③ 제1항에 따른 표준지의 선정, 공시기준일, 공시의 시기, 조사·평가 기준 및 공시절차 등에 필요한 사항은 대통령령으로 정한다.

④ 국토교통부장관이 제1항에 따라 표준지공시지가를 조사・평가하는 경우에는 인근 유사토지의 거래가격・임대료 및 해당 토지와 유사한 이용가치를 지닌다고 인정되는 토지의 조성에 필요한 비용추정액, 인근지역 및 다른 지역과의 형평성・특수성, 표준지공시지가 변동의 예측가능성 등 제반사항을 종합적으로 참작하여야 한다.
⑤ 국토교통부장관이 제1항에 따라 표준지공시지가를 조사・평가할 때에는 업무실적, 신인도(信認度) 등을 고려하여 둘 이상의 「감정평가 및 감정평가사에 관한 법률」에 따른 감정평가법인등(이하 "감정평가법인등"이라 한다)에게 이를 의뢰하여야 한다. 다만, 지가 변동이 작은 경우 등 대통령령으로 정하는 기준에 해당하는 표준지에 대해서는 하나의 감정평가법인등에 의뢰할 수 있다.
⑥ 국토교통부장관은 제5항에 따라 표준지공시지가 조사・평가를 의뢰받은 감정평가업자가 공정하고 객관적으로 해당 업무를 수행할 수 있도록 하여야 한다.
⑦ 제5항에 따른 감정평가법인등의 선정기준 및 업무범위는 대통령령으로 정한다.
⑧ 국토교통부장관은 제10조에 따른 개별공시지가의 산정을 위하여 필요하다고 인정하는 경우에는 표준지와 산정대상 개별 토지의 가격형성요인에 관한 표준적인 비교표(이하 "토지가격비준표"라 한다)를 작성하여 시장・군수 또는 구청장에게 제공하여야 한다.

대법원 판례는 "최고감정평가액과 최저감정평가액의 편차가 1.3배인 점에 비추어 볼 때에 이 사건 토지들에 대한 감정평가법인등의 감정평가액인 금 1,234,805,000원은 일응의 적정가격으로 보여지는 제1심법원의 감정 결과인 금 961,323,000원의 1.28배에 불과하고, ~~중략~~감정평가법인등은 감정평가 및 감정평가사에 관한 법률이 규정하는 방식에 따라 이 사건 토지들과 유사한 이용가치를 지닌다고 인정되는 표준지를 선정하여 그 표준지의 공시지가를 기준으로 그 표준지와 이 사건 토지들의 위치, 지형, 환경 등 토지의 객관적인 가치에 영향을 미치는 제 요인을 비교 평가하여야 하는데 그와 같은 방법으로 평가하지 아니하고 별다른 근거 없이 이 사건 토지들의 위치, 형상 및 주위의 거래시세에 비추어 이 사건 토지들의 가격은 평당 금 1,000,000원으로 유추된다는 정도로만 감정평가하였으므로 감정평가법인등에게는 이 사건 토지들을 감정평가함에 있어 감정평가 및 감정평가사에 관한 법률에 따라 감정평가할 성실의무를 제대로 이행하지 아니한 과실이 있다고 봄이 상당하다. (출처 : 대법원 1997.5.7. 선고 96다52427 판결 [손해배상(기)])"라고 판시한바 다음 물음에 답하시오. 20점 (종전 법률을 현행 법률로 바꾸어서 기재하였음)

(1) 감정평가 및 감정평가사에 관한 법률(이하 '감정평가법') 제28조 손해배상책임을 설명하고, 손해배상책임에 있어서 '현저한 차이'를 인정함에 있어 최고평가액과 최저평가액 사이에 1.3배 이상의 격차율이 유일한 판단 기준인지 여부 및 '현저한 차이'를 인정하기 위하여 부당 감정에 대한 감정평가법인등의 귀책사유를 고려하여야 하는지 여부를 설명하시오. 10점

(2) 감정평가법인등이 감정평가법과 감정평가규칙의 기준을 무시하고 자의적 방법에 의하여 대상 토지를 감정평가한 경우, 감정평가법인등의 고의·중과실에 의한 부당 감정을 근거로 하여 동법 제28조 제1항의 '현저한 차이'를 인정할 수 있는지를 설명하시오. 10점

■ 참조 조문
〈감정평가 및 감정평가사에 관한 법률〉

제28조(손해배상책임)
① 감정평가법인등이 감정평가를 하면서 고의 또는 과실로 감정평가 당시의 적정가격과 현저한 차이가 있게 감정평가를 하거나 감정평가 서류에 거짓을 기록함으로써 감정평가 의뢰인이나 선의의 제3자에게 손해를 발생하게 하였을 때에는 감정평가법인등은 그 손해를 배상할 책임이 있다.
② 감정평가법인등은 제1항에 다른 손해배상책임을 보장하기 위하여 대통령령으로 정하는 바에 따라 보험에 가입하거나 제33조에 따른 한국감정평가사협회가 운영하는 공제사업에 가입하는 등 필요한 조치를 하여야 한다.

Question 04

감정평가 및 감정평가사에 관한 법률에 따라 감정평가법인에 대한 분양전환 아파트 감정결과 이해관계자들이 국토교통부장관 甲에게 감정결과의 차이가 너무 많이 난다고 민원을 제기하였고, 위 감정결과가 너무 차이가 난 부분에 대하여 국토교통부 감사관실은 감사에 착수하여 실사하였다. 국토교통부 감사관실은 감사실사한 결과를 국토교통부장관 甲에게 보고하였고, 국토교통부장관 甲은 고의·과실이 있는 감정평가법인에 대하여 징계를 하게 되었는데, 구체적으로는 감정평가법인에 변형된 과징금 1억원을 부과하였다. 그러나 해당 감정평가법인은 과징금 부과 논거로 ① 감정평가 및 감정평가사에 관한 법률 제25조에 성실의무에는 감정평가법인은 해당되지 않는다고 주장하고, ② 감정평가관리 징계위원회에서 과징금 부과에 대한 징계 심의를 하지 않아 절차의 하자가 있다고 주장하며, ③ 감정평가법인에 대한 과징금 1억원 부과는 재량권 일탈·남용이라고 주장하고 있다. 최근 대법원 2020두41689 판결을 토대로 변형된 과징금을 설명하고, 위 과징금을 부과받은 감정평가법인의 주장의 타당성에 대하여 설명하시오. 10점

Question 01 40점

Ⅰ. 논점의 정리

1. 보상금증감청구소송에 대하여 설명하고, 손실보상금의 압류, 추심명령 시 당사자 적격을 상실하는지 논하고자 한다.

2. 간접손실보상에 대하여 설명하고, 공익사업의 결과에 따른 공익사업시행지구 밖의 영업장의 손실도 보상할 수 있는지 검토하고자 한다.

3. 손실보상과 손해배상의 동시행사 가능 여부 및 손실보상청구기간 경과 시 손해배상청구가 가능한지 검토하고자 한다.

Ⅱ. 물음 1) 보상금증감청구소송 및 당사자적격 상실 여부 20점

1. 보상금증감청구소송

1) 의의 및 취지(토지보상법 제85조 제2항)

보상금에 대한 다툼이 있는 경우 직접 이해당사자인 사업시행자와 토지소유자 및 관계인이 소송을 제기하여 직접 다툴 수 있도록 하는 당사자소송이다. 이는 분쟁의 일회적 해결에 취지가 인정된다.

2) 법적 성질

① 실질적으로 처분을 다투며 법률관계의 당사자를 피고로 하는 〈형식적 당사자소송〉이다. 토지보상법 제85조에서는 재결청을 공동피고에서 삭제하여 형식적 당사자소송임을 명확히 하였다. ② 법원은 적정한 보상액을 확인하여 그 과부족분의 지급을 명하는 〈확인·급부소송〉이다.

3) 보상금증감청구소송의 특수성

(1) 심리범위

손실보상의 증감 및 지급방법, 잔여지 손실보상과 같은 보상항목 등을 범위로 하고 〈판례〉는 항목 간 유용을 인정한다고 판시하였다.

(2) 제소기간

토지보상법 제85조 제1항의 제소기간을 적용하여 재결서 정본을 받은 날로부터 90일, 이의신청을 거친 경우 60일 이내에 제기하여야 한다.

(3) 청구의 병합 및 법원 판결의 효력

① 취소소송은 주관적으로, 보상금증감청구소송은 예비적으로 하여 청구 병합이 인정되고, ② 법원이 보상금을 직접 결정하여 소송당사자는 판결에 따라 이행하여야 하고, 토지수용위원회는 별도의 처분을 할 필요가 없다.

(4) 관련 판례의 유형별 검토

① 잔여지손실보상에 대하여 보상금증감청구소송으로 다투도록 하였고(대판 2010.8.19, 2008두822), ② 세입자 주거이전비에 대하여 재결을 거친 후 보상금에 대한 다툼 시에는 보상금증감청구소송으로 하도록 판시하였다(대판 2008.5.28, 2007다8129).

2. 압류·추심명령 시 당사자적격 상실여부

1) 관련 규정의 검토

① 행정소송법 제12조에서는 취소소송은 처분 등의 취소를 구할 법률상 이익이 있는 자가 제기할 수 있다고 규정하고, ② 토지보상법 제85조 제2항은 보상금에 대하여 불복한 사업시행자와 토지소유자 및 관계인이 각각 피고로 제기한다고 규정하였다.

2) 관련 판례의 태도

① 〈종전 판례〉는 민법상 논리에 따라 압류·추심명령 시 채권자의 당사자적격이 상실된다고 보았다.

② 〈최근 판례〉에서는 실질적으로 재결을 다투는 항고소송이고, 추심명령자는 재결에 대하여 간접적, 경제적 이익만 가질 뿐 직접 다툴 수 있는 법률상 이익이 없다고 보며,

손실보상금채권은 재결 또는 행정소송을 통해 그 존부와 범위가 확정되는 것인바 당사자적격을 상실하지 않는다고 판시하였다(대판(전) 2022.11.24, 2018두67).

3) 검토(乙주장의 타당성)

① 손실보상금은 토지소유자 및 사업시행자만이 법률상 이익이 인정되고, ② 재결 및 행정쟁송을 통해서 손실보상채권이 확정되는바 당사자적격이 상실되지 않는다고 판단된다. ③ 따라서 사업시행자 乙의 주장은 타당성이 결여된다고 생각된다.

Ⅲ. 물음 2) 사업시행지구 밖의 영업손실 해당 여부 15점

1. 간접손실보상의 개관

1) 의의 및 취지(토지보상법 제79조 제2항)

공익사업시행지구 밖의 재산권자에게 필연적으로 발생하는 손실에 대하여 보상하는 것으로 이는 물리적·기술적 손실인 간접침해와 사회적·경제적 손실인 간접손실로 구분되나 최근 판례는 하나의 논리로 구성하여 피수용자의 권리보호를 두텁게 하였다.

2) 간접손실보상이 헌법 제23조 제3항의 손실보상인지

〈판례〉는 간접손실도 예견 가능한 손실이며, 그 범위를 특정할 수 있다고 보아 헌법 제23조 제3항에 해당하는 손실보상으로 보았다. 생각건대, 헌법 제23조 제3항은 손실보상의 일반법이고, 공익사업에 의해 발생하여 손살보상대상에 해당한다고 판단된다.

3) 손실보상요건 및 충족여부

(1) 공익사업시행지구 밖 간접손실이 발생할 것

공익사업시행지구 밖 제3자에게 손실발생이 예견가능하고, 손실발생 범위를 특정할 수 있을 것을 요건으로 한다.

(2) 특별한 희생일 것

특별한 희생이란 사회적 제약을 넘는 불이익으로 그 발생 여부는 판례의 태도에 따라 인적범위를 특정한 〈형식설〉과 침해 강도와 내용을 기준한 〈실질설〉을 모두 고려하여 판단하여야 한다.

(3) 보상규정의 존재

토지보상법 제79조 제2항에서는 공익사업시행으로 인하여 본래의 기능을 할 수 없는 경우에는 보상하도록 규정하였고, 동법 시행규칙 제59조 내지 제65조에서 유형별 간접손실보상규정을 두었다.

(4) 사안의 경우

공익사업시행지구 밖 영업장에 대하여 철도의 설치로 인한 손실이 발생하였고, 이는 사회적 제약을 넘는 특별한 희생으로 토지보상법 제78조 제2항 및 시행규칙 제64조에 근거하여 손실보상의 요건을 충족한다.

2. 공익사업시행 결과에 따른 휴업보상 가능 여부

1) 관련 판례의 태도(2018두227)

〈판례〉는 공익사업시행지구 밖 영업손실은 그 발생 원인과 시점이 다양한 특성이 있고, 헌법 제23조 제3항의 취지를 고려하여 해당 사업의 시행 또는 당시 발생한 손실뿐만 아니라 사업의 시행으로 설치된 시설의 형태, 구조, 사용에 기인하여 발생하는 손실로 휴업이 불가피한 경우도 포함된다고 판시하였다.

2) 검토

공익사업시행의 결과로 인한 시설의 구조, 사용 등에 따라 발생하는 손실도 해당 사업의 영향에 의한 것인바, 헌법 제23조 제3항의 정당보상에 따라 휴업보상에 포함된다고 판단된다.

Ⅳ. 물음 3) 손실보상과 손해배상의 동시행사 여부 및 손실보상청구기간 경과 시 손해배상청구의 가능성 5점

1. 관련 판례의 태도(2018두227)

1) 손실보상청구와 손해배상청구의 동시행사 가능성

〈판례〉는 손실보상과 손해배상은 근거 규정을 달리하여 요건충족 시 성립하는 별개의 청구권이나 손실보상은 이미 '손해전보'의 요소를 포함하고 있어 동시에 행사할 수 있다고 본다면 〈이중배상의 문제〉가 발생할 수 있어 어느 하나만을 선택적으로 행사할 수 있다고 판시하였다.

2) 손실보상청구기간 경과 시 손해배상청구가능성

〈판례〉는 사업완료일로부터 1년이라는 손실보상청구기간이 경과한 경우에도 손해배상의 요건이 충족되는 경우라면 여전히 손해배상을 청구할 수 있다고 판시하였다.

2. 검토

과거 손실보상과 손해배상을 구분하였으나 해당 판례는 간접손실과 간접침해를 하나의 논리로 구성하여 제시하는바 헌법 제23조 제3항의 정당보상 취지에 부합하고, 피수용자의 권리구제를 두텁게 하였다고 판단된다.

Ⅴ. 사안의 해결

1. 최근 판례는 손실보상청구소송의 당사자적격 법리를 명확히 함과 동시에 토지소유자의 정당보상지위를 실질적으로 강화하였다는데 의의가 있다.

2. 공익사업시행지구 밖 영업손실에 대하여 사업의 결과에 따른 손실도 공익사업에 의한 것으로 손실보상이 된다고 판단된다.

3. 최근 판례는 손실보상청구권과 손해배상청구권을 하나의 논리로 설명하여 피수용자의 권리보호를 두텁게 하였다고 판단된다.

—끝—

Question 02 30점

I. 논점의 정리

1. 표준지공시지가의 결정절차와 효력에 대하여 설명하고자 한다.
2. 감정평가액의 적정성을 보장하기 위한 감정평가서의 기재내용 및 정도를 설명하고, 결정된 공시지가의 적정성 여부를 설명하고자 한다.

II. 물음 1) 표준지공시지가의 결정 절차 및 효력 10점

1. 표준지공시지가의 의의 및 법적 성질(부동산공시법 제3조)

국토교통부장관이 매년 공시기준일 현재 조사·평가하여 결정·공시하는 표준지의 단위면적당 적정가격을 말하고, 이는 적정가격 형성 도모 및 조세형평에 취지가 있다. 〈판례〉는 그 자체로 항고소송의 대상이 되는 처분에 해당한다고 판시하였다(대판 2008.8.21, 2007두13845).

2. 표준지공시지가의 결정 절차

1) 표준지의 선정(부동산공시법 제3조 제1항)

토지이용상황이나 주변 환경, 자연적·사회적 조건이 유사한 일단의 지역 내에서 표준지선정관리지침상 ① 지가의 대표성, ② 특성의 중용성, ③ 토지용도의 안정성, ④ 토지구별의 확실성을 충족하는 표준지를 선정한다.

2) 표준지공시지가의 조사·평가(동법 제3조 제4항, 제5항)

① 국토교통부장관이 표준지의 적정가격을 조사·평가하는 경우에는 인근 유사토지의 거래가격·임대료 및 해당 토지와 유사한 이용가치를 지닌다고 인정되는 토지의 조성에 필요한 비용추정액, 인근 지역 및 다른 지역과의 형평성·특수성, 표준지공시지가 변동의 예측가능성 등 제반사항을 종합적으로 참작하여야 하며, ② 둘 이상의 감정평가법인등에게 이를 의뢰하여야 한다.

3) 재조사 및 평가(부동산공시법 시행령 제8조)

① 국토교통부장관은 감정평가법인등이 제출한 보고서의 조사·평가가 관계법령에 위반하여 수행되었다고 인정되는 경우에는 해당 감정평가법인등에게 사유를 통보하고, 〈다른〉 감정평가법인등 2인에게 다시 조사·평가를 의뢰해야 하며,

② 조사·평가보고서 검토 결과 부적정하다고 판단되거나 조사·평가액 중 최고평가액이 최저평가액의 1.3배를 초과하는 경우에는 〈해당〉감정평가법인등에게 보고서를 수정하여 다시 제출하게 할 수 있다.

③ 표준지의 적정가격은 다시 조사·평가한 가액의 산술평균치를 기준으로 한다.

4) 중앙부동산가격공시위원회 심의(동법 제3조 제1항)

일련의 절차를 거쳐 조사·평가된 표준지의 가격을 공시지가의 공신력 제고와 공시지가의 적정성 확보 및 지역 간 균형 확보를 위해 중앙부동산가격공시위원회의 심의를 거쳐야 한다.

5) 표준지공시지가의 공시 및 열람(동법 제6조)

① 국토교통부장관은 중앙부동산가격공시위원회의 심의를 거쳐 표준지의 지번, 표준지의 단위면적당 가격, 이의신청에 관한 사항 등을 공시하며, ② 내용을 특별시장·광역시장 또는 도지사를 거쳐 시장 등에게 송부하여 일반으로 하여금 열람하게 하고, 이를 도서·도표 등으로 작성하여 관계 행정기관 등에 공급하여야 한다.

3. 표준지공시지가의 효력(부동산공시법 제9조)

표준지공시지가는 토지시장에 지가정보를 제공하고, 토지 거래의 지표가 되며, 국가 및 지방자치단체의 업무를 위해 지가를 산정하거나 감정평가법인등이 개별적으로 감정평가를 하는데 기준이 된다.

Ⅲ. 물음 2) 평가액의 적정성 인정을 위한 감정평가서 기재내용 및 정도와 적정가격 여부 20점

1. 표준지공시지가의 적정성

표준지공시지가는 해당 토지뿐 아니라 인근 토지의 가격 결정에 영향을 미치는바, 그 적정성이 엄격히 요구된다.

2. 감정평가액의 적정성 인정을 위한 감정평가서의 기재 내용 및 정도[2007두20140]

〈판례〉는 감정평가액의 적정성이 인정되기 위해서는 감정평가서에 그 평가 원인을 구체적으로 특정하여 명확히 하고, 각 요인별 참작내용과 정도를 객관적으로 납득할 수 있을 정도로 기재하여야 한다고 판시하였다.

3. 토지소유자 주장의 타당성 여부

1) 평가원인의 구체적 특정성 여부

① 해당 표준지공시지가 산정에 대한 적정한 거래사례, 평가선례 등을 수집하지 않고, ② 거래사례비교법, 원가법, 수익환원법 및 표준지 평가방식 해당 항목을 공란으로 작성하여 평가원인이 구체적으로 특정되지 않았다고 판단된다.

2) 각 요인별 참작 내용과 정도의 객관적 설명 여부

해당 표준지공시지가는 세평가격과 유사 표준지 지가수준 등을 종합적으로 참작하고 그 구체적 내용과 정도가 설명되지 않고, 공란으로 처리하여 객관적으로 설명되었다고 보기 어렵다고 판단된다.

3) 토지소유자 주장의 타당성

표준지공시지가는 그 적정성이 엄격히 요구됨에도 구체적 평가원인을 특정하지 않고, 구체적인 평가방법을 공란으로 두며, 이건 표준지공시지가 및 세평가격만으로 결정한 것은 적정하지 않다고 판단된다. 따라서 토지소유자의 주장은 타당하고, 국토교통부장관은 부동산 공시법 시행령 제8조에 따라 다시 재평가하여야 할 것이다.

Ⅳ. 사안의 해결

1. 표준지공시지가는 토지의 각종 정보제공 및 거래 지표 등의 기준이 되는바 적정성이 엄격히 요구된다.

2. 평가액의 적정성이 인정되기 위해서는 감정평가서에 평가원인을 구체적으로 특정하여 명시적으로 작성하고, 각 요인별 참작 내용과 정도가 객관적으로 납득할 수 있을 정도로 기재되어야 할 것이다.

—끝—

Question 03 20점

Ⅰ. 논점의 정리

1. 감정평가의 손해배상책임을 설명하고, 최저·최고평가액의 1.3배의 격차율이 현저한 차이의 유일한 판단기준인지 여부를 설명하고자 한다.

2. 감정평가 기준을 무시하고 자의적으로 평가한 경우 현저한 차이에 해당하여 위법한 것인지 설명하고자 한다.

Ⅱ. 물음 1) 10점

1. 감정평가법상 손해배상책임

1) 손해배상책임의 의의 및 취지(감정평가법 제28조)

감정평가법인등이 고의, 과실로 부당한 감정평가를 하여 타인에게 손해가 발생한 때에 그 손해를 보상하는 것을 말한다. 이는 의뢰인 및 제3자 손해보호 및 적정가격 평가 유도에 취지가 있다.

2) 손해배상책임의 요건

① 감정평가 업무를 하며 ② 고의 또는 과실로 ③ 적정한 가격과 현저한 차이가 발생하거나 감정평가서류에 거짓으로 기재하여 ④ 의뢰인 또는 선의의 제3자에게 ⑤ 손해가 발생하였고 ⑥ 상당한 인과관계가 존재할 것을 요건으로 한다.

2. 손해배상책임의 현저한 차이의 의미

1) 현저한 차이의 의미

현저한 차이란 일반적으로 달라질 수 있다고 인정할 수 있는 범위를 초과하여 발생한 차이를 말한다.

2) 1.3배의 격차율이 유일한 판단기준인지 여부

〈판례〉는 최고, 최저액 간 1.3배의 격차가 유일한 판단기준에 해당하지 않는다고 판시하였다. 생각건대, 1.3배의 격차율은 부동산공시법 시행령 제8조 제6항, 제7항에 규정된 재평가 대상에 해당할 뿐 현저한 차이의 유일한 판단기준으로 볼 수 없다고 보인다.

3) 귀책사유를 고려하여야 하는지 여부

〈판례〉는 1.3배의 격차율이 유일한 판단기준이 아니며, 부당한 감정평가가 산정된 귀책사유를 고려하여 사회적 통념에 따라 탄력적으로 판단하여야 한다고 판시하였다. 따라서 1.3배 격차율뿐 아니라 귀책사유를 종합적으로 고려하여야 한다고 판단된다.

Ⅲ. 물음 2) 자의적 방법으로 평가한 경우 현저한 차이가 인정되는지 10점

1. 관련 규정의 검토

① 감정평가법 제3조에서는 토지평가 시 유사한 이용가치를 지닌다고 인정되는 표준지를 기준으로 하여 평가하여야 하는 공시지가 기준원칙을 규정하고, ② 감정평가법 제25조는 품위를 유지하고 신의와 성실로써 업무를 하여야 하며, 고의나 중대한 과실로 평가를 잘못

하여서는 안된다고 규정한다.

2. 관련 판례의 태도

〈판례〉는 감정평가의 기준을 무시하고 자의적으로 평가한 경우 고의·과실에 의해 잘못된 감정평가를 한 것으로 위법하다고 판시하였다.

3. 현저한 차이를 인정할 수 있는지

1) 귀책사유가 인정되는지 여부

〈사안의 경우〉 공시지가 기준원칙에 따라 평가하지 않고 자의적으로 주변 거래시세에 비추어 유추하여 평가액을 산정하였고, 이 경우 고의·중대한 과실이 존재하는바 귀책사유가 인정된다고 판단된다.

2) 현저한 차이가 인정되는지

① 법령에 규정된 평가기준을 무시하고 자의적으로 평가하였고 ② 고의·과실로 잘못된 평가를 한 성실의무를 위반한 귀책사유를 고려하여 사회통념적으로 위법하다고 판단되고, 이 경우 1.28배의 차이와 무관하게 현저한 차이를 인정할 수 있다고 판단된다.

IV. 사안의 해결

최근 감정평가에 대한 사회적 관심이 높아짐에 따라 감정평가법 제39조 제11호의 개정으로 금고형 1회만으로도 자격취소가 가능하도록 공공성을 강화하였다. 감정평가는 공공성을 고려하여 평가하여야 하고, 평가액의 현저한 차이는 1.3배의 격차율이 아닌 부당감정의 귀책사유를 고려하여 판단하여야 할 것이다.   -끝-

Question 04 (10점)

Ⅰ. 논점의 정리

감정평가법상 변형된 과징금을 설명하고, 과징금을 부과받은 감정평가법인의 주장의 타당성을 설명하고자 한다.

Ⅱ. 변형된 과징금의 의의 및 법적 성질(감정평가법 제41조)

과징금이란 행정의무의 위반으로 얻게 된 경제적 이익을 박탈하는 행정상 제재금을 말한다. 감정평가법에서는 국토교통부장관이 공적업무를 수행하는 감정평가사에 대한 업무정지처분에 갈음하는 변형된 과징금을 의미한다. 이러한 과징금 부과는 〈급부하명〉에 해당하고, '할 수 있다'로 규정하여 〈재량행위〉이다.

Ⅲ. 감정평가법인 주장의 타당성 여부

1. 감정평가법인의 성실의무 여부

〈판례〉는 감정평가법인의 성실의무는 소속 감정평가사에 대한 관리, 감독을 하고 적정한 감정평가액을 산정하도록 할 의무가 있다고 판시하였다. 따라서 이러한 성실의무의 위반한 경우, 감정평가법인에 대한 과징금을 부과할 수 있다고 판단된다.

2. 징계 심의 미실시로 인한 절차상 하자여부

감정평가법 제40조의 감정평가관리·징계위원회의 징계의결사항은 동법 제39조의 징계에 해당하고, 〈판례〉는 동법 제41조의 과징금은 징계의결을 거치지 않더라도 절차상 하자에 해당하지 않는다고 판시하였다. 따라서 징계의결을 거치지 않은 과징금 부과는 절차상 하자가 인정되지 않는다고 판단된다.

3. 과징금 부과에 대한 재량권 일탈·남용 여부

〈판례〉는 재량권 일탈·남용 여부는 위반행위의 내용과 정도, 그 처분으로 달성하려는 공익상 필요와 개인의 불이익을 비교·형량하여야 한다고 판시한다. 〈사안의 경우〉 1억원의 과징금 부과 시 비교형량을 거치지 않은 경우라면 재량권의 일탈·남용에 해당한다고 판단된다.

-끝-

박문각 감정평가사

강정훈 감정평가 및 보상법규
2차 | 종합문제 암기장

제4판 인쇄 2025. 10. 15. | **제4판 발행** 2025. 10. 20. | **편저자** 강정훈
발행인 박 용 | **발행처** (주)박문각출판 | **등록** 2015년 4월 29일 제2019-0000137호
주소 06654 서울시 서초구 효령로 283 서경 B/D 4층 | **팩스** (02)584-2927
전화 교재 문의 (02)6466-7202

저자와의
협의하에
인지생략

이 책의 무단 전재 또는 복제 행위를 금합니다.

정가 32,000원
ISBN 979-11-7519-220-1